高等职业院校文化素质教育改革创新教材

大学语文教育课程思政研究成果

大学语文

文学赏析与应用写作（第二版）

主　编　马洪玲　宋园园

DAXUE YUWEN
WENXUE SHANGXI YU YINGYONG XIEZUO

中国教育出版传媒集团
高等教育出版社·北京

内容提要

本书是大学语文教育课程思政研究成果。

本书分为上中下三编。上编为文学赏析，围绕专题组织篇目，通过作品简析、思辨与感悟等将社会主义核心价值观融入各专题，力求将思想性、艺术性和文体示范性有机结合。中编为应用写作，涉及公务文书、经济文书、礼仪文书、求职文书、新媒体写作等学生学习、生活以及职场的常用写作。各文种后均附例文与测试，供学生复习和巩固知识。下编为现代汉语基础知识，旨在提升学生的母语表达与应用能力。

本书既可作为普通高等院校的公共基础课教材，也可作为职业技术大学、高等职业院校的公共基础课教材。

图书在版编目(CIP)数据

大学语文：文学赏析与应用写作／马洪玲，宋园园主编．—2版．—北京：高等教育出版社，2023.7（2024.12重印）

ISBN 978-7-04-060438-2

Ⅰ.①大⋯ Ⅱ.①马⋯ ②宋⋯ Ⅲ.①大学语文课-高等学校-教材 Ⅳ.①H19

中国国家版本馆CIP数据核字(2023)第094751号

策划编辑 雷 芳 余 红	责任编辑 余 红	封面设计 张文豪	责任印制 高忠富

出版发行	高等教育出版社	网　址	http://www.hep.edu.cn	
社　　址	北京市西城区德外大街4号		http://www.hep.com.cn	
邮政编码	100120	网上订购	http://www.hepmall.com.cn	
印　　刷	上海叶大印务发展有限公司		http://www.hepmall.com	
开　　本	787 mm×1092 mm 1/16		http://www.hepmall.cn	
印　　张	18.5	版　次	2023年7月第2版	
			2020年9月第1版	
字　　数	418千字	印　次	2024年12月第4次印刷	
购书热线	010-58581118	定　价	43.00元	
咨询电话	400-810-0598			

本书如有缺页、倒页、脱页等质量问题，请到所购图书销售部门联系调换

版权所有　侵权必究

物　料　号　60438-A0

本书编委会

主　编：马洪玲　宋园园

副主编：陈国平　杨玲玲　孙正军　贺雨涵

参　编（按姓氏笔画顺序）：

　　　　文小兵　王有月　王　娟　王　蕾　李正大
　　　　许　辉　徐肖舟　梁军梅　熊　佳

序

习近平总书记在文艺工作座谈会上曾指出:"把社会主义核心价值观生动活泼、活灵活现地体现在文艺创作之中,用栩栩如生的作品形象告诉人们什么是应该肯定和赞扬的,什么是必须反对和否定的,做到春风化雨、润物无声。"

构建社会主义核心价值观需要很多支撑,提升文学素养是一种重要手段。学生通过阅读优秀文学作品,提升文学素养,有助于为社会主义核心价值观的树立做理论铺垫和精神支撑,从而加深对社会主义核心价值观的理解和把握。正是基于这个大背景,本书对于将思政元素有机融入教材做了十分有意义的尝试。

大学语文作为高校的一门重要的基础性课程,担负着文化与思政教育的重要使命。在国家大力提倡"课程思政"的宏观背景下,在教学内容与社会主义核心价值观的关联上,挖掘文学作品中所蕴含的思政元素,继承和发扬中华优秀传统文化,充分利用高校课程资源,加强课程建设,结合运用显性与隐性的课程资源并潜移默化地进行社会主义核心价值观教育是高校人文教育工作者的必然选择。本书对此做了一些有益的探索。实践证明,大学语文课程是培育学生社会主义核心价值观的天然土壤,在其教学的各环节中较易实现价值观的培育和传播。

大学语文应该成为高校开展人文素质教育的"主战场"。将大学语文与应用写作有机融合,学生一方面可以学习中国传统文化知识,培养文学欣赏能力,另一方面也可以提升应用写作能力,兼收并蓄,一举多得。

相信广大同学在使用本书的过程中,能体会到本书编者的良苦用心,享受到大学语文带来的诸多乐趣,放眼诗与远方,收获惬意人生!

褚 敏

第二版前言

随着党的二十大胜利闭幕,我们的第二版教材也在新观点、新论断、新思想、新战略、新要求下进行新一轮的编写。党的二十大报告指出,"全面贯彻党的教育方针,落实立德树人根本任务,培养德智体美劳全面发展的社会主义建设者和接班人。""加大国家通用语言文字推广力度。"我们的教材始终紧扣立德树人的根本任务,在不断的更新和完善中构建文化育人的精品读本,着重培育人文精神,紧扣时代脉搏,讲好中国故事。

本书第一版自 2020 年出版以来,作为课程思政研究成果,被国内各地的许多高职院校选用,受到广大师生的好评。为了更好地适应教学改革的要求和满足广大师生的需要,在调研和征求意见的基础上,我们着手对第一版进行了必要的修订。新版教材本着"涵养家国情怀,传播先进文化"的思想理念,把中华优秀传统文化、生态文明教育、劳动教育与工匠精神培育、美育等内容贯穿在教材的谋篇布局中。在编写宗旨、编写特色及编写体例大体维持不变的前提下,本次修订主要从以下几个方面着手:

一、调整篇目,有机融入生态文明教育、劳动教育等内容

2020 年 3 月,《中共中央国务院关于全面加强新时代大中小学劳动教育的意见》明确提出,整体优化学校课程设置,将劳动教育纳入职业院校、普通高等学校人才培养方案,其他课程结合学科、专业特点,有机融入劳动教育内容,以此加强对学生劳动精神、劳模精神和工匠精神的教育,引导学生树立热爱劳动、劳动光荣的人生观和价值观,将他们培养成德智体美劳全面发展的社会主义建设者和接班人。为此,我们增加了陶渊明《归园田居》等篇目,以突出劳动的价值与意义。党的二十大确定了未来将推进以"促进人与自然和谐共生"为重要特征的中国式现代化。这一目标对生态文明教育提出了明确的战略诉求,如何积极回应,将生态文明教育继续推向新的发展水平,是对教育工作者提出的重要挑战。对此,我们在"第六讲 四季物语"单元中,以主题融入的维度,挑选了能反映人与自然和谐共生的经典篇章,以生态文明思想铸魂育人。

二、强化课程思政的内容设计

为了彰显高尚的理想、健全的人格和积极向上的精神,本版选用了朱光潜《谈立志》、顾炎武《廉耻》等文章,深刻反映了润物细无声的智慧理性、审美价值,以其强大的精神力量去感染人,熏陶人;选取了梁启超《家书二封》、丰子恺《作父亲》等文章,弘扬优良家风家训文化,弘扬中华传统美德。希望学生通过对课文的学习,细细品味,深入感悟,长期积累,在潜移默化之中涵养性情,陶冶情操,从而成为一个有思想、有才能、有操守的全面发展的人,一个对国家、对社会、对人民有用的人。

三、增加现代汉语知识板块

悠悠上下五千多年的历史文明,铸造出我们引以为自豪的汉字,由此延伸发展而成的汉语系统,尤其是现代汉语,在我们的社会生活、日常交往中都默默发挥着无可替代的重要作用。然而,我们曾经引以为傲、以为天生就会、不用学习的现代汉语知识正在有意无意地被忽视,逐渐淡出我们的学习视线。尤其高校教育中现代汉语教学成为短板,令人担忧。党的二十大报告中明确指出,"加大国家通用语言文字推广力度",为新时代国家语言文字事业的发展、语言文字工作的重点、国家通用语言文字的推广普及指明了方向、提供了根本遵循。现代汉语作为文化基础教育中不可或缺的重要组成部分,必须得到充分重视。本次修订,我们设立了汉语知识的独立模块,希望能强化高职学生的语文素养和母语表达与应用能力,帮助学生提高普通话等级测试水平。下编为独立模块,教师可根据实际教学需要,选择性讲解。这是我们本次在教学内容的编排、难易度和实用度的调适上,作的一些新的尝试,希望能得到大家的认可。

四、创新课后练习模式

语文作业也可以多元化、可视听、艺术化。本次修订,我们在课后练习中设计了结合朗诵、绘画、写作等可以动手实操实践的题目,学生可以提交音频和视频作业到相关平台,使作业形式多样化,立体丰富、有趣味,增强学生的体验感和美感。

五、进一步建设数字资源

新形态教材是纸质教材和数字课程有机融合的新型教材。后疫情时代催生在线教育2.0变革,我们的编写者也应该识变、应变、求变。我们制作、优选、整合了本书的数字化配套资源库,利用网络资源打造优质线上线下同步课堂,为大学语文的教学提供专业、适需的数据资源支撑。本次修订中我们研发了一系列音频作品、微课、在线测试等动态、直观的数字资源,弥补传统教材在表现形式上的不足,同时有效控制纸质教材篇幅,使得主线清晰,方便学生线上线下的自主学习。

本次修订工作由马洪玲、宋园园主持,邀请了资深语文教学团队参与编写。马洪玲、宋园园担任主编,陈国平、杨玲玲、孙正军、贺雨涵担任副主编,参编教师有:文小兵、王有月、王娟、王蕾、李正大、许辉、徐肖舟、梁军梅、熊佳。本书在编写过程中得到了内蒙古化工职业学院、安徽国际商务职业学院、益阳职业技术学院、上海城建职业学院、吕梁学院、辽宁师范高等专科学校、朝阳师范高等专科学校、聊城职业技术学院等院校的大力支持,在此一并表示感谢。限于时间及能力,我们虽竭尽全力,但难免会有挂一漏万或谬误之处,诚恳地期望广大师生、大学语文界的专家等读者朋友,提出真诚而宝贵的意见和建议。全书另配有课件、教案、试题库等电子资源。您在教材使用中如有好的建议和要求,请发至主编邮箱:songyy118@163.com。

编 者
2023 年 3 月

目 录

上编 文学赏析

第一讲 国学经典

《老子》四章(老子)   003
《论语》五则   006
《诗经》二首   008
渔父(节选)(庄子)   010
大学(节选)   011
五帝本纪(节选)(司马迁)   013
神思(节选)(刘勰)   015
闲情偶寄(节选)(李渔)   019
扩展阅读   022
文选・序(萧统)   022

第二讲 立志修身

修身(节选)(荀子)   023
廉耻(节选)(顾炎武)   025
论毅力(节选)(梁启超)   027
谈立志(朱光潜)   029
生命的意义(节选)(罗家伦)   033
写给网络时代的读书人(陈平原)   035
读书与书籍(节选)([德]叔本华)   037
扩展阅读   040
漫谈人生的意义与价值(季羡林)   040

第三讲 以史为鉴

郑伯克段于鄢(《左传》)   041
召公谏厉王弭谤(《国语》)   044
冯谖客孟尝君(《战国策》)   046

去私(《吕氏春秋》) 049
答司马谏议书(王安石) 051
咏史(龚自珍) 054
扩展阅读 055
万历十五年(节选)([美]黄仁宇) 055
滑铁卢的一分钟(节选)([奥地利]茨威格) 055

第四讲 爱与家庭

湘夫人(屈原) 056
家书二封(梁启超) 058
两地书(节选)(鲁迅 许广平) 060
作父亲(丰子恺) 063
我的理想家庭(节选)(老舍) 065
我的择偶条件(冰心) 067
莎菲女士的日记(节选)(丁玲) 069
儿女(朱自清) 073
扩展阅读 077
朱生豪致宋清如(节选)(朱生豪) 077
我喜欢你是寂静的([智利]聂鲁达) 077

第五讲 诗意生活

归园田居(其二)(陶渊明) 078
古风(其十九)(李白) 079
赠李白(杜甫) 081
水龙吟·登建康赏心亭(辛弃疾) 082
诉衷情(当年万里觅封侯)(陆游) 083
偶然(徐志摩) 085
致橡树(舒婷) 086
我爱这土地(艾青) 088
《青春万岁》序诗(王蒙) 089
我愿意是急流([匈牙利]裴多菲) 091
西风颂([英]雪莱) 093
扩展阅读 097
热爱生命(汪国真) 097

第六讲 四季物语

一日的春光(冰心) 098
洗桃花水的时节(铁凝) 100
夏天(汪曾祺) 103

夏的歌颂(庐隐) 105
秋韵(宗璞) 106
故都的秋(郁达夫) 108
雪(鲁迅) 110
冬景(贾平凹) 111
扩展阅读 113
阮郎归·初夏(苏轼) 113

第七讲 戏剧人生

赵氏孤儿(第三折)(纪君祥) 115
单刀会(第四折)(关汉卿) 118
惊梦(节选)(汤显祖) 120
屈原(节选)(郭沫若) 122
日出(节选)(曹禺) 124
奥赛罗(节选)([英]莎士比亚) 128
伪君子(节选)([法]莫里哀) 132
玩偶之家(节选)([挪威]易卜生) 137
扩展阅读 142
茶馆(节选)(老舍) 142
等待戈多(节选)([爱尔兰]塞缪尔·贝克特) 142

中编 应用写作

第一讲 公务文书

通知 145
请示 150
报告 154
函 157
计划 160
总结 164

第二讲 经济文书

经济合同 170
市场调查报告 176

第三讲 礼仪文书

感谢信 189
演讲稿 192

聘书 *196*
启事 *199*

第四讲　求职文书
求职信 *204*
求职简历 *208*

第五讲　新媒体写作
自媒体概述 *214*
微博 *217*
微信公众号 *220*
头条号 *222*

下编　现代汉语基础知识

第一讲　现代汉语的语音
第一节　声母 *229*
第二节　韵母 *230*
第三节　声调 *231*

第二讲　汉字
第一节　汉字的演进 *233*
第二节　汉字的结构 *233*
第三节　造字法 *234*

第三讲　词与词汇
第一节　词 *236*
第二节　词汇 *238*

第四讲　朗读
第一节　朗读的基本要求 *239*
第二节　朗读的技巧 *240*

附录一　中华人民共和国国家通用语言文字法 *243*

附录二　普通话水平测试用朗读作品 *246*

参考文献 *279*

上编 文学赏析

第一讲　国学经典

国学经典承继了中华文明古老先进的智慧思想。学习国学经典、传承中华优秀传统文化，增强民族文化认同感、责任感和自豪感，从而为国家发展和民族复兴贡献力量。

《老子》四章①

老子

> 老子，又称老聃，姓李名耳，字伯阳，楚国苦县人。老子是中国古代著名的思想家、哲学家，道家学派的创始人和主要代表人物，相传孔子曾向其问礼。老子主张"道法自然，提倡无为而治"。今本《老子》又名《道德经》，记载其哲学观点，极富辩证机趣。

第 二 章

天下皆知美之为美，斯恶已②；皆知善之为善，斯不善已。有无相生③，难易相成，长短相形④，高下相盈⑤，音声相和⑥，前后相随，恒也。

是以圣人处无为之事⑦，行不言之教；万物作而弗始也⑧，生而弗有，为而弗恃⑨，功成而弗居。夫唯弗居，是以不去。

注释

① 选自《老子注释及评价》，陈鼓应著，中华书局1984年版。　② 斯：这。恶：丑。已：通"矣"。　③ 相：互相。　④ 形：指在比较、对照中显现出来。　⑤ 盈：充实、补充、依存。　⑥ 音声：汉代郑玄为《礼记·乐记》作注时说，合奏出的乐音叫作"音"，单一发出的音响叫作"声"。　⑦ 圣人：古时人所推崇的最高层次的典范人物。处：担当、担任。无为：顺应自然、不加干涉。　⑧ 作：兴起、发生、创造。　⑨ 弗：不。恃：依赖，依仗。

释意

天下人都知道美之所以为美，"丑"的认识便产生了；都知道善之所以为善，"不善"的认识便产生了。有和无互相转化,难和易互相形成,长和短互相显现,高和下互相充实,音与声互相谐和,前和后互相接随,这是永恒的。

因此圣人用无为的观点对待世事,用不言的方式施行教化;听任万物自然兴起而不为其创始,生养万物而不据为己有,有所施为但不自恃己能,功成业就而不自居。正因为不居功,所以无所谓失去。

第 八 章

上善若水①。水善利万物而不争,处众人之所恶②,故几于道③。

居善地,心善渊④,与善仁⑤,言善信,政善治⑥,事善能,动善时⑦。

夫唯不争,故无尤⑧。

注释

① 上:最。上善即最善。这里老子以水的形象来说明"圣人"是道的体现者,因为圣人的言行有类于水,而水德是近于道的。 ② 处众人之所恶:即居处于众人所不愿去的地方。 ③ 几于道:几,接近。即接近于道。 ④ 渊:沉静、深沉。 ⑤ 与:指与别人相交相接。善仁:善于真诚相爱。 ⑥ 政善治:为政善于治理国家,从而取得治绩。 ⑦ 动善时:行动善于把握有利的时机。 ⑧ 尤:怨咎、过失、罪过。

释意

上善的人好像水一样。水善于滋润万物而不与万物相争,停留在众人都不喜欢的地方,所以最接近于"道"。

上善的人,善于居于合适的地方,心胸善于保持沉静而深不可测,待人善于真诚、友爱和无私,说话善于恪守信用,为政善于精简处理,能把国家治理好,处事善于发挥所长,行动善于把握时机。

上善的人所作所为正因为有不争的美德,所以没有过失或怨咎。

第 二十二 章

曲则全,枉则直①,洼则盈,敝则新②,少则得,多则惑。

是以圣人抱一为天下式③。不自见④,故明⑤;不自是,故彰,不自伐⑥,故有功;不自矜,故长。

夫唯不争,故天下莫能与之争。古之所谓"曲则全"者,岂虚言哉!诚全而归之。

注释

① 枉:屈,弯曲。 ② 敝:凋敝。 ③ 抱:守。一:即道。此意为守道。式:法式,范式。 ④ 见:音xiàn,同"现"。 ⑤ 明:彰明。 ⑥ 伐:夸。

释意

委曲便会保全,屈枉便会直伸;低洼便会充盈,陈旧便会更新;少取便会获得,贪多便会迷惑。

所以有道的人坚守这一原则作为天下事理的范式。不自我表扬,反能显明;不自以为是,反能是非彰明;不自己夸耀,反能有功劳;不自我矜持,所以才能长久。

正因为不与人争,所以遍天下没有人能与他争。古时所谓"委曲便会保全"的话,怎么会是空话呢!它实实在在能够达到。

第四十五章

大成若缺①,其用不弊。大盈若冲②,其用不穷。大直若屈③,大巧若拙,大辩若讷④。静胜躁,寒胜热⑤。清静为天下正⑥。

 注释

① 大成:最为完满的东西。　② 冲:虚,空虚。　③ 屈:曲。　④ 讷:拙嘴笨舌。　⑤ 静胜躁,寒胜热:清静克服扰动,寒冷克服暑热。　⑥ 正:模范。

 释意

最完满的东西,好似有残缺一样,但它的作用永远不会衰竭。最充盈的东西,好似是空虚一样,但是它的作用是不会穷尽的。最正直的东西,好似有弯曲一样;最灵巧的东西,好似最笨拙的;最卓越的辩才,好似不善言辞一样。清静克服扰动,寒冷克服暑热。清静无为才是治理天下的正道。

 作品简析

《老子》第二章中用"相生、相成、相形、相盈、相和、相随"等,指出事物是在相比较中而存在的,是相依靠而生成的,事物都有自身的对立面,都是以对立面为自己存在的前提。

第八章中把最平凡的水写成一首感人至深的生命之歌,通过对水性的描写,描述人生至高境界该有的样子。

第二十二章用"曲则全,枉则直,洼则盈,敝则新,少则得,多则惑"六个短句反映了一个共同的道理"委曲求全"。这是一种谦逊的生活态度,在一定程度上可以将其界定为一种寻求自保的大智慧。

第四十五章中说明"大成、大盈、大直、大巧、大辩"的完满人格是以一种"若缺、若冲、若屈、若拙、若讷"的形象出现的,这说明完美的人格不在于外在的显露与炫耀,而在于内在的含敛与内藏。为什么会含而不放、藏而不露?这是因为完美的人格修养使人能够平心静气、冷静睿智,所以,好的执政者一定要清静无为。

老子的思想核心是朴素的辩证法，主张无为而治、不言而教、物极必反，讲究虚心实腹、不与人争。

思辨与感悟

1. 结合课文内容，谈谈老子的辩证法思想。
2. 结合当代中国经济社会发展实际，谈谈老子的思想对当代社会发展的积极作用。
3. 如果老子活在当下，你会向他讨教哪些问题？

《论语》五则①

> 《论语》是儒家学派的经典著作之一，由孔子的弟子及其再传弟子编撰而成。它以语录体和对话文体为主，记录了孔子及其弟子的言行，集中体现了孔子的政治主张、伦理思想、道德观念及教育原则等。《论语》与《大学》《中庸》《孟子》并称"四书"。通行本《论语》共二十篇，约一万六千字，每篇分若干章，不相连属。每一章多为三言两语，但言简意赅，含蓄凝练，包含了孔子渊博的学识和丰富的生活经验。其中有许多言论至今仍被世人视为至理，对中国传统文化的发展产生了深远影响。

一

子曰："吾十有五而志于学，三十而立，四十而不惑，五十而知天命，六十而耳顺，七十而从心所欲不逾矩。"（《论语·为政》）

二

动画：学而不思则罔

子曰："学而不思则罔，思而不学则殆②。"（《论语·为政》）

三

子曰："富与贵是人之所欲也，不以其道得之，不处也；贫与贱是人之所恶也，不以其道得之，不去也。君子去仁，恶乎成名？君子无终食之间违仁，造次必于是，颠沛必于是③。"（《论语·里仁》）

四

子曰："其身正，不令而行；其身不正，虽令不从。"（《论语·子路》）

五

子贡问曰:"有一言而可以终身行之者乎④?"子曰:"其恕乎⑤!己所不欲,勿施于人。"(《论语·卫灵公》)

注释

① 选自《论语译注》,金良年撰,上海古籍出版社2010年版。　② 学而不思则罔,思而不学则殆:只知道学习,却不知道思考,到头来等于白学;只知道思考却不去学习,则不会有所得。罔,迷惑而无所得。殆,通"怠",精神疲倦而无所得。　③ 不以其道得之,不去也:假如不是按正道来摆脱贫贱,那宁可不摆脱它。去,摆脱。恶:厌恶。君子无终食之间违仁,造次必于是,颠沛必于是:君子不会在哪怕一顿饭之间违背仁道。他即使在仓促匆忙中也必定如此,即使在困苦中也必定如此。造次,匆忙、仓促。颠沛,困苦。　④ 一言:一字。　⑤ 恕:用自己的心推测别人的心,文中指儒家推己及人、仁爱待人的思想。

作品简析

第一则:在本章中,孔子阐述了道德修养的过程在于不断地进取和完善。他在叙述自己一生的经历时,体会到了道德修养并不是一朝一夕就能完成的,需要长时间的学习和锻炼,有个循序渐进的过程。而且,道德的最高境界是思想和言行上的统一,即发自内心地自愿去遵守道德规范,而不是违背心意地勉强去做。

第二则:孔子在本章中的观点十分明确,学习离不开思考,思考也不能脱离学习,二者相辅相成,缺一不可,这是学习的最基本方法。在学习过程中,如果对学习的知识只知道死记硬背,而不去思考,那么,所学到的内容充其量只是一些文字堆积起来的符号而已;相反,只空想而不学习,是得不到真正的知识的。

第三则:本章讲的是营造和谐社会的方法。在孔子看来,每个人都想过上富裕的生活,摆脱贫困的局面,这本是好事。但是,对于君子而言,富与贵应当取之有道,摆脱贫困也应"去"之有道,这才是君子所为。而这个道,就是仁义之道,它是君子安身立命的基础。无论是富贵还是贫贱,无论是在仓促之间还是困苦之时,都不能违背这个原则。

第四则:以"仁""爱"为中心的儒家学说要求统治者在施政的过程中必须关心和爱护其治下的百姓,故而孔子也为统治者提出了一系列的要求,本章就是一例。孔子认为作为一个当权者,更多的时候应该以身作则,依靠个人的言行和魅力来影响和感召他人,而不是仅靠发号施令。自己做得好,不用命令别人,别人也会跟着学,如果自己做得不好,即便依靠强制手段去推行,也是没有用的。这一点,在现代管理学领域仍有积极意义。

第五则:"己所不欲,勿施于人"是我们耳熟能详的至理名言,也是孔子提出的作为君子的要求之一。虽然我们都能理解这句话的意思,但并不是人人都能做到的。恕是一种高尚的行为,是先人后己的奉献精神。作为新时代的青年,大学生应从内心真正理解和信仰"己所不欲,勿施于人"的道理,以宽恕、包容、博爱之心对待生命中相遇的每一个人。

思辨与感悟

1. 请结合《论语》,谈谈你的处世哲学。
2. 认真阅读课文中的第三则语录,谈谈你对追求财富的认识。
3. 这五则语录给你印象最深的是哪一则?请谈谈其在现实中的意义。
4. 请同学们诵读这五则语录,并提交音频作业。

《诗经》二首①

《诗经》是我国第一部诗歌总集,收集了自西周初年至春秋中叶五百多年的诗歌三百零五篇。《诗经》在内容上分为风、雅、颂三部分,在先秦时称为"诗",或"诗三百",西汉时被尊为儒家经典,才称为《诗经》并沿用至今。

伯 兮②

伯兮朅兮③,邦之桀兮④。伯也执殳⑤,为王前驱。
自伯之东,首如飞蓬。岂无膏沐⑥?谁适为容⑦!
其雨其雨,杲杲出日⑧。愿言思伯⑨,甘心首疾⑩!
焉得谖草⑪,言树之背⑫?愿言思伯,使我心痗⑬。

注释

① 选自《诗经注析》,程俊英、蒋见元著,中华书局1991年版。　② 《伯兮》出自《诗经·卫风》。《风》:出自各地的民歌,是《诗经》中的精华部分,有对爱情、劳动等美好事物的吟唱,也有怀故土、思征人及反压迫、反欺凌的怨叹与愤怒,常用复沓的手法来反复咏叹,一首诗中的各章往往只有几个字不同,表现了民歌的特色。伯:古代兄弟姊妹中长者为伯,妇女也称丈夫为伯,此处为女子对丈夫的称呼。　③ 朅(qiè):偈的假借字,英武高大的样子。　④ 桀:通"杰",才智出众的人。　⑤ 殳(shū):古代兵器,竹制,形如竿。　⑥ 膏:润面的油。沐:洗头。此处膏沐连用为偏义复词,主要指面油。　⑦ 适:悦。容:打扮。　⑧ 杲杲(gǎo):明亮的样子。　⑨ 愿言:思念的样子。　⑩ 甘心首疾:形容思念的深切。　⑪ 焉:何。谖草:即萱草,忘忧草。　⑫ 言:动词词头,而;一说是代词"我"。树:种植。背:北堂,即后堂。　⑬ 痗(mèi):忧思成病。

释意

我的丈夫真威猛,真是邦国的英雄。我的丈夫执长殳,做了君王的前锋。

自从丈夫东行后,头发散乱像飞蓬。膏脂哪样还缺少?为谁修饰我颜容!
天要下雨就下雨,却出太阳亮灿灿。一心想着我丈夫,想得头痛也心甘!
哪儿去找忘忧草,就种它在屋北面?一心想着我丈夫,使我伤心病恹恹。

摽 有 梅①

摽有梅,其实七兮。求我庶士,迨其吉兮②。
摽有梅,其实三兮。求我庶士,迨其今兮。
摽有梅,顷筐塈之③。求我庶士,迨其谓之。

①《摽有梅》出自《诗经·召南》。摽(biào):落。有:词头。　②迨(dài):及时,趁着。　③顷筐:斜口浅筐,犹今之簸箕。塈(jì):取。

梅子落地纷纷,树上还留七成。有心求我的小伙子,请不要耽误良辰。
梅子落地纷纷,枝头只剩三成。有心求我的小伙子,到今儿切莫再等。
梅子纷纷落地,收拾要用簸箕。有心求我的小伙子,快开口莫再迟疑。

💡 作品简析

《诗经》是我国第一部现实主义诗歌总集,全面地展示了西周初期至春秋中期的社会生活,真实地反映了中国古代历史面貌,是中国现实主义文学的起点。

《伯兮》诗分四章,全以思妇的口吻来叙事抒情。第一章开篇四句,思妇并无怨言,而是兴高采烈地夸赞其夫的才华和威猛;第二章,诗的笔锋和情调突然一转,变成了思妇对征夫的思念之情的描述;第三章,进一步描述思妇对征夫的思念之情;第四章,承上两章而来,思妇一而再、再而三地倾诉出她对丈夫的深切思念。全诗紧扣一个"思"字,思妇先由夸夫转而引起思夫,又由思夫而无心梳妆到头痛,进而由头痛到患心病,从而呈现出一种抑扬顿挫的跌宕之势。全诗描述步步细致,感情层层加深,情节层层推展,富有强烈的艺术感染力。

《摽有梅》是一首委婉而大胆的求爱诗。暮春,梅子黄熟,纷纷坠落。一位姑娘见此情景,敏锐地感到时光无情抛人而去,而自己青春流逝却嫁娶无期,便不禁以梅子比兴,情意急迫地唱出了这首怜惜青春、渴求爱情的诗歌。

📚 思辨与感悟

1. 结合两首诗的内容,谈谈中国古人的浪漫情怀。
2. 结合两首诗的内容,谈谈你对古代爱情的认识。
3. 结合你对《诗经》其他篇章的学习,谈谈《诗经》的艺术风格。
4. 你会吟诵《诗经》中的哪些篇目?请同学们背诵这两首诗,并提交音频作业。

渔 父(节选)①

庄 子

> 庄子(约前369—约前286),名周,宋国蒙人,战国中期著名的思想家、哲学家和文学家,道家学派的主要代表人物之一,与老子并称为"老庄"。庄子的作品以引人入胜的方式阐述哲理,被称为"文学的哲学,哲学的文学"。

孔子游乎缁帷之林②,休坐乎杏坛之上③。弟子读书,孔子弦歌鼓琴④。奏曲未半,有渔父者,下船而来,须眉交白⑤,被发揄袂⑥,行原以上⑦,距陆而止⑧,左手据膝⑨,右手持颐以听⑩。曲终而招子贡、子路,二人俱对⑪。

客指孔子曰:"彼何为者也⑫?"

子路对曰:"鲁之君子也。"

客问其族⑬。子路对曰:"族孔氏。"

客曰:"孔氏者何治也⑭?"

子路未应,子贡对曰:"孔氏者,性服忠信⑮,身行仁义⑯,饰礼乐⑰,选人伦⑱,上以忠于世主⑲,下以化于齐民⑳,将以利天下。此孔氏之所治也。"

又问曰:"有土之君与㉑?"

子贡曰:"非也。"

"侯王之佐与㉒?"

子贡曰:"非也。"客乃笑而还行㉓,言曰:"仁则仁矣,恐不免其身㉔;苦心劳形以危其真㉕。呜呼,远哉其分于道也㉖!"

注释

① 选自《庄子》,方勇译注,中华书局2010年版。　② 游:游玩。缁帷之林:地名。缁,黑色。帷,帷幕。　③ 休:休息。杏坛:传说为孔子聚徒讲学处。　④ 弦歌:犹弦诵,弹琴瑟唱诗歌。《论语·阳货》有"子之武城,闻弦歌之声"。　⑤ 交:皆,全。　⑥ 被发:散发。被,通"披"。揄:挥,摇。袂(mèi):衣袖,袖子。　⑦ 行原:沿着高平的岸边行走。　⑧ 距:至。陆:高地。　⑨ 据:按,扶,捂着。　⑩ 持:托。颐:下巴。　⑪ 俱对:一齐对话。　⑫ 彼:他,指孔子。为:做。　⑬ 其:你,指孔子。族:氏族,指姓。　⑭ 治:从事。　⑮ 性:心性。服:守。　⑯ 行:践履,践行。　⑰ 饰:修饰。　⑱ 选:通"撰",制作。人伦:道德规范。　⑲ 世主:当世的君主。　⑳ 化:教化。齐民:犹平民。　㉑ 土:土地,领土。君:君主。　㉒ 侯王:诸侯。佐:辅佐,指权臣。　㉓ 还行:反行,向回走。　㉔ 不免:难免。　㉕ 苦心:用心良苦。劳形:操劳形体。危:危害。真:本性,天性。　㉖ 分:分界,间隔,离。

释意

孔子来到名叫缁帷之林游览,坐在杏坛上休息。弟子们在一旁读书,孔子在弹琴吟唱。曲子还未奏完一半,有个捕鱼的老人下船而来,他胡须和眉毛全都白了,披着头发,挥着衣袖,沿着河岸而上,来到一处高而平的地方便停下脚步,左手抱着膝盖,右手托起下巴听孔子弹琴吟唱。曲子终了,渔父用手召唤子贡、子路两人一起过去。

渔父指着孔子说:"他是干什么的?"子路回答说:"他是鲁国的君子。"渔父问孔子的姓氏。子路回答:"姓孔。"渔父说:"孔氏钻研并精通什么学问?"子路还未作答,子贡说:"孔氏这个人,心性敬奉忠信,亲身实践仁义,修治礼乐规范,排定人伦关系,对上来说竭尽忠心于国君,对下而言施行教化于百姓,打算用这样的办法造福于天下。这就是孔氏钻研精习的事业。"渔父又问道:"孔氏是拥有国土的君主吗?"子贡说:"不是。"渔父接着问道:"是王侯的辅臣吗?"子贡说:"也不是。"渔父于是笑着背转身去,边走边说道:"孔氏讲仁真可说是仁了,不过恐怕其自身终究不能免于祸患;真是折磨心性劳累身形而危害了他自己的自然本性。唉,他离大道也实在是太远太远了!"

作品简析

"渔父"为一名捕鱼的老人,这里用作篇名。作者通过渔父对孔子的批评,指斥儒家的思想,并借此阐述了持守其真、还归自然的主张。全文写了孔子见到渔父,以及和渔父对话的全过程。渔父跟孔子的弟子子路、子贡谈话,批评孔子"性服忠信,身行仁义,饰礼乐,选人伦",都是"苦心劳形以危其真"。他认为应该各安其位才是最好的治理。

本篇历来也多受指责,被认为是伪作,但本篇的思想跟庄子一贯的主张还是有相通之处的。本篇对儒家的指责不如《胠箧》《盗跖》那么直接、激烈,守真和受于天的思想也与内篇的观点相一致,而且渔父本身就是一个隐道者的形象,因而仍应看作庄派学说的后学之作。

思辨与感悟

1. 结合原文,谈谈你对中国古代儒家思想与道家思想的看法。
2. 结合原文,谈谈《渔父》的思想对你今后的发展有何积极意义。
3. 请同学们诵读这篇作品,并提交音频作业。

大　　学(节选)①

《大学》原是《礼记》的一篇,宋代被从《礼记》中抽出,与《论语》《中庸》《孟子》合为"四书"。《礼记》是中国古代一部重要的礼仪论著选集,也是研究当时社会情况、儒家学说和文物制度的参考书。《礼记》相传为西汉戴圣编纂,又称《小戴礼记》,今本为东汉郑玄注本。全书包括《曲礼》《檀弓》《王制》《月令》《礼运》《学记》《乐记》《中庸》《大学》等四十九篇,除有关我国古代社会情况和各种礼节制度的记述外,还包括了孔子及其门人言行的一些小故事,有一定的思想意义,如流传很广的"苛政猛于虎",就出自《礼记·檀弓》篇。《礼记》的语言简洁生动,具有一定的文学价值。

大学之道在明明德②,在亲民③,在止于至善。知止而后有定④,定而后能静,静而后能安,安而后能虑,虑而后能得⑤。物有本末,事有终始。知所先后,则近道矣。

古之欲明明德于天下者先治其国,欲治其国者先齐其家⑥,欲齐其家者先修其身⑦,欲修其身者先正其心,欲正其心者先诚其意,欲诚其意者先致其知⑧,致知在格物⑨。物格而后知至,知至而后意诚,意诚而后心正,心正而后身修,身修而后家齐,家齐而后国治,国治而后天下平。

自天子以至于庶人⑩,壹是皆以修身为本⑪。其本乱而末治者⑫,否矣。其所厚者薄⑬,而其所薄者厚,未之有也⑭。

 注释

① 选自《礼记译解》,王文锦译解,中华书局2001年版。　② 大学之道:大学的宗旨。"大学"一词在古代有两种含义:一是"博学"的意思;二是相对于小学而言的"大人之学"。古人八岁入小学,学习"洒扫应对进退、礼乐射御书数"等文化基础知识和礼节;十五岁入大学,学习伦理、政治、哲学等"穷理正心、修己治人"的学问。因此,后一种含义其实也和前一种含义有相通的地方,同样有"博学"的意思。"道"的本义是道路,引申为规律、原则等,在中国古代哲学、政治学里,也指宇宙万物的本原、个体,一定的政治观或思想体系等,在不同的上下文语境里有不同的意思。明明德:前一个"明"作动词,有使动的意味,即"使彰明",也就是发扬、弘扬的意思。后一个"明"作形容词,明德也就是光明正大的品德。　③ 亲民:亲爱人民。一说"亲"应为"新",即革新、弃旧图新。亲民,也就是新民,使人弃旧图新、去恶从善。　④ 知止:知道目标所在。　⑤ 得:收获。　⑥ 齐其家:管理好自己的家庭或家族,使家庭或家族和和美美、蒸蒸日上、兴旺发达。　⑦ 修其身:修养自身的品性。　⑧ 致其知:使自己获得知识。　⑨ 格物:认识、研究万事万物。　⑩ 庶人:指平民百姓。　⑪ 壹是:都是。本:根本。　⑫ 末:相对于本而言,指枝末、枝节。　⑬ 厚者薄:该重视的不重视。后句"薄者厚"指不该重视的却加以重视。　⑭ 未之有也:即未有之也。没有这样的道理(事情、做法等)。

 释意

大学的宗旨在于弘扬光明正大的品德,在于亲爱人民(或译为使人弃旧图新),在于使人达到最完善的境界。知道应达到的境界才能够志向坚定,志向坚定才能够镇静不躁,镇静不躁才能够心安理得,心安理得才能够思虑周详,思虑周详才能够有所收获。每样东西都有根本、有枝末,每件事情都有开始、有终结。明白了这本末始终的道理,就接近事物发展的规律了。

古代那些要想在天下弘扬光明正大品德的人,先要治理好自己的国家;要想治理好自己的国家,先要管理好自己的家庭和家族;要想管理好自己的家庭和家族,先要修养自身的品性;要想修养自身的品性,先要端正自己的心思;要想端正自己的心思,先要使自己的意念真诚;要想使自己的意念真诚,先要使自己获得知识;获得知识的途径在于认识、研究万事万物。通过对万事万物的认识、研究后才能获得知识;获得知识后意念才能真诚;意念真诚后心思才能端正;心思端正后才能修养品性;修养品性后才能管理好家庭和家族;管理好家庭和家族后才能治理好国家;治理好国家后天下才能太平。

上自国家元首,下至平民百姓,人人都要以修养品性为根本。若这个根本被扰乱了,要治理好家庭、家族、国家、天下是不可能的。不分轻重缓急,本末倒置却想做好事情,这也同样是不可能的!

《大学》是一篇论述儒家人生哲学的论文。该文先提出学习的目的在于"明德""亲民""止于至善",接着认为只有修身、齐家才能治国、平天下,后面文字均论述此主题。《大学》的思想一般被概括为"三纲""八目",而"三纲"与"八目"又有着密切的联系,二者是一个有机的整体,这是《大学》思想的一个重要特点,也是理解《大学》的关键所在。《大学》采用了总分式的论证结构,运用了很多递进论述的方法,层层推进,逻辑严密,如"知止而后有定,定而后能静,静而后能安,安而后能虑,虑而后能得"。《大学》文辞简约,内涵深刻,影响深远,千年来无数仁人志士由此登堂入室以窥儒家之门。该文对现代人如何做人、做事、立业等均有深刻的启迪意义。

思辨与感悟

1. 本文提出了宋儒称作"三纲"和"八目"的理论思想。请结合文本说说"三纲"和"八目"的思想内涵。

2. "修齐治平"四者的关系如何?要达到修身,需经过哪些步骤呢?

五 帝 本 纪(节选)①

司马迁

> 司马迁(约前145或前135—?),字子长,西汉史学家、文学家、思想家,所著《史记》是中国第一部纪传体通史,被鲁迅称为"史家之绝唱,无韵之《离骚》"。

黄帝者,少典之子②,姓公孙③,名曰轩辕。生而神灵,弱而能言④,幼而徇齐⑤,长而敦敏⑥,成而聪明⑦。

轩辕之时,神农氏世衰⑧。诸侯相侵伐,暴虐百姓⑨,而神农氏弗能征。于是轩辕乃习用干戈⑩,以征不享⑪,诸侯咸来宾从⑫。而蚩尤最为暴,莫能伐。炎帝欲侵陵诸侯,诸侯咸归轩辕。轩辕乃修德振兵⑬,治五气⑭、蓺五种⑮、抚万民、度四方⑯,教熊罴貔貅貙虎⑰,以与炎帝战于阪泉之野。三战,然后得其志。蚩尤作乱,不用帝命。于是黄帝乃征师诸侯,与蚩尤战于涿鹿之野,遂禽杀蚩尤。而诸侯咸尊轩辕为天子,代神农氏,是为黄帝。天下有不顺者,黄帝从而征之,平者去之,披山通道,未尝宁居⑱。

东至于海,登丸山,及岱宗⑲。西至于空桐,登鸡头。南至于江,登熊、湘。北逐荤粥⑳,合符釜山㉑,而邑于涿鹿之阿㉒。迁徙往来无常处,以师兵为营卫。官名皆以云命㉓,为云师。置左右大监,监于万国。万国和,而鬼神山川封禅与为多焉㉔。获宝鼎,迎日推策㉕。举风后㉖、力牧、常先、大鸿以治民。顺天地之纪㉗,幽明之占㉘,死生之说,存亡之难㉙。时播百谷草木㉚,淳化鸟兽虫蛾㉛,旁罗日月星辰,水波土石金玉,劳勤心力耳目,节用水火材物㉜。有土德之瑞㉝,故号黄帝。

注释

① 选自《史记》，陈曦、周旻注，韩兆琦审阅，中华书局 2022 年版。 ② 少典：古部落名。《史记索隐》（以下简称《索隐》）："少典者，诸侯国号，非人名也。"按：这里所谓"诸侯国号"实际就是远古部族名。子：指后代。 ③ 姓公孙：《索隐》引皇甫谧云："黄帝生于寿丘，长于姬水，因以为姓。"据此，则黄帝姓姬。《史记会注考证》云""《大戴礼·五帝德》无'姓公孙'三字，未详史公所本"，又引崔述云"公孙者，公之孙（公侯之孙）也"。认为公孙不是黄帝的姓。 ④ 弱：幼弱，这里指出生不久。《索隐》："潘岳有《哀弱子》篇，其子未七旬曰弱。"（"未七旬"，还不到七十天） ⑤ 徇齐：敏捷，指智虑敏捷。 ⑥ 敦：敦厚，诚实。敏：勉，勤勉。 ⑦ 聪明：本为听力好、视力好，即耳聪目明之意，这里指见闻广，能明察。 ⑧ 世：后嗣，后代。 ⑨ 暴虐：侵害，侵侮。百姓：指贵族，百官。百姓在战国以前是对贵族的总称，因为当时只有贵族才有姓。 ⑩ 习：演习，操练。干戈：古代兵器。 ⑪ 不享：指不来朝拜的诸侯。诸侯向天子进贡朝拜叫享。 ⑫ 咸：都。宾从：归顺，归从。 ⑬ 振：整顿。 ⑭ 五气：五行之气。古代把五行和四时相配：春为木，夏为火，季夏（夏季的第三个月，即阴历六月）为土，秋为金，冬为水。"治五气"是指研究四时节气变化。 ⑮ 蓺：种植。五种：指黍、稷、稻、麦、菽等谷物。 ⑯ 度四方：指丈量四方土地，加以规划。度：量长短。 ⑰ 熊罴(pí)貔貅(chū)虎：都是猛兽名。《索隐》认为这几种猛兽经过训练可以作战，《史记正义》（以下简称《正义》）以为是用来给军队命名的，借以威吓敌人。也有人认为这几种猛兽可能是氏族的图腾。 ⑱ 平者：指平服的地方。去：离开。披：开，打开。宁居：安居。 ⑲ 岱宗：即泰山。 ⑳ 荤粥(xūn yù)：部族名，即匈奴。 ㉑ 合符：验证符契。符，古代朝廷传达命令或调兵遣将所用的凭证，用竹木或金玉制成，剖而为二，双方各执一半，用时相合以验真假，叫作合符。"符"为符命，上天赐祥瑞与人君，作为受命于天的凭证。"合符"意思是说釜山的瑞云与黄帝的黄云之瑞相符。 ㉒ 邑：这里是建城邑的意思。阿：山脚。 ㉓ 官名皆以云命：用云来命名官职。《史记集解》引应劭曰："黄帝受命，有云瑞，故以云纪事也。"春官为青云，夏官为缙云，秋官为白云，冬官为黑云，中官为黄云。"《左传·昭公十七年》："昔者黄帝氏以云纪，故为云师而云名。" ㉔ 封禅：古代帝王所举行的祭祀天地山川的盛典。在泰山筑坛以祭天叫封，在梁父山辟草以祭地叫禅。与：跟……比。 ㉕ 迎：预测，预推。推：推算。《索隐》据《封禅书》有"黄帝得宝鼎神策"和"于是推策迎日"二句，认为神策即神蓍，即用以占卜的蓍草。这两句意思就是黄帝观测太阳的运行用神策推算历法，预知节气日辰。《正义》："黄帝受神荚，命大挠造甲子（即天干地支），容成造历（即黄帝历）是也。" ㉖ 举：提拔任用。 ㉗ 天地之纪：指天地四时运行的规律。纪，规律。 ㉘ 幽明：指阴阳。 ㉙ 难(nàn)：论说，争辩。 ㉚ 时：季节。一说"时"通"蒔"，栽种。 ㉛ 淳化：驯养。虫蛾：指蚕。传说黄帝的正妃嫘祖教民养蚕、缫丝、织帛。 ㉜ 节用：有节制地使用，如按季节采伐树木、捕鱼打猎。 ㉝ 土德之瑞：《吕氏春秋·有始览》："黄帝之时，天先见（现）大螾大蝼。黄帝曰：'土气胜。'土气胜，故其色尚黄，其事则（效法、取法）土。"《封禅书》："黄帝得土德，黄龙地螾见。"古人认为帝王兴起，上天先呈现某种征兆，显示给下人。其实这只是传说和附会，不可信。德，属性。瑞，祥兆。

释意

黄帝，是少典部族的子孙，姓公孙名叫轩辕。他一生下来，就很有灵性，出生不久就会说话，幼年时聪明机敏，长大后诚实勤奋，成年以后见闻广博，对事物看得很清楚。轩辕时代，神农氏的后代已经衰败，各诸侯互相攻战，残害百姓，而神农氏没有力量征讨他们。于是轩辕就习兵练武，去征讨那些不来朝贡的诸侯，各诸侯这才都来归从。而蚩尤在各诸侯中最为凶暴，没有人能去征讨他。炎帝想进攻欺压诸侯，诸侯都来归从轩辕。于是轩辕修行德业，整顿军旅，研究四时节气变化，种植五谷，安抚民众，丈量四方的土地，训练熊罴貔貔貅虎等猛兽,跟炎帝在阪泉的郊野交战,先后打了几仗,才征服炎帝,如愿得胜。蚩尤发动叛乱,不听从黄帝之命。于是黄帝征调诸侯的军队,在涿鹿郊野与蚩尤作战,终于擒获并杀死了他。这样,诸侯都尊奉轩辕做天子,取代了神农氏,这就是黄帝。天下有不归顺的,黄帝就前去征讨,平定一个地方之后就离去,一路上劈山开道,从来没有在哪儿安宁地居住过。

黄帝往东到过东海,登上了丸山和泰山;往西到过空桐,登上了鸡头山;往南到过长江,登上了熊山、湘山;往北驱逐了荤粥部族,来到釜山与诸侯合验了符契,就在涿鹿山的山脚下建起了都邑。黄帝四处迁徙,没有固定的住处,带兵走到哪里,就在哪里设置军营以自卫。黄帝所封官职都用云来命名,军队号称云师。他设置了左右大监,由他们督察各诸侯国。这时,万国安定。自古以来,黄帝祭祀鬼神山川的次数相对较多。黄帝获得上天赐给的宝鼎,于是观测太阳的运行,用占卜用的蓍草推算历法,预知节气日辰。他任用风后、力牧、常先、大鸿等治理民众。黄帝顺应天地四时的规律,推测阴阳的变化,讲解生死的道理,论述存与亡的原因,按照季节播种百谷草木,驯养鸟兽蚕虫,测定日月星辰以定历法,收取土石金玉以供民用,身心耳目,饱受辛劳,有节度地使用水、火、木材及各种财物。他做天子有土这种属性的祥瑞征兆,土色黄,所以号称黄帝。

作品简析

《五帝本纪》是《史记》的第一篇,记述了从黄帝至尧舜时期的远古历史。五帝开创的事业是中华民族几千年文明史的开端。这篇本纪,在记事上确立了历史发展的根基,在写作上又为以后各篇的铺展设下了伏笔。司马迁利用了"连环锁"的叙写方式,一环紧扣一环。其首创的纪传体编史方法为后来历代"正史"所传承,对后世史学和文学的发展都产生了深远影响。本段落讲述了黄帝的出身、能力、骁勇善战的本领,以及统一天下的过程。他是中华文化的始祖,也被称为"轩辕天子"。

思辨与感悟

1. 轩辕黄帝喜欢研究哪些东西?喜欢训练哪些猛兽?作为一个统治者为什么要研究这些?
2. 请简述司马迁在《五帝本纪》中表达了什么样的政治思想。
3. 请同学们诵读这篇作品,并提交音频作业。

神 思(节选)[①]

刘 勰

刘勰(约465—约532),字彦和,南朝梁文学理论家。他曾任县令、东宫通事舍人、步兵校尉等职,颇有清名。晚年在山东莒县(今属山东日照)浮来山创办定林寺。刘勰虽任多官职,但其名不以官显,却以文彰,一部《文心雕龙》奠定了他在中国文学史和文学批评史上不可或缺的地位。据《梁书·刘勰传》记载,刘勰早年家境贫寒,笃志好学,终身未娶,曾寄居江苏镇江,跟随僧祐研读佛经。《文心雕龙》共计五十篇,三万七千余字,书超前人,体大而虑周,风格迥异,独树一帜,对后世影响颇大。

古人云:"形在江海之上,心存魏阙之下。"神思之谓也。文之思也,其神远矣。故寂然凝虑,思接千载;悄焉动容②,视通万里,吟咏之间,吐纳珠玉之声;眉睫之前,卷舒风云之色:其思理之致乎?故思理为妙,神与物游③。神居胸臆,而志气统其关键④;物沿耳目,而辞令管其枢机⑤。枢机方通,则物无隐貌;关键将塞,则神有遁心⑥。是以陶钧文思,贵在虚静⑦,疏瀹五脏,澡雪精神⑧。积学以储宝⑨,酌理以富才,研阅以穷照⑩,驯致以绎辞。然后使玄解之宰⑪,寻声律而定墨;独照之匠,窥意象而运斤:此盖驭文之首术,谋篇之大端。

夫神思方运,万涂竞萌,规矩虚位⑫,刻镂无形。登山则情满于山,观海则意溢于海⑬,我才之多少,将与风云而并驱矣。方其搦翰,气倍辞前⑭;暨乎篇成,半折心始⑮。何则?意翻空而易奇⑯,言征实而难巧也⑰。是以意授于思,言授于意,密则无际,疏则千里⑱。或理在方寸而求之域表;或义在咫尺而思隔山河⑲。是以秉心养术,无务苦虑;含章司契,不必劳情也。

人之禀才,迟速异分⑳。文之制体,大小殊功。相如含笔而腐毫㉑,扬雄辍翰而惊梦,桓谭疾感于苦思㉒,王充气竭于思虑。张衡研《京》以十年㉓,左思练《都》以一纪㉔,虽有巨文,亦思之缓也。淮南崇朝而赋《骚》㉕,枚皋应诏而成赋,子建援牍如口诵㉖,仲宣举笔似宿构,阮瑀据鞍而制书㉗,祢衡当食而草奏㉘。虽有短篇,亦思之速也。

若夫骏发之士,心总要术,敏在虑前,应机立断;覃思之人㉙,情饶歧路,鉴在疑后㉚,研虑方定。机敏故造次而成功,虑疑故愈久而致绩。难易虽殊,并资博练㉛。若学浅而空迟,才疏而徒速,以斯成器,未之前闻。是以临篇缀虑,必有二患:理郁者苦贫㉜,辞溺者伤乱㉝。然则博见为馈贫之粮㉞,贯一为拯乱之药㉟,博而能一,亦有助乎心力矣。

注释

① 选自《文心雕龙》,王志彬译注,中华书局 2012 年版。　② 悄焉动容:静寂无声。动,变化。容,容颜。用容颜的变动来代替眼神的变动。　③ 神与物游:精神和外物一起活动,即思维想象受外物的影响。神,神思,指想象活动。物,物象,指作家头脑中主观化了的形象。　④ 志气:情志、气质。情志和气质支配着构思活动。　⑤ 辞令:语言或文辞。作家头脑中的形象和语言总是交织在一起的。枢机:关键,即主要部分。　⑥ 遁:隐避,逃遁。　⑦ 贵在虚静:这一段是刘勰从先秦道家和荀子思想那里引入文学创作并加以改造的理论,包含两层意思:一是虚静才能全面接纳各种事物并很好地认识事物形象的各方面,二是虚静才能在文学创作过程中排除干扰,专心一意,从而更好地驰骋想象,释放感情。虚,虚怀。静,安静。　⑧ 澡雪:洗涤。以上三句是要求作者思想净化,毫无杂念。　⑨ 宝:指知识。　⑩ 研阅:研究观察。照,察看,理解。这句是说通过观察研究尽量去明白事理。　⑪ 玄解:懂得深奥的道理。宰:主宰,指作者的心、脑。　⑫ 规矩:作动词用,按一定规矩加工,指对事物的揣摩。虚位:指存在于作家头脑中虚而不实之物。　⑬ 溢:满出。这二句指构思中想到"登山"与"观海"的情景。　⑭ 辞前:作品未写成之前。辞,指作品。此二句指想象比文辞丰富得多。　⑮ 半折:打了一半折扣。心始:心中开

始想象的。此句是说写出来的文章不能表达原来的想法。　⑯ 翻空:即不受限制之意,展开想象的翅膀在空中驰骋。　⑰ 征实:求实,即把作者的想象具体地写出。难巧:难于工巧。　⑱ 疏:疏漏,结合不好,指言不能准确表达意。　⑲ 咫(zhǐ)尺:比喻距离很近。咫,古代长度单位。　⑳ 异分:不同。　㉑ 相如:司马相如,西汉著名的辞赋家,相传他文思不敏捷。含笔:笔浸在墨汁中。腐毫:即毛笔都腐烂了。毫,毛,指毛笔。　㉒ 桓谭:东汉政治家、哲学家。他在《新论·袪蔽篇》中说自己年少时羡慕扬雄文章写得好,因苦思太甚而发病。　㉓ 张衡:东汉科学家、文学家。《后汉书·张衡传》说,张衡学习班固的《两都赋》作《二京赋》(《西京赋》《东京赋》),共花了十年时间。　㉔ 左思:西晋著名文人。据说,左思《三都赋》的构思写作花了十余年时间。一纪:十二年。　㉕ 淮南:淮南王刘安。崇朝:终朝,指一个早晨。崇,终。《骚》:指《离骚传》,刘安作,全文已佚。　㉖ 子建:曹植的字。援:握。牍:简牍,指纸。这句是说,曹植拿着木片写文章好像把背诵过的文章默写下来一样,形容他文思敏捷。　㉗ 据鞍:伏在马鞍上。制书:写文章。　㉘ 当食:指吃饭时。草奏:写出文章。《后汉书·祢衡传》中说,荆州牧刘表一次在和诸文人共同草拟奏书,这时祢衡外出而归,见奏书写得不好,很快另写好一篇。又黄射大宴宾客,有人献来鹦鹉,黄射请他赋鹦鹉,他席前很快写好《鹦鹉赋》。　㉙ 覃(tán)思:深思。指文思迟缓的人写作时因构思深想而用很长的时间。　㉚ 鉴:察看、鉴别。　㉛ 资:依靠。博练:广泛学习训练。博,博学。练,才干。　㉜ 郁:郁积,思路郁积不开展。贫:贫乏,没东西可写。　㉝ 溺,辞溺:指陷在辞藻中。乱:杂乱。　㉞ 博见:广博地吸取知识。馈:进食,引申为补救。　㉟ 贯一:贯通统一,指围绕着一个中心或重点。拯:救。

释意

古人说:"身形在江海的边上,心思却想到朝廷中去了。"这说的就是想象的方法。文章在构思的时候,精神的活动范围相当广远。只要默默地、聚精会神地思考,那念头便可以接通千年之间;悄悄地改变容颜,视线便好像能够看到万里之外;在吟哦咏唱中间,可以发出如珠似玉般的悦耳声音;在凝神思想之间,眼前就展现出风云变幻的景色。这些都是作文构思时发挥想象力所造成的啊。所以写作构思很奇妙,可以使内心的想象与外物相交接。神奇的想象由作者内心来主宰,而意志和体气是支配它们活动的关键;外物由作者的耳目来接触,而语言是掌管它们的表达机构。当这个机构灵活通畅的时候,那事物的形貌便可以描绘出来,没有隐蔽得了的;如果支配想象的机构受到阻塞,那神奇的想象就会逃遁隐蔽,也就精神涣散了。所以酝酿文思,着重在虚静心志,清除心里的成见,宁静专一。这就要努力学习,积累学识来储存知识,要斟酌辨析各种事理来丰富增长自己的才学;要研究各种情况、进行彻底的观察来明白事理;要顺着作文构思去寻求恰当美好的文辞。然后才能使深通妙道的心灵,按照声律来安排文辞;就像有着独到看法的工匠能自如挥斧一样,写文章也要凭着想象来进行创作:这就是驾驭文思的首要方法,也是谋篇作文的重要开端。

想象刚刚开始运转活动的时候,各种各样的思路、物象都纷纷呈现在眼前,要在没有形成的文思中孕育内容,要在没有定型的文思中雕刻形象。登上高山,情思中就充溢着山间的景色;看到大海,情意就出现了海涛汹涌澎湃的风光。想象的才能,好像飞鸟同风云一起并驾齐驱而无法计量。刚刚拿起笔的时候,气势和信心大大超过了才能;可是等到写成篇章后,开始想的东西已经打了一半折扣。为什么会这样呢?想象凭空而起,容易想得奇特,而语言文字却比较实在,很难巧妙地表现作者的想象。文章的内容受作者的思想感情支配,而言辞又受文章内容的支配。如果文章的内容、作者的思想感情和文章的言辞三者结合得很紧密,那文章就贴切而天衣无缝,反之,疏漏时就会相差千里。有的道理就在心里却要到很远很远的地方去搜求;有的意思就在眼前,却像远隔着高山大河。所以要秉持虚空宁静、加强修养的方法,不在于冥思苦想,要体悟外物的美好,不必去劳心累情。

每个人的才能禀赋不同,文思就存在迟缓与迅速的差异;文章的体裁多种多样,则篇幅各异。司马相如把笔浸在墨汁里等毫毛都泡烂了才写出文章来,扬雄写文章用心过度,刚停下笔就睡着了,甚至做了噩梦;桓谭常常因为苦苦思索而劳累生病;王充由于思虑过度,耗尽了自己的气力精神;张衡用了十年时间写作《二京赋》;左思花了十二年光阴创作《三都赋》。上述名家,虽写的是长篇巨作,但是也说明了其文思的迟缓。淮南王刘安接受汉文帝的诏令一个早晨就写完了《离骚传》,枚皋总能一接到诏书就很快地完成一篇赋,曹植铺开纸作文章就像默写背诵过的文章;王粲作文举笔便成,好似写预先写好的文章;阮瑀在马鞍上也能很快地写好书信;祢衡在宴席上便能起草奏书。上述的作家虽说写的都是短篇,但是也说明了他们文思的敏捷。

至于文思敏捷的人,心里掌握着创作的方法要点,他们的聪敏总是在事前有过深思熟虑,所以能够当机立断。文思迟缓的人,思绪纷乱时徘徊不定,想要鉴明事理,需要经过反复研究考究;文思敏捷的人,文章能在仓促中写成功;疑虑多的人,文章要很久才能写成。快和慢、难和易似乎各有不同,但都靠学习广博和技巧熟练。如果学识浅薄而只是慢慢写、才学粗疏却只要写得快,像这样能写出好的文章,从来没有听说过。所以创作时酝酿文思,必然有两个困难:文思抑郁阻塞的人苦于想象的贫乏,文辞泛滥的人苦于文理紊乱,那么,可见广博见闻就成为补救想象贫乏的粮食,贯通统一就成为拯救文理紊乱的良药,能够做到既广闻博见又贯彻一种观念,对创作构思的能力也大有帮助啊。

 作品简析

《文心雕龙》从《神思》至《总术》为创作论,而《神思》为创作论的总纲。《神思》中的"神思",即想象,是一种精神活动,与现代所说的形象思维相似。本篇讲如何运用神思来进行文学创作构思,即以想象为特征的艺术构思问题。本节选文分两部分:第一,阐述艺术构思的特点和作用。为了更好地构思,就需要作家积极地去积累知识,运用好自己的生活经验,提高自己的情致修养;第二,通过列举过去的作家,阐述了艺术构思的不同类型,强调在构思中要抓住重点,这样才能取得创作的成功。《神思》是我国古代文论中比较全面而系统地论述艺术构思的一篇重要文献。

思辨与感悟

1. 请结合作者生平,谈谈你对刘勰创作论的看法。
2. 作者儒释兼修,你认为本文体现了哪些儒释思想。
3. 请同学们诵读这篇作品,并提交音频作业。

闲情偶寄（节选）①

李　渔

> 李渔（1611—1680），初名仙侣，后改名渔，字笠鸿、谪凡，号笠翁，浙江兰溪人。明末清初文学家、戏曲家。李渔18岁补博士弟子员，在明代中过秀才，入清后无意仕进，从事著述和指导戏剧演出。后居于南京，把居所命名为"芥子园"，并开设书铺，编刻图籍，广交达官贵人、文坛名流。所作《闲情偶寄》中论戏曲部分为古典戏曲理论的重要文献，另著有《比目鱼》《风筝误》等传奇、《十二楼》《无声戏》等小说集。

蔬食第一

声音之道，丝不如竹，竹不如肉，为其渐近自然。吾谓饮食之道，脍不如肉，肉不如蔬，亦以其渐近自然也。草衣木食②，上古之风。人能疏远肥腻，食蔬蕨而甘之，腹中菜园不使羊来踏破③，是犹作羲皇之民④，鼓唐、虞之腹⑤，与崇尚古玩同一致也。所怪于世者，弃美名不居，而故异端其说，谓佛法如是，是则谬矣。吾辑《饮馔》一卷，后肉食而首蔬菜，一以崇俭，一以复古；至重宰割而惜生命，又其念兹在兹，而不忍或忘者矣。

谷食第二

食之养人，全赖五谷⑥。使天止生五谷而不产他物，则人身之肥而寿也，较此必有过焉，保无疾病相煎、寿夭不齐之患矣。试观鸟之啄食粟，鱼之饮水，皆止靠一物为生，未闻于一物之外，又有为之肴馔酒浆、诸饮杂食者也。乃禽鱼之死，皆死于人，未闻有疾病而死，及天年自尽而死者，是止食一物乃长生久视之道也。人则不幸而为精腆所误⑦，多食一物，多受一物之损伤，少静一时，少安一时之淡泊。其疾病之生，死亡之速，皆饮食太繁，嗜欲过度之所致也。此非人之自误，天误之耳。天地生物之初，亦不料其如是，原欲利人口腹，孰意利之反以害之哉！然则人欲自爱其生者，即不能止食一物，亦当稍存其意，而以一物为君。使酒肉虽多，不胜食气，即使为害，当亦不甚烈耳。

谷食第二·汤

汤即羹之别名也。羹之为名，雅而近古；不曰羹而曰汤者，虑人古雅其名，而即郑重其实，似专为宴客而设者。然不知羹之为物，与饭相俱者也。有饭即应有羹，无羹则饭不能下，设羹以下饭乃图省俭之法，非尚奢靡之法也。古人饮酒，即有下酒之物；食饭，即有下饭之物。世俗改下饭为"厦饭"，谬矣。前人以读史为下酒物⑧，岂下酒之"下"，亦从"厦"乎？"下饭"二字，人谓指肴馔而言，予曰：不然。肴馔乃滞饭之具，非下饭之具也。食饭之人见美馔在前，匕箸迟疑而不下，非滞饭之具而何？饭犹舟也，羹犹水也；舟之在滩，非水不下，与饭之在喉，非汤不下，其势一也。且养生之法，食贵能消；饭得羹而即消，其理易见。故善养生者，吃饭不可无羹；善作家者，吃饭亦不可无羹。宴客而为省馔计者，不可无羹；即宴客而欲其果腹始去，一馔不留者，亦不可无羹。何也？羹能下饭，亦能下馔故也。近来吴越张筵⑨，每馔必注以汤，大得此法。吾谓家常自膳，亦莫妙于此。宁可食无馔，不可饭无汤。有汤下饭，即小菜不设，亦可使哺啜如流；无汤下饭，即美味盈前，亦有时食不下咽。予以一赤贫之士，而养半百口之家，有饥时而无馑日者⑩，遵是道也。

注释

① 选自《闲情偶寄》，杜书瀛译注，中华书局2014年版。　② 草衣木食：以草为衣，以木为食。　③ 腹中菜园不使羊来踏破：不使腹中蔬菜受肉腥践踏。羊，代表肉食。　④ 羲皇：即伏羲氏，古传说中"三皇"之一。　⑤ 唐、虞：即唐尧、虞舜，皆为古传说中的"五帝"之一。　⑥ 五谷：五种谷物，古时有多种说法，一般指稻、黍、稷、麦、豆。　⑦ 精腴：精细美好。腴，丰厚、美好。　⑧ 前人以读史为下酒物：《中吴纪闻》载北宋诗人苏舜钦读《汉书》下酒。　⑨ 吴越：指现浙江、江苏一带。　⑩ 有饥时而无馑日：意为有吃不饱的时候却不会全天挨饿。"饥""馑"都是吃不饱肚子的意思。

蔬 食 第 一

在音乐上，弦乐不如管乐，管乐不如声乐，这是贴近自然的原因。我觉得在饮食上，制作精细的肉不如普通的肉，普通的肉不如蔬菜，这也是因为逐渐贴近自然。穿着草衣吃素食，是上古时代的民风。人们都远离肥腻的东西而喜欢吃蔬菜。肚里装的都是蔬菜，不去吃鲜美的肉食，还跟上古的人一样，保持这样的饮食习惯，这与崇尚古玩是同一个道理。奇怪的是世人抛弃尊古的美名，把这种做法当作异端教条，说是佛法这么说的，这就大错特错了。我编这一卷《饮馔》，提倡蔬菜而贬斥肉食，一方面是因为崇尚节俭，另一方面是为了复古。对于屠宰这种事极其慎重及珍惜生命的信条，更是时刻念念在心，一刻也不会忘记。

谷 食 第 二

食物养人，全靠五谷。如果大自然只生长五谷而不出产别的东西，那么人类一定会比现在更健康长寿，保证没有疾病的煎熬和夭折的忧患。不妨看看鸟吃谷、鱼饮水，都是靠一种东西生存，没听说在一种食物以外，还有做酒做菜、吃多种食物的。因此禽类和鱼类都是死在人手上的，没听说有死于疾病，或者是寿命到了自己死的。由此可见单吃一种食物，是长生的一种方法。人却不幸被佳肴所害，多吃一种食物，是多受一种食物的损害，少得到一刻的安静，少享受一刻的淡泊。人的生病和早死都是由饮食太繁杂及嗜欲过度所导致的。这不是人自己的错，是上天的错。天地在造物之初，也没料到这样，原本是想使人口腹得益，没想到反而害了他们。但是人如果自己爱惜生命，就算不能单吃一种东西，也该有这个意识,以一种食物为主。这样即使吃了很多酒肉,只要没有超过人的消化能力,就算有损害,也不会太严重。

谷食第二·汤

汤是羹的别名,羹这名字,很雅致,有古风。这里不称羹而称汤的缘故,是怕人们因为这名字很古雅,而把它看得很关键,好像是专门为了宴客而准备的。但是他们不知道羹是与饭相搭配的,有饭就该有羹,没羹就不能下饭。做羹来下饭,是为了节俭,不是为了奢侈。

古人喝酒,就有下酒的东西,吃饭就有下饭的东西。世俗改"下饭"为"厦饭",这是不对的。古人把读史书当作下酒的东西,难道下酒的"下"字也该改成"厦"吗?下饭两字,一般人以为是指菜肴而言,我说不是。菜肴只能让人把饭剩下,不是用来下饭的。吃饭的人看到眼前的美味菜肴,筷子迟疑不下,不就把饭剩下了吗?饭像船,汤像水,船在沙滩上,没有水不能下,跟饭在喉间没有汤就下不去是一样的道理。而且按照养生的道理,食物贵在能消化。饭配上了汤就容易消化,这个道理显而易见。所以善于养生的人,吃饭不能没有汤;善于持家的人吃饭也不能没有汤;宴请客人想要省菜的话,也不能没有汤;宴请客人时希望客人吃饱,又不剩下菜,也不能没有汤。为什么呢?因为汤能下饭也能下菜。近来江南设宴,每顿饭都有汤,就是得到了这个方法的精髓。我认为平常自家做饭,最好也是这样。宁可吃饭没有菜,也不能吃饭没有汤。有汤下饭就算没有小菜,吃起来也很痛快;没有汤下饭,就算有很多美味,有时也会食不下咽。我是个贫穷的人,要养活全家五十多口人,虽然有时难免吃不饱,却不会全天挨饿,就是遵循了这个方法。

  作品简析

《闲情偶寄》为李渔的重要著作之一,是一部包含词曲、演习、声容、居室、器玩、饮馔、种植、颐养等内容的"寓庄论于闲情"的随笔集。该书在中国传统雅文化中享有很高声誉,被誉为古代生活艺术大全。该书自问世以来,即以其生动活泼的小品形式、轻松愉快的笔调而广受读者喜爱。本段落选自《闲情偶寄》的"饮馔部",是李渔讲求饮食之道的专文。他主张于俭约中求饮食的精美,在平淡处得生活之乐趣。其饮食原则可以概括为24字诀:重蔬食,崇俭约,尚真味,主清淡,忌油腻,讲洁美,慎杀生,求食益。这正表现了中国传统文化对饮食的追求。《闲情偶寄》文字清新隽永,叙述娓娓动人,读后齿颊留香,余味无穷。《闲情偶寄》不仅熏陶、影响了梁实秋、林语堂等一大批现代散文大师,开现代生活美文之先河,而且对我们今天提高生活品位、营造艺术的人生氛围仍有极大的借鉴价值。

思辨与感悟

1. 请结合本文,说说古人的饮食习惯是怎样的。
2. 谈谈你的饮食习惯,你认为自己的饮食习惯是否健康?

第一讲 国学经典

 **扩展阅读**

文选·序(萧统)

圆桌议题

1. 请谈谈从《论语》里你学到了哪些人生智慧。
2. 学了《老子》的选文,你能悟出点什么吗?
3. 你知道中国古代神话中有哪五位圣明的帝王吗?
4. 刘勰和萧统的文学观有什么不同?
5. 弘扬社会主义核心价值观为什么必须立足于中华优秀传统文化?

第二讲 立志修身

俗话说,树无根不长,人无志不立。立志,即立下志愿,树立志向。立志,有利于发现自身的价值,做出正确的判断;有利于激发个人的潜力,努力奋斗实现目标。立志是取得成功的基础,"非学无以广才,非志无以成学"。

修身,是指修养身心。修身就是择善而从,博学于文,并约之以礼。修身的本质是一个长期与自己的恶习和薄弱意志作斗争的过程,洗净杂质,陶冶情操。修身是成就事业的前提。立志修身,是为了提升个人的品位,创造人生的价值,进而为国家的富强兴盛贡献力量。

修　　身(节选)[①]

荀　子

> 荀子(约前313—约前238),名况,时人尊称为"荀卿",因荀、孙音近,又称"孙卿",战国末期赵国人,思想家、文学家、政治家。荀子曾三次出任齐国稷下学宫的祭酒,后为楚兰陵令。荀子对儒家思想有所发展,在人性问题上,提倡性恶论,主张人性有恶,否认天赋的道德观念,强调后天环境和教育对人的影响。其学说常被后人拿来跟孟子的性善论比较。荀子对重新整理儒家典籍也有相当重要的贡献。
> 《荀子》是战国后期儒家学派最重要的著作,该书总结了当时学术界的百家争鸣和作者自己的学术思想,反映了唯物主义自然观、认识论思想以及荀况的伦理、政治和经济思想。《荀子》一书今存三十二篇,除少数篇章外,大部分是荀子自己所写。他的文章擅长说理,组织严密,分析透辟,善于取譬,常用排比句增强议论的气势,语言富赡警炼,有很强的说服力和感染力。

见善,修然必以自存也[②];见不善,愀然必以自省也[③];善在身,介然必以自好也;不善在身,菑然必以自恶也[④]。故非我而当者,吾师也;是我而当者,吾友也;谄谀我者,吾贼也。故君子隆师而亲友,以致恶其贼。好善无厌,受谏而能诫,虽欲无进,得乎哉?小人反是,致乱而恶人之非己也,致不肖而欲人之贤己也,心如虎狼、行如禽兽而又恶人之贼己也。谄谀者亲,谏争者疏,修正为笑,至忠为贼,虽欲无灭亡,得乎哉?《诗》曰:"噏噏呰呰,亦孔之哀。谋之其臧,则具是违;谋之不臧,则具是依。"[⑤]此之谓也。

扁善之度⁶，以治气养生则后彭祖⁷，以修身自名则配尧、禹⁸。宜于时通⁹，利以处穷，礼信是也⑩。凡用血气、志意、知虑，由礼则治通，不由礼则勃乱提僈⑪；食饮、衣服、居处、动静，由礼则和节，不由礼则触陷生疾；容貌、态度、进退、趋行，由礼则雅，不由礼则夷固僻违，庸众而野。故人无礼则不生，事无礼则不成，国家无礼则不宁。《诗》曰："礼仪卒度，笑语卒获。"⑫此之谓也。

注释

① 选自《荀子》，方勇、李波译注，中华书局2011年版。　② 修然：整饬的样子。存：省问。　③ 愀然：忧惧的样子。　④ 菑：通"灾"，害。　⑤ "嗡嗡"六句：见《诗经·小雅·小旻》。嗡嗡，同"吸吸"，吸取。呰呰：通"訾訾"，诋毁。　⑥ 扁善之度：谓遵循礼法则无所往而不善。扁，通"遍"。　⑦ 后：据《韩诗外传》，"后"前应有"身"字。彭祖：姓篯，名铿，尧封之于彭城，传说他经历了虞、夏、商、周，活了八百岁。　⑧ 名：据《韩诗外传》，"名"当作"强"。尧：陶唐氏，名放勋，上古五帝之一，传说中的贤君。禹：传说中的贤君，夏后氏部落的首领，夏王朝的创始者。　⑨ 时：处。　⑩ 信：真，确实。　⑪ 勃：通"悖"。提僈：松弛缓慢。提，通"偍"，舒缓。　⑫ "礼仪"二句：出自《诗经·小雅·楚茨》。卒：尽，都。获：得时，得当。

释意

看到善良的行为，一定要一丝不苟地拿它来对照自己；看到不好的行为，一定要心怀恐惧地拿它来反省自己；善良的品行在自己身上，一定因此而坚定不移地珍爱自己；不良的品行在自己身上，一定因此而被害似地痛恨自己。所以指责我而指责得恰当的人，就是我的老师；赞同我而赞同得恰当的人，就是我的朋友；阿谀奉承我的人，就是害我的贼人。君子尊崇老师，亲近朋友，而极端憎恨那些贼人。爱好善良的品行永不满足，受到劝告就能警惕，那么即使不想进步，可能么？小人则与此相反，自己极其昏乱，却还憎恨别人对自己的责备；自己极其无能，却要别人说自己贤能；自己的心地像虎、狼，行为像禽兽，却又恨别人指出其罪恶；对阿谀奉承自己的人就亲近，对规劝自己改正错误的人就疏远，把善良正直的话当作对自己的讥笑，把极端忠诚的行为看成是对自己的戕害，这样的人即使想不灭亡，可能么？《诗》云："乱加吸取乱诋毁，实在令人很可悲。谋划本来很完美，偏偏把它都违背；谋划本来并不好，反而拿来都依照。"就是说的这种小人。

使人无往而不善的是以礼为法度，用以调气养生，就能使自己的寿命仅次于彭祖；用以修身自强，就能使自己的名声和尧、禹相媲美。礼义才真正是既适宜于显达时立身处世，又有利于穷困中立身处世的。大凡在动用感情、意志、思虑的时候，遵循礼义就和顺通达，不遵循礼义就颠倒错乱、懈怠散漫；在吃喝、穿衣、居住、活动或休息的时候，遵循礼义就协调适当，不遵循礼义就会触犯禁忌而生病；在容貌、态度、进退、行走方面，遵循礼义就显得文雅，不遵循礼义就显得鄙陋邪僻、庸俗粗野。所以人没有礼义就不能生存，事情没有礼义就不能办成，国家没有礼义就不得安宁。《诗》云："礼仪全都合法度，说笑就都合时务。"说的就是这种情况。

作品简析

《荀子》的"修身篇"是专门论述修身之道的，即如何进行道德修养以及最后所达到的境界。其修身之道的最终目的和归宿就是先以德治身,再以文润身,终以行立身。荀子运用了辩证的思维、层层递进的推理以及类比的方式来论证修身的重要性和必要性,这些宝贵的思想对于青年学子的求学与问道有着重要的启示意义。

荀子把修身分为三个方面,即外在的修身、内在的修身以及社会中的修身。外在修身主要包括"见善""行礼""博渊"等方面;内在修身的立足点是"有序调理""净化心灵""平静心气"等;社会修身主要要求人们"行而供翼""行而俯项""偶视而先俯""端悫顺弟"以及"好学逊敏"等。这种修身又蕴含着以德修身、以文润身和以行立身。

修身不仅关系到个人安危,更关系到国家存亡。修身既要做好以德治身和以文润身,更要做实以行立身;修身既是一个全面的修身,也是一个有过程的修身;修身既要锻炼身体素质,也要修炼心理素养,同时要把自己融入集体、融入社会,把自我修身与个人和个人的关系、个人和集体的关系以及个人和国家的关系联系起来。

思辨与感悟

1. 请结合现代社会特点和你读本文的感受,谈谈当代青年人应该在日常生活中如何修身。
2. 请从个人、集体、国家的层面分别谈谈修身有哪些重要意义。
3. 荀子在文中所谈修身的做法有哪些局限性?请结合具体内容谈谈你的看法。
4. 请同学们诵读这篇作品,并提交音频作业。

廉　　耻① (节选)

顾炎武

> 顾炎武(1613—1682),本名绛,字宁人,亦自署蒋山佣;因仰慕文天祥学生王炎午的为人,改名炎武。又因故居旁有亭林湖,学者尊为亭林先生。明末清初的杰出的思想家、经学家、史地学家和音韵学家,与黄宗羲、王夫之并称为明末清初"三大儒"。其主要作品有《日知录》《天下郡国利病书》《肇域志》《音学五书》《韵补正》《顾亭林诗文集》等。

《五代史·冯道传·论》曰②:礼义廉耻,国之四维③,四维不张,国乃灭亡。善乎,管生之能言也④!礼义,治人之大法;廉耻,立人之大节。盖不廉则无所不取,不耻则无所不为。人而如此,则祸败乱亡,亦无所不至;况为大臣而无所不取,无所不为,则天下其有不乱,国家其有不亡者乎?然而四者之中,耻尤为要。故夫子之论士⑤,曰:"行己有耻⑥。"孟子曰:"人不可以无耻。无耻之耻,无耻矣⑦。"又曰:"耻之于人大矣,为机变之巧者,无所用耻焉⑧。"所以然者,人之不廉,而至于悖礼犯义,其原皆生于无耻也。故士大夫之无耻,是谓国耻。

吾观三代以下⑨,世衰道微,弃礼义,捐廉耻,非一朝一夕之故。然而松柏后凋于岁寒⑩,鸡鸣不已于风雨⑪,彼昏之日,固未尝无独醒之人也⑫!顷读《颜氏家训》有云⑬:"齐朝一士夫尝谓吾曰:'我有一儿,年已十七,颇晓书疏⑭,教其鲜卑语⑮,及弹琵琶,稍欲通解,以此伏事公卿,无不宠爱。'吾时俯而不答。异哉,此人之教子也!若由此业自致卿相,亦不愿汝曹为之。"嗟乎!之推不得已而仕于乱世,犹为此言,尚有《小宛》诗人之意⑯,彼阉然媚于世者⑰,能无愧哉!

注释

① 选自《日知录集释》,顾炎武著,黄汝成集释,栾保群、吕宗力校点,上海古籍出版社2013年版。　② 冯道(882—954):字可道,号长乐老,瀛州景城(今属河北沧州)人,五代十国时期著名宰相,历经四朝十代君王,世称"十朝元老"。　③ 维:网上的绳子,系在网的四角,用以提网,用来比喻事物最重要的部分。这里用来比喻"礼义廉耻"四者是维系国家之关键。　④ 管生:即管仲,春秋时期齐国名相,法家代表人物,辅助齐桓公实施变革,使齐称霸于诸侯。相传《管子》为其所著。　⑤ 夫子:对孔子的尊称。　⑥ 行己有耻:对自己的行为要有羞耻之心,有所不为。行己,自己的行为。语出《论语·子路》。　⑦ "人不可以无耻"三句:人不可以不知羞耻。从不知羞耻到知道羞耻,就可以免于羞耻了。　⑧ "耻之于人大矣"三句:耻对于人关系大极了,那些搞阴谋诡计耍花样的人,是根本谈不上耻的。机变,机巧诈变。无所用耻,不把羞耻放在心上。　⑨ 三代:指夏、商、周三个朝代合称。　⑩ 松柏后凋于岁寒:化用《论语·子罕》:"子曰:岁寒,然后知松之后彫(凋)也。"　⑪ "鸡鸣"句:化用《诗经·郑风·风雨》:"风雨如晦,鸡鸣不已。"已,止。　⑫ 独醒之人:不同于流俗的人。屈原《渔父》:"举世皆浊我独清,众人皆醉我独醒。"　⑬ 颜氏家训:北朝颜之推著,二十篇,主要叙述立身治家之法。颜之推(531—约590以后),字介,文学家、音韵训诂学家,历仕梁、北齐、北周、隋诸朝。博览群书,长于文学。　⑭ 疏:为注文作的注释。　⑮ 鲜卑:我国古代少数民族,汉末逐渐强盛起来,南北朝时曾建立北魏、北齐与北周。　⑯《小宛》:《诗经·小雅》中篇目。意为大夫遭世之乱,要保持操守以免祸。　⑰ 阉(yān)然媚于世者:语见《孟子·尽心下》:"阉然媚于世也者,是乡原也。"阉然,昏暗闭塞的样子。

释意

《五代史·冯道传·论》道:"礼义廉耻,国之四维,四维不张,国乃灭亡。"妙啊,管子的善于立论!礼义是治理人民的大法;廉耻,是为人立身的大节。大凡不廉便什么都可以拿;不耻便什么都可以做。人到了这种地步,那么灾祸、失败、逆乱、死亡,也就都随之而来了;何况身为大臣而什么都拿,什么都做,那么天下哪有不乱,国家哪有不亡的呢?然而在这四者之间,耻尤其重要。因此孔子论及怎么才可以称为士,说道:"个人处世必须有耻。"孟子说:"人不可以没有耻,对可耻的事不感到羞耻,便是无耻了。"又说:"耻对于人关系大极了,那些搞阴谋诡计耍花样的人,是根本谈不上耻的。"其所以如此,因为一个人的不廉洁,乃至于违犯礼义,推究其原因都产生在无耻上。因此(国家领袖人物)士大夫的无耻,可谓国耻。

我考察自三代以下,社会和道德日益衰微,礼义被抛弃,廉耻被掼在一边,不是一朝一夕的事了。但是凛冽的冬寒中有不凋零的松柏,风雨如晦中有警世的鸡鸣,那些昏暗的日子中,实在未尝没有独具卓识的清醒者啊!最近读到《颜氏家训》上有一段话说:"齐朝一个士大夫曾对我说:'我有一个儿子,年已十七岁,颇能写点文件书牍什么的,教他讲鲜卑话,也学弹琵琶,使之稍为通晓一点技能,用这些技能侍候公卿大人,到处受到宠爱。'我当时低首不答。怪哉,此人竟是这样教育儿子的!倘若通过这些本领能使自己做到卿相的地位,我也不愿你们这样干。"哎!颜之推不得已而出仕于乱世,尚且能说这样的话,还有

《小宛》诗人的精神,那些卑劣地献媚于世俗的人,能不感到惭愧吗?

作品简析

本文节选自《日知录》卷十三《廉耻》,是顾炎武集中谈廉耻的文字。中华民族素以注重道德修养著称。历代有识之士,不但身体力行,而且谆谆教诲,行之于文,给后人留下了极可宝贵的精神财富。文章第一段是从理论上阐述廉耻的重要。全段基本上由前人的四段话组成,再加上作者的两处议论,把廉耻的重要性提到关系国家民族的高度来认识。这一段论述,层层剥笋,由广入深,具有极强的逻辑性。第二段是针对现实有感而发,强调要做廉而知耻的"独醒之人"。作者痛恨当时"弃礼义,捐廉耻"的世风人情,赞美那些在"岁寒""风雨"衰乱之世的"独醒之人"。这一段议论,因今而述昔,由昔更感今,具有很强的感染力。文章从立国、从政、立身等方面,指出"廉耻"之重要,讽劝士大夫要知耻养廉。讲究"礼义廉耻",是中华民族的优秀传统,尽管顾炎武的"廉耻"观有其时代的局限性,但他提倡"行己耻",强调要做"独醒之人"。廉而不贪,知耻慎行,对于我们今天树立正确的爱国主义思想,讲完气节,仍具有强烈的现实意义。

思辨与感悟

1. 具体指出本文所使用的明引、暗引、对偶、譬喻、设问、反诘等修辞手法。
2. 在本文中,作者认为养成廉耻的途径是什么?
3. 本文援古论今,所论"廉耻"颇多。课后可设定"廉耻""气节""荣辱"等议题,查阅出今中外格言名句,做佳句摘要。
4. 在面临人生巨变时,有人挺身而斗,有人俯首忍耐,如顾炎武一生坚持气节,冯道则安时处顺,不同的人生观造成不同的历史评价,讨论在当今社会中如何实现自己的人生价值。
5. 请同学们诵读这篇作品,并提交音频作业。

论 毅 力(节选)①

梁启超

> 梁启超(1873—1929),字卓如,号任公,又号饮冰室主人,广东新会(今属江门市)人。清朝光绪年间举人,中国近代思想家、政治家、教育家、史学家、文学家。他师从康有为,与康共同倡导变法维新。维新变法前,他与康有为一起联合各省举人发动"公车上书"运动。此后先后领导北京和上海的强学会,主持办讲堂、办报等工作,为变法做宣传。梁启超是近代文学革命运动的理论倡导者,倡导文体改良的"诗界革命"和"小说界革命"。其政论文流利畅达,感情奔放。有《饮冰室合集》。

天下古今成败之林,若是其荦然不一途也。要其何以成何以败?曰:"有毅力者成,反是者败。"

盖人生历程,大抵逆境居十六七,顺境亦居十三四。而顺逆两境,又常相间以迭乘。无论事之大小,而必有数次乃至十数次之阻力,其阻力虽或大或小,而要之必无可逃避者也。其在志力薄弱之士,始固曰吾欲云云,吾欲云云。其意以为天下事固易易也,及骤尝焉而阻力猝来,颓然丧矣;其次弱者,乘一时之意气,透过此第一关,遇再挫而退;稍强者遇三四挫而退;更稍强者,遇五六挫而退。其事愈大者,其遇挫愈多,其不退也愈难,非至强之人,未有能善于其终者也。

夫苟其挫而不退矣,则小逆之后,必有小顺;大逆之后,必有大顺。盘根错节之既经,而遂有应刃而解之一日。旁观者徒艳羡其功之成,以为是殆幸运儿,而天有以宠彼也;又以为我蹇于遭逢,故所就不彼若也。庸讵知所谓蹇焉幸焉者,彼皆与我之相同,而其能征服此蹇焉,利用此幸焉与否,即彼成我败所由判也。更譬诸操舟,如以兼旬之期行千里之地者,其间风潮之或顺或逆,常相参伍。彼以坚苦忍耐之力,冒其逆而突过之,而后得从容以进度其顺。我则或一日而返焉,或二三日而返焉,或五六日而返焉,故彼岸终不可达也。

孔子曰:"譬如为山,未成一篑,止,吾止也;譬如平地,虽覆一篑,进,吾往也。"孟子曰:"有为者,譬若掘井,掘井九仞而不及泉,犹为弃井也。"成败之数,视此而已。

 注释

① 选自《梁启超谈修身》,梁启超著,百花洲文艺出版社2019年版。

 释意

普天之下,从古至今成功和失败的许多事情,是如此纷繁复杂,途径各不相同。推究他们为什么成功,为什么失败?我回答说:"有毅力的人就成功,反之就失败。"

人生的历程,大多逆境占十分之六七,顺境占十分之三四,而顺境逆境又常常是相互间隔交替的。无论事情的大或小,一定有几次乃至十几次的阻碍,那阻碍虽然有的大有的小,但总之这是不可避免的事。那些意志力薄弱的人,开始一定会说我要怎样怎样,我要怎样怎样,他心里以为天下事本来就很容易很容易,等到骤然经历了挫折,阻碍突然来临,就萎靡不振丧失了勇气;那些意志力比较弱的人,凭着一时意气,通过了这第一关,但遇到第二次挫折就退缩了;那些意志力稍强的人,遇到三四次挫折才退缩;再坚强些的人,遇到五六次挫折才退缩。事情越大,遇到的挫折越多,做到不退缩就越难,不是极其坚强的人,没有能善始善终的。

如果遇到挫折而不退缩,那么小逆之后,必定有小顺;大逆之后,必定有大顺。经过了错综复杂的情况之后,接下来就会有问题迎刃而解的一天。旁观者只是羡慕别人的成功,以为他大概是个幸运儿,而老天有意宠爱他;又认为我遭遇了不幸,所以成就不如他。这种人怎么会知道所谓不幸、幸运,他和我都是相同的?而能不能征服这个"不幸",利用这个"幸运",这就是他人成功我失败的区别所在。再把它比作驾船,如果以二十天的期限行一千里的路程,其间风向潮流有时顺有时逆,常常是互相错杂的。别人凭着坚苦忍耐的力量,顶着逆风逆流而冲过去,然后能够从容地前进,去度过那顺风顺流的一段。我却一天就退回来了,或者两三天就回来了,或者五六天就回来了,所以彼岸终究不能到达。

孔子说:"比如堆一座山,只差一筐土没有堆成,如果停止了,我就此停止不前了;比如填平地面,即使只倒了一筐土,继续干,我也就前进了。"孟子说:"要干事的人,比如挖井,挖了七八丈深,还没有挖到地下水,那还是一口废井。"成败的道理,就看有没有毅力而已。

 作品简析

《论毅力》是著名启蒙思想家、学者、社会活动家梁启超在"戊戌变法"失败后,为激励当时从事资产阶级改良运动的志士仁人不要因一时的挫折而灰心丧气,而应以坚韧的毅力去战胜逆境、争取成功而写的一篇政论文,有着很强的现实针对性。

全文自始至终运用正反对照的说理方法。如成与败、逆与顺、强与弱、彼与我、"功亏一篑"与"虽覆一篑",处处阐述了有毅力与无毅力会造成成功与失败两种不同的结果,从而有力论证了全文的中心论点。这篇文章思路开阔,纵横开合,论证周密,结构严谨。文章一起笔就说"天下古今成败之林",大开大合,接着论顺、逆、幸、蹇,又以逆水行舟、挖土掘井等圣人之言来论证,思路开阔。层递和比喻等方法的运用,使文章要阐明的道理具体而形象。本文有两处用层递手法反衬出毅力的重要性:一是第二段对身处逆境时五种不同态度的描写,突出要想成功,应有"强之人"的毅力;二是第三自然段操舟的对比,强调要有坚持到底的毅力。

思辨与感悟

1. 这篇文章的中心论点是什么?作者是如何论证的?你认为作者论证得有力吗?请你举出两个能够论证中心论点的当代事例。
2. 在论证论点时,作者主要运用了正反对比和比喻论证的方法,说一说这样的论证方法有何作用。
3. 学习了这篇文章之后,你能从中获得哪些启示?
4. 请同学们诵读这篇作品,并提交音频作业。

谈 立 志[①]

朱光潜

朱光潜(1897—1986),字孟实,安徽桐城人,现当代著名美学家、文艺理论家、教育家、翻译家。他于1922年毕业于香港大学文学院,1925年留学英国爱丁堡大学,致力于文学、心理学与哲学的学习与研究,后在法国斯特拉斯堡大学获哲学博士学位。1933年回国后,历任北京大学、四川大学、武汉大学教授,1946年后一直在北京大学任教,讲授美学与西方文学。主要著作有《悲剧心理学》《文艺心理学》《西方美学史》《谈美》等。此外,他的《谈文学》《谈美书简》等理论读物,深入浅出,内容切实,文笔流畅,对提高青年的写作能力与艺术鉴赏能力颇有启迪作用。

抗战以前与抗战以来的青年心理有一个很显然的分别:抗战以前,普通青年的心理变态是烦闷,抗战以来,普通青年的心理变态是消沉,烦闷大半起于理想与事实的冲突。在抗战以前,青年对于自己前途有一个理想,要有一个很好的环境求学,再有一个很好的职业做事;对于国家民族也有一个理想,要把侵略的外力打倒,建设一个新的社会秩序。这两种理想在当时都似很不容易实现,于是他们急躁不耐烦,失望,以至于苦闷。抗战发生时,我们民族毅然决然地拼全副力量来抵挡侵略的敌人,青年们都兴奋了一阵,积压许久的郁闷为之一畅。但是这种兴奋到现在似已逐渐冷静下去,国家民族的前途比从前光明,个人求学就业也比从前容易,虽然大家都硬着脖子在吃苦,可是振作的精神似乎很缺乏。在学校的学生们对功课很敷衍,出了学校就职业的人们对事业也很敷衍,对于国家大事和世界政局没有像从前那样关切。这是一个很可忧虑的现象,因为横在我们面前的还有比抗敌更艰难的局面,需要更坚决更沉着的努力来应付,而我们青年现在所表现的精神显然不足以应付这种艰难的局面。

如果换个方式来说,从前的青年人病在志气太大,目前的青年人病在志气太小,甚至于无志气。志气太大,理想过高,事实迎不上头来,结果自然是失望烦闷;志气太小,因循苟且,麻木消沉,结果就必至于堕落。所以我们宁愿青年烦闷,不愿青年消沉。烦闷至少是对于现实的欠缺还有敏感,还可以激起努力;消沉对于现实的欠缺就根本麻木不仁,决不会引起改善的企图。但是说到究竟,烦闷之于消沉也不过是此胜于彼,烦闷的结果往往是消沉,犹如消沉的结果往往是堕落。目前青年的消沉与前五六年青年的烦闷似不无关系。烦闷是耗费心力的,心力耗费完了,连烦闷也不曾有,那便是消沉。

一个人不会生来就烦闷或消沉的,因为人都有生气,而生气需要发扬,需要活动。有生气而不能发扬,或是活动遇到阻碍,才会烦闷和消沉。烦闷是感觉到困难,消沉是无力征服困难而自甘失败。这两种心理病态都是挫折以后的反应。一个人如果经得起挫折,就不会起这种心理变态。所谓经不起挫折,就是没有决心和勇气,就是意志薄弱。意志薄弱经不起挫折的人往往有一套自宽自解的话,就是把所有的过错都推诿到环境。明明是自己无能,而埋怨环境不允许我显本领;明明是自己甘心做坏人,而埋怨环境不允许我做好人。这其实是懦夫的心理,对于自己全不肯负责任。环境永远不会美满的,万一它生来就美满,人的成就也就无甚价值。人所以可贵,就在他不像猪豚,被饲而肥,他能够不安于污浊的环境,拿力量来改变它、征服它。

普通人的毛病在责人太严责己太宽。埋怨环境还由于缺乏自省自责的习惯。自己的责任必须自己担当起,成功是我的成功,失败也是我的失败。每个人是他自己的造化主,环境不足畏,犹如命运不足信。我们的民族需要自力更生,我们每个人也是如此。我们的青年必须先有这种觉悟,个人和国家民族的前途才有希望。能责备自己,信赖自己,然后自己才会打出一个江山来。

我们有一句老话:"有志者事竟成。"这话说得很好,古今中外在任何方面经过艰苦奋斗而成功的英雄豪杰都可以做例证。志之成就是理想的实现。人为的事实都必基于理想,没有理想决不能成为人为的事实。譬如登山,先须存念头去登,然后一步一步地走上去,最后才会达到目的地。如果根本不起登的念头,登的事实自无从发生。这是浅例。世间许多行尸走肉浪费了他们的生命,就因为他们对于自己应该做的事不起念头。许多以教育为事业的人根本不起念头去研究,许多以政治为事业的人根本不起念头为国民谋幸福。我们的文化落后,社会紊乱,不就由于这个极简单的原因么?这就是上文所谓"消沉"、"无志气"。"有志者事竟成",无志者事就不成。

不过"有志者事竟成"一句话也很容易发生误解,"志"字有几种意义:一是念头或愿望(wish),一是起一个动作时所存的目的(purpose),一是达到目的的决心(will, determination)。譬如登山,先起登的念头,次要一步一步地走,而这走必步步以登为目的,路也许长,障碍也许多,须抱定决心,不达目的不止,然后登的愿望才可以实现,登的目的才可以达到。"有志者事竟成"的志,须包含这三种意义在内:第一要起念头,其次要认清目的和达到目的之方法,第三是抱必达目的之决心。很显然的,要事之成,其难不在起念头,而在目的之认识与达到目的之决心。

有些人误解立志只是起念头。一个小孩子说他将来要做大总统,一个乞丐说他成了大阔佬要砍他的仇人的脑袋,所谓"癞蛤蟆想吃天鹅肉",完全不思量达到这种目的所必有的方法或步骤,更不抱定循这方法步骤去达到目的之决心,这只是狂妄,不能算是立志。世间有许多人不肯学乘除加减而想将来做算学的发明家,不学军事学当兵打仗而想将来做大元帅东征西讨,不切实培养学问技术而想将来做革命家改造社会,都是犯这种狂妄的毛病。

如果以起念头为立志,则有志者事竟不成之例甚多。愚公尽可移山,精卫尽可填海,而世间却实有不可能的事情。我们必须承认"不可能"的真实性。所谓"不可能",就是俗语所谓"没有办法",没有一个方法和步骤去达到所悬想的目的。没有认清方法和步骤而想达到那个目的,那只是痴想而不是立志。志就是理想,而理想的理想必定是可实现的理想。理想普通有两种意义,一是"可望而不可攀,可幻想而不可实现的完美",比如许多宗教都以长生不老为人生理想,它成为理想,就因为事实上没有人长生不老。理想的另一意义是"一个问题的最完美的答案",或是"可能范围以内的最圆满的解决困难的办法"。比如长生不老虽非人力所能达到,而强健却是人力所能达到的,就人的能力范围来说,强健是一个合理的理想。这两种意义的分别在一个蔑视事实条件,一个顾到事实条件,一个渺茫无稽,一个有方法步骤可循。严格地说,前一种是幻想、痴想而不是理想,是理想都必顾到事实。在理想与事实起冲突时,错处不在事实而在理想。我们必须接受事实,理想与事实背驰时,我们应该改变理想。坚持一种不合理的理想而至死不变只是匹夫之勇,只是"猪武"。我特别着重这一点,因为有些道德家在盲目地说坚持理想,许多人在盲目地听。

我们固然要立志,同时也要度德量力。卢梭在他的教育名著《爱弥儿》里有一段很透辟的话,大意是说人生幸福起于愿望与能力的平衡。一个人应该从幼时就学会在自己能力范围以内起愿望,想做自己所能做的事,也能做自己所想做的事。这番话出诸浪漫色彩很深的卢梭尤其值得我们玩味。卢梭自己有时想入非非,因此吃过不少的苦头,这番话实在是经验之谈。许多烦闷,许多失败,都起于想做自己所不能做的事,或是不能做自己所想做的事。

志气成就了许多人,志气也毁坏了许多人。既是志,实现必不在目前而在将来。许多人拿立志远大作藉口，把目前应做的事延宕贻误。尤其是青年们欢喜在遥远的未来摆一个黄金时代，把希望全寄托在那上面，终日沉醉在迷梦里，让目前宝贵的时光与机会错过，徒贻后日无穷之悔。我自己从前有机会学希腊文和意大利文时，没有下手，买了许多文法读本，心想到四十岁左右时当有闲暇岁月，许我从容自在地自修这些重要的文字，现在四十过了几年了，看来这一生似不能与希腊文和意大利文有缘分了，那箱书籍也恐怕只有摆在那里霉烂了。这只是一例。我生平有许多事叫我追悔，大半都像这样"志在将来"而转眼即空空过去。"延"与"误"永是连在一起，而所谓"志"往往叫我们由"延"而"误"。所谓真正立志，不仅要接受现在的事实，尤其要抓住现在的机会。如果立志要做一件事，那件事的成功尽管在很远的将来，而那件事的发动必须就在目前一顷刻。想到应该做，马上就做，不然，就不必发下一个空头愿。发空头愿成了一个习惯，一个人就会永远在幻想中过活，成就不了任何事业，听说抽鸦片烟的人想头最多，意志力也最薄弱。老是在幻想中过活的人在精神方面颇类似烟鬼。

我在很早的一篇文章里提出我个人做人的信条，现在想起，觉得其中仍有可取之处，现在不妨趁此再提出供读者参考。我把我的信条叫作"三此主义"，就是此身，此时，此地。一、此身应该做而且能够做的事，就得由此身担当起，不推诿给旁人。二、此时应该做而且能够做的事，就得在此时做，不拖延到未来。三、此地（我的地位，我的环境）应该做而且能够做的事，就得在此地做，不推诿到想象中的另一地位去做。

这是一个极现实的主义。本分人做本分事，脚踏实地，丝毫不带一点浪漫情调。我相信如果我们能够彻底地照着做，不至于很误事。西谚说得好："手中的一只鸟，值得林中的两只鸟。"许多"有大志"者往往为着觊觎林中的两只鸟，让手中的一只鸟安然逃脱。

注释

① 选自《朱光潜全集》第四卷，朱光潜著，安徽教育出版社1987年版。个别字有改动。

作品简析

立志，是指立下志愿，树立志向。《左传》中说："志以发言，言以出信，信以立志，参以定之。"突出了"立志"在我们日常生活、学习工作、为人处世中的重要作用。朱光潜先生的《谈立志》发表于抗战时期，作者没有空谈立志的重要性，而是通过对当时青年的一些现状进行批评和反思，来逐步深入地分析立志的方法及意义。

作者首先提出抗战前后青年的心理状态表现为"烦闷"和"消沉"，并分析其产生的原因，由此指出"志气太大""志气太小"对于成事都无济于事而且会产生危害。指出人应该"有生气"，要有"决心和勇气"，不能"责人太严，责己太宽"。然后作者通过对老话"有志者事竟成"进行辨析，指出"'有志者事竟成'的志，须包含这三种意义：第一是要起念头，第二是要认清目的和达到目的之方法，第三是抱必达目的之决心"，对人们应该树立之"志"的内涵进行了全面、辩证的阐释。接着作者论述了人"固然要立志，同时也要度德量力"，"志气成就了许多人，志气也毁坏了许多人"，对"立志"进行了思辨性思考。最后，作者结合自身的经历强调"真正立志，不仅要接受现在的事实，尤其要抓住现在的机会"而不能"发空头愿"，并由此总结出自己的人生信条——"三此主义"，即"此身，此时，此地"。全文论述

"立志"可谓结构严谨,思维缜密,以层层深入的方式,表明自己对"立志"的看法。摆现象—析原因—论危害—谈做法—明意义,全文思路清晰,很有说服力。

思辨与感悟

1. 我们做任何一件事,都离不开"志",请结合自己的生活经历,谈谈"立志"在你的人生经历中的重要作用。
2. 作者为了阐明"立志"的相关内容,列举了哪些事例?你还能举出几个大国工匠的相关事例吗?
3. 作者的做人信条"三此主义"对你有何启发?

生命的意义(节选)①

罗家伦

> 罗家伦(1897—1969),字志希,浙江绍兴人,我国近代著名的教育家、思想家和社会活动家。他早年求学于复旦公学和北京大学,是蔡元培的学生。"五四"运动中,他亲笔起草了《北京学界全体宣言》,提出了"外争国权,内除国贼"的口号。代表作有《新人生观》《逝者如斯集》等。

人生的意义在能认识和创造生命的价值。

宇宙间的生命,既是如此的多,何以只是人类的生命,才有特别的意义?想解答这个问题,是属于价值哲学的研究。人的生命之所以有意义,乃是因为人能认识和创造人生的价值。因为人类能够反省,所以他能对宇宙的整个系统,求得认识;更能从宇宙的整个系统之中,认识其本身价值之所在。人类的生命,虽然限制在一定的时空系统之中,但是他能够扩大经验的范围,不受环境的束缚;能够离开现实的环境而创造理想的意境。其他动物则不能如此。例如蛙在井中,则以井为其唯一的天地;离开了井,它便一无认识。人类则不然,其意境所托,可以另辟天地。只有人才能把世上的事事物物,分析观察,整理成一个系统,探讨彼此间的关系,以求得存在于这个系统内的原理,并且能综合各种原理,以推寻生命的究竟。说到人类能创造价值一层,对于生命的意义,尤其重要。一方面他固须接受前人对于人生已定了的价值表,一方面更须自己重新定出价值表来,不断地根据这种新的启示,鼓励自己和领导大家从事于创造事业和完成使命。如此,不但个人的生命,不致等闲消失,并且把整个人类生命的意义提高。古圣先哲,终生的努力,就在于此。这是旁的生命所不能做,而为人类生命所能独到的。所以说宇宙间的生命虽是无量数,唯有人类的生命才有特殊的意义。

人格的统一性与一贯性。

生命不断地变,但必须求得当中不变的真理。我们人类虽每天吸收动植矿物的滋养成分,以促进身体上新陈代谢的变化,但是生命当中所包含的真理,决不因生理上的变化而稍移易。

所谓人格,就是一贯的自我。他应当是根据我们对于宇宙系统的研究与反省所得到的精确认识,而向着完满的意境前进,向着真善美的世界发展的。他须努力使生命格外美满和谐,使个人的生命与整个宇宙的生命相协调。他更须佐以渊博的知识,培以丰富纯正的感情,从事于促成生命系统的完善。这种好的人格才真是一贯的;因为是一贯的,所以是经得起困苦艰难,决不会随着变幻的外界现象而转移的。有了这种人格,然后在整个宇宙的生命系统当中,人的生命才可立定一个适当的地位。

孔子虽死,他的伦理教训,仍然存在;秦始皇虽死,他为中国立下的大一统规模,依然存在;拿破仑已死,他的法典,仍然存在。生命虽暂,而以生命换来的事业,是不会磨灭的;其事业的精神,也永远会由后人继承了去发扬光大。诸葛亮在隆中,自比管、乐。管、乐生在数百年前,其遗留的事业精神,诸葛亮继承着去发扬光大。左宗棠平新疆,以"新亮"自居,也就是隐然以诸葛亮自承。所以生命之易消逝,不足为忧;所忧者当在这有限的生命,能否换来无限光荣的事业。若是苟且偷生,闲居待死,就是活到九十或百岁,仍与人类社会无关。

生命千万不可浪费,浪费生命是最可惜的事。

所以人生在世,不要因生命之数量过多及其容易消逝而轻视生命,不要因生命之时常变动而随波逐流,终至侮辱生命。我们须得对人生的价值有认识,对人格能维持其一贯性;以鞠躬尽瘁,死而后已的精神,加紧地去把自己的生命,换成有永久价值的事业。这样,才不是偷生,才不是枉生!

 注释

① 选自《中国人的品格》,罗家伦著,中国工人出版社2010年版。

 作品简析

本文的重点不是泛论宇宙所有的生命,而是"人类的生命",也就是"人生的意义"。在作者看来,生而为人却对"人生的意义不明了",那就会使行为、态度没有标准,"浑浑噩噩,糊涂一世"。

当然,对于生命的意义,古今中外的人皆各有其见解。本文的特点之一,就是善于征引各种意见,斟酌比较,然后做出自己的判断。

文章首先举出极端悲观的和绝对享乐主义的两种人生观,而作者显然对这两种态度都不赞同,所以提出了本文的主题:探寻"生命真正的意义"。并从三个方面反省生命的意义,得出这样的认识:"生命是无数的,生命是变动的,生命是容易过去的。"然后,在此基础上,从三个层面论证人生的意义。

本文观点平正通达,虽不无过分强调人类生命特殊性的局限,但也注意到了"人的生命与整个宇宙的生命协调"。文章逻辑清晰,信手拈来一些历史人物的事迹以证明关于人生价值的观点,加上朴实温厚的文字,增强了全文的说服力。

思辨与感悟

1. 下列对人"生命的意义"的表述,不正确的一项是(　　)。

A. 认识人生的价值,为人类做出贡献,自我反省,努力认识宇宙的整个系统,并从中

认识其自身价值之所在

B. 人虽然局限在一定的时空之中,但能够让经验发扬光大,不受现实环境的影响,开辟新的天地,创造理想意境

C. 人能对世上的万事万物进行分析观察,整理成系统,探讨相互之间的关系,以求得存在于这个系统内的原理

D. 人能每天吸收动物、植物、矿物的滋养成分,以促进身体上新陈代谢的变化,使个人的生命与整个宇宙的生命相协调

2. 下列关于"生命之价值"的理解,不符合原文意思的一项是(　　)。

A. 孔子虽然逝去,但他的伦理学说、教化人的思想却永远留存于世,其生命之价值显而易见

B. 秦始皇统一中国,修筑万里长城,其生命之价值非常明显

C. 拿破仑以生命换来的事业,没有被磨灭,其精神也永远流传,其生命之价值不容忽视

D. 诸葛亮将鞠躬尽瘁,死而后已的事业精神发扬光大,其生命之价值不言而喻

3. 根据原文内容,下列推断不正确的一项是(　　)。

A. "生命的意义"与"生命的价值"密切相关,人类的生命有特别的意义。关于这一问题的研究,属于价值哲学研究的范畴

B. 本文举"蛙"的例子,旨在说明凡是人就能对事物分析观察,整理成系统,探讨彼此间的关系,综合各种原理,以推寻生命的究竟

C. 作者用左宗棠等人的事例是为了论证:生命容易消逝,如果苟且偷生,就是活得再长,还是没有生命的"价值"或"意义"

D. 文章最后谆谆告诫人们:不要轻视生命,不要随波逐流,更不要玷辱生命;应以鞠躬尽瘁、死而后已的精神,去创造生命的价值

写给网络时代的读书人[①]

陈平原

> 陈平原(1954—),现任北京大学中文系教授、香港中文大学中国语言文学讲座教授、北大二十世纪中国文化研究中心主任、中国俗文学学会会长,曾被国家教委和国务院学位委员会评为"作出突出贡献的中国博士学位获得者"、教育部"长江学者"特聘教授,是国内外影响较大的人文学者。先后出版了《中国小说叙事模式的转变》《千古文人侠客梦》《中国现代学术之建立》《中国散文小说史》《中国大学十讲》《触摸历史与进入五四》《大学何为》《北京记忆与记忆北京》等著作三十多种。

如果过了若干年,你半夜醒来发现自己已经好长时间没读书,而且没有任何负罪感的时候,你就必须知道,你已经堕落了。不是说书本身有什么了不起,而是读书这个行为意味着你还有追求,还在奋斗,还有不满,还在寻找另一种可能性,另一种生活方式。说到

底，读书是一种精神生活。

过去是"书到用时方恨少"，现在是"书到用时方恨多"。今日谈读书，比以前更需要选择的眼界、阅读的定力、批判的眼光。

在信息铺天盖地的时代，要建立自己的阅读体系，要让自己的立场、视野和趣味不受周围环境的诱惑，是很难的。有了大众传媒以后，阅读的同质化现象太严重了。读书人首先要建立自己的阅读趣味和基点，有了那个基点之后再来谈读书。请保持警觉，读你自己喜欢的书，为自己而不是为了聊天而读书。

今天多强调知识的广博，很少强调思维的深度。海南、桂林、南极、北极，大家都能跳跃性地和你说一大堆，但如果谈深，就说你的家乡，都不见得能说透。大家都是"知道分子"，常识多，但思考及辨析能力不足，没有时间、没有耐心来仔细琢磨一个事情。

还有一个特点，就是自主记忆力的衰退。全世界都一样，把记忆力交给电脑了，把所有的知识交给数据库。所谓读书破万卷，有很多传奇性的老学者，你说一句，他能马上告诉你在哪本书的第几卷第几页。今天，记忆被检索取代。我们以前总是想拼命地记住某些东西，现在已经没有这种动力了——"没关系，我的电脑里有"，年轻人则是"我的手机里有"。

读书的确存在真实的困境，而且这困境一下子很难解决。读书最关键的功能并非求知，而是自我修养。

知识变得唾手可得之后，读书原有的三个功能：阅读、求知、修养，都受到了影响。以前读书，求知和自我的修养是同步的，现在求知这个层面被检索所取代，只要知道一个书名和人名，检索就行了。而阅读的功能更强调了娱乐。原来苦苦追寻、上下求索的状态消失之后，知识有了，但修养没有了

过去古代读书人说"为人之学"和"为己之学"，为自己读书是一种很好的趣味和境界。读书不能仅仅理解为拿学位、学本事、谋职业，要养成读"无实用、有大用"的书的读书习惯。追求人的全面发展，在高深的专业研究之外，保持对宇宙、对人生的广泛兴趣，是一种值得欣赏的生活态度。过分学科化与专业化导致知识之间的隔阂，导致人们对世界理解得不完整，割裂了学术研究和日常生活，这并不是一个好的状态。

行船的人都知道，出海必须有"压舱石"，否则很容易翻船。在我看来，那些渊博的、玄妙的人文学，比如文学、史学、哲学、伦理、艺术等等，是整个人类文明的"压舱石"。这些"压舱石"不一定时尚，不一定与时俱进，某种意义上的保守是对突飞猛进的时尚潮流的纠偏。

如果都在革新，日新月异，"文明"过两天就不知道变成什么样子了。新知识、新技术、新生活不断涌现这很可喜，但请记得对传统保持几分敬意。

当读书不再被认为是严肃的、认真的、必须面对的事情，阅读不像以前那么执着和要紧，就有了毕业多少年还读不读书的问题。

读书是很平常的事，别说得太崇高，那样效果反而不好。关键是养成阅读的习惯，然后与时俱进，不断自我调整。

注释

① 选自《时代邮刊》2018年第23期。

 作品简析

读书的意义是什么？互联网时代信息多到令人应接不暇，知识便捷到唾手可得，那么，我们还需要读书吗？我们的知识储备相应增多了吗？我们的精神世界更丰盈了吗？这是值得网络时代的读书人思考的问题。本文对网络时代阅读问题的分析切中肯綮，对网络时代该如何阅读提出了中肯的建议，尤其对阅读内容的时尚与经典有独特的见解。深入阅读与思考本文，有助于我们在瞬息更新的海量信息面前保持一份读书人应有的理性。

思辨与感悟

1. 请你谈谈对文章中"知道分子"的理解。
2. 结合上下文，如何理解"整个人类文明的'压舱石'"这句话？
3. 联系实际，就网络时代的大学生应该如何读书给同学们提几条建议。

读书与书籍(节选)①

[德]叔本华

> 叔本华(1788—1860)，德国哲学家，是哲学史上第一个公开反对理性主义哲学的人。他开创了非理性主义哲学的先河，也是唯意志论的创始人和主要代表之一。主要著作有《作为意志和表象的世界》《论处于自然界中的意志》。

一

愚昧无知如伴随着富豪巨贾，更加贬低了其人的身价。穷人忙于操作，无暇读书无暇思想，无知是不足为怪的。富人则不然，我们常见其中的无知者，恣情纵欲，醉生梦死，类似禽兽。他们本可做极有价值的事情，可惜不能善用其财富和闲暇。

二

我们读书时，是别人在代替我们思想，我们只不过重复他的思想活动的过程而已，犹如儿童启蒙习字时，用笔按照教师以铅笔所写的笔画依样画葫芦一般。我们的思想活动在读书时被免除了一大部分。因此，我们暂不自行思索而拿书来读时，会觉得很轻松，然而在读书时，我们的头脑实际上成为别人思想的运动场了。所以，读书愈多，或整天沉浸于读书的人，虽然可借以休养精神，但他的思维能力必将渐次丧失，此犹如时常骑马的人步行能力必定较差,道理相同。有许多学者就是这样,因读书太多而变得愚蠢。经常读书,有一点闲空就看书,这种做法比常做手工更会使精神麻痹,因为在做手工时还可以沉湎于自己的思想中。我们知道,一条弹簧如久受外物的压迫,会失去弹性,我们的精神也是一样,如常受别人的思想的压力,也会失去其弹性。又如,食物虽能滋养身体,但若吃得过多,则反而伤胃乃至全身;我们的"精神食粮"如太多,也是无益而有害的。读书越多,留存在脑中的东西越少,两者适成反比,读书多,他的脑海就像一块密密麻麻、重重叠叠、涂抹再涂抹的黑板一样。读书而不加以思考,决不会有心得,即使稍有印象,也浅薄而不生根,大抵在不久后又会淡忘丧失。以人的身体而论,我们所吃的东西只有五十分之一能被吸收,其余的东西,则因呼吸、蒸发等作用而消耗掉。精神方面的营养亦同。

况且被记录在纸上的思想,不过是像在沙上行走者的足迹而已,我们也许能看到他所走过的路径;如果我们想要知道他在路上看见些什么,则必须用我们自己的眼睛。

三

作家们各有其所专擅,例如雄辩、豪放、简洁、优雅、轻快、诙谐、精辟、纯朴、文采绚丽、表现大胆等等,然而,这些特点,并不是读他们的作品就可学得来的。如果我们自己天生就有着这些优点,也许可因读书而受到启发,发现自己的天赋。看别人的榜样而予以妥善的应用,然后我们才能也有类似的优点。这样的读书可教导我们如何发挥自己的天赋,也可借以培养写作能力,但必须以自己有这些禀赋为先决条件。否则,我们读书只能学得陈词滥调,别无利益,充其量只不过是个浅薄的模仿者而已。

四

如同地层依次保存着古代的生物一样,图书馆的书架上也保存着历代的各种古书。后者和前者一样,在当时也许曾洛阳纸贵,传诵一时,而现已犹如化石,了无生气,只有那些"文学的"考古学家在鉴赏而已。

五

据希罗多德(Herodotus,古希腊史学家)说,薛西斯(Xerxes,波斯国王)眼看着自己的百万雄师,想到百年之后竟没有一个人能幸免黄土一抔的厄运,感慨之余,不禁泫然欲泣。我们再联想起书局、出版社那么厚的图书目录中,如果也预想到十年之后,这许多书籍将没有一本还为人所阅读时,岂不也要令人兴起泫然欲泣的感觉?

八

买书又有读书的时间,这是最好的现象,但是一般人往往是买而不读,读而不精。要求读书的人记住他所读过的一切东西,犹似要求吃东西的人,把他所吃过的东西都保存着一样。在身体方面,人靠所吃的东西而生活;在精神方面,人靠所读的东西而生活,因此变成他现在的样子。但是身体只能吸收同性质的东西,同样的道理,任何读书人也仅能记住他所感兴趣的东西,也就是适合于他的思想体系,或他的目的物。任何人当然都有他的目的,然而很少人有类似思想体系的东西,没有思想体系的人,无论对什么事都不会有客观的兴趣,因此,这类人读书必定是徒然无功,毫无心得。

Repetitio est Mater Studioun(温习乃研究之母)。任何重要的书都要立即再读一遍,一则因再读时更能了解其所述各种事情之间的联系,知道其末尾,才能彻底理解其开端;再则因为读第二次时,在各处都会有与读第一次时不同的情调和心境,因此,所得的印象也就不同,此犹如在不同的照明中看一件东西一般。

作品是作者精神活动的精华,如果作者是一个非常伟大的人物,那么他的作品常比他的生活还有更丰富的内容,或者大体也能代替他的生活,或远超过它。平庸作家的著作,也可能是有益和有趣的,因为那也是他的精神活动的精华,是他一切思想和研究的成果。但他的生活际遇并不一定能使我们满意。因此,这类作家的作品,我们也不妨一读。何况,高级的精神文化,往往使我们渐渐达到另一种境地,从此可不必再依赖他人以寻求乐趣,书中自有无穷之乐。

没有别的事情能比读古人的名著更能给我们精神上的快乐。我们一拿起一本这样的古书来,即使只读半小时,也会觉得无比的轻松、愉快、清净、超逸,仿佛汲饮清冽的泉水似的舒适。这原因,大概一则是由于古代语言之优美,再则是因为作者的伟大和眼光之深远,其作品虽历数千年,仍无损其价值,我知道目前要学习古代语言已日渐困难,这种学习,如果一旦停止,当然会有一种新文艺兴起,其内容是以前未曾有过的野蛮、浅薄和无价值。德语的情况更是如此。现在的德语还保留有古代的若干优点,但很不幸的却有许多无聊作家正在热心而有计划地予以滥用,使它渐渐成为贫乏、残废、或竟成为莫名其妙的语言。

文学界有两种历史:一种是政治的,一种是文学和艺术的。前者是意志的历史;后者是睿智的历史。前者的内容是可怕的,所写的无非是恐惧、患难、欺诈及可怖的杀戮等等;后者的内容都是清新可喜的,即使在描写人的迷误之处也是如此。这种历史的重要分支是哲学史。哲学实在是这种历史的基础低音,这种低音也传入其他的历史中。所以,哲学实在是最有势力的学问,然而它的发挥作用是很缓慢的。

注释

① 选自《生存空虚说》,叔本华著,陈晓南译,作家出版社 1987 年版。

作品简析

叔本华用朴实且富有哲学意味的文字论述了自己对读书与书籍的看法。他认为:"读书而不加以思考,决不会有心得,即使有印象,也浅薄而不生根,大抵在不久后又会淡忘丧失。"读书多,在我们一般人看来,都是有益而无害的,但作者却对此进行了辩证的思考,提出了自己独到的见解。"我们的'精神食粮'如太多,也是无益而有害的。读书越多,留存在脑中的东西越少。"很多时候我们也可能有这样的感觉,自己不知不觉被束缚起来了,脑海里面浮现的总是书本上的东西,自己的想法很少。出现这些情况的时候,我们需要思考,要把知识加工后再吸收,没有加工过的知识无法变成自己的东西。在众多的书籍选择当中,我们需要选择好书,好书有利于我们成长,引领我们往正确的方向前进。

 **思辨与感悟**

  1. 阅读本文后,对作者的观点,你是否赞同?请结合课文中某个具体观点,谈谈你的看法。

  2. 结合社会现实中人们不愿读古书的现象,谈谈你的看法。

  3. 请摘录文中富有哲理性的句子并加以论述。

第二讲 立志修身

扩展阅读

漫谈人生的意义与价值(季羡林)

圆桌议题

  1. 修身、齐家、治国、平天下,是儒家思想传统中知识分子的人生信条,你认为这一传统的人生信条是否符合新时代的人生价值追求?

  2. 通过对本单元几篇课文的学习,你认为在日常生活中我们青年学生应如何修身?请大家做一次读书交流,谈谈自己的体会。

  3. 人们都说"有志者事竟成",但现实生活中,失败的事例比比皆是,"志"到底是不是"事竟成"的关键因素?"志"在我们"成事"中有怎样的作用?请以此为话题展开一场辩论。(辩题参考:有志者事竟(未必)成)

  4. 在大学集体生活中,同学之间难免有摩擦和矛盾,比如在宿舍里,已经到了熄灯休息时间,有的要睡觉、有的要看书、有的在玩手机、有的要用电脑……同学之间应该如何通过语言和行为进行沟通,达到相互谅解,而不是相互伤害呢?

  5. 名言警句集成:请围绕本单元的中心议题"立志修身"搜集古今中外相关的名言警句20句,并领会其含义。

第三讲 以 史 为 鉴

历史是文化的传承,记录着人类文明的轨迹,是无比珍贵的文化遗产和精神财富。"后之视今,亦犹今之视昔。"历史是一面镜子,它照亮现实,也照亮未来。读史可以明智,"以史为鉴,可以知兴替"。

纵观古今中外的文学作品,其中有诸多咏史怀古之佳作。文人墨客以史为鉴,或针砭时弊,或警策后世,或慷慨陈词,或抚今追昔……洞察历史,与历史对话,可以使人开阔眼界、增长智慧,在沉潜与反思中更好地观照当下、展望未来。以史为鉴,具有普遍而永恒的意义和价值。

郑伯克段于鄢①

《左传》

《左传》是为《春秋》作注解的一部史书,又称《春秋左氏传》或《左氏春秋》。《左传》是中国古代一部叙事完备的编年体历史著作,它标志着我国叙事散文的成熟。全书约十八万字,记载了从鲁隐公元年(前722)到鲁哀公二十七年(前468),共十二代国君、二百五十多年间的历史。

作为一部历史著作,《左传》在史学上的巨大成就向来为史家所称许。它完善和发展了由《春秋》开创的编年体史书体裁,补充并丰富了《春秋》的内容,以具体的史实来说明《春秋》的纲目。《左传》同时又是杰出的历史散文著作,具有浓厚的文学色彩,在记述史事和人物言行的过程中,充分注意语言技巧,逻辑修辞和构思布局,并调动了多种多样的形象化手段,塑造了一大批栩栩如生、性格鲜明的历史人物形象。

初②,郑武公娶于申③,曰武姜④,生庄公及共叔段⑤。庄公寤生⑥,惊姜氏,故名曰"寤生",遂恶之。爱共叔段,欲立之。亟请于武公⑦,公弗许。

及庄公即位,为之请制⑧。公曰:"制,岩邑也,虢叔死焉。佗邑唯命⑨。"请京,使居之,谓之京城大叔⑩。

祭仲曰⑪:"都城过百雉⑫,国之害也。先王之制:大都,不过参国之一⑬;中五之一;小九之一。今京不度,非制也,君将不堪。"公曰:"姜氏欲之,焉辟害⑭?"对曰:"姜氏何厌之有?不如早为之所,无使滋蔓。蔓,难图也。蔓草犹不可除,况君之宠弟乎?"公曰:"多行不义,必自毙,子姑待之。"

既而大叔命西鄙、北鄙贰于己。公子吕曰:"国不堪贰,君将若之何?欲与大叔,臣请事之;若弗与,则请除之。无生民心。"公曰:"无庸,将自及。"大叔又收贰以为己邑,至于廪延。子封曰:"可矣。厚将得众。"公曰:"不义不暱⑮,厚将崩。"

大叔完聚⑯,缮甲兵,具卒乘,将袭郑,夫人将启之。公闻其期,曰:"可矣!"命子封帅车二百乘以伐京。京叛大叔段。段入于鄢,公伐诸鄢。五月辛丑,大叔出奔共。

书曰⑰:"郑伯克段于鄢。"段不弟⑱,故不言弟;如二君,故曰克;称郑伯,讥失教也;谓之郑志⑲,不言出奔,难之也⑳。

遂置姜氏于城颍,而誓之曰:"不及黄泉,无相见也。"既而悔之。颍考叔为颍谷封人,闻之,有献于公。公赐之食,食舍肉。公问之,对曰:"小人有母,皆尝小人之食矣,未尝君之羹。请以遗之。"公曰:"尔有母遗,繄我独无!"颍考叔曰:"敢问何谓也?"公语之故,且告之悔。对曰:"君何患焉?若阙地及泉㉑,隧而相见,其谁曰不然?"公从之。公入而赋㉒:"大隧之中,其乐也融融!"姜出而赋:"大隧之外,其乐也洩洩㉓!"遂为母子如初㉔。

君子曰:"颍考叔,纯孝也㉕,爱其母,施及庄公㉖。《诗》曰:'孝子不匮,永锡尔类。'其是之谓乎㉗?"

注释

① 选自《左传》,郭丹、程小青、李彬源译注,中华书局 2012 年版。本篇为《左传》的开篇,标题为后人所加。　② 初:当初。这是追述往事的习惯说法,追述"郑伯克段于鄢"一事先前的原委,是《左传》解经风格的特色。　③ 郑武公:郑国的第二代君主,郑桓公的儿子。娶于申:从申国娶妻,即娶申国国君之女。申:诸侯国名,姜姓。　④ 武姜:郑武公之妻。武表示其夫郑武公的谥号,姜表示母家的姓。　⑤ 共叔段:共是国名,叔表示兄弟排行在后,段是名。段后来出奔共国,所以称共叔段。　⑥ 寤生:逆生,即难产。寤,通"牾",逆,倒着。　⑦ 亟(qì):屡次。　⑧ 为之请制:(武姜)替共叔段请求制这个地方(作为封邑)。制,地名,又名虎牢。这里原是东虢国的领地,后被郑武公所灭,便成为郑国的领地。　⑨ 佗:同"他",别的。唯命:"唯命是从"的省略。　⑩ 大:同"太"。　⑪ 祭(zhài)仲:郑国大夫,字足。祭是他的食邑。　⑫ 雉:古代建筑的计量单位,长三丈高一丈为一雉。　⑬ 参:同"三"。国:国都。　⑭ 焉辟害:怎么能躲避祸害。焉,疑问代词,哪里。辟,同"避"。　⑮ 不义不暱:指对君不义对兄不亲。暱,同"昵"。　⑯ 完:修葺,修缮。这里指修城。聚:积聚,这里指聚集粮食。　⑰ 书:这里指《春秋》经文的记述。　⑱ 不弟:不像弟弟的样子。弟,这里作动词。　⑲ 郑志:郑庄公的本意,即说郑伯本来就想养成其恶然后加以灭除。　⑳ "不言"两句:《春秋》之所以不写共叔段"出奔",是因为难说共叔段是主动出奔的。难,难说。一说,难,责难。　㉑ 阙:通"掘",挖。　㉒ 入:指走进隧道,与下文的"出"互文见义,即表示庄公和姜氏一起进出隧道。赋:赋诗。　㉓ 洩(yì)洩:快乐舒畅的样子。　㉔ 遂为母子如初:从此做母亲做儿子还和当初一样。　㉕ 纯:真纯,笃厚。　㉖ 施(yì):延及、扩展。　㉗ 其是之谓乎:大概是说这种情况吧。

释意

从前,郑武公在申国娶了一位妻子,就是后来的武姜,她(先后)生下庄公和共叔段。庄公出生时脚先出来,武姜受到惊吓,因此给他取名叫"寤生"。武姜很厌恶他,偏爱共叔段,想立共叔段为储君,多次向武公请求,武公都不答应。

到庄公即位的时候，武姜就替共叔段请求分封到制邑去。庄公说："制邑是个险要的地方，从前虢叔就死在那里。别的地方都可以听您吩咐。"武姜便请求封给共叔段京邑，庄公答应了，让他住在那里，称他为京城太叔。大夫祭仲说："分封的都城如果城墙边长超过三百丈，就会成为国家的祸害。先王的制度规定，国内最大的城邑不能超过国都的三分之一，中等的不得超过它的五分之一，小的不能超过它的九分之一。京邑的城墙不合法度，非法制所许，恐怕对您有所不利。"庄公说："姜氏想要这样，我怎能躲开这种祸害呢？"祭仲回答说："姜氏哪有满足的时候！不如及早处置，别让祸根滋长蔓延，一滋长蔓延就难办了。蔓延开来的野草还不能铲除干净，何况是您宠爱的弟弟呢？"庄公说："多做不义的事情，必定会自取灭亡，你姑且等着瞧吧。"

过了不久，太叔段使原来属于郑国的西边和北边的边邑也背叛庄公，归为自己。公子吕说："国家不能有两个国君，现在您打算怎么办？您如果打算把郑国交给太叔，那么我就去服侍他；如果不给，那么就请除掉他，不要使百姓们产生疑虑。"庄公说："不用除掉他，他自己将要遭到灾祸的。"太叔又把两属的边邑改为自己统辖的地方，一直扩展到廪延。公子吕说："可以行动了！土地扩大了，他将得到老百姓的拥护。"庄公说："对君主不义，对兄长不亲，土地虽然扩大了，他也会垮台的。"

太叔巩固城防，聚积粮草，修整军备，准备好兵马战车，将要偷袭庄公。武姜打算开城门做内应。庄公打听到太叔段要偷袭的日期，说："可以出击了！"命令子封（公子吕）率领车二百乘，去讨伐京邑。京邑的人民反叛太叔段，太叔段于是逃到鄢城。庄公又追到鄢城讨伐他。五月二十三日，太叔段逃到共国。

《春秋》记载道："郑伯克段于鄢。"共叔段不遵守做弟弟的本分，所以不说他是庄公的弟弟；兄弟俩如同两个国君一样争斗，所以用"克"字；称庄公为"郑伯"，是讥讽他对弟弟失教；赶走共叔段是出于郑庄公的本意，不写共叔段自动出奔，是史官下笔有为难之处。

庄公就把武姜安置在城颍，并且发誓说："不到黄泉（不到死后埋在地下），不再见面！"过了些时候，庄公又后悔了。有个叫颍考叔的，是颍谷管理疆界的官吏，听说了这件事，就来到国都，说是有贡品献给郑庄公。庄公赐给他饭食。颍考叔在吃饭的时候，把肉留着。庄公问他为什么这样。颍考叔答道："小人的母亲，我吃的东西她都尝过，只是从未尝过君王（赏赐）的肉羹，请让我带回去送给她吃。"庄公说："你有母亲可以孝敬，唉，唯独我就没有！"颍考叔说："敢问这是什么意思呢？"庄公把原因告诉了他，并且讲出了自己的悔意。颍考叔答道："您有什么好忧虑的！只要挖一条地道，挖出了泉水，从地道中相见，谁还说您违背了誓言呢？"庄公依了他的办法。庄公走进地道去见武姜，赋诗道："大隧之中相见啊，多么和乐相得啊！"武姜走出地道，赋诗道："大隧之外相见啊，多么舒畅快乐啊！"于是，母子和好如初。

君子说："颍考叔是位真正的孝子，他不仅孝顺自己的母亲，而且把这种孝心推广到郑伯身上。《诗经》中说：'孝子不断地推行孝道，永远能感化你的同类。'大概说的就是颍考叔这类人吧？"

本文以时间先后顺序为线索，记叙郑国王室内部势力之间的权力之争，既涉及政治、

军事利益,也牵涉到母子情、手足情,读来扣人心弦。首先写庄公寤生,使姜氏受到惊吓,姜氏因而喜爱次子段。段在母亲的暗中支持下,谋夺君王之位,逐步扩张势力。庄公静观其变,外似宽厚实则胸怀杀机。矛盾冲突越来越明朗、尖锐,最后达到高潮:郑伯讨伐段,段逃奔到共,姜氏被放逐在城颍。

文章结构完整,线索清晰,有明线、暗线,也有主线、次线。段的扩张势力是明线,郑庄公的欲擒故纵是暗线。明线被安排成次线,暗线却被写成主线,郑伯的所作所为成为直接叙述的对象。两条线索在文章开端分头发展,到"公伐诸鄢",才交织在一起,并引出一条新的线索:郑伯与姜氏的母子关系,最后以母子和好如初为结局。

文章仅七百余字,结构完整紧凑又波澜起伏,人物形象刻画生动传神,显示出高超的叙事能力和艺术水平。全文语言生动简洁,人物形象饱满,情节丰富曲折,是一篇极富文学色彩的历史散文。

思辨与感悟

1. 你认为郑庄公是一个怎样的人?
2. 本文在刻画人物形象时运用了怎样的艺术手法?
3. 你和你的父母关系如何?如果遇到意见不一致或发生矛盾的时候,你会怎么处理?

召公谏厉王弭谤[①]

《国语》

> 《国语》,相传为春秋末鲁国的左丘明所撰,也有学者认为是战国或汉后的学者以春秋时期各国史官记录的原始材料整理编辑而成的。《国语》是中国最早的一部国别体史书,凡二十一卷(篇),分周、鲁、齐、晋、郑、楚、吴、越八国记事,主要为记言。记事时间,上自西周中期,下至春秋战国之交,前后约五百年。

厉王虐,国人谤王。召公告曰:"民不堪命矣[②]!"王怒,得卫巫[③],使监谤者,以告,则杀之。国人莫敢言,道路以目[④]。王喜,告召公曰:"吾能弭谤矣,乃不敢言。"召公曰:"是障之也[⑤]。防民之口,甚于防川。川壅而溃[⑥],伤人必多,民亦如之。是故为川者决之使导[⑦],为民者宣之使言[⑧]。故天子听政,使公卿至于列士献诗,瞽献曲[⑨],史献书,师箴,瞍赋[⑩],矇诵[⑪],百工谏[⑫],庶人传语[⑬],近臣尽规[⑭],亲戚补察[⑮],瞽史教诲[⑯],耆艾修之[⑰],而后王斟酌焉,是以事行而不悖。民之有口,犹土之有山川也,财用于是乎出;犹其原隰之有衍沃也[⑱],衣食于是乎生。口之宣言也,善败于是乎兴。行善而备败,其所以阜财用衣食者也。夫民虑之于心而宣之于口,成而行之,胡可壅也?若壅其口,其与能几何?"王不听,于是国人莫敢出言,三年乃流王于彘。

注释

① 选自《国语》,陈桐生译注,中华书局2013年版。召(shào)公:一作"邵公",即召穆公,名虎,时为

周厉王的卿士。弭谤:消弭民间对帝王的各种议论指责,即以政治高压手段压制思想言论自由。 ②民不堪命:意为老百姓无法忍受(厉王的)暴政。命,指厉王的各种暴虐政令。 ③卫巫:来自卫国的巫者。 ④道路以目:百姓在路上相遇,不敢讲话,只能彼此默默以目示意。 ⑤障:阻拦。意为暂时阻拦,并未彻底制止。 ⑥川壅而溃:筑堤坝防河水,水易于壅塞,会导致溃堤。 ⑦为川者:(善于)治水的人。决之使导:排除壅障之物,使河水畅流。 ⑧为民者:(善于)治理国家、统治民众的人。宣之使言:引导老百姓讲话。 ⑨瞽(gǔ):盲人乐师,无目为瞽。曲:乐曲,指反映民间呼声的作品。 ⑩瞍(sǒu):盲人,无眸子为瞍。赋:不歌而诵。 ⑪矇:盲人,有眸子而失明为矇。诵:不讲究声调节奏的诵读。 ⑫百工:有专门技艺侍奉君主的人。 ⑬庶人:老百姓。传语:间接地反映意见。 ⑭近臣:最接近帝王的大臣。尽规:(经常)向帝王进言规劝。尽,同"进"。 ⑮亲戚:帝王宗室成员。补察:弥补帝王过失,监督帝王行为是非。 ⑯教诲:(用礼仪礼法对帝王)教育、引导。 ⑰耆艾:分别指六十岁、五十岁的长者,这里代指帝王的师傅。修:修饬,警告,提醒。 ⑱原隰:宽阔平坦的土地与低洼潮湿之地。衍沃:地势低而平,有河流可资灌溉之地。

释意

周厉王暴虐,百姓纷纷指责他。召穆公对厉王说:"老百姓忍受不了暴政了!"厉王听了勃然大怒,找到卫国的巫师,让卫国的巫师去监视批评国王的人,按照卫国的巫师的报告,就杀掉批评国王的人。国人不敢说话,路上相见,以目示意。周厉王颇为得意,对召穆公说:"我能消除指责的言论,他们再也不敢吭声了!"召公回答说:"你这样做是堵住人们的嘴。阻止百姓批评的危害,比堵塞河川引起的水患还要严重。河流堵塞后一旦决堤,伤亡一定很多,(阻止)人民(说话)也是这样。因此治水的人疏通河道使它畅通,善于治民的人开导人们让人畅所欲言。所以君王处理政事,让三公九卿以至各级官吏进献讽喻诗,盲人乐师进献民间乐曲,史官进献有借鉴意义的史籍,少师诵读箴言,瞍人吟咏诗篇,矇人诵读讽谏之言,掌管营建事务的百工纷纷进谏,平民则将自己的意见转达给君王,近侍之臣尽规劝之责,君王的同宗都能补其过失,察其是非,乐师和史官以歌曲、史籍加以谆谆教导,元老们再进一步修饰整理,然后由君王斟酌取舍,并予以施行,这样,国家的政事得以实行而不违背道理。老百姓有口,就像大地有高山河流一样,社会的物资财富全靠它出产;又像高原和低地都有平坦肥沃的良田一样,人类的衣食物品全靠它产生。人们用嘴巴发表议论,政事的成败得失就能表露出来。人们以为好的就尽力实行,以为失误的就设法预防,这是增加衣食财富的途径啊。人们心中所想的通过嘴巴表达,他们考虑成熟以后,就自然流露出来,怎么可以堵呢? 如果硬是堵住老百姓的嘴,那赞许的人还能有几个呢?"周厉王不听,在这种情况下老百姓再也不敢公开发表言论指斥他了。过了三年,人们终于把这个暴君放逐到彘地去了。

作品简析

召公的谏词,前后均设比喻。前一比喻,说明"防民之口"的害处;后一比喻,说明"宣之于口"的好处。中间部分以"天子听政"总领下文,从正面写了"宣之使言"的种种好处。从公卿列士、瞽、史、师、瞍、矇,到百工庶人,广开言路,畅所欲言,而后经天子斟酌取舍,补察时政,就能使政策、政令不悖真理。通篇笔意纵横,态度诚恳,用心良苦,富有启发性和说服力,闪烁着民本思想的光华。

然而,令人可悲可叹的是,周厉王却听不进谏言。历史上步其后尘者不在少数。这些史实表明,从理论上解决问题并不太难,而真正付诸实践则并非易事。召公的意见仍值得重视,厉王的教训也值得汲取。

思辨与感悟

1. 国人为什么"谤王"？王用什么办法来"弭谤"？结果怎样？
2. 召公为什么认为"防民之口,甚于防川"？
3. 周厉王拒谏的深层原因是什么？

冯谖客孟尝君①

《战国策》

> 《战国策》是一部国别体史学著作,又称《国策》《国事》《长书》等,约成书于秦代,其文多出自战国中晚期各国史官之手,经西汉学者刘向整理编订,定名为《战国策》。全书分为十二国策,共三十三卷。《战国策》主要记述了战国时期游说之士的政治主张和言行策略,是研究战国史的重要文献。

齐人有冯谖者,贫乏不能自存,使人属孟尝君②,愿寄食门下。孟尝君曰:"客何好?"曰:"客无好也。"曰:"客何能?"曰:"客无能也。"孟尝君笑而受之曰:"诺。"左右以君贱之也,食以草具③。

居有顷,倚柱弹其剑,歌曰:"长铗归来乎！食无鱼。"左右以告。孟尝君曰:"食之,比门下之客。"居有顷,复弹其铗,歌曰:"长铗归来乎！出无车。"左右皆笑之,以告。孟尝君曰:"为之驾,比门下之车客。"于是乘其车,揭其剑,过其友曰:"孟尝君客我④。"后有顷,复弹其剑铗,歌曰:"长铗归来乎！无以为家。"左右皆恶之,以为贪而不知足。孟尝君问:"冯公有亲乎?"对曰:"有老母。"孟尝君使人给其食用,无使乏。于是冯谖不复歌。

后孟尝君出记⑤,问门下诸客:"谁习计会⑥,能为文收责于薛者乎?"冯谖署曰:"能。"孟尝君怪之,曰:"此谁也?"左右曰:"乃歌夫'长铗归来'者也。"孟尝君笑曰:"客果有能也,吾负之,未尝见也。"请而见之,谢曰:"文倦于事,愦于忧,而性懧愚⑦,沉于国家之事,开罪于先生。先生不羞⑧,乃有意欲为收责于薛乎?"冯谖曰:"愿之。"于是约车治装,载券契而行⑨,辞曰:"责毕收,以何市而反?"孟尝君曰:"视吾家所寡有者。"

驱而之薛,使吏召诸民当偿者悉来合券⑩。券遍合,起矫命⑪,以责赐诸民,因烧其券。民称万岁。

长驱到齐,晨而求见。孟尝君怪其疾也,衣冠而见之,曰:"责毕收乎？来何疾也！"曰:"收毕矣。""以何市而反?"冯谖曰:"君云'视吾家所寡有者'。臣窃计,君宫中积珍宝,狗马实外厩,美人充下陈。君家所寡有者,以义耳！窃以为君市义⑫。"孟尝君曰:"市义奈何?"曰:"今君有区区之薛,不拊爱子其民⑬,因而贾利之⑭。臣窃矫君命,以责赐诸民,因烧其券,民称万岁。乃臣所以为君市义也。"孟尝君不说,曰:"诺。先生休矣！"

后期年⑮,齐王谓孟尝君曰:"寡人不敢以先王之臣为臣。"孟尝君就国于薛。未至百里,民扶老携幼,迎君道中。孟尝君顾谓冯谖:"先生所为文市义者,乃今日见之。"

冯谖曰:"狡兔有三窟,仅得免其死耳。今君有一窟,未得高枕而卧也。请为君复凿二窟。"孟尝君予车五十乘,金五百斤,西游于梁,谓梁王曰:"齐放其大臣孟尝君于诸侯,诸侯先迎之者,富而兵强。"于是梁王虚上位⑯,以故相为上将军,遣使者,黄金千斤,车百乘,往聘孟尝君。冯谖先驱诫孟尝君曰:"千金,重币也;百乘,显使也。齐其闻之矣。"梁使三反,孟尝君固辞不往也。

齐王闻之,君臣恐惧,遣太傅赍黄金千斤⑰,文车二驷,服剑一,封书谢孟尝君曰:"寡人不祥,被于宗庙之祟⑱,沉于谄谀之臣,开罪于君,寡人不足为也。愿君顾先王之宗庙,姑反国统万人乎?"冯谖诫孟尝君曰:"愿请先王之祭器⑲,立宗庙于薛⑳。"庙成,还报孟尝君曰:"三窟已就,君姑高枕为乐矣。"

孟尝君为相数十年,无纤介之祸者,冯谖之计也。

注释

① 选自《战国策》,缪文远、缪伟、罗永莲译注,中华书局2012年版。本篇出自《齐策四》,篇名为今人所加。冯谖(xuān):齐国游说之士。孟尝君:齐国贵族,姓田名文,齐湣王时为相,孟尝君是他的封号。田文之父在齐宣王时受封于薛,田文沿袭,因此又称薛公。以好养士(门客)而著名,与信陵君(魏)、春申君(楚)、平原君(赵)一起被称为"战国四公子"。 ② 属:同"嘱",嘱托,请求。 ③ 食(sì):给人东西吃。草具:粗劣的饭菜。 ④ 客我:指孟尝君待冯谖为上等门客。 ⑤ 记:账册。 ⑥ 习:熟悉。计会:会计账目。 ⑦ 憒:同"愦",愦弱。 ⑧ 不羞:不以此感到羞辱。 ⑨ 券契:债务契约。 ⑩ 当偿者:应偿还债务的人。合券:验合债券。古代契约分为两半,立约双方各执其一。 ⑪ 矫命:假托命令。 ⑫ 市义:买回百姓的恩义,即收买人心。 ⑬ 拊爱:即"抚爱"。子其民:以其民为子。即爱民如子。 ⑭ 贾利:求取利益。贾,求取。 ⑮ 期年:整整一年。 ⑯ 虚:空出。上位:显贵的职位,此指宰相之位。 ⑰ 赍(jī):持物送人。 ⑱ 被:遭,受。宗庙之祟:指祖宗神灵的警告。宗庙,帝王、诸侯祭祀祖先的祠庙。祟,鬼神的祸害。 ⑲ 请先王之祭器:请分出一些祭祀先王的礼器。 ⑳ 立宗庙于薛:在薛地再建一座先王的宗庙。这是巩固和强化薛作为封地的政治地位的重要举措,因为宗庙一立,封地就不能再取消。

释意

齐国有一人叫冯谖,因为太穷而不能养活自己。他便托人告诉孟尝君,表示愿在他的门下寄居为食客。孟尝君问他擅长什么,他回答说没有什么擅长;又问他有什么本事,他回答说也没有什么。孟尝君听了后笑了笑,但还是接受了他。旁边的人认为孟尝君看不起冯谖,就让他吃粗劣的饭菜。

过了一段时间,冯谖倚着柱子弹着自己的剑,唱道:"长剑我们回去吧!没有鱼吃。"左右的人把这事告诉了孟尝君。孟尝君说:"让他吃鱼,给他中等门客的生活待遇。"又过了一段时间,冯谖弹着他的剑,唱道:"长剑我们回去吧!外出没有车。"左右的人都取笑他,并把这件事告诉给孟尝君。孟尝君说:"给他车,给他上等门客的生活待遇。"冯谖于是乘坐他的车,高举着他的剑,去拜访他的朋友,十分高兴地说:"孟尝君待我为上等门客。"此后不久,冯谖又弹着他的剑,唱道:"长剑我们回去吧!没有能力养家。"此时,孟尝君左右的手下都开始厌恶冯谖,认为他贪得无厌。而孟尝君听说此事后问他:"冯公有亲人吗?"冯谖说:"家中有老母亲。"于是孟尝君派人供给他母亲吃用,不使她感到短缺。于是冯谖不再唱了。

后来,孟尝君拿出记事的本子来询问他的门客:"谁熟悉会计的事,能替我去薛邑收债?"冯谖在本上署了自己的名,并签上一个"能"字。孟尝君见了名字感到很惊奇,问:"这是谁呀?"左右的人说:"就是唱那'长铗归来'的人。"孟尝君笑道:"这位客人果真有才能,我亏待了他,还没正式见过面呢!"他立即派人请冯谖来相见,当面赔礼道:"我被琐事搞得精疲力竭,被忧虑搅得心烦意乱;加之我懦弱无能,整天埋在国家大事之中,以致怠慢了您,而您却并不见怪,愿意往薛地去为我收债,是吗?"冯谖回答道:"愿意去。"于是他套好车马,整治行装,载上契约票据动身了。辞行的时候冯谖问:"债收完了,买什么回来?"孟尝君说:"您就看我家里缺什么吧。"

冯谖赶着车到薛,派官吏把该还债务的百姓找来核验契据。核验完毕后,他假托孟尝君的命令,把所有的债款赏赐给欠债人,并当场把债券烧掉了,百姓都高呼"万岁"。

冯谖赶着车,马不停蹄,直奔齐都,清晨就求见孟尝君。冯谖回得如此迅速,孟尝君感到很奇怪,立即穿戴好去见他,问道:"债都收完了吗?怎么回得这么快?"冯谖说:"都收了。""买什么回来了?"孟尝君问。冯谖回答道:"您曾说'看我家缺什么',我私下考虑您宫中积满珍珠宝贝,外面马房多的是猎狗、骏马,后庭多的是美女,您家里所缺的只不过是'仁义'罢了,所以我用债款为您买了'仁义'。"孟尝君道:"买仁义是怎么回事?"冯谖道:"现在您不过有块小小的薛邑,却不抚爱百姓、视民如子,而用商贾之道向人民取利,这怎行呢?因此我擅自假造您的命令,把债款赏赐给百姓,顺便烧掉了契据,百姓欢呼'万岁',这就是我为您买的仁义啊。"孟尝君听后很不快地说:"嗯,先生,算了吧。"

过了一年,齐王对孟尝君说:"我可不敢把先王的臣子当作我的臣子。"孟尝君只好到他的领地薛邑去。还差百里未到,薛地的人民扶老携幼,都在路旁迎接孟尝君的到来。孟尝君见此情景,回头看着冯谖道:"先生为我买的'义',今天才见到作用了。"冯谖说:"狡猾机灵的兔子有三个洞才能免遭死患,现在您只有一个洞,还不能高枕无忧,请让我再去为您挖两个洞吧。"孟尝君应允了,就给了他五十辆车,五百斤黄金。冯谖往西到了魏国,他对惠王说:"现在齐国把他的大臣孟尝君放逐到国外去,哪位诸侯先迎住他,就可使自己的国家富庶强盛。"于是惠王把相位空出来,把原来的相国调为上将军,并派使者带着千斤黄金、百辆车子去聘请孟尝君。冯谖先赶车回去,告诫孟尝君说:"黄金千斤,这是很重的聘礼了;百辆车子,这算显贵的使臣了。齐国君臣大概听说这事了吧。"魏国的使臣往返了三次,孟尝君坚决推辞而不去魏国。

齐王听到这些情况,君臣都惊慌害怕起来,就派遣太傅送去黄金千斤、华丽的雕花马车两辆、一把佩剑(给孟尝君)。封好书信向孟尝君道歉说:"我很倒霉,遭受祖宗降下的灾祸,又被那些逢迎讨好的臣子所迷惑,因而得罪了您。我是不值得您帮助的,希望您能顾念先王的份上,姑且回来统率全国人民吧!"冯谖提醒孟尝君说:"希望您向齐王请来先王传下的祭器,在薛地建立宗庙。"宗庙建成了,冯谖回来报告孟尝君说:"三个洞穴都已凿成了,您可以暂且高枕而卧,安心享乐了!"

孟尝君做了几十年相,没有一点祸患,都是(由于)冯谖的计谋啊。

作品简析

本文记叙了策士冯谖为孟尝君营就"三窟"、巩固政治地位的经过,展现了冯谖不甘碌碌无为,以深谋远虑报效知己的奇卓风采和孟尝君宽容大度、礼贤下士的良好品德,从一个侧面反映了战国时期的社会风貌。

作者刻画冯谖的形象,主要采取了欲扬先抑、层层深入的方法。开篇写他"无好""无能",寄食于人却再三弹铗而歌,要求优厚的生活待遇,仿佛是不知足的小人,而后再写他自告奋勇为孟尝君收债"市义",营就"三窟",展现其卓越不凡的见识和才能,令人折服,充分显示出作者艺术构思的巧妙匠心。

此外,故事情节生动有趣、一波三折,对孟尝君及其手下人对冯谖态度的描写,也从不同侧面丰富了冯谖的形象。

思辨与感悟

1. 冯谖再三弹铗而歌的真正目的是什么?
2. 从刻画冯谖形象的角度来看,文中的"左右""贱之""笑之""恶之"有何作用?
3. 分析孟尝君的性格特征。

去　　私①

《吕氏春秋》

《吕氏春秋》,又称《吕览》,先秦杂家的代表著作,由战国末期的秦相吕不韦(?—前235)集合门客共同编写而成。全书二十六卷,分为十二纪、八览、六论,共一百六十篇。其内容涵盖政治、经济、军事、农业、外交、伦理、道德、修身等各个方面,同时涉及天文、历法、地理、乐律、术数等,既有指导实践之用,又有知识教育之功。《吕氏春秋》是研究先秦思想史和文化史的重要资料。就文学的角度而言,《吕氏春秋》结构比较完备,内容丰富,融故事、譬喻、议论于一体,在古代散文史上有着重要的地位。

天无私覆也,地无私载也,日月无私烛也②,四时无私行也。行其德而万物得遂长焉。
黄帝言曰:"声禁重,色禁重,衣禁重,香禁重,味禁重,室禁重③。"
尧有子十人,不与其子而授舜;舜有子九人,不与其子而授禹:至公也。
晋平公问于祁黄羊曰④:"南阳无令,其谁可而为之?"祁黄羊对曰:"解狐可⑤。"平公曰:"解狐非子之仇邪?"对曰:"君问可,非问臣之仇也。"平公曰:"善。"遂用之。国人称善焉⑥。居有间⑦,平公又问祁黄羊曰:"国无尉⑧,其谁可而为之?"对曰:"午可⑨。"平公曰:"午非子之子邪?"对曰:"君问可,非问臣之子也。"平公曰:"善。"又遂用之。国人称善焉。孔子闻之曰:"善哉,祁黄羊之论也!外举不避仇,内举不避子。"祁黄羊可谓公矣。
墨者有钜子腹䵍⑩,居秦,其子杀人,秦惠王曰:"先生之年长矣,非有他子也,寡人已令吏弗诛矣,先生之以此听寡人也。"腹䵍对曰:"墨者之法:'杀人者死,伤人者刑。'此所以禁杀伤人也。夫禁杀伤人者,天下之大义也。王虽为之赐⑪,而令吏弗诛,腹䵍不可不行墨者之法。"不许惠王,而遂杀之。子,人之所私也。忍所私以行大义,钜子可谓公矣。

庖人调和而弗敢食⑫,故可以为庖。若使庖人调和而食之,则不可以为庖矣。王伯之君亦然⑬。诛暴而不私,以封天下之贤者,故可以为王伯。若使王伯之君诛暴而私之,则亦不可以为王伯矣。

注释

① 选自《吕氏春秋》,陆玖译注,中华书局 2011 年版。去私:去除私心,这是墨家的学说。 ② 烛:照耀。 ③ "声禁重"六句:谓音乐、色彩、衣服、香料、饮食、宫室都要适当,禁止过度。重,过甚。 ④ 晋平公:春秋末年晋国国君,名彪,公元前 557 年至前 532 年在位。祁黄羊:晋大夫,名奚,字黄羊。据《左传·襄公三年》记载,祁奚荐贤之事发生在晋悼公时。 ⑤ 解(xiè)狐:晋大夫。 ⑥ 国人:居住在国都的自由民。 ⑦ 居有间:过了一段时间。 ⑧ 尉:军尉,平时管理军政,战时兼任主将的御者。 ⑨ 午:指祁午,祁黄羊之子。 ⑩ 钜子:先秦时代,墨家学派为了贯彻他们的主张,常结成严密的团体,其领袖被尊称为"钜子"。钜:通"巨"。腹䵍(tūn):人名。战国时墨家钜子。 ⑪ 为之赐:赐给我恩惠。之,代腹䵍自己。 ⑫ 调和:指调和五味。 ⑬ 王伯之君:成就王霸之业的君主。战国时代,儒家称以仁义治天下为王道,以武力称雄于诸侯为霸道。王伯之君是指在天下推行王道和霸道的国君。

释意

天的覆盖没有偏私,地的承载没有偏私,日月照耀四方没有偏私,四季的运行没有偏私。它们各自施行它们的恩德,所以万物才得以生长。

黄帝说:"音乐禁止淫靡,色彩禁止眩目,衣服禁止厚热,香料禁止浓厚,饮食禁止丰美,宫室禁止高大。"

尧有十个儿子,但是不把王位传给他的儿子却传给了舜;舜有九个儿子,但不传位给他的儿子却传给了禹。他们最公正了。

晋平公向祁黄羊询问道:"南阳没有县令,谁可以担当这个职务呢?"祁黄羊回答说:"解狐可以。"平公说:"解狐不是你的仇敌吗?"祁黄羊回答说:"您是问可以不可以,没有问谁是我的仇敌。"平公说:"说得好。"于是任用了解狐,国人都对此说好。过了一段时间,平公又问祁黄羊说:"国家没有尉,谁可以担当这个职位?"祁黄羊回答道:"祁午可以。"平公说:"祁午不是你的儿子吗?"祁黄羊说:"您是问可以不可以,没有问谁是我的儿子。"平公说:"说得好。"于是又任用了祁午,国人对此说好。孔子听说了这件事说道:"祁黄羊的说法好!推举外人不避开仇敌,推举家里人不避开儿子。"祁黄羊可以说是最公正的了。

墨家有个大师腹䵍,住在秦国。他的儿子杀了人,秦惠王对他说:"先生年纪已大,又没有其他儿子了。我已经下令有关官员,不杀您的儿子,先生在这件事上就听我的吧。"腹䵍回答说:"墨家的法规说:'杀人的处死,伤人的给予刑罚。'这是用来制止杀伤人命的。禁止杀伤人命,这是天下的大道义。大王您虽然给予宽恕,下令有关官员不杀他,我腹䵍不可以不奉行墨家的法度。"腹䵍没答应惠王,于是处死了他的儿子。人们都偏爱自己的孩子,忍痛割爱而奉行天下的大道义,这位大师可以说是公正的人。

厨师调制饮食但不敢私自食用,所以才可以做厨师。如果是厨师烹调食物却自己吃了,就不能用他当厨师了。成就王霸之业的君主也是这样,诛杀残暴的人但不私吞他们的财产,而是将其分封给天下的贤人,所以才可以成就王霸之业。假使他们诛杀残暴的人而去私占他们的财产,那也就不能成就王霸之业了。

作品简析

　　本篇以尧舜禅让、祁奚荐贤、腹䵍诛子几件事例,从不同角度说明何谓去私,指出君主只有"诛暴而不私",才能成就王霸之业。文中所记述之事,对今人仍有借鉴意义。

　　私是与公相对来说的。私就是为自己打算,包括私利、私欲、私心、私念。去私就是要去掉一切私心私念,摒弃一切谋取私利、满足私欲的行为,而要求事事"出以公心"。题目"去私"就是全文的中心论点。与《吕氏春秋》其他篇目相似,本文着重通过各种推理形式对中心论点加以论证。第一层,以天地无私立论,说天并不只覆盖一方,地并不只负载一角,日月并不只照临一地,四季并不只运行一处,而是普遍地进行着,因而万物得以成长。第二层,因皇帝之言和举尧舜之行,证明古代圣君皆"至公"。第三层,列举两件历史事实,说明人臣为人处世都应出以公心。两件事叙述之后又加以议论,有叙有议,更能增加文章的说服力。前者引孔子之言,后者为作者的直接发论,同为议论而以不同形式出现,说明作者力求避免文章板滞而注意有所变化。第四层,以庖人调和而不敢食,说明王霸之君当诛暴而不私。这里用的是类比推理的形式,前者为宾,后者为主,使文章落实到王伯之业上,说明王伯之君不应把天下当作一己之私产,而应将天下与人共之,"以封天下之贤者"。

思辨与感悟

　　1. 请具体说明"善"字在下列语段中所指向的不同对象。

　　平公曰:"善。"又遂用之。国人称善焉。孔子闻之曰:"善哉,祁黄羊之论也! 外举不避仇,内举不避子。"

　　2. 赏析本文在列举祁奚荐贤和腹䵍诛子历史事件时的叙事技巧和表达效果。

　　3. 请同学们诵读这篇作品,并提交音频作业。

答司马谏议书①

王安石

> 　　王安石(1021—1086),字介甫,号半山,临川(今属江西)人,北宋著名的政治家、思想家、文学家、改革家,唐宋八大家之一。王安石历任扬州签判、鄞县知县、舒州通判等职,政绩显著。熙宁二年(1069),任参知政事,次年拜相,主持变法。因保守派反对,熙宁七年(1074)被罢相,一年后,被宋神宗再次起用,旋又遭罢相,退居江宁。元祐元年(1086),保守派得势,新法皆废,王安石郁然病逝于钟山(今江苏南京),获谥"文",故世称王文公。

　　某启②:昨日蒙教③,窃以为与君实游处相好之日久④,而议事每不合,所操之术多异故也⑤。虽欲强聒⑥,终必不蒙见察,故略上报⑦,不复一一自辨。重念蒙君实视遇厚⑧,

于反复不宜卤莽,故今具道所以⑨,冀君实或见恕也⑩。

盖儒者所争,尤在名实⑪,名实已明,而天下之理得矣。今君实所以见教者,以为侵官、生事、征利、拒谏⑫,以致天下怨谤也。某则以为受命于人主,议法度而修之于朝廷,以授之于有司,不为侵官;举先王之政,以兴利除弊,不为生事;为天下理财,不为征利;辟邪说,难壬人⑬,不为拒谏。至于怨诽之多,则固前知其如此也。人习于苟且非一日,士大夫多以不恤国事、同俗自媚于众为善。上乃欲变此,而某不量敌之众寡,欲出力助上以抗之,则众何为而不汹汹然?盘庚之迁⑭,胥怨者民也⑮,非特朝廷士大夫而已。盘庚不为怨者故改其度⑯,度义而后动⑰,是而不见可悔故也⑱。如君实责我以在位久,未能助上大有为,以膏泽斯民⑲,则某知罪矣;如曰今日当一切不事事⑳,守前所为而已㉑,则非某之所敢知㉒。

无由会晤,不任区区向往之至㉓。

注释

① 本文选自《古文观止新编》,钱伯城主编,上海古籍出版社1988年版。司马谏议:即司马光(1019—1086),字君实,当时任右谏议大夫(负责向皇帝提意见的官)。他是北宋著名政治家、史学家,编撰有《资治通鉴》。神宗用王安石实行新法,他竭力反对。元丰八年(1085),哲宗即位,高太皇太后听政,召他主国政,尽数废除新法。为相八个月病死,被追封温国公,谥文正。 ② 某:自称。启:写信说明事情。 ③ 蒙教:承蒙指教。这里指接到来信。 ④ 窃:私下,私自,这里用作谦词。君实:司马光的字,古人写信称对方的字以示尊敬。游处:同游共处,即同事交往的意思。 ⑤ 操:持,使用。术:方法,主张。 ⑥ 强聒(guō):硬在耳边啰嗦,强作解说。聒,语声嘈杂。 ⑦ 略:简略。上报:给您写回信,指王安石接到司马光第一封来信后的简答。 ⑧ 重(chóng)念:再三想想。视遇厚:看重的意思。视遇,看待。 ⑨ 具道:详细说明。所以:原委。 ⑩ 冀:希望。 ⑪ 名实:名义和实际。 ⑫ 侵官:王安石设"制置三司(盐铁、户部、度支)条例司",主持变法,司马光认为这是侵夺了原来机构的职权。生事:废旧立新,名生繁多,生事扰民。征利:设法生财,与民争利。拒谏:拒绝接受意见。这是司马光信中指责王安石变法的四条罪状。 ⑬ 壬人:指巧言谄媚、不行正道之人。 ⑭ 盘庚:商代国君。商朝原来建都在黄河以北,常有水灾。为了摆脱政治上的困境和自然灾害,盘庚即位后,决定迁都到殷。这一决定曾遭到全国上下的怨恨反对。盘庚加以劝谕警告,然后"百姓由宁,殷道复兴"。见《尚书·盘庚》及《史记·殷本纪》。 ⑮ 胥怨:全都抱怨。胥,皆。 ⑯ 改其度:改变他原来的计划。 ⑰ 度(duó)义而后动:谨慎考虑是否合理,然后付诸行动。度,考虑,这里用作动词。 ⑱ 是:这里用作动词,意谓认为做得对。 ⑲ 膏泽:施加恩惠。 ⑳ 一切不事事:什么事都不做。事事,做事。前一"事"字是动词,后一"事"字是名词。 ㉑ 守前所为:墨守前人的做法。 ㉒ 所敢知:愿意领教的。知,领教。 ㉓ 不任区区向往之至:意谓内心不胜仰慕,这是旧时写信的客套语。不任,不胜,受不住,形容情意的深重。区区,这里指自己,谦词。向往,仰慕。

释意

鄙人王安石请启:昨天承蒙来信指教,我私以为与君实你交往友好的日子很久了,但是议论起政事来意见常常不一致,这是因为我们所持的政治主张和方法大多不同的缘故。虽然想要勉强啰嗦几句,最终也必定不被你理解,所以我只是简单地给您写了封回信,不再一一为自己辩解了。后来又考虑到你对我的重视厚遇,在书信往来上不应该粗疏草率,所以现在详细地说出我这样做的理由,希望您或许能够谅解吧。

有学问的读书人所争论的问题,特别注重于名义和实际是否相符。如果名义和实际的关系已经明确了,那么天下的大道理也就清晰了。现在君实您用来指教我的,是认为我推行新法侵夺了官吏们的职权,制造了事端,争夺了百姓的财利,拒绝接受不同的意见,因而招致天下人的怨恨和诽谤(这件事)。我却认为从皇帝那里接受命令,议订法令制度,又在朝廷上修正决定,把它交给负有专责的官吏去执行,这不能算是侵夺官权;实行古代贤明君主的政策,用它来兴办对天下有利的事业、消除种种弊病,这不能算是制造事端;为天下治理整顿财政,这不能算是与百姓争夺财利;抨击不正确的言论,驳斥巧辩的坏人,这不能算是拒绝接受他人的规劝。至于社会上对我的那么多怨恨和诽谤,那是我本来早就料到的。

人们习惯于苟且偷安、得过且过已不是一两天的事了。士大夫们多数把不顾国家大事、附和世俗(的见解),向众人献媚讨好当作好事,因而皇上才要改变这种不良风气,那么我不去估量反对者的多少,想拿出自己的力量帮助皇上来抵制这股势力,这样一来,那些人又怎么会不对我大吵大闹呢?盘庚迁都的时候,连老百姓都抱怨啊,并不只是朝廷上的士大夫加以反对。盘庚不因为有人怨恨的缘故就改变自己的计划,这是他考虑到迁都合理,然后坚决行动,认为对就看不出有什么可以后悔的缘故啊。如果君实您责备我是因为我在位任职很久,没能帮助皇上干一番大事业,没能使百姓得到好处,那么我承认自己是有罪的;如果说现在应该什么事都不去做,墨守前人的陈规旧法就是了,那就不是我敢领教的了。

没有机会与您见面,内心不胜仰慕。

 作品简析

全文立论的论点是针对司马光认为新法"侵官、生事、征利、拒谏、致怨"的指责,指出儒者所争,尤在于名实。名实已明,而天下之理得矣。从而说明变法的正确性。

第一段主要阐明写这封信的原因和目的。因为两人之间有分歧,所以写信表明自己的立场和态度。作者着意强调的是"所操之术多异",显示出高度的概括力,亮出了分歧的焦点所在,不伤感情,态度坦率。

第二段是全文的重点部分,作者以"名实已明,而天下之理得矣"为论证的立足点,针对司马光来信中提出的责难进行辩驳,表明自己坚持变法的立场。在辩驳之前,先高屋建瓴地提出一个最重要的原则问题——名实问题。名正则言顺而事行。但站在不同立场,对同样一件事(即"实")是否合理(即"名"是否"正")就会有不同的,甚至完全相反的看法。司马光在来信中指责王安石实行变法是"侵官、生事、征利、拒谏,以致天下怨谤"。这些责难,如果就事论事地一一加以辩解,那就很可能会被对方抓住了一些表面现象或具体事实而陷于被动招架,越辩解越显得理亏;必须站在高处,深刻揭示出事情的本质,才能从根本上驳倒对方的责难,为变法正名。这一段,从回答对方的责难这个角度说,是辩解,是"守";但由于作者抓住问题的实质,从大处、高处着眼,这种辩解就绝非单纯的招架防守,而是守中有攻。

接下来,作者举了盘庚迁都的历史事例,说明反对者之多并不表明措施有错误,只要"度义而后动",确认自己做得是对的,就没有任何退缩后悔的必要。答书写到这里,似乎话已说尽。作者却欲擒故纵,先让开一步,说如果对方是责备自己在位日久,没有能帮助皇帝干出一番大事,施惠于民,那么自己是知罪的。这虽非本篇正意,却是由衷之言。紧接着又反转过去,正面表明态度:"如曰今日当一切不事事,守前所为而已,则非某之所敢知。"委婉的口吻中又透出锋芒。

这篇短信笔力精锐,文字经济而富有说服力,语气委婉而严正,既不向反对的意见妥协,也不伤害私人的友谊,是古代驳论文的典范之作。

思辨与感悟

1. 作者在文中列举盘庚迁都的例子有何用意?
2. 本文在辩驳对方论点时运用了怎样的方法?结合具体内容进行分析。
3. 请同学们诵读这篇作品,并提交音频作业。

咏 史①

龚自珍

龚自珍(1792—1841),一名巩祚,字璱人,号定庵,浙江仁和(今浙江杭州)人。清著名学者、文学家和启蒙思想家。龚自珍是嘉庆、道光间提倡通经致用的今文经学学派的重要学者,主张改革弊政,抵御外侮,曾积极支持林则徐禁烟。他诗、文、词各体兼长,其文议论纵横,其诗词善抒感慨,想象丰富,豪放瑰丽,有《龚自珍全集》。

金粉东南十五州②,万重恩怨属名流③。
牢盆狎客操全算④,团扇才人踞上游⑤。
避席畏闻文字狱⑥,著书都为稻粱谋⑦。
田横五百人安在,难道归来尽列侯⑧?

注释

① 选自《龚自珍全集》,(清)龚自珍著,上海人民出版社1975年版。本篇作于道光五年(1825)十二月。作者当时因守母丧离官寓居昆山,目睹东南富庶地区坏人当道、政治黑暗,而不少知识分子在清廷高压政策的钳制下,又养成了苟安自保的风习。所谓"名流",不是流连声色,便热衷于钩心斗角,争名逐利。作者在诗中对此表达了他的愤慨和讽刺。 ② 金粉:古代女子化妆用的粉,此借指景象繁华。十五州:泛指长江下游地区。 ③ "万重恩怨"句:指所谓"名流"在声色和名利场中彼此猜忌争夺,恩怨重重。 ④ 牢盆:古代煮盐的器具,这里借指盐商。 ⑤ 团扇:圆扇,古代宫妃、歌妓常手执白绢团扇。才人:宫中女官。此处"团扇才人"是对轻薄文人的贬称。 ⑥ 避席:古人席地而坐,为表示恭敬或畏惧离席而起。文字狱:指清廷迫害知识分子的一种冤狱,故意在诗文中摘取字句,罗织成罪。 ⑦ 稻粱谋:本指鸟类寻觅食物,转指人们为衣食奔走。 ⑧ 田横:秦末人,贤而得士;楚汉纷争时,曾自立为齐王。后为汉军所败,率五百余人,入海居岛中;后为刘邦招降,在去洛阳途中,因耻于事刘而自刎。刘邦继招其余众五百人,五百人闻田横死,也都自杀了。句意:当年田横的五百人哪里去了,难道他们降汉后每个人都能得到封侯么?

作品简析

时诗人客居昆山,身处东南金粉之地,目睹盘踞要津、把持权柄的都是些无才无德的官僚政客与无志无行的幸臣,而广大士子则在高压专制统治之下,畏避文网,明哲保身,成为苟且偷安、无筋无骨的碌碌庸夫。对于这种昏暗现实与萎靡士风,作者感慨良多,愤作此诗。诗篇借历史上田横殉难的典故作结,正是表达了诗人对当时社会骨鲠忠贞之士日渐消亡的深深悲哀。此诗题为"咏史",实为讽今。诗人以深邃的史诗、警策的语言,撕下了"盛世"的面纱,把清王朝统治的腐败本质及其没落趋势,清晰地揭示给人们,具有醒世与警世的艺术力量。全诗造语凝重,属对工切,境界开阔,寓理精辟,读来有骨力铮铮之感。

思辨与感悟

1. "避席畏闻文字狱,著书都为稻粱谋。"后人视为警句,请你谈谈对这两句诗的理解。
2. 结合龚自珍的其他诗歌,谈谈其作品的艺术风格。
3. 请同学们诵读这篇作品,并提交音频作业。

第三讲 以史为鉴

 扩展阅读

万历十五年(节选)([美]黄仁宇)

 扩展阅读

滑铁卢的一分钟(节选)([奥地利]茨威格)

圆桌议题

1. 讨论《召公谏厉王弭谤》的现实意义和启示。
2. 结合《答司马谏议书》写作的历史背景,谈谈你对文章内容的理解和看法。

第四讲　爱 与 家 庭

冰心在《论婚姻与家庭》中说："家庭是社会的细胞。有了健全的细胞，才会有一个健全的社会，乃至一个健全的国家。"和谐家庭乃和谐社会之基石，而爱则是和谐家庭之纽带。

爱情与婚姻是古今中外文学作品恒久的描写对象，或甜蜜，或痛苦，或遗憾……虽然每个人对爱情与婚姻的感受和体验不尽相同，但对幸福家庭的理解则大体相同。夫妻之爱、父母子女之爱，是幸福家庭关系的重要组成部分。在作家笔下，其呈现方式和表现形态也各有不同，有求而不得的遗憾、生离死别的无奈、诙谐幽默的调侃、相濡以沫的深情、平淡生活的温馨……

湘　夫　人①

屈　原

屈原（约前339—前278），名平，字原，又自名正则，字灵均，战国时期楚国人。屈原学识渊博，善于辞令，早年辅佐楚怀王，曾任左徒、三闾大夫。他主张对内举贤任能，修明法度，对外联齐抗秦，因遭保守势力排挤毁谤，被先后流放至汉北和沅湘流域。公元前278年，秦将白起攻破楚都郢，屈原悲愤交加，自沉于汨罗江，以身殉国。

屈原是中国历史上第一位伟大的爱国诗人，中国浪漫主义文学的奠基人，是"楚辞"的创立者和代表作家。主要作品有《离骚》《九歌》《九章》《天问》等。《楚辞》与《诗经》是中国古典诗歌的两大源头。

帝子降兮北渚②，目眇眇兮愁予。
嫋嫋兮秋风，洞庭波兮木叶下。
白薠兮骋望③，与佳期兮夕张。
鸟萃兮蘋中，罾何为兮木上④？
沅有茝兮醴有兰⑤，思公子兮未敢言。
荒忽兮远望，观流水兮潺湲⑥。

麋何食兮庭中？蛟何为兮水裔？
朝驰余马兮江皋，夕济兮西澨⑦。
闻佳人兮召予，将腾驾兮偕逝⑧。
筑室兮水中，葺之兮荷盖。
荪壁兮紫坛⑨，匊芳椒兮成堂⑩。
桂栋兮兰橑，辛夷楣兮药房。
罔薜荔兮为帷，擗蕙櫋兮既张⑪。
白玉兮为镇，疏石兰兮为芳。
芷葺兮荷屋，缭之兮杜衡。
合百草兮实庭，建芳馨兮庑门。
九嶷缤兮并迎，灵之来兮如云。
捐余袂兮江中，遗余褋兮醴浦⑫。
搴汀洲兮杜若，将以遗兮远者⑬。
时不可兮骤得，聊逍遥兮容与⑭！

 注释

① 选自《楚辞》，林家骊译注，中华书局2010年版。湘夫人：传说中湘水神的配偶。　② 帝子：指湘夫人。娥皇、女英都是帝尧的女儿，故称。降：降临。北渚：指水洲的北岸。渚，水中的小块陆地。　③ 白薠：一种近水生的秋草。骋望：极目远眺。　④ 罾（zēng）：用木或竹条作支架的捕鱼网具。以上两句比喻所愿不得而失其所。　⑤ 茝：即白芷，一种香草。　⑥ 潺湲：水慢慢地流动。　⑦ 西澨：西岸。澨，水边。　⑧ 腾驾：驾起车奔驰。偕逝：同往。　⑨ 荪壁：以一种名为荪的香草饰壁。紫坛：以一种名贵的贝壳紫贝砌坛。　⑩ 匊："播"的古字，当为"匊"字之误，即后世"掬"字。　⑪ 擗蕙櫋（mián）：掰开蕙草铺设屋檐板。蕙，一种香草。櫋，屋檐板，或谓帐顶。张：设置。　⑫ 遗：舍弃。褋：罩衣，或谓贴身之衣。浦：水滨。　⑬ 遗（wèi）：投赠。远者：远来者。　⑭ 聊：权且。容与：从容自得的样子。

  释意

湘夫人降落在北洲之上，极目远眺啊使我惆怅。
树木轻摇啊秋风初凉，洞庭起波啊树叶落降。
踩着白薠啊纵目四望，与佳人相约啊在今天晚上。
鸟儿为什么聚集在水草之处？鱼网为什么挂结在树梢之上？
沅水芷草绿啊澧水兰花香，思念湘夫人啊却不敢明讲。
神思恍惚啊望着远方，只见江水啊缓缓流淌。
麋鹿为什么在庭院里觅食？蛟龙为什么在水边游荡？
清晨我打马在江畔奔驰，傍晚我渡到江水西旁。
我听说湘夫人啊在召唤着我，我将驾车啊与她同往。
我要把房屋啊建筑在水中央，还要把荷叶啊盖在屋顶上。
荪草装点墙壁啊紫贝铺砌庭坛，四壁撒满香椒啊用来装饰厅堂。
桂木作栋梁啊木兰为桁橼，辛夷装门楣啊白芷饰卧房。

编织薜荔啊做成帷幕,析开蕙草做的幔帐也已支张。
用白玉啊做成镇席,各处陈设石兰啊一片芳香。
在荷屋上覆盖芷草,用杜衡缠绕四方。
汇集各种花草啊布满庭院,建造芬芳馥郁的门廊。
九嶷山的众神都来欢迎湘夫人,他们簇簇拥拥的像云一样。
我把那衣袖抛到江中去,我把那单衣扔到醴水旁。
我在小洲上啊采摘着杜若,将用来馈赠给远方的姑娘。
美好的时光啊不可多得,我姑且悠闲自得地徘徊游逛。

作品简析

　　《湘夫人》可视为《湘君》的姊妹篇,诗歌描写并歌颂了传说中湘水的一对神侣的爱情故事。在这首《湘夫人》中,作者以男神湘君的口吻,抒发了对湘夫人的思念之情,把一个美丽的神话传说故事描写得幽婉感人。全诗表达了对纯洁爱情的渴望,也象征着人们对美好生活的追求。

　　整篇作品情感深沉,意象丰富,在修辞上多用比喻手法和排比句式,彰显了楚辞的浪漫主义风格特色。这对于后世的中国诗歌创作,产生了深远的影响。

思辨与感悟

　　1. 诗歌开篇四句诗所渲染的气氛对全诗有怎样的作用?
　　2. 诗歌详细描绘了湘君为湘夫人用各种香草装饰爱巢的过程,表现了诗人怎样的情感?

家 书 二 封①

梁启超

致 思 顺 书

宝贝思顺:

梁启超与子女谈爱国:思报社会之恩

　　得复电,大慰。我因久不得汝信,神经作用无端疑汝有病耳。昨日在南开讲毕,思永、思忠留校中听别人讲演。我独携思庄去吃大餐。随后你妈妈把思达、思懿带来,吃完后五个人坐汽车兜圈子到马厂一带,把几位小孩子欢喜得了不得。你妈妈说,我居然肯抛弃书桌上一点钟工夫,作此雅游,真是稀奇。我和思庄说,明年姐姐回来,我带着你们姊妹去逛地方,不带男孩子了。庄、懿都拍掌说,哥哥们太便宜了,让他们关在家里哭一回。思达说他要加入女孩子团体,思庄已经答应他了。我今日起得甚早,随意写几句告诉你。

爹爹　八月一日

致孩子们（节选）

孩子们：

一个多月没有写信，只怕把你们急坏了。

不写信的理由很简单，因为向来给你们的信都在晚上写的。今年热得要命，加以蚊子的群众运动比武汉民党还要厉害，晚上不是在院子外头，就是在帐子里头，简直五、六十晚没有挨着书桌子，自然没有写信的机会了，加以思永回来后，谅来他去信不少，我越发落得躲懒了。

关于忠忠学业的事情，我新近去过一封电，又思永有两封信详细商量，想早已收到。我的主张是叫他在威士康逊把政治学告一段落，再回到本国学陆军。因为美国决非学陆军之地，而且在军界活动，非在本国有些"同学系"的关系不可以。以"打人学校"决不要进。至于国内何校最好，我在这一年内切实替你调查预备便是。

思成再留美一年，转学欧洲一年，然后归来最好。关于思成学业，我有点意见。思成所学太专门了，我愿意你趁毕业后一两年，分出点光阴多学些常识，尤其是文学或人文科学中之某部门，稍微多用点工夫。我怕你因所学太专门之故，把生活也弄成近于单调，太单调的生活，容易厌倦，厌倦即为苦恼，乃至堕落之根源。再者，一个人想要交友取益，或读书取益，也要方面稍多，才有接谈交换，或开卷引进的机会。不独朋友而已，即如在家庭里头，像你有我这样一位爹爹，也属人生难逢的幸福；若你的学问兴味太过单调，将来也会和我相对词竭，不能领着我的教训，你全生活中本来应享的乐趣，也削减不少了。我是学问趣味方面极多的人，我之所以不能专积有成者在此，然而我的生活内容异常丰富，能够永久保持不厌不倦的精神，亦未始不在此。

我每历若干时候，趣味转过新方面，便觉得像换个新生命，如朝旭升天，如新荷出水，我自觉这种生活是极可爱的，极有价值的。我虽不愿你们学我那泛滥无归的短处，但最少也想你们参采我那烂漫向荣的长处（这封信你们留着，也算我自作的小小像赞）。我这两年来对于我的思成，不知何故常常像有异兆的感觉，怕他渐渐会走入孤峭冷僻一路去。我希望你回来见我时，还我一个三四年前活泼有春气的孩子，我就心满意足了。这种境界，固然关系人格修养之全部，但学业上之薰染陶熔，影响亦非小。因为我们做学问的人，学业便占却全生活之主要部分。学业内容之充实扩大，与生命内容之充实扩大成正比例。所以我想医你的病，或预防你的病，不能不注意及此。这些话许久要和你讲，因为你没有毕业以前，要注重你的专门，不愿你分心，现在机会到了，不能不慎重和你说。你看了这信，意见如何（徽音意思如何），无论校课如何忙迫，是必要回我一封稍长的信，令我安心。

爹爹　八月廿九日

注释

① 选自《梁启超家书》，张品兴编，中国文联出版公司2000年版。

作品简析

在家书中,梁启超对子女们生活、学习和职业选择等方面都给予了无微不至的关心和指导。他除了是孩子们的父亲外,还是亲切的导师、知心的朋友。他特别关注子女们人格道德品质方面的修养,希望自己的子女都具有"不惑""不忧""不惧"的君子德行,养成健全的人格,成为"新民"。

思辨与感悟

1. 从梁启超给子女的信中,可以看出他是一位怎样的父亲?
2. 任选一个角度,谈谈你阅读梁启超家书后的感想。

两 地 书(节选)①

鲁 迅 许广平

鲁迅(1881—1936),原名周樟寿,后改名周树人,字豫才,浙江绍兴人,中国现代伟大的文学家、思想家、革命家。

许广平(1898—1968),笔名景宋,广东番禺人。《两地书》系二人在1925年3月至1929年6月间的书信合集,由鲁迅编辑修改而成,于1933年出版。

一一四

B.EL.②:

今天是我们到上海后,你出门去了的第一天,现在是下午六点半,查查铁路行车时刻表,你已经从浦口动身,开车了半小时了。想起你一个人在车上,一本德文法不能整天捧在手里看,放下的时候就会空想。想些什么呢?复杂之中,首先必以为我在怎么过活着,与其幻想,不如由我直说罢——

别后我回到楼上剥瓜子,太阳从东边射在躺椅上,我坐着一面看《小彼得》一面剥③,绝对没有四条胡同④,因为我要用我的魄力来抵抗这一点,我胜利了。此后睡了一会,醒来正午,邮差送到一包书,是未名社挂号寄来的韦丛芜著的《冰块》五本⑤。午饭后收拾收拾房子,看看文法,同隔壁的大家谈谈天,又写了一封给玉书的信⑥。下午到街上去散步,买些水果回来,和大家一同吃。吃完写信,写到这里,正是"夕方"时候了⑦。夜饭还未吃过呢,再有什么事,待续写下去罢。

十三,六时五十分。

EL.,现在是十四日午后六时二十分,你已经过了岗山,快到济南了。车是走得那么快,我只愿你快些到北京,免得路中挂念。今天听说京汉路不大通,津浦大约不至如此。你到后,在回来之前,倘闻交通不便,千万不要冒险走,只要你平安的住着,我也可以稍慰的。

昨夜稍稍看书,九时躺下,我总喜欢在楼上,心地比较的舒服些。今天六时半醒来,九时才起,仍是看书和谈天。午后三时午睡,充分休养,如你所嘱,勿念。只是我太安闲,你途中太辛苦了,共患难的人,有时也不能共享一样的境遇,奈何!

今日收到殷夫的投《奔流》的诗稿⑧,颇厚,先放在书架上了,等你回来再看。

祝你安好。

H.M.五月十四日下午六时三十分。

一一六

H.M.D.⑨:

在沪宁车上,总算得了一个坐位,渡江上了平浦通车,也居然定着一张卧床。这就好了。吃过夜饭,十一点睡觉,从此一直睡到第二天十二点,醒来时,不但已出江苏境,并且通过了安徽界蚌埠,到山东界了。不知道你可能如此大睡,恐怕不能这样罢。

车上和渡江的船上,遇见许多熟人,如幼渔之侄⑩,寿山之友⑪,未名社的人物,还有几个阔人,自说是我的学生,但我不认识他们了。

今天午后到前门站,一切大抵如旧,因为正值妙峰山香市⑫,所以倒并不冷静。正大风,饱餐了三年未吃的灰尘。下午发一电,我想,倘快,则十六日下午可达上海了。

家里一切也如旧;母亲精神容貌仍如三年前,但关心的范围好像减小了不少,谈的都是邻近的琐事,和我毫不相干。以前似乎常常有客来住,久至三四月,连我的日记本子也都翻过了,这很讨厌,大约是姓车的男人所为⑬,莫非他以为我一定死在外面,不再回家了么?

不过这种情形,我倒并不气恼,自然也不喜欢;久说必须回家一趟,现在是回来了,了却一件事,总是好的。此刻是夜十二点,静得很,和上海大不相同。我不知道她睡了没有?我觉得她一定还未睡着,以为我正在大谈三年来的经历了,其实并未大谈,却在写这封信。

今天就是这样罢,下次再谈。

EL.五月十五夜。

一一七

H.D.:

昨天寄上一函,想已到。今天下午我访了未名社一趟,又去看幼渔,他未回,马珏是因病进了医院许多日子了⑭。一路所见,倒并不怎样萧条,大约所减少的不过是南方籍的官僚而已。

关于咱们的事,闻南北统一后,此地忽然盛传,研究者也颇多,但大抵知不确切。我想,这忽然盛传的缘故,大约与小鹿之由沪入京有关的⑮。前日到家,母亲即问我害马为什么不一同回来,我正在付车钱,匆忙中即答以有些不舒服,昨天才告诉她火车震动,不宜于孩子的事,她很高兴,说,我想也应该有了,因为这屋子里早应该有小孩子走来走去了。这种"应该"的理由,虽然和我们的意见很不同,但总之她非常高兴。

这里很暖,可穿单衣了。明天拟去访徐旭生⑯,此外再看几个熟人,别的也无事可做。尹默凤举⑰,似已倾心于政治,尹默之汽车,晚天和电车相撞,他臂膊也碰肿了,明天也想去看他,并还草帽。静农为了一个朋友,听说天天在查电码,忙不可当。林振鹏在西山医胃病⑱。

附笺一纸,可交与赵公⑲。又通知老三,我当于日内寄书一包(约四五本)给他,其实是托他转交赵公的,到时即交去。

我的身体是好的,和在上海时一样,勿念。但 H.也应该善自保养,使我放心。我相信她正是如此。

迅。五月十七夜。

注释

① 选自《鲁迅全集》第十一卷,人民文学出版社 2005 年版。　② B.EL:B.是德语 bruder(兄弟)或英语 brother(兄弟)的缩写;EL 是德语 elefant 或英语 elephant(象)的缩写。意为"象兄"。林语堂曾在《鲁迅》一文中形容鲁迅在厦门大学"实在是一只(令人担忧的)白象,与其说是一种敬礼,毋宁说是一种累物"。(原文为英文,光落译,载 1929 年《北新》第三卷第一期。)许广平认为这是赞颂鲁迅"难能可贵",故戏称鲁迅为"象兄"。　③《小彼得》:童话集,德国女作家至尔·妙伦著,许广平据日译本重译,鲁迅校改,1929 年上海春潮书局出版。　④ 四条胡同:鲁迅曾用以取笑女性的哭泣。　⑤《冰块》:诗集,韦丛芜著。1929 年 4 月北京未名社出版。　⑥ 玉书:即常瑞麟,系许广平在天津求学时的同学。　⑦ 夕方:日语,日暮、黄昏的意思。　⑧ 殷夫(1909—1931):原名徐祖华,笔名白莽、殷夫、徐白,浙江象山人,诗人,共产党员。这里所说向《奔流》的投稿,当指其所译奥地利作家德涅尔斯的《彼得斐·山陀尔行状》,后刊于《奔流》第二卷第五期(1929 年 12 月),署名白莽。《奔流》,文艺月刊,鲁迅、郁达夫合编,1928 年 6 月在上海创刊,1929 年 12 月停刊,共出十五期。　⑨ H.M.D.:女师大杨荫榆校长称许广平为害群之马,许广平用拼音写为 H.M.。鲁迅加了英文 deer 首字母,是对许广平的爱称。　⑩ 幼渔:即马裕藻(1878—1945),字幼渔,浙江宁波鄞州人。曾留学日本,后任浙江教育司视学和北京大学中文系主任、北京女子师范大学教授。　⑪ 寿山:即齐宗颐(1881—1965),字寿山,河北高阳人。曾留学德国,后任北洋政府教育部佥事、视学。　⑫ 妙峰山香市:妙峰山位于北京西郊,山上多寺庙,旧俗每年夏历四月初一至十五日举行庙会,远近朝山进香者甚众。庙会期间专卖香烛的集市,称妙峰山香市。　⑬ 姓车的男人:指车耕南(1888—1967),浙江绍兴人,鲁迅二姨之婿,当时在铁道部门任职。　⑭ 马珏(1910—?):浙江宁波鄞州人,马幼渔之女,原是北京孔德学校学生,当时在北京大学预科学习。　⑮ 小鹿:原信作陆晶清。　⑯ 徐旭生(1888—1976):名炳昶,河南唐河人,曾任北京大学哲学系教授、《猛进》周刊主编。　⑰ 尹默:即沈尹默(1883—1971),浙江湖州吴兴人,曾留学日本,后任北京大学等校教授。在北京女子师范大学任教期间曾签名支持学生的革命运动。当时任河北省政府委员兼教育厅厅长。凤举,即张定璜(1895—?),江西南昌人,曾留学日本,后任北京大学、北京女子师范大学教授,当时受聘为国立北平艺术专科学校校长,后未到任。　⑱ 林振鹏:原信作林卓凤,广东汕头澄海人,是许广平在北京女子师范大学的同学。　⑲ 赵公:指柔石。

作品简析

《两地书》详尽记录了鲁迅与许广平相识、相恋,以及共同生活的点点滴滴。1927 年 10 月,鲁迅和许广平在上海组建家庭共同生活。1929 年 5 月至 6 月初鲁迅回北京探望母亲,许广平留在上海,其间两人共通信多封。

思辨与感悟

1. 结合你读过的鲁迅作品,谈谈作为"爱人"的鲁迅和作为"斗士"的鲁迅有怎样的不同。
2. 任选一个角度,谈谈你阅读《两地书》后的感想。

作 父 亲①

丰子恺

> 丰子恺(1898—1975),原名丰润,浙江人,著名漫画家、散文家、美术和音乐教育家、翻译家,具有多方面文艺成就。主要文学作品有《缘缘堂随笔》《缘缘堂再笔》《缘缘堂续笔》《车厢社会》《率真集》等;美术作品有《护生画集》《子恺漫画》等;译著有日本古典名著《源氏物语》、俄国作家屠格涅夫的《初恋》《猎人笔记》,日本作家厨川白村的《苦闷的象征》等。

楼窗下的弄里远远地传来一片声音:"咿哟,咿哟……"渐近渐响起来。

一个孩子从算草簿中抬起头来,张大眼睛倾听一会,"小鸡!小鸡!"叫了起来。四个孩子同时放弃手中的笔,飞奔下楼,好像路上的一群麻雀听见了行人的脚步声而飞去一般。

我刚才扶起他们所带倒的凳子,拾起桌子上滚下去的铅笔,听见大门口一片呐喊:"买小鸡!买小鸡!"其中又混着哭声。连忙下楼一看,原来元草因为落伍而狂奔,在庭中跌了一交,跌痛了膝盖骨不能再跑,恐怕小鸡被哥哥、姐姐们买完了轮不着他,所以激烈地哭着。我扶了他走出大门口,看见一群孩子正向一个挑着一担"咿哟,咿哟"的人招呼,欢迎他走近来。元草立刻离开我,上前去加入团体,且跳且喊:"买小鸡!买小鸡!"泪珠跟了他的一跳一跳而从脸上滴到地上。

孩子们见我出来,大家回转身来包围了我。"买小鸡!买小鸡!"的喊声由命令的语气变成了请愿的语气,喊得比前更响了。他们仿佛想把这些音蓄入我的身体中,希望它们由我的口上开出来。独有元草直接拉住了担子的绳而狂喊。

我全无养小鸡的兴趣;而且想起了以后的种种麻烦,觉得可怕。但乡居寂寥,绝对屏除外来的诱惑而强迫一群孩子在看惯的几间屋子里隐居这一个星期日,似也有些残忍。且让这个"咿哟,咿哟"来打破门庭的岑寂,当作长闲的春昼的一种点缀吧。我就招呼挑担的,叫他把小鸡给我们看看。

他停下担子,揭开前面的一笼。"咿哟,咿哟"的声音忽然放大。但见一个细网的下面,蠕动着无数可爱的小鸡,好像许多活的雪球。五六个孩子蹲集在笼子的四周,一齐倾情地叫着:"好来!好来!"一瞬间我的心也屏绝了思虑而没入在这些小动物的姿态的美中,体会了孩子们对于小鸡的热爱的心情。许多小手伸入笼中,竞指一只纯白的小鸡,有的几乎要隔网捉住它。挑担的忙把盖子无情地冒上,许多"咿哟,咿哟"的雪球和一群"好来，好来"的孩子就变成了咫尺天涯。孩子们怅望笼子的盖，依附在我的身边，有的伸手摸我的袋。我就向挑担的人说话：

"小鸡卖几钱一只？"

"一块洋钱四只。"

"这样小的，要卖二角半钱一只？可以便宜些否？"

"便宜勿得，二角半钱最少了。"

他说过，挑起担子就走。大的孩子脉脉含情地目送他，小的孩子拉住了我的衣襟而连叫"要买！要买！"挑担的越走得快，他们喊得越响。我摇手止住孩子们的喊声，再向挑担的问：

"一角半钱一只卖不卖？给你六角钱买四只吧！"

"没有还价！"

他并不停步，但略微旋转头来说了这一句话，就赶紧向前面跑。"咿哟，咿哟"的声音渐渐地远起来了。

元草的喊声就变成哭声。大的孩子锁着眉头不绝地探望挑担者的背影，又注视我的脸色。我用手掩住了元草的口，再向挑担人远远地招呼：

"二角大洋一只，卖了吧！"

"没有还价！"

他说过便昂然地向前进行，悠长地叫出一声"卖——小——鸡——！"其背影便在弄口的转角上消失了。我这里只留着一个号啕大哭的孩子。

对门的大嫂子曾经从矮门上探头出来看过小鸡，这时候就拿着针线走出来，倚在门上，笑着劝慰哭的孩子，她说：

"不要哭！等一会儿还有担子挑来，我来叫你呢！"

她又笑向我说："这个卖小鸡的想做好生意。他看见小孩子哭着要买，越是不肯让价了。昨天坍墙圈里买的一角洋钱一只，比刚才的还大一半呢！"

我同她略谈了几句，硬拉了哭着的孩子回进门来。别的孩子也懒洋洋地跟了进来。我原想为长闲的春昼找些点缀而走出门口来的，不料讨个没趣，扶了一个哭着的孩子而回进来。庭中的柳树正在骀荡的春光中摇曳柔条，堂前的燕子正在安稳的新巢上低徊软语。我们这个刁巧的挑担者和痛哭的孩子，在这一片和平美丽的春景中很不调和啊！

关上大门，我一面为元草揩拭眼泪，一面对孩子们说：

"你们大家说'好来，好来'，'要买，要买'，那人便不肯让价了！"

小的孩子听不懂我的话，继续抽噎着；大的孩子听了我的话若有所思。我继续抚慰他们：

"我们等一会再来买吧，隔壁大妈会喊我们的。但你们下次……"

我不说下去了。因为下面的话是"看见好的嘴上不可说好，想要的嘴上不可说要。"倘再进一步，就要变成"看见好的嘴上应该说不好，想要的嘴上应该说不要"了。在这一片天真烂漫光明正大的春景中，向哪里容藏这样教导孩子的一个父亲呢？

廿二年（1933）五月二十日。

注释

① 选自《丰子恺随笔精粹》,丰子恺著,丰陈宝、杨于耘编,上海古籍出版社 2004 年版。

作品简析

丰子恺的散文多取材于日常生活,儿童、自然、艺术、世相,皆信手拈来,看似随意,却又别具匠心。他善从平常琐屑中发现人间情味,于俗相中发现事理,以小见大,弦外有音。他的文章落笔平易朴实,自然隽逸,疏淡中透出哲思与雅致。

思辨与感悟

1. 本文题目为《作父亲》,但文中并未写如何做父亲,只在结尾处以"欲言又止"的情节点出作父亲的两难处境,这样写的好处是什么?

2. 任意选取文中的段落进行赏析,体会丰子恺散文的艺术特色。

我的理想家庭(节选)①

老 舍

老舍(1899—1966),原名舒庆春,字舍予,笔名老舍,北京人,中国现代著名小说家、戏剧家。1918 年毕业于北京师范学校,任小学校长。1924 年赴英国伦敦大学亚非学院任汉语教师,并开始从事文学创作。1930 年回国后先后在齐鲁大学、山东大学任教。抗日战争期间,在重庆中华全国文艺界抗敌协会任理事兼总务部主任。1946 年赴美讲学,1949 年回国。其主要作品有小说《二马》《骆驼祥子》《我这一辈子》《月牙儿》《四世同堂》等,话剧《龙须沟》《茶馆》等。

我的理想家庭要有七间小平房:一间是客厅,古玩字画全非必要,只要几张很舒服宽松的椅子,一二小桌。一间书房,书籍不少,不管什么头版与古本,而都是我所爱读的。一张书桌,桌面是中国漆的,放上热茶杯不至烫成个圆白印。文具不讲究,可是都很好用。桌上老有一两枝鲜花,插在小瓶里。两间卧室,我独据一间,没有臭虫,而有一张极大极软的床。在这个床上,横睡直睡都可以,不论怎睡都一躺下就舒服合适,好像陷在棉花堆里,一点也不碰硬骨头。还有一间,是预备给客人住的。此外是一间厨房,一个厕所,没有下房,因为根本不预备用仆人。家中不要电话,不要播音机,不要留声机,不要麻将牌,不要风扇,不要保险柜。缺乏的东西本来很多,不过这几项是故意不要的,有人白送给我也不要。

院子必须很大,靠墙有几株小果木树。除了一块长方的土地,平坦无草,足够打开太极拳的。其他的地方就都种着花草——没有一种珍贵费事的,只求昌茂多花。屋中至少有一只花猫,院中至少也有一两盆金鱼;小树上悬着小笼,二三绿蝈蝈随意地鸣着。

这就该说到人了。屋子不多,又不要仆人,人口自然不能很多:一妻和一儿一女就正合适。先生管擦地板与玻璃,打扫院子,收拾花木,给鱼换水,给蝈蝈一两块绿黄瓜或几个毛豆;并管上街送信买书等事宜。太太管做饭,女儿任助手——顶好是十二三岁,不准小也不准大,老是十二三岁。儿子顶好是三岁,既会讲话,又胖胖的会淘气。母女于做饭之外,就做点针线,看小弟弟。大件衣服拿到外边去洗,小件的随时自己涮一涮。

既然有这么多工作,自然就没有多少工夫去听戏看电影。不过在过生日的时候,全家就出去玩半天;接一位亲或友的老太太给看家。过生日什么的永远不请客受礼,亲友家送来的红白帖子,就一概扔在字纸篓里,除非那真需要帮助的,才送一些干礼去。到过节过年的时候,吃食从丰,而且可以买一通纸牌,大家打打"索儿胡",赌铁蚕豆或花生米。

男的没有固定的职业;只是每天写点诗或小说,每千字卖上四五十元钱。女的也没事做,除了家务就读些书。儿女永不上学,由父母教给画图,唱歌,跳舞——乱蹦也算一种舞法——和文字,手工之类。等到他们长大,或者也会仗着绘画或写文章卖一点钱吃饭;不过这是后话,顶好暂且不提。

这一家子人,因为吃得简单干净,而一天到晚又不闲着,所以身体都很不坏。因为身体好,所以没有肝火,大家都不爱闹脾气。除了为小猫上房,金鱼甩子等事着急之外,谁也不急叱白脸的。

大家的相貌也都很体面,不令人望而生厌。衣服可并不讲究,都做得很结实朴素;永远不穿又臭又硬的皮鞋。男的很体面,可不露电影明星气;女的很健美,可不红唇卷毛的鼻子朝着天。孩子们都不卷着舌头说话,淘气而不讨厌。

这个家庭顶好是在北平,其次是成都或青岛,至坏也得在苏州。无论怎样吧,反正必须在中国,因为中国是顶文明顶平安的国家;理想的家庭必在理想的国内也。

注释

① 选自《济南的冬天:老舍散文经典》,老舍著,吉林出版集团股份有限公司 2018 年版。

作品简析

老舍先生的这篇散文以平实亲切的语言娓娓道来,为读者呈现的是根植于现实的理想:七间小平房,院中有花草动物,一夫一妻一儿一女,一家人身体都不坏,男的体面女的健美,大家都不爱闹脾气,孩子淘气而不讨厌……在老舍的理想家庭里,没有豪华奢侈的物质生活,有的只是自然健康、幸福和睦的平凡生活。然而,这样的家庭生活,不也正是每个普通人最真切、最朴实的生活理想吗?

思辨与感悟

1. 朗读文章,体会老舍散文的语言特点。
2. 你认同作者文中对理想家庭的描述吗?谈谈你的看法。

我的择偶条件[①]

冰 心

> 冰心(1900—1999),原名谢婉莹,笔名冰心,福建长乐人。中国现代著名作家、翻译家,在诗歌、散文、小说和翻译领域均有成就。"五四"时期开始文学创作,以小说《斯人独憔悴》《去国》、诗集《繁星》《春水》等作品,成为当时最令人瞩目的女作家。1923年8月冰心赴美留学,就读于美国韦尔斯利学院,以散文通信的形式写下了《寄小读者》。回国后,一度在燕京大学、清华大学任教。中华人民共和国成立后,冰心在继续从事文学创作的同时,积极参与社会活动和对外文化交流工作。有《冰心全集》。

新近搬了一次"家",居然能从五个人合住的一间屋子,搬到一间卧室,一间书房连客厅的房子里来,虽然仍有一个"屋伴",在重庆算是不容易的了。这两间屋子,略加布置,尚属雅洁。窗明几净,常有不少的朋友来陪我闲谈;大家总觉得既有这么雅洁的屋子,更应当有个太太了,于是谈锋又转到了择偶的条件。随谈随写,居然也有二十几条,如下:

一 因为我自己是在北方长大的南方人,所以我希望对方不是"北人南相"——此条可以商量。

二 因为我是学文学的,所以希望对方至少能够欣赏文艺。

三 因为我是将近四十岁的人,所以希望对方不在二十五岁以下。

四 因为我自己是个瘦子,所以希望对方不是一个胖子。

五 因为我自己不搽润面油、司丹康,所以希望对方也不浓施脂粉,厚抹口红。

六 因为我自己从未穿过西装,所以希望对方也不穿着洋服——东方女子穿西服,十个有九个半难看!

七 因为我有几个外国朋友,所以希望对方懂得几句外国语言。

八 因为我自己好客,所以希望对方不是一个见了生人说不出话的女子。

九 因为我很择客,所以希望对方也不招致许多无聊的男女朋友,哼哼洋歌,嚼嚼瓜子,把橘子皮扔得满地。

十 因为我颇有洁癖,所以希望对方也相当的整齐清洁——至少不会翻乱我的书籍,弄脏我的衣冠。

十一 因为我怕香花,所以希望对方不戴白玉兰,不在屋子里插些丁香、真珠梅之类。

十二 因为我喜欢雅淡,所以希望对方不穿浓艳及颜色不调和的衣服,我总忘不了黄莘田先生的两句诗:"颜色上伊身便好,带些黯淡大家风。"

十三 我自己曾经享受过很舒服的衣食住行,而在抗战期内,绝口不提从前的幸福!我觉得流离痛苦是该受的。因此,我希望对方不是整天的叹气着说:"从前在北平的时候呀""这仗打到什么时候才完呀"一类的废话。

十四 因为我喜欢旅行,所以希望对方也不以旅行为苦。

十五 因为我喜欢海,所以希望对方也爱泅水,不怕海风。

十六　因为我喜欢山居,所以希望对方不怕山居的寂寞。

十七　因为我喜听京戏——虽然并不常去,所以希望对方不把国剧看得一钱不值。

十八　我喜欢看美人,无论是真人或图画,希望对方能够谅解。我只是赞叹而已。倘若她也和我一样,也只爱"看"美男子,我决予以鼓励。

十九　因为我自觉是个"每逢大事有静气"的汉子(看见或摸着个把臭虫时除外,但此不是大事),所以希望对方偶有小惊小怕时,不作电影明星式的捧心高叫。

二十　我对于屋内的挂幅,选择颇严,希望对方不在案侧或床头,挂些低级趣味的裸体画,或明星照片。

二十一　我很喜欢炉中的微火和烛火,以为在柔软的光影中清谈,是最惬心的事,希望对方也能欣赏,至少不至喜欢强烈直射的灯光。

二十二　我喜欢微醺的情境;在微醉后谈话作文,都更觉有兴致。因此,我希望对方不反对人喝"一点"酒。但若甜酒——如杂果酒,喝到两杯以上,白酒五杯以上,黄酒十杯以上,亲爱的,请你阻止我!

二十三　因为我在北方长大,能吃大葱大蒜,所以希望对方虽不与我同嗜,至少也不厌恶这种气味。

二十四　因为我喜听音乐,所以希望对方不在音乐会场内,高声谈笑或睡觉。

二十五　因为我喜欢生物,所以希望对方不反对我养狗或养鸽。

二十六　……

一个朋友把我叫住了。说:"你曾笑你那位死去的朋友,提出了二十六个择偶的条件,如今你竟然快要打破他的记录了[2]。"我说我的条件实和他的不同,都是就我自己有的本钱来讨代价,并不曾作过分的要求,纵然不能抛玉引玉,也还是抛砖引砖,条件再多些谅也无妨。而且我注意的只是嗜好与习惯上的小节,至于她的容貌性情以及经济生产能力等等,我都可以随遇而安,不加苛求的。另一个朋友说:"嗜好习惯太相同了,反无相互吸引之力,生活在一起没有兴趣。而且像你这样的斤斤于小节,只有让你自己再变成为一个女人,来配你自己吧。"天哪,假如我真是个女人,恐怕早已结婚,而且是已有了两三个孩子了!

注释

[1] 选自《寄小读者·关于女人》,冰心著,复旦大学出版社 2006 年版。　[2] 表在一定时期、一定范围以内记载下来的最高成绩,现作"纪录"。

作品简析

《关于女人》是冰心 20 世纪 40 年代最重要的创作之一。在这本书中,冰心以男人的视角和口吻,或畅谈对女性生活、婚姻、职业和命运的看法,或以自己生活中熟识的女子为原型,写了不同国度、不同阶层、不同年龄的女性故事,集中展示了特殊时代背景下的女性形象。该书面世后,社会反响极其热烈,成为当时重庆的畅销书。

思辨与感悟

1. 结合冰心的其他散文,谈谈本文在写作风格上有哪些不同。

2. 你认同本文中提出的择偶条件吗？谈谈你的看法。

莎菲女士的日记(节选)[①]

丁 玲

> 丁玲(1904—1986)，现代女作家。原名蒋伟，字冰之，又名蒋炜、蒋玮、丁冰之，笔名彬芷、从喧等，湖南临澧人。1918年就读于湖南省立第二女子师范学校预科，次年转入长沙周南女子中学。1922年初赴上海，曾在陈独秀、李达等创办的平民女校学习。1927年发表《梦珂》《莎菲女士的日记》等作品，引起强烈反响。代表著作有《太阳照在桑干河上》《在黑暗中》等。

十二月二十四

今天又刮风！天还没亮，就被风刮醒了。伙计又跑进来生炉。我知道，这是怎样都不能再睡得着了的。我也知道，不起来，便会头昏，睡在被窝里是太爱想到一些奇奇怪怪的事上去。医生说顶好能多睡，多吃，莫看书，莫想事，偏这就不能，夜晚总得到两三点才能睡着，天不亮又醒了。像这样刮风天，真不能不令人想到许多使人焦躁的事。并且一刮风，就不能出去玩，关在屋子里没有书看，还能做些什么？一个人能呆呆地坐着，等时间的过去吗？我是每天都在等着，挨着，只想这冬天快点过去；天气一暖和，我咳嗽总可好些，那时候，要回南便回南，要进学校便进学校，但这冬天可太长了。

太阳照到纸窗上时，我在煨第三次的牛奶。昨天煨了四次。次数虽煨得多，却不定是要吃，这只不过是一个人在刮风天为免除烦恼的养气法子。这固然可以混去一小点时间，但有时却又不能不令人更加生气，所以上星期整整的有七天没玩它，不过在没有想出别的法子时，又不能不借重它来像一个老年人耐心着消磨时间。

报来了，便看报，顺着次序看那大号字标题的国内新闻，然后又看国外要闻，本埠琐闻……把教育界，党化教育，经济界，九六公债盘价……全看完，还要再去温习一次昨天前天已看熟了的那些招男女编级新生的广告，那些为分家产起诉的启事，连那些什么六○六，百零机，美容药水，开明戏，真光电影……都熟习了过后才懒懒的丢开报纸。自然，有时会发现点新的广告，但也除不了是些绸缎铺五年六年纪念的减价，恕讣不周的讣闻之类。

报看完，想不出能找点什么事做，只好一人坐在火炉旁生气。气的事，也是天天气惯了的。天天一听到从窗外走廊上传来的那些住客们喊伙计的声音，便头痛，那声音真是又粗，又大，又嘎，又单调："伙计，开壶！"或是"脸水，伙计！"这是谁也可以想象出来的一种难听的声音。还有，那楼下电话也是不断地有人在那电机旁大声地说话。没有一些声息时，又会感到寂沉沉的可怕，尤其是那四堵粉垩的墙。它们呆呆地把你眼睛挡住，无论你坐在哪方；逃到床上躺着吧，那同样的白垩的天花板，便沉沉地把你压住。真找不出一件能令人不生嫌厌的心的；如同那麻脸伙计，那有抹布味的饭菜，那扫不干净的窗格上的沙土，那洗脸台上的镜子——这是一面可以把你的脸拖到一尺多长的镜子，不过只要你肯稍微一偏你的头，那你的脸又会扁得使你自己也害怕……这都是可以令人生气了又生气。也许只我一人如是。但我宁肯能找到些新的不快活，不满足；只是新的，无论好坏，似乎都隔我太远了。

　　吃过午饭，苇弟便来了。我一听到他那特有的急遽的皮鞋声已从走廊的那端传来时，我的心似乎便从一种窒息中透出一口气来感到舒适。但我却不会表示，所以当苇弟进来时，我只默默地望着他；他以为我又在烦恼，握紧我一双手，"姊姊，姊姊"那样不断地叫着。我，我自然笑了！我笑的什么呢，我知道！在那两颗只望到我眼睛下面的跳动的眸子中，我准懂得那收藏在眼睑下面，不愿给人知道的是些什么东西！这有多么久了，你，苇弟，你在爱我！但他捉住过我吗？自然，我是不能负一点责，一个女人是应当这样。其实，我算够忠厚了；我不相信会有第二个女人这样不捉弄他的，并且我还在确确实实地可怜他，竟有时忍不住想去指点他："苇弟，你不可以换个方法吗？这样只能反使我不高兴的……"对的，假使苇弟能够再聪明一点，我是可以比较喜欢他些，但他却只能如此忠实地去表现他的真挚！

　　苇弟看见我笑了，便很满足。跳过床头去脱大氅，还脱下他那顶大皮帽。假使他这时再掉过头来望我一下，我想他一定可以从我的眼睛里得些不快活去。为什么他不可以再多的懂得我些呢？

　　我总愿意有那么一个人能了解得我清清楚楚的，如若不懂得我，我要那些爱，那些体贴做什么？偏偏我的父亲，我的姊姊，我的朋友都能如此盲目地爱惜我，我真不知他们爱惜我的什么；爱我的骄纵，爱我的脾气，爱我的肺病吗？有时我为这些生气，伤心，但他们却都更容让我，更爱我，说一些错到更使我想打他们的一些安慰话。我真愿意在这种时候会有人懂得我，便骂我，我也可以快乐而骄傲了。

　　没有人来理我，看我，我会想念人家，或恼恨人家，但有人来后，我不觉得又会给人一些难堪，这也是无法的事。近来为要磨练自己，常常话到口边便咽住，怕又在无意中竟刺着了别人的隐处，虽说是开玩笑。因为如此，所以可以想象出来，我是拿一种什么样的心情在陪苇弟坐。但苇弟若站起身来喊走时，我是又会因怕寂寞而感到怅惘，而恨起他来。这个，苇弟是早就知道的，所以他一直到晚上十点钟才回去。不过我却不骗人，并不骗自己，我清白，苇弟不走，不特于他没有益处，反只能让我更觉得他太容易支使，或竟更可怜他的太不会爱的技巧了。

十二月二十八

　　今天我请毓芳同云霖看电影。毓芳却邀了剑如来。我气得只想哭，但我却纵声的笑了。剑如，她是多么可以损害我自尊之心的；我因为她的容貌，举止，无一不像我幼时所最投洽的一个朋友，所以我不觉得时常在追随她，她又特意给了我许多敢于亲近她的勇气。但后来，我却遭受了一种不可忍耐的待遇，无论什么时候想起，我都会痛恨我那过去的，不可追悔的无赖行为：在一个星期中我曾足足的给了她八封长信，而未被人理睬过。毓芳真不知想的哪一股劲，明知我不愿再提起从前的事，却故意邀着她来，像有心要挑逗我的愤恨一样，我真气了。

　　我的笑，毓芳和云霖不会留意这有什么变异，但剑如，她能感受到；可是她会装，装糊涂，同我毫无芥蒂的说话。我预备骂她几句，不过话到口边便想到我为自己定下的戒条。

并且做得太认真,反令人越得意。所以我又忍下心去同她们玩。

到真光时,还很早,在门口又遇着一群同乡的小姐们,我真厌恶那些惯做的笑靥,我不去理她们,并且我无缘无故地生气到那许多去看电影的人。我乘毓芳同她们说到热闹中,丢下我所请的客,悄悄回来了。

除了我自己,没有人会原谅我的。谁也在批评我,谁也不知道我在人前所忍受的一些人们给我的感触。别人说我怪僻,他们哪里知道我却时常在讨人好,讨人欢喜。不过人们太不肯鼓励我说那太违心的话,常常给我机会,让我反省我自己的行为,让我离人们却更远了。

夜深时,全公寓都静静的,我躺在床上好久了。我清清白白的想透了一些事,我还能伤心什么呢?

十二月二十九

一早毓芳就来电话。毓芳是好人,她不会扯谎,大约剑如是真病。毓芳说,起病是为我,要我去,剑如将向我解释。毓芳错了,剑如也错了,莎菲不是欢喜听人解释的人。根本我就否认宇宙间要解释。朋友们好,便好;合不来时,给别人点苦头吃,也是正大光明的事。我还以为我够大量,太没报复人了。剑如既为我病,我倒快活,我不会拒绝听别人为我而病的消息。并且剑如病,还可以减少点我从前自怨自艾的烦恼。

我真不知应怎样才能分析我自己。有时为一朵被风吹散了的白云,会感到一种渺茫的,不可捉摸的难过;但看到一个二十多岁的男子(苇弟其实还大我四岁)把眼泪一颗一颗掉到我手背时,却像野人一样在得意地笑了。苇弟从东城买了许多信纸信封来我这里玩,为了他很快乐,在笑,我便故意去捉弄,看到他哭了,我却快意起来,并且说:"请珍重点你的眼泪吧,不要以为姊姊是像别的女人一样脆弱得受不起一颗眼泪……""还要哭,请你转家去哭,我看见眼泪就讨厌……"自然,他不走,不分辩,不负气,只蜷在椅角边老老实实无声的去流那不知从哪里得来的那么多的眼泪。我,自然,得意够了,又会惭愧起来,于是用着姊姊的态度去喊他洗脸,抚摩他的头发。他镶着泪珠又笑了。

在一个老实人面前,我已尽自己的残酷天性去磨折他,但当他走后,我真想能抓回他来,只请求他:"我知道自己的罪过,请不要再爱这样一个不配承受那真挚的爱的女人了吧!"

一月一号

我不知道那些热闹的人们是怎样的过年,我是只在牛奶中加了一个鸡子,鸡子还是昨天苇弟拿来的,一共是二十个,昨天煨了七个茶卤蛋,剩下的十三个,大约够我两星期吃。若吃午饭时,苇弟会来,则一定有两个罐头的希望。我真希望他来。因为想到苇弟来,我便上单牌楼去买了四盒糖,两包点心,一篓橘子和苹果,是预备他来时给他吃。我断定今天只有他才能来。

但午饭吃过了,苇弟却没来。

我一共写了五封信,都是用前几天苇弟买来的好纸好笔。我想能接得几个美丽的画片,却不能。连几个最爱弄这个玩艺儿的姊姊们都把我这应得的一份儿忘了。不得画片,不希罕,单单只忘了我,却是可气的事。不过自己从不曾给人拜过一次年,算了,这也是应该的。

晚饭还是我一人独吃,我烦恼透了。

夜晚毓芳云霖却来了,还引来一个高个儿少年,我只想他们才真算幸福;毓芳有云霖爱她,她满意,他也满意。幸福不是在有爱人,是在两人都无更大的欲望,商商量量平平和和地过日子。自然,也有人将不屑于这平庸,但那只是另外那人的,却与我的毓芳无关。

毓芳是好人,因为她有云霖,所以她"愿天下有情人皆成眷属"。他去年曾替玛丽作过一次恋爱婚姻的介绍。她又希望我能同苇弟好,她一来便问苇弟。但她却和云霖及那高个儿把我给苇弟买的东西吃完了。

那高个儿可真漂亮,这是我第一次感觉到男人的美,从来我还没有留心到。只以为一个男人的本行是会说话,会看眼色,会小心就够了。今天我看了这高个儿,才懂得男人是另铸有一种高贵的模型,我看出在他面前的云霖显得多么委琐,多么呆拙,……我真要可怜云霖,假使他知道他在这个人前所衬出的不幸时,他将怎样伤心他那些所有的粗丑的眼神、举止。我更不知当毓芳拿着这一高一矮的男人相比时,会起一种什么情感!

他,这生人,我将怎样去形容他的美呢? 固然,他的颀长的身躯,白嫩的面庞,薄薄的小嘴唇,柔软的头发,都足以闪耀人的眼睛,但他却还另外有一种说不出,捉不到的丰仪来煽动你的心。比如,当我请问他的名字时,他会用那种我想不到的不急遽的态度递过那只擎有名片的手来。我抬起头去,呀,我看见那两个鲜红的,嫩腻的,深深凹进的嘴角了。我能告诉人吗?我是用一种小儿要糖果的心情在望着那惹人的两个小东西。但我知道在这个社会里面是不准许任我去取得我所要的来满足我的冲动,我的欲望,无论这于人并没有损害的事;所以我只得忍耐着,低下头去,默默地念那名片上的字:

"凌吉士,新加坡……"

凌吉士,他能这样毫无拘束的在我这儿谈话,像是在一个很熟的朋友处,难道我能说他这是有意来捉弄一个胆小的人? 我是为要强迫地拒绝引诱,不敢把眼光抬平去一望那可爱慕的火炉的一角。两只从不知羞惭的破烂拖鞋,也逼着我不准走到桌前的灯光处。我气我自己:怎么会那样拘束,不会调皮地应对? 平日看不起别人的交际,今天才知道自己是显得又呆,又傻气。唉,他一定以为我是一个乡下才出来的姑娘了!

云霖同毓芳两人看见我木木的,以为我不欢喜这生人,常常去打断他的说话,不久带着他走了。这个我也感激他们的好意吗? 我望着那一高两矮的影子在楼下院子中消失时,我真不愿再回到这留得有那人的靴印,那人的声音,和那人吃剩的饼屑的屋子。

注释

① 选自《丁玲•女性小说》,丁玲著,黄会林编,上海文艺出版社2018年版。个别字有改动。

《莎菲女士的日记》发表于一个新与旧、进步与反动、光明与黑暗激烈搏斗的时期,以

日记体和第一人称的口吻,抒写了一位受到新思潮影响的知识女性在追求以性爱自由为内容之一的道路的过程中所产生的困惑与苦闷,从一个特殊的侧面生动形象地揭示了中国现代女性知识青年因受时代、环境的制约而感受到的孤独。这种困惑、苦闷以及孤独等,折射出特定时代的深刻的社会内容,也表达了对旧中国的使人窒息的社会现实的控诉。小说通过莎菲的生活遭遇及内心活动,给读者展现了处在社会转型期的人们的心理波动,尤其是处于其中的女性,她们在经历了数千年封建压迫之后,迫切渴望有一个自由发展的空间,获得真正的妇女解放。

思辨与感悟

1. 请结合选文简要分析莎菲的女性形象。
2. 结合选文谈谈莎菲的复杂个性具体表现在哪几个方面。

儿　女[①]

朱自清

> 朱自清(1898—1948),字佩弦,江苏扬州人,中国现代散文家、诗人、学者。1916年中学毕业后考入北京大学预科,1919年开始发表诗歌。1921年,加入文学研究会。1922年,与叶圣陶等创办了我国新文学史上第一个诗刊——《诗》月刊,倡导新诗。1925年,任清华大学中文系教授。其创作由诗歌转向散文,同时致力于古典文学研究。著有诗文集《踪迹》、散文集《背影》《欧游杂记》等。

我现在已是五个儿女的父亲了。想起圣陶喜欢用的"蜗牛背了壳"的比喻,便觉不自在。新近一位亲戚嘲笑我说:"要剥层皮呢!"更有些悚然了。十年前刚结婚的时候,在胡适之先生的《藏晖室札记》里,见过一条,说世界上有许多伟大的人物是不结婚的;文中并引培根的话:"有妻子者,其命定矣。"当时确吃了一惊,仿佛梦醒一般;但是家里已是不由分说给娶了媳妇,又有什么可说? 现在是一个媳妇,跟着来了五个孩子;两个肩头上,加上这么重一副担子,真不知怎样走才好。"命定"是不用说了;从孩子们那一面说,他们该怎样长大,也正是可以忧虑的事。我是个彻头彻尾自私的人,做丈夫已是勉强,做父亲更是不成。自然,"子孙崇拜""儿童本位"的哲理或伦理,我也有些知道;既做着父亲,闭了眼抹杀孩子们的权利,知道是不行的。可惜这只是理论,实际上我是仍旧按照古老的传统,在野蛮地对付着,和普通的父亲一样。近来差不多是中年的人了,才渐渐觉得自己的残酷;想着孩子们受过的体罚和叱责,始终不能辩解——像抚摩着旧创痕那样,我的心酸溜溜的。有一回,读了有岛武郎《与幼小者》的译文,对了那种伟大的、沉挚的态度,我竟流下泪来了。去年父亲来信,问起阿九,那时阿九还在白马湖呢;信上说:"我没有耽误你,你也不要耽误他才好。"我为这句话哭了一场;我为什么不像父亲的仁慈? 我不该忘记,父亲怎样待我们来着! 人性许真是二元的,我是这样地矛盾;我的心像钟摆似的来去。

你读过鲁迅先生的《幸福的家庭》么？我的便是那一类的"幸福的家庭"！每天午饭和晚饭，就如两次潮水一般。先是孩子们你来他去地在厨房与饭间里查看，一面催我或妻发"开饭"的命令。急促繁碎的脚步，夹着笑和嚷，一阵阵袭来，直到命令发出为止。他们一递一个地跑着喊着，将命令传给厨房里佣人；便立刻抢着回来搬凳子。于是这个说，"我坐这儿！"那个说："大哥不让我！"大哥却说："小妹打我！"我给他们调解，说好话。但是他们有时候很固执，我有时候也不耐烦，这便用着叱责了；叱责还不行，不由自主地，我的沉重的手掌便到他们身上了。于是哭的哭，坐的坐，局面才算定了。接着可又你要大碗，他要小碗，你说红筷子好，他说黑筷子好；这个要干饭，那个要稀饭，要茶要汤，要鱼要肉，要豆腐，要萝卜；你说他菜多，他说你菜好。妻是照例安慰着他们，但这显然是太迂缓了。我是个暴躁的人，怎么等得及？不用说，用老法子将他们立刻征服了；虽然有哭的，不久也就抹着泪捧起碗了。吃完了，纷纷爬下凳子，桌上是饭粒呀，汤汁呀，骨头呀，渣滓呀，加上纵横的筷子，欹斜的匙子，就如一块花花绿绿的地图模型。吃饭而外，他们的大事便是游戏。游戏时，大的有大主意，小的有小主意，各自坚持不下，于是争执起来；或者大的欺负了小的，或者小的竟欺负了大的，被欺负的哭着嚷着，到我或妻的面前诉苦；我大抵仍旧要用老法子来判断的，但不理的时候也有。最为难的，是争夺玩具的时候：这一个的与那一个的是同样的东西，却偏要那一个的；而那一个便偏不答应。在这种情形之下，不论如何，终于是非哭了不可的。这些事件自然不至于天天全有，但大致总有好些起。我若坐在家里看书或写什么东西，管保一点钟里要分几回心，或站起来一两次的。若是雨天或礼拜日，孩子们在家的多，那么，摊开书竟看不下一行，提起笔也写不出一个字的事，也有过的。我常和妻说："我们家真是成日的千军万马呀！"有时是不但"成日"，连夜里也有兵马在进行着，在有吃乳或生病的孩子的时候！

我结婚那一年，才十九岁。二十一岁，有了阿九；二十三岁，又有了阿菜。那时我正像一匹野马，哪能容忍这些累赘的鞍鞯、辔头和缰绳？摆脱也知是不行的，但不自觉地时时在摆脱着。现在回想起来，那些日子，真苦了这两个孩子；真是难以宽宥的种种暴行呢！阿九才两岁半的样子，我们住在杭州的学校里。不知怎地，这孩子特别爱哭，又特别怕生人。一不见了母亲，或来了客，就哇哇地哭起来了。学校里住着许多人，我不能让他扰着他们，而客人也总是常有的；我懊恼极了，有一回，特地骗出了妻，关了门，将他按在地下打了一顿。这件事，妻到现在说起来，还觉得有些不忍；她说我的手太辣了，到底还是两岁半的孩子！我近年常想着那时的光景，也觉黯然。阿菜在台州，那是更小了；才过了周岁，还不大会走路。也是为了缠着母亲的缘故吧，我将她紧紧地按在墙角里，直哭喊了三四分钟；因此生了好几天病。妻说，那时真寒心呢！但我的苦痛也是真的。我曾给圣陶写信，说孩子们的折磨，实在无法奈何；有时竟觉着还是自杀的好。这虽是气愤的话，但这样的心情，确也有过的。后来孩子是多起来了，磨折也磨折得久了，少年的锋棱渐渐地钝起来了；加以增长的年岁增长了理性的裁制力，我能够忍耐了——觉得从前真是一个"不成材的父亲"，如我给另一个朋友信里所说。但我的孩子们在幼小时，确比别人的特别不安静，我至今还觉如此。我想这大约还是由于我们抚育不得法；从前只一味地责备孩子，让他们代我们负起责任，却未免是可耻的残酷了！

正面意义的"幸福"，其实也未尝没有。正如谁所说，小的总是可爱，孩子们的小模样、小心眼儿,确有些教人舍不得的。阿毛现在五个月了,你用手指去拨弄她的下巴,或向她做趣脸,她便会张开没牙的嘴格格地笑,笑得像一朵正开的花。她不愿在屋里待着;待久了,便大声儿嚷。妻常说,"姑娘又要出去溜达了。"她说她像鸟儿般,每天总得到外面溜一些时候。闰儿上个月刚过了三岁,笨得很,话还没有学好呢。他只能说三四个字的短语或句子,文法错误,发音模糊,又得费气力说出;我们老是要笑他的。他说"好"字,总变成"小"字;问他"好不好?"他便说"小",或"不小"。我们常常逗着他说这个字玩儿;他似乎有些觉得,近来偶然也能说出正确的"好"字了——特别在我们故意说成"小"字的时候。他有一只搪瓷碗,是一毛来钱买的;买来时,老妈子教给他:"这是一毛钱。"他便记住"一毛"两个字,管那只碗叫"一毛",有时竟省称为"毛"。这在新来的老妈子,是必需翻译了才懂的。他不好意思,或见着生客时,便咧着嘴痴笑;我们常用了土话,叫他做"呆瓜"。他是个小胖子,短短的腿,走起路来,蹒跚可笑;若快走或跑,便更"好看"了。他有时学我,将两手叠在背后,一摇一摆的;那是他自己和我们都要乐的。他的大姊便是阿菜,已是七岁多了,在小学校里念着书。在饭桌上,一定得啰啰唆唆地报告些同学或他们父母的事情;气喘喘地说着,不管你爱听不爱听。说完了总问我:"爸爸认识么?""爸爸知道么?"妻常禁止她吃饭时说话,所以她总是问我。她的问题真多:看电影便问电影里的是不是人?是不是真人?怎么不说话?看照相也是一样。不知谁告诉她,兵是要打人的。她回来便问,兵是人么?为什么打人?近来大约听了先生的话,回来又问张作霖的兵是帮谁的?蒋介石的兵是不是帮我们的?诸如此类的问题,每天短不了,常常闹得我不知怎样答才行。她和闰儿在一处玩儿,一大一小,不很合式,老是吵着哭着。但合式的时候也有:譬如这个往床底下躲,那个便钻进去追着;这个钻出来,那个也跟着——从这个床到那个床,只听见笑着,嚷着,喘着,真如妻所说,像小狗似的。现在在京的,便只有这三个孩子;阿九和转儿是去年北来时,让母亲暂时带回扬州去了。

阿九是欢喜书的孩子。他爱看《水浒传》《西游记》《三侠五义》《小朋友》等;没有事便捧着书坐着或躺着看。只不欢喜《红楼梦》,说是没有味儿。是的,《红楼梦》的味儿,一个十岁的孩子,哪里能领略呢?去年我们事实上只能带两个孩子来;因为他大些,而转儿是一直跟着祖母的,便在上海将他俩丢下。我清清楚楚记得那分别的一个早上。我领着阿九从二洋泾桥的旅馆出来,送他到母亲和转儿住着的亲戚家去。妻嘱咐说:"买点吃的给他们吧。"我们走过四马路,到一家茶食铺里。阿九说要熏鱼,我给买了;又买了饼干,是给转儿的。便乘电车到海宁路。下车时,看着他的害怕与累赘,很觉恻然。到亲戚家,因为就要回旅馆收拾上船,只说了一两句话便出来;转儿望望我,没说什么,阿九是和祖母说什么去了。我回头看了他们一眼,硬着头皮走了。后来妻告诉我,阿九背地里向她说:"我知道爸爸欢喜小妹,不带我上北京去。"其实这是冤枉的。他又曾和我们说:"暑假时一定来接我啊!"我们当时答应着;但现在已是第二个暑假了,他们还在迢迢的扬州待着。他们是恨着我们呢?还是惦着我们呢?妻是一年来老放不下这两个,常常独自暗中流泪;但我有什么法子呢!想到"只为家贫成聚散"一句无名的诗,不禁有些凄然。转儿与我较生疏些。但去年离开白马湖时,她也曾用了生硬的扬州话(那时她还没有到过扬州呢),和那特别尖的小嗓子向着我:"我要到北京去。"她晓得什么北京,只跟着大孩子们说罢了;但当时听着,现在想着的我,却真是抱歉呢。这兄妹俩离开我,原是常事,离开母亲,虽也有过一回,这回可是太长了;小小的心儿,知道是怎样忍耐那寂寞来着!

  我的朋友大概都是爱孩子的。少谷有一回写信责备我,说儿女的吵闹,也是很有趣的,何至可厌到如我所说;他说他真不解。子恺为他家华瞻写的文章,真是"蔼然仁者之言"。圣陶也常常为孩子操心:小学毕业了,到什么中学好呢?——这样的话,他和我说过两三回了。我对他们只有惭愧!可是近来我也渐渐觉着自己的责任。我想,第一该将孩子们团聚起来,其次便该给他们些力量。我亲眼见过一个爱儿女的人,因为不曾好好地教育他们,便将他们荒废了。他并不是溺爱,只是没有耐心去料理他们,他们便不能成材了。我想我若照现在这样下去,孩子们也便危险了。我得计划着,让他们渐渐知道怎样去做人才行。但是要不要他们像我自己呢?这一层,我在白马湖教初中学生时,也曾从师生的立场上问过丏尊,他毫不踌躇地说:"自然啰。"近来与平伯谈起教子,他却答得妙:"总不希望比自己坏啰。"是的,只要不"比自己坏"就行,"像"不"像"倒是不在乎的。职业、人生观等,还是由他们自己去定的好;自己顶可贵,只要指导,帮助他们去发展自己,便是极贤明的办法。

  予同说:"我们得让子女在大学毕了业,才算尽了责任。"SK说:"不然,要看我们的经济、他们的材质与志愿;若是中学毕了业,不能或不愿升学,便去做别的事,譬如做工人吧,那也并非不行的。"自然,人的好坏与成败,也不尽靠学校教育;说是非大学毕业不可,也许只是我们的偏见。在这件事上,我现在毫不能有一定的主意;特别是这个变动不居的时代,知道将来怎样?好在孩子们还小,将来的事且等将来吧。目前所能做的,只是培养他们基本的力量——胸襟与眼光;孩子们还是孩子们,自然说不上高的远的,慢慢从近处小处下手便了。这自然也只能先按照我自己的样子:"神而明之,存乎其人",光辉也罢,倒霉也罢,平凡也罢,让他们各尽各的力去。我只希望如我所想的,从此好好地做一回父亲,便自称心满意。——想到那"狂人""救救孩子"的呼声,我怎敢不悚然自勉呢?

一九二八年六月二十四日晚于北京清华园

 注释

  ① 选自《散文精读·朱自清》,朱自清著,浙江人民出版社2018年版。个别字有改动。

 作品简析

  在朱自清的散文《背影》中,作者以儿子的身份写父亲;在这篇《儿女》中,作者以父亲的身份写儿女。如果说《背影》塑造了中国现代文学史上感人至深的"好父亲"的形象,那么《儿女》则留给读者如何"好好地做一回父亲"的深刻思考。在这篇《儿女》中,虽然作者的身份不同、视角不同,但在其朴素平实的叙述中,同样蕴含着强烈的艺术感染力。

思辨与感悟

  1. 体会作者在文中表达的对于儿女的情感。

  2. 阅读丰子恺的同题散文《儿女》,任选一个角度,对两位作家写作风格进行比较赏析。

第四讲　爱与家庭

　扩展阅读　朱生豪致宋清如(节选)(朱生豪)

　扩展阅读　我喜欢你是寂静的([智利]聂鲁达)

圆桌议题

1. 你能否吟诵一些古诗词中关于爱情和友情的名句？

2. 梁启超唯恐梁思成"学问兴味太过单调"，所以特意写信嘱托他，"分出点光阴多学些常识"，谈谈你对"专一治学"和"多方取益"关系的理解。

3. 谈谈你对爱情和家庭的理解。

第五讲　诗　意　生　活

　　诗歌是最贴近我们心灵的歌唱。那些美好爱情里的隐秘心情,青春时光里的热情欢畅,连同梦想失意的忧愁和不平,对家国统一的企盼和对故土的深深眷恋,都在诗歌里,用最简练的语言传唱着。那些自然世界里的景物不仅仅是景物,更是我们心灵的映像,一些情绪需要被抒发,一些情感需要被表达,一些自由的心灵需要歌唱,这就是诗歌。诗歌是我们观照现实的产物,更是我们超越现实的武器。我们都在被生活雕刻,但诗歌告诉我们,我们也在雕刻生活和自身,于现实的世界之外,雕刻一个更加诗意的世界,从而获得精神的阔大和灵魂的自由。

归田园居(其二)①

陶渊明

> 　　陶渊明(约 365—427),字元亮;一说,名潜,字渊明,号五柳先生,私谥靖节先生。浔阳柴桑(今属江西九江)人。早年曾任江州祭酒、镇军参军等职。义熙元年(405)出任彭泽县令,在官八十余日即挂冠而去,从此过着躬耕隐居的生活。陶渊明写了不少田园诗,风格平易自然,和谐优美,对后代诗人的创作产生了很大的影响。有《陶渊明集》传世。

野外罕人事②,穷巷寡轮鞅③。
白日掩荆扉,虚室绝尘想④。
时复墟曲中⑤,披草共来往⑥。
相见无杂言,但道桑麻长。
桑麻日已长,我土日已广。
常恐霜霰至⑦,零落同草莽。

注释

①选自《陶渊明集校笺》,龚斌校笺,上海古籍出版社 2018 年版。　②人事:指与人的交际往来。　③轮鞅:代指车马。鞅,马颈上的皮带。　④尘想:世俗的念头。　⑤墟曲:村落,乡野。　⑥披草:拨草。披,分开。　⑦霰(xiàn):小冰粒。

作品简析

《归园田居》作于陶渊明辞官归耕之后,共有五首,本书所选是其中的第二首。诗作表现了作者参加农业劳动的情景,反映了作者对农事的关心、田间劳作的艰辛与内心的祈盼,也表现了与农人交往的淳朴,以及对官场世俗应酬的厌倦。该诗写日常之事,语言浅易,语调平缓,然诗人心性的淳朴、守志的高洁,却得到了充分的体现。作者运用虚实结合的表现手法,叙事、写景与抒情三者水乳交融,浑然一体。意境淡泊而情韵悠远,使人回味无穷。

思辨与感悟

1. 在中国古代诗歌中,吟咏与赞美农耕生活闲适安逸的诗作,可谓不胜枚举,诗人也多为旁观者,而像陶渊明一样身为诗人却时常躬耕自给者,实不多见。请结合课文,谈谈你对此现象的认识与评价。

2. 清人方东树在《昭昧詹言》卷四中评价陶诗:"读陶公诗,专取其真:事真景真,情真理真,不烦绳削而自合。"你认同这样的评价吗?

3. 背诵这首诗并录制自己的诵读,提交音频作业。

古　风(其十九)①

李　白

> 李白(701—762),字太白,号青莲居士,唐代诗人。自称祖籍陇西成纪(今甘肃静宁西南),五岁随父迁居绵州昌隆(今四川江油)。二十五岁离蜀远游。天宝初应召入京,供奉翰林,一年半后离去,从此漫游各地。安史乱起,应召入永王李璘幕府,李璘被唐肃宗诛杀,李白以"附逆"罪名流放夜郎。后遇赦寓居当涂(今属安徽),困穷以终。李白有"谪仙"之称、"诗仙"之誉,其诗充满浪漫主义色彩,想象丰富奇特,风格飘逸自然,与"诗圣"杜甫双峰雄峙。今存《李太白集》。

西上莲花山②,迢迢见明星③。
素手把芙蓉④,虚步蹑太清⑤。
霓裳曳广带⑥,飘拂升天行。
邀我登云台⑦,高揖卫叔卿⑧。
恍恍与之去⑨,驾鸿凌紫冥⑩。
俯视洛阳川⑪,茫茫走胡兵⑫。
流血涂野草,豺狼尽冠缨⑬。

 **注释**

① 选自《唐诗鉴赏辞典》，上海辞书出版社1983年版。李白《古风》共五十九首，是诗人在长安期间和离去后几年间的五言古体诗汇集，这里选的是第十九首。　② 莲花山：西岳华山的最高峰莲花峰。《华山记》："山顶有池，生千叶莲花，服之羽化，因曰华山。"　③ 迢迢：遥远貌。明星：传说中的华山仙女。王琦注引《太平广记》云："明星玉女者，居华山，服玉浆，白日升天。"　④ 素手：洁白之手。芙蓉：莲花。⑤ 虚步：凌空而行。蹑（niè）：登踏。太清：高空。古人称上升四十里名为太清。　⑥ 霓裳：云霓织成的衣裙。曳（yè）：拖。广带：宽阔的飘带。　⑦ 云台：云台峰，莲花峰东北部的高峰，四面陡绝，景色秀丽，道教以之为仙山。　⑧ 卫叔卿：传说中的神仙名。据称原为西汉中山人，服药飞升成仙。曾见汉武帝，因被以常宾待之，不屑，飘然离去。　⑨ 恍恍：恍惚。之：指代卫叔卿。　⑩ 凌：飞越。紫冥：高空。⑪ 洛阳川：泛指中原一带。川，川原，原野。　⑫ 走：奔跑。胡兵：指安（安禄山）史（史思明）叛军。⑬ 豺狼：比喻安史叛军官吏。冠缨：以戴官帽指代做官。此指安禄山在洛阳称帝。缨，系帽的带子。

 作品简析

此诗大约写于安史叛军攻破洛阳之后。这是一首用游仙体写的古诗，通过浪漫主义的手法，诗人在想象中登上西岳华山的最高峰莲花峰，远远看见了明星仙女，并与她一起去拜会服药成仙的卫叔卿。诗人用神奇的彩笔，绘出了一幅优雅缥缈的神女飞天图。可是正当他恍恍惚惚跟着仙人在太空遨游时，却低头看到了洛阳一带战火纷飞、血流遍野的人间灾难，而逆臣贼子们则衣冠簪缨，坐拥朝堂。诗至此戛然而止，虽没有去留的下文，但显然是动乱惨苦的社会现实惊破了诗人幻想超脱现实的美梦，而正视现实、忧国忧民的心情则跃然纸上。

诗意的突转是本诗整体构思的主要特点。前十句虚拟游仙之事，后四句忽然转入现实，美妙超然的仙境与血腥污秽的人间两个世界形成鲜明对比，从而也就造成了全诗情致从悠然到悲愤的急剧变调，风格从飘逸到沉郁的巨大反差。于此亦可见李白诗天马行空、想象奇诡之处，也是他才气纵横、笔力超人的体现。这两者的对应统一、相得益彰，不仅是诗人心中美好理想与残酷现实相冲突的反映，也体现了诗人独善兼济的思想矛盾和忧国忧民的沉痛感情。

李白诗作尤以古体和绝句见长。此类作品大多率性而出，自然成章，诗意凝练古朴，语言通俗流畅。

思辨与感悟

1."穷则独善其身，达则兼济天下"，这首诗从一个侧面体现了李白独善兼济的思想矛盾。请结合实际思考，当代大学生在实现个人理想的同时应该具有怎样的责任和担当呢？

2.李白以梦为马，以文字为长矛，指引着人们认识世界、审视自身。李白的哪些诗句对你的人生有所启发？

3.请同学们诵读这篇作品，并提交音频作业。（建议搭配与情感基调相符的背景音乐）

赠 李 白[①]

杜 甫

> 杜甫(712—770),字子美,自号少陵野老,唐代伟大诗人。原籍襄阳(今属湖北),其曾祖父迁居巩县(在今河南)。安史之乱期间,他携妻儿入蜀,辗转漂泊于梓州、阆州、夔州诸地近十年。大历年间离蜀东归,不久即病逝于湘江舟中。他的众多优秀诗篇反映了动荡的社会现实,被后人誉为"诗史"。杜甫各体诗皆擅长,以沉郁顿挫的风格、千锤百炼的语言、精细老到的诗律,被后世推崇为"诗圣",与李白并称为"李杜"。有《杜少陵集》。

秋来相顾尚飘蓬[②],未就丹砂愧葛洪[③]。
痛饮狂歌空度日,飞扬跋扈为谁雄[④]?

注释

① 选自《杜诗详注》,杜甫著,仇兆鳌注,中华书局1979年版。　② 飘蓬:草本植物,叶如柳叶,开白色小花,秋枯根拔,随风飘荡。常用来比喻人的行踪飘忽不定。　③ 未就:没有成功。丹砂:即朱砂。道教认为炼砂成药,服之可以延年益寿。葛洪:东晋道士,自号抱朴子,入罗浮山炼丹。李白好神仙,曾自炼丹药。杜甫也曾渡黄河登王屋山访道士华盖君,因华盖君已死,惆怅而归。两人在学道方面都无所成就,所以说"愧葛洪"。　④ 飞扬跋扈:不守常规,狂放不羁。此处作褒义词用。

作品简析

公元744年初夏,杜甫与刚被唐玄宗赐金放还的李白在洛阳相识,遂相约同游梁宋(今河南开封商丘一带)。公元745年,二人又同游齐赵。这年秋天,二人在鲁郡(今山东兖州)相别,杜甫写了这首赠诗。李白也在这年秋写下了《鲁郡东石门送杜二甫》诗。

此诗表面看来,似乎杜甫在规劝李白:要像道家葛洪那样潜心于炼丹求仙,不要痛饮狂歌、虚度时日,何必飞扬跋扈、人前称雄。实际上,杜诗有言外之意:李白藐视权贵,拂袖而去,沦落飘泊,虽尽日痛饮狂歌,然终不为统治者赏识。虽心雄万夫,而何以称雄?虽有济世之才,然焉能施展?这首七绝,是杜甫以心灵的笔触所刻画的一幅李白肖像。此诗突现了一个狂字,显示出一个傲字。傲骨嶙峋,狂放不羁,显示出李白安"能摧眉折腰事权贵"的精神。杜甫在赞叹之余,感慨万千,扼腕之情,油然而生。

这首七绝,沉郁有致,抑扬顿挫,跌宕起伏。末句用反诘口吻,把全诗推向了最高潮。为了强化全诗流转的节奏、气势,则以"痛饮"对"狂歌","飞扬"对"跋扈";且"痛饮狂歌"与"飞扬跋扈","空度日"与"为谁雄"又两两相对。这就形成了一个飞动的氛围,进一步突现了李白的傲岸与狂放。

思辨与感悟

1. 这首诗塑造的李白的形象和李白在《梦游天姥吟留别》中塑造的自我形象有何异同？请结合两诗作简要分析。

2. 李白比杜甫年长十一岁，性格差异也很大，两个人却建立了十分深厚的友谊。请结合李白杜甫的故事，以及你知道的其他文人的交友故事，思考什么是伟大的友情。

3. 请同学们诵读这篇作品，并提交音频作业。（建议搭配与情感基调相符的背景音乐）

水龙吟·登建康赏心亭①

辛弃疾

辛弃疾（1140—1207），字幼安，号稼轩，历城（今山东济南）人，南宋著名词人。辛弃疾二十二岁时在北方参加耿京领导的抗金义军，一生力主抗金，坚持北伐，但始终不被信任。曾上《美芹十论》与《九议》，陈述恢复大计，均未被采纳。四十余年间数遭猜忌，长期在江西农村闲居。其词今存六百多首，题材广泛，意境深远，手法多样，善于用典。他把爱国抱负和满腔忧愤倾注到词作中，形成了雄奇豪壮、苍凉沉郁的风格，是南宋豪放词的主要代表，与苏轼并称"苏辛"。有《稼轩长短句》。

楚天千里清秋②，水随天去秋无际。遥岑远目③，献愁供恨，玉簪螺髻④。落日楼头，断鸿声里⑤，江南游子。把吴钩看了⑥，栏杆拍遍，无人会、登临意。

休说鲈鱼堪脍⑦，尽西风，季鹰归未⑧？求田问舍，怕应羞见，刘郎才气⑨。可惜流年⑩，忧愁风雨⑪，树犹如此⑫！倩何人唤取⑬，红巾翠袖⑭，揾英雄泪⑮！

注释

① 选自《宋词鉴赏辞典》（新一版），夏承焘等著，上海辞书出版社2013年版。建康：今江苏南京。赏心亭：《景定建康志》卷二十二："赏心亭在下水门之城上，下临秦淮，尽观赏之胜，丁晋公谓建。" ② 楚天：江南一带古属楚国，故称江南一带为楚。清秋：清爽的秋天。 ③ 遥岑（cén）：远山。岑，小而高的山。这里指长江以北沦陷区的山，所以说"献愁供恨"。 ④ 玉簪（zān）：碧玉簪。螺髻（jì）：螺旋盘结的发髻。这里比喻高矮和形状各不相同的山岭，皆形容远山秀美。 ⑤ 断鸿：失群的孤雁。 ⑥ 吴钩：古代吴地制造的一种宝刀，似剑而刃弯。唐代李贺《南园》："男儿何不带吴钩，收取关山五十州。" ⑦ 鲈鱼堪脍：用西晋张翰典。《晋书·张翰传》记载："翰因见秋风起，乃思吴中菰菜羹、鲈鱼脍，曰：'人生贵得适志，何能羁宦数千里以要名爵乎？'遂命驾而归。"脍（kuài），将肉切细。 ⑧ 季鹰：张翰，字季鹰。 ⑨ "求田问舍"三句：化用《三国志》中许汜典故，比喻没有远大志向。 ⑩ 流年：流逝的时光。 ⑪ 忧愁风雨：忧愁国事飘摇于风雨中。化用宋代苏轼《满庭芳》："百年里，浑教是醉，三万六千场。思量，能几许，忧愁风雨，一半相妨。"风雨，比喻飘摇的国势。 ⑫ 树犹如此：借以抒发自己不能抗击敌人、收复失地、虚度光阴的感慨。用西晋桓温典，见《世说新语·言语》。 ⑬ 倩（qìng）：请（别人为自己做事）。 ⑭ 红巾翠袖：少女的装束，代指女子。 ⑮ 揾（wèn）：擦拭（眼泪）。

作品简析

　　公元1174年,辛弃疾将任江东安抚司参议官。这时南归已八九年了,他却投闲置散,任了一介小官。词人登上建康的赏心亭,极目远望祖国的山川风物,百感交集,于是写下这首《水龙吟》。

　　上片开头以无际楚天与滚滚长江作背景,借景抒情,抒发了家国之恨和乡关之思。从"落日楼头"到"栏杆拍遍",表现词人如离群的孤雁、弃置的宝刀,难抑胸中郁闷,情景交融。下片用三个典故对四位历史人物进行褒贬,从而表明自己以天下为己任的抱负,同时又为自己报国无门而慨叹年华虚度。

　　这是稼轩早期词中最负盛名的一篇,词人迂回曲折地表达了功业未就的抑郁心情和英雄失意的深切苦痛。艺术上也渐趋成熟:豪而不放,壮中见悲。结构严谨而曲折:上片以山水起势,雄浑而不失清丽。"献愁供恨"用倒卷之笔,迫近题旨。以下七个短句,一气呵成。落日断鸿,把看吴钩,拍遍栏杆,在阔大苍凉的背景上,凸显出一个孤寂的爱国者的形象。下片抒怀,写其壮志难酬之悲。不用直笔,连用三个故事,或反用,或正取,或半句缩住,以一波三折、一唱三叹手法出之,用典使事紧扣主题,贴切自然。结尾处叹无人唤取红巾"揾英雄泪",遥应上片"无人会,登临意",抒慷慨呜咽之情,也别具深婉之致。

思辨与感悟

　　1."英雄"一词在南宋时期的诗词作品中经常出现,呼唤英雄成了那个时代的声音。在辛弃疾的词中多次提到"英雄",分别指哪些英雄?请你从辛弃疾的词以及其他诗人的诗词中再找出几例,通过赏析这些英雄形象,分析诗人投注了什么样的思想感情。

　　2."冯唐易老,李广难封"形容老来难以得志,功高不爵,命运乖舛。英雄要有用武之地,英雄要是没有了用武之地是不是人生的一大悲剧?结合课文和生活实际讨论,环境对一个人的发展起着什么作用?

　　3."可惜流年,忧愁风雨,树犹如此!"辛弃疾的流年之痛是什么?流年易逝,人生该如何度过才是有价值的?请说说你的看法。

诉　衷　情①

陆　游

　　陆游(1125—1210),字务观,号放翁,越州山阴(今浙江绍兴)人。南宋著名诗人。宋高宗绍兴二十四年(1154)应礼部试,被秦桧除名。孝宗时赐进士出身,历任镇江、隆兴通判。光宗时官礼部郎中。后被弹劾去职,归里闲居十二年。陆游诗歌今存九千多首,与尤袤、杨万里、范成大并称"南宋四大家"。其诗题材广阔,内容极为丰富,现实性强,洋溢着浓烈的战斗激情和悲愤情绪,风格多样,以雄浑豪放为主,语言明快。陆游还兼长写词,纤丽处似秦观,雄慨处似苏轼。有《剑南诗稿》《渭南文集》。

当年万里觅封侯①,匹马戍梁州②。关河梦断何处③,尘暗旧貂裘④。胡未灭⑤,鬓先秋⑥,泪空流。此生谁料,心在天山⑦,身老沧洲⑧。

注释

① 选自《宋词鉴赏辞典》(新一版),夏承焘等著,上海辞书出版社2013年版。万里觅封侯:奔赴万里外的疆场,寻找建功立业的机会。《后汉书·班超传》载:班超少有大志,认为大丈夫应当"立功异域,以取封侯,安能久事笔砚间乎?" ② 戍(shù):守边。梁州:《宋史·地理志》:"兴元府,梁州汉中郡,山南西道节度。"治所在南郑。陆游著作中,称其参加四川宣抚使幕府所在地,常杂用以上地名。 ③ 关河:关塞、河流。一说指潼关黄河之所在。此处泛指汉中前线险要的地方。梦断:梦醒。 ④ 尘暗旧貂裘:貂皮裘上落满灰尘,颜色为之暗淡。据《战国策·秦策》载,苏秦游说秦王"书十上而不行,黑貂之裘敝,黄金百斤尽,资用乏绝,去秦而归"。 ⑤ 胡:古时泛称西北异族为胡,亦指来自彼方之物。南宋词中多指金人。 ⑥ 鬓:鬓发。秋:秋霜,比喻年老鬓白。 ⑦ 天山:在中国西北部,是汉唐时的边疆。这里代指南宋与金国相持的西北前线。 ⑧ 沧洲:靠近水的地方,古时常用来泛指隐士居住之地。谢朓《之宣城郡出新林浦向板桥》有"既欢怀禄情,复协沧洲趣"句。这里是指作者位于镜湖之滨的家乡。

作品简析

公元1172年,陆游在位于西北前线重镇南郑的王炎军中任职,度过了八个多月的戎马生活。公元1189年,陆游被弹劾罢官后,退隐山阴故居长达十二年。在这期间他写下了一系列爱国诗词。这首《诉衷情》是其中的一篇,具体创作时间不详。

此词描写了作者一生中最值得怀念的一段岁月,通过今昔对比,反映了一位爱国志士的坎坷经历和不幸遭遇,表达了作者壮志未酬、报国无门的悲愤不平之情。上片开头追忆作者昔日戎马疆场的意气风发,接着写当年的宏愿只能在梦中实现的失望;下片抒写敌人尚未消灭而英雄却已迟暮的感叹。由于词人"身老沧洲"的感叹中包含了更多的历史内容,融汇了炽热的感情,因此,词的情调体现出幽咽而又不失开阔深沉的特色,比一般仅仅抒写个人苦闷的作品显得更有力量,更为动人。

全词格调苍凉悲壮,语言明白晓畅,用典自然,不着痕迹,不加雕饰,如叹如诉,有较强的艺术感染力。

思辨与感悟

1. 当陆游看着垂垂老矣的自己,再看看尚未收复的山河,这种英雄迟暮、无能为力的感叹,不禁引我们深思:英雄迟暮到底是什么原因造成的?

2. 陆游关于战场和军旅的诗歌写得那么高亢有力,充满了战斗的欢乐,"投笔书生古来有,从军乐事世间无",梁启超称陆游是"亘古男儿一放翁"。在战争年代,爱国是投身于保家卫国的战斗中去。如今,我们生活在和平年代,那么我们应该如何爱国呢?

偶　　然[①]

徐志摩

> 徐志摩(1897—1931),浙江海宁人。现代著名诗人、散文家。1918年赴美国留学,1921年赴英国留学,入剑桥大学当特别生,研究政治经济学。在剑桥两年深受欧美浪漫主义和唯美派诗人的影响,奠定了其浪漫主义诗风。1923年成立新月社。1931年因飞机失事罹难。
>
> 徐志摩倡导新格律诗,对中国新诗的发展做出了重要的贡献。其诗字句清新,韵律和谐,比喻新奇,想象丰富,意境优美,潇洒灵动。诗集有《志摩的诗》《翡冷翠的一夜》《猛虎集》等。其散文也自成一格,取得了不亚于诗歌的成就。

我是天空里的一片云,
偶尔投影在你的波心——
你不必讶异,
更无须欢喜——
在转瞬间消灭了踪影。

你我相逢在黑夜的海上,
你有你的,我有我的,方向;
你记得也好,
最好你忘掉
在这交汇时互放的光亮!

注释

① 选自《徐志摩全集》,韩石山编,天津人民出版社2005年版。该诗写于1926年5月,初载于同年5月27日《晨报副刊·诗镌》第九期,署名志摩。

作品简析

这首小诗,构思别具一格。云投影在水的波心,黑夜海上两船交会,运用多种意象将自己的人生历程融入"偶然"这样一个极为抽象的词中,并使之形象化,置入象征性的结构,充满意味。

新月派提出诗歌的"三美"(建筑美、音乐美、绘画美)主张,在具体实践中,徐志摩诗歌的"音乐美"成就卓著。新月诗人陈梦家也认为《偶然》等几首诗,划开了他前后两期的鸿沟,他抹去了以前的火气,用整齐柔丽清爽的诗句,来写那微妙的灵魂的秘密"。全诗两节,格律对称,在音步的处理上严谨中不乏洒脱,读起来纡徐从容、朗朗上口。

这首诗歌内部充满着诸种"张力"结构。"你/我"就是一对"二元对立",或是"偶尔投影在波心",或是"相遇在海上",都是人生旅途中擦肩而过的匆匆过客;"你不必讶异,更无须欢喜""你记得也好,最好你忘掉",都以"二元对立"式的情感态度,以及语义上的"矛盾修辞法"而呈现出充足的"张力"。

仔细品读,这首诗还蕴含了深层次的人生哲理和感悟,这是因为它的意象充满了象征性。或人世遭际挫折,或情感阴差阳错,追悔莫及、痛苦有加,或无奈苦笑、怅然若失……人生,必然会有这样一些"偶然"的"相逢"和"交会",而这"交会时互放的光亮",必将成为永难忘怀的记忆而长伴人生。

思辨与感悟

1. 诗歌中的"我"和"你"到底指谁?有人说这是一首爱情诗,也有人说这是一首对人生的感叹曲,你怎么理解?

2. 对于人生中这种偶然的相遇,诗中说"你记得也好,最好你忘掉",联系自己的生活实际说说你的看法。

致 橡 树①

舒 婷

> 舒婷(1952—),原名龚佩瑜,当代作家,祖籍福建泉州,朦胧诗派的代表诗人之一,与北岛、顾城齐名。1979年开始发表诗歌作品,1980年至福建省文联工作,从事专业写作。舒婷的诗具有女性特有的细腻和敏感,风格温柔典雅,蕴含丰富的艺术魅力,深受广大青年的欢迎。著有诗集《双桅船》《会唱歌的鸢尾花》《始祖鸟》,散文集《心烟》等。

我如果爱你——
绝不像攀援的凌霄花②,
借你的高枝炫耀自己;
我如果爱你——
绝不学痴情的鸟儿,
为绿荫重复单纯的歌曲;
也不止像泉源,
常年送来清凉的慰藉;
也不止像险峰,
增加你的高度,衬托你的威仪。
甚至日光。
甚至春雨。
不,这些都还不够!

我必须是你近旁的一株木棉③,
作为树的形象和你站在一起。
根,紧握在地下,
叶,相触在云里。
每一阵风过,
我们都互相致意,
但没有人
听懂我们的言语。
你有你的铜枝铁干,
像刀,像剑,
也像戟;
我有我红硕的花朵,
像沉重的叹息,
又像英勇的火炬。
我们分担寒潮、风雷、霹雳;
我们共享雾霭、流岚④、虹霓⑤,
仿佛永远分离,
却又终身相依。
这才是伟大的爱情,
坚贞就在这里:
爱——
不仅爱你伟岸的身躯,
也爱你坚持的位置,足下的土地。

1977 年 3 月 27 日

注释

① 选自《中国当代名诗人选集·舒婷》,舒婷著,人民文学出版社 2007 年版。橡树:原产于北印度、马来西亚及印度尼西亚一带,树形优美,高大,树冠塔形。　② 凌霄花:落叶藤本植物,攀援茎,花鲜红色,也叫紫葳。　③ 木棉:又称攀枝花、英雄花,落叶大乔木,早春先叶开花,花大、红色,产于中国南方各地。　④ 流岚:山间流动的雾气。岚,山间雾气。　⑤ 虹霓:彩虹。

朗诵:致橡树　舒婷

作品简析

《致橡树》是一首优美的抒情诗,创作于 1977 年,是朦胧诗派的代表作之一,被视为新时期女性爱情意识觉醒的第一篇宣言。

以象征手法表现主题是朦胧诗的追求。全诗采用对话体,以新颖的意象"木棉"与"橡树"构思:有着"红硕的花朵"的木棉象征着已摆脱旧式女子纤柔特点,具有新的审美气质的现代女性;而充满阳刚之美的刚硬的"橡树"象征着诗人理想中的爱人。这突破了我国传统诗词中爱情多以"红豆""连理枝""比翼鸟"为意象表达的传统。

诗歌第一部分借用一系列自然物进行象征类比,以两个假设和六个否定性比喻抛却了传统的爱情观念。第二部分正面抒写理想的爱情观,强调这种爱像一株独立的与橡树并排站立的木棉,必须有独立的、与对方同等的地位和人格,比肩并立、同甘共苦、彼此尊重、互相倾慕、永不分离。这种富于人文精神的现代爱情观显示了诗人对新时代爱情观和人生价值的向往与追求。

诗歌大量采用整齐匀称的语言形式,它们在字、音、义上严格对应,在行上宽泛对应。既有古典诗歌的整齐划一,又有新诗的自由奔放,表现了诗人既继承传统又不拘泥于传统的诗风。全诗感情色彩强烈,又具有清醒的理性思考,蕴含着丰富的社会内涵,耐人咀嚼,令人回味。

思辨与感悟

1. 《致橡树》所表达的爱情观的核心是什么?阅读夏洛蒂·勃朗特的小说《简·爱》和易卜生的戏剧《玩偶之家》,思考哪部作品的爱情观更接近《致橡树》。
2. 健康的爱情是什么样的?结合你读过的文学作品谈谈你的看法。
3. 请同学们朗诵这首诗,并提交音频作业。(建议搭配与情感基调相符的背景音乐)

我爱这土地[①]

艾 青

> 艾青(1910—1996),原名蒋正涵,浙江金华人。现当代著名诗人。1928年考入杭州国立西湖艺术学院。次年赴法国勤工俭学。1932年回国后即参加中国左翼美术家联盟,投入革命文艺运动。艾青的诗歌创作与现实紧密结合,及时而强烈地传达了时代的呼唤和人民的心声,在艺术上,则追求深沉的审美意象和提倡自由流动的形式,推动了中国现代新诗的发展。主要作品有《大堰河——我的保姆》《北方》《向太阳》《火把》《归来的歌》等。

假如我是一只鸟,
我也应该用嘶哑的喉咙歌唱:
这被暴风雨所打击着的土地,
这永远汹涌着我们的悲愤的河流,
这无止息地吹刮着的激怒的风,
和那来自林间的无比温柔的黎明……
——然后我死了,
连羽毛也腐烂在土地里面。

为什么我的眼里常含泪水?

因为我对这土地爱得深沉……

1938 年 11 月 17 日

注释

① 选自《艾青诗选》，艾青著，人民文学出版社 1997 年版。

作品简析

《我爱这土地》写于 1938 年 11 月 17 日。1938 年 10 月，武汉失守，日本侵略者的铁蹄猖狂地践踏中国大地。作者和当时文艺界许多人士一同撤出武汉，汇集于桂林。作者怀着对祖国的挚爱和对侵略者的仇恨中写下了这首诗。在诗篇中，"土地"成了最醒目、最富有象征意义的意象。集中展现了作者对土地、对祖国的一片赤诚之爱。它源自民族的苦难，因而格外动人。

土地是个博大的意象，诗人选择它来作为寄情和倾诉的对象，其境界极其广阔，然而又将这些感情浓缩在十行的诗句里，从虚处落笔，把自己虚拟为"一只鸟"，借鸟儿与土地的关系来展开全诗的艺术境界，整体架构巧妙自然。

作者用写实和象征的手法，描绘了一组鲜明的诗歌意象，分别赋予"大地""河流""风""黎明"等意象不同的象征和暗示意味。在抒情视角上也作了转换：诗的第一节是从虚拟的视角，即从鸟儿的视角去想象，去表现鸟儿对土地的忠诚与挚爱，显得形象含蓄；第二节却换成实写的视角，即从作者自我的视角去实写自己"常含泪水的眼睛"，倾诉自己对土地的"深沉"之爱，是直抒胸臆。这样，虚境和实境的结合与对应，构筑了全诗内在完整的艺术空间。

思辨与感悟

1. 艾青的审美理想是"苦难的美"，这源自他那颗为民生多艰而痛苦的心。阅读艾青的其他诗歌作品，思考艾青诗歌中的苦难描写让你看到了中国历史有怎样的变迁。

2. 艾青诗歌中弥漫着一种特殊的"艾青式的忧郁"，这是一种消极的情绪吗？结合他的诗歌谈谈你的观点。

3. 请同学们朗诵这首诗，并提交音频作业。（建议搭配与情感基调相符的背景音乐）

《青春万岁》序诗①

王 蒙

王蒙(1934—)，中国当代作家、学者。其作品反映了中国人民在前进道路上的坎坷历程。曾获意大利蒙德罗文学奖、日本创价学会和平与文化奖、俄罗斯科学院远东研究所与澳门大学荣誉博士学位、约旦作家协会名誉会员等荣衔。作品被翻译为二十多种语言在各国发行。著有长篇小说《青春万岁》《活动变人形》等近百部小说。2019 年，被授予"人民艺术家"荣誉称号。

所有的日子,所有的日子都来吧,
让我编织你们,用青春的金线,
和幸福的璎珞,编织你们。

有那小船上的歌笑,月下校园的欢舞,
细雨蒙蒙里踏青,初雪的早晨行军,
还有热烈的争论,跃动的、温暖的心……

是转眼过去了的日子,也是充满遐想的日子,
纷纷的心愿迷离,像春天的雨,
我们有时间,有力量,有燃烧的信念,
我们渴望生活,渴望在天上飞。

是单纯的日子,也是多变的日子,
浩大的世界,样样叫我们好奇,
从来都兴高采烈,从来不淡漠,
眼泪,欢笑,深思,全是第一次。

所有的日子都去吧,都去吧,
在生活中我快乐地向前,
多沉重的担子我不会发软,
多严峻的战斗我不会丢脸;
有一天,擦完了枪,擦完了机器,擦完了汗,
我想念你们,招呼你们,
并且怀着骄傲,注视你们。

注释

① 选自《百年新诗·人生卷》,谢冕主编,罗振亚编,百花文艺出版社2013年版。本文是王蒙长篇小说《青春万岁》之序诗。《青春万岁》是作家王蒙的长篇小说,始写于1953年,当时作者19岁。这是王蒙年轻时投身革命政治运动的一段记录,呈现了王蒙充满政治激情的一段记忆。小说用激情洋溢的笔触描写了20世纪50年代初期的中学生生活,充满了鲜明的时代色彩和浓郁的青春气息。

作品简析

《青春万岁》写于1953年,正是中华人民共和国成立不久,是发展国民经济"一五计划"的开局之年,全国人民都投身于大力建设新中国的热潮中,这也是序诗的背景。

在经历了战争和苦难之后,面对新中国,面对火热的生活,青年人对一切都感到新鲜,感到惊奇、激动、兴奋,因此所有的一切,包括眼泪、欢笑、思索,都是全新的,因而"全是第一次"。

诗人借助小船上的歌笑、月光下的欢舞、细雨中的踏青、晨雪里的行军、热烈的争论等场景或意象,表现了建国初期青年人饱满的、燃烧的、沸腾的生活,表现了诗人对生活的无比热爱、对人生的无限憧憬和对未来的坚定信念,展示了新中国建国初期青年人特有的献身祖国、建设祖国的自豪与责任、豪情与壮志。

开头写"所有的日子都来吧",表现对新生活的无限渴望与向往;结尾写"所有的日子都去吧",表示对过去的日子不留恋,同样表现对未来美好生活的追求。从诗意上看,前呼后应,共同表现对未来新生活的呼唤;从结构上看,首尾照应,结构完整。与内容的激情相一致,这首诗节奏明快,语言豪迈,富有朝气,很适合表现青年们纯真、乐观、热烈的心声。

思辨与感悟

1. 不同时代的青春内涵相同吗?请结合历史和新时代的特点,谈谈你对青春和时代的关系的认识。

2. 王蒙笔下的青年们富有朝气,洋溢着对生活的热情。但当下有些大学生却觉得青春是迷茫的、忧愁的。请结合实际思考:新时代有哪些特征,我们该用什么样的态度面对当下的生活呢?

3. 请同学们朗诵这首诗,并提交音频作业。(建议搭配与情感基调相符的背景音乐)

我愿意是急流①

[匈牙利]裴多菲

> 裴多菲·山陀尔(1823—1849),匈牙利爱国诗人,也是匈牙利民族文学的奠基人。裴多菲于1823年出生在匈牙利一个贫苦屠户家庭,少年时期过过流浪生活,做过演员,当过兵,15岁开始写诗。裴多菲以反抗外敌入侵和追求自由来诠释整个生命,积极投身于祖国解放战争。1849年,年仅26岁的他在瑟克什堡大血战中英勇牺牲。裴多菲以抒情诗见长,其抒情诗清新朴素、健康优美,对匈牙利民族解放运动和匈牙利文学有重大影响。代表作有《民族之歌》《自由与爱情》等。

我愿意是急流,
山里的小河,
在崎岖的路上,
岩石上经过……
只要我的爱人
是一条小鱼,
在我的浪花中
快乐地游来游去。

我愿意是荒林,

在河流的两岸，
对一阵阵的狂风，
勇敢地作战……
只要我的爱人
是一只小鸟，
在我的稠密的
树枝间做窠②，鸣叫。

我愿意是废墟，
在峻峭的山岩上，
这静默的毁灭
并不使我懊丧……
只要我的爱人
是青青的常春藤，
沿着我荒凉的额，
亲密地攀援上升。

我愿意是草屋，
在深深的山谷底，
草屋的顶上
饱受风雨的打击……
只要我的爱人
是可爱的火焰，
在我的炉子里，
愉快地缓缓闪现。

我愿意是云朵，
是灰色的破旗，
在广漠的空中，
懒懒地飘来荡去，
只要我的爱人
是珊瑚似的夕阳，
傍着我苍白的脸，
显出鲜艳的辉煌。

 注释

① 选自《我愿意是急流：裴多菲诗选》，裴多菲著，孙用译，人民文学出版社 2019 年版。　② 窠(kē)：窠，一般指鸟兽昆虫的窝。这里指鸟窝。

作品简析

1846年9月,23岁的裴多菲在舞会上结识了伊尔诺茨伯爵的女儿森德莱·尤丽娅,并对这位姑娘一见倾心。但伯爵却不肯把女儿嫁给裴多菲这样的穷诗人。面对阻力,裴多菲对尤丽娅的爱情仍痴迷不减,在半年时间里写出了一首首情诗。1847年6月,诗人和尤丽亚的婚恋峰回路转、柳暗花明,于是诗人点燃起激情与真爱的火焰,发布了他爱的誓言,写下了这首诗歌。

从表现形式上看,几组诗句均以"我愿意是""只要我的爱人"形式结构诗歌,句式较为统一,但段落行数和字数没有固定的格式,句式音节上并无束缚,属自由诗,但裴多菲的诗歌受民歌影响很大,以一连串的"我愿意是"表达对爱情的坚贞与渴望,多次重复,渲染气氛,加强感情。

除"我愿意是"作为全诗反复响起的主旋律外,诗人还运用了大量意象设想了爱情中双方所处的位置,这些意象生动地传达出诗人对爱的深情。诗歌所勾勒出的五组意象即"急流"与"小鱼"、"荒林"与"小鸟"、"废墟"与"常春藤"、"草屋"与"火焰"、"云朵""破旗"与"夕阳",它们一者雄浑,一者娇秀,但是相依相存,相得益彰,衬托出一幅幅诗意盎然、动人心扉的画卷。

作为一首抒情诗,诗歌通过"急流"旁敲侧击,寄寓了作者的理想与追求。

思辨与感悟

1. 裴多菲的《我愿是急流》和舒婷的《致橡树》表达的爱情观一样吗?你更认同哪一种爱情观?

2. 裴多菲另一首著名的诗:"生命诚可贵,爱情价更高;若为自由故,二者皆可抛。"自由对于诗人来讲是什么?结合实际谈谈你如何理解这首诗。

3. 请同学们朗诵这首诗,并提交音频作业。(建议搭配与情感基调相符的背景音乐)

西 风 颂①

[英]雪 莱

> 珀西·比希·雪莱(1792—1822),英国著名作家、19世纪与拜伦齐名的浪漫主义诗人,被认为是历史上最出色的英语诗人之一。他出生于英格兰的一个贵族家庭,12岁进入伊顿公学,1810年进入牛津大学,入学不足一年因其刊发《论无神论的必然性》被开除。恩格斯称他是"天才预言家"。1822年雪莱葬身于海上风暴。雪莱一生创作了大量的讽刺诗和抒情诗,代表作有叙事长诗《麦布女王》、长诗《解放了的普罗米修斯》和《倩契》,以及不朽名作《西风颂》。

一

哦,犷野的西风哦,你哦秋的气息!

由于你无形无影的出现,万木萧疏,
似鬼魅逃避驱魔巫师,蔫黄,黪黑,

苍白,潮红,疫疠摧残的落叶无数,
四散飘舞;哦,你又把有翅的种子
凌空运送到他们黑暗的越冬床圃;

仿佛是一具具僵卧在坟墓里的尸体,
他们将分别蛰伏,冷落,而又凄凉,
直到阳春你蔚蓝的姐妹向梦中的大地

吹响她嘹亮的号角(如同牧放群羊,
驱送香甜的花蕾到空气中觅食就饮)
给高山平原注满生命的色彩和芬芳。

不羁的精灵,你啊,你到处运行;
你破坏,你也保存,听,哦,听!

二

在你的川流上,在骚动的高空,
纷乱的乌云,那雨和电的天使,
正像大地凋零枯败的落叶无穷,

挣脱天空和海洋交错缠接的柯枝,
飘流奔泻;在你清虚的波涛表面,
似酒神女祭司头上扬起的蓬勃青丝,

从那茫茫地平线阴暗的边缘
直到苍穹的绝顶,到处散布着
迫近的暴风雨飘摇翻腾的发卷。

你啊,垂死残年的挽歌,四合的夜幕
在你聚集的全部水汽威力的支撑下,
将构成他那庞大墓穴的拱形顶部。

从你那雄浑磅礴的氛围,将迸发
黑色的雨、火、冰雹;哦,听啊!

三

你,哦,是你把蓝色的地中海
从梦中唤醒,他在一整个夏天
都酣睡在贝伊湾一座浮石岛外,

被澄澈的流水喧哗声催送入眠,
梦见了古代的楼台、塔堡和宫闱,
在强烈汹涌的波光里不住地抖颤,

全都长满了蔚蓝色苔藓和花卉,
馨香馥郁,如醉的知觉难以描摹。
哦,为了给你让路,大西洋水

豁然开裂,而在浩淼波澜深处,
海底花藻和枝叶无汁的淤泥丛林,
哦,由于把你的呼啸声辨认出,

一时都惨然变色,胆怵而心惊,
战栗着自行凋落;听,哦,听!

四

我若是一朵轻捷的浮云能和你同飞,
我若是一片落叶,你所能提携,
我若是一头波浪能喘息于你的神威,

分享你雄强的脉搏,自由不羁,
仅次于,哦,仅次于不可控制的你;
我若能像在少年时,作为伴侣,

随你同游天际,因为在那时节,
似乎超越你天界的神速也不为奇迹;
我也就不至于像现在这样急切,

向你苦苦祈求。哦,快把我飏起②,
就像你飏起波浪、浮云、落叶!

我倾覆于人生的荆棘！我在流血！

岁月的重负压制着的这一个太像你，
像你一样，骄傲，不驯，而且敏捷。

五

像你以森林演奏，请也以我为琴，
哪怕我的叶片也像森林的一样凋谢！
你那非凡和谐的慷慨激越之情，

定能从森林和我同奏出深沉的秋乐，
悲怆却又甘洌。但愿你勇猛的精神
竟是我的魂魄，我能成为剽悍的你！

请把我枯萎的思绪向全宇宙播送，
就像你驱遣落叶催促新的生命，
请凭借我这单调有如咒语的韵文，

就像从未灭的余烬飙出炉灰和火星，
把我的话语传遍天地间万户千家，
通过我的嘴唇，向沉睡未醒的人境，

让预言的号角奏鸣！哦，风啊，
如果冬天来了，春天还会远吗？

1819年秋

 注释

① 选自《西风集》，雪莱著，江枫译，北京十月文艺出版社2014年版。据诗人自述，这首诗构思在佛罗伦萨附近阿诺河畔的一片树林里，主要部分也在那里写成。"那一天，孕育着一场暴风雨。不出我的预料，雨从日落下起，狂风暴雨里夹带着冰雹，并且伴有阿尔卑斯山南地区所特有的气势宏伟的电闪雷鸣。第三节结尾处所提到的那种现象，博物学家也是十分熟悉的。海洋、河流和湖泊底部的水生植物，和陆地的植物一样，对季节的变换有相同的反应，因而也受宣告这种变换的风的影响。" ② 飙起："飙"，现同"扬"。下同。

 作品简析

《西风颂》是欧洲诗歌史上的珍品，是雪莱"三大颂"诗中的一首，写于1819年。当时，欧洲各国的工人运动和革命运动风起云涌。面对着欧洲"山雨欲来风满楼"的革命形势，

雪莱为之振奋,在一场暴风骤雨的自然景象的触发下,内心的激情化作激昂慷慨的歌唱。

全诗共五节,从形式上来看,其五小节格律完整,皆可完整成篇。从内容上来看,它们又融为一体。前三节都是描写和赞美西风,后两节是进一步的升华和抒情。第一诗节写西风的威力和它的作用,指出它是破坏者和护持者;第二诗节用云、雨、冰雹、闪电来衬托描写西风的威力;第三诗节写西风作用于波浪;第四诗节写诗人因西风而发生的感慨,借助西风赐予的"狂暴的精神",与其融为一体,去抗击腐败的反动力量;最后一节是整首诗的高潮所在,诗人请求西风帮助他扫去暮气,把他的诗句传播到四方,唤醒沉睡的大地。

这首诗的特色在于象征手法的运用,借助对西风的歌唱,表达了诗人对反动腐朽势力的憎恨,对革命终将胜利的坚定信念和对光明未来的热切希望。全诗气势雄阔,境界奇丽宏伟,意象集中明确,前后连贯,结构严密,具有浓郁的革命浪漫主义特色,含蕴深远。尤其最后"如果冬天来了,春天还会远吗"一句,也成为人们广为流传的名言。

思辨与感悟

1. 你怎样理解"如果冬天来了,春天还会远吗?"这句话。
2. 一般认为《西风颂》是一首政治抒情诗,抒发了雪莱献身革命的强烈愿望、战斗精神,你读出了什么不同的感受吗?
3. 比较阅读雪莱的另一首诗《云》,同样描写自然景物,两首诗在表现手法和抒发的感情上有何不同?
4. 请同学们朗诵这首诗,并提交音频作业。(建议搭配与情感基调相符的背景音乐)

第五讲 诗意生活

扩展阅读

热爱生命(汪国真)

圆桌议题

1. 法国哲学家帕斯卡尔曾说过:人应该诗意地活在这片土地上,这是人类的一种追求理想。请围绕诗意的生活在班级内展开辩论会。正方观点:诗意的生活在远方。反方观点:诗意的生活在当下。你支持哪方观点?请阐述你的理由。

2. 保罗·策兰指出:"诗歌不是没有时间性,诚然,它要求成为永恒,它寻找,它穿过并把握时代——是穿过,而不是跳过。"这些时代精神的高歌者,始终在保持思想、艺术上的敬畏的同时,追求着生命的体验、精神的自由。自由是指人的意志自由、存在和发展的自由,是人类社会的美好向往,也是马克思主义追求的社会价值目标和我国社会主义核心价值观的内容之一。为什么说"新诗是自由的",请结合具体的诗歌作品阐述自己的观点。

3. 诗歌对我们的生活还有没有作用?请就诗歌的功能展开一场班级辩论会。正方观点:诗歌是有用的艺术。反方观点:诗歌是无用的艺术。如果你参加这场辩论赛,你支持哪方观点?请阐述你的理由。

第六讲　四季物语

百花争艳的春天是充满活力的季节,烈日暴晒的夏天是富有热情的季节,瓜果飘香的秋天是极具魅力的季节,白雪飘飘的冬天是最富遐想的季节。

文坛大家们长于思考,一人一事,一物一景,触动心灵,深长思之,便在生命过程中留下许多刻痕。读者常常会循着这雪泥鸿爪与作者一道探曲析微,于是就有了心灵撞击的共鸣,进而产生更深刻的启迪。

一日的春光①

冰　心

去年冬末,我给一位远方的朋友写信,曾说:"我要尽量地吞咽今年北平的春天。"

今年北平的春天来得特别地晚,而且在还不知春在哪里的时候,抬头忽见黄尘中绿叶成荫,柳絮乱飞,才晓得在厚厚的尘沙黄幕之后,春还未曾露面,已悄悄地远引了。

天下事都是如此——

去年冬天是特别地冷,也显得特别的长。每天夜里,灯下孤坐,听着扑窗怒号的朔风,小楼震动,觉得身上心里都没有一丝暖气。一冬来,一切的快乐、活泼、力量和生命,似乎都冻得蜷伏在每一个细胞的深处。我无聊地安慰自己说:"等着罢,冬天来了,春天还能很远么?"

然而这狂风、大雪,冬天的行列,排得意外地长,似乎没有完尽的时候。有一天看见湖上冰软了,我的心顿然欢喜,说:"春天来了!"当天夜里,北风又卷起漫天匝地的黄沙,忿怒地扑着我的窗户,把我心中的春意,又吹得四散。有一天看见柳梢嫩黄了,那天的下午,又不住地下着不成雪的冷雨,黄昏时节,严冬的衣服,又披上了身。有一天看见院里的桃花开了,这天刚刚过年,从东南的天边,顷刻布满了惨暗的黄云,跟着千枝风动,这刚放蕊的春英,又都埋罩在漠漠的黄尘里……

九十天看看过尽——我不信了春天!

几位朋友说:"到大觉寺看杏花去罢。"虽然我的心中始终未曾得到春的消息,却也跟着大家去了。到了管家岭,扑面的风尘里,几百棵杏树枝头,一望已尽是残花败蕊;转到了大工,向阳的山谷之中,还有几株盛开的红杏,然而盛开中气力已尽,不是那满树浓红、花蕊相间的情态了。

我想，"春去了就去了罢！"归途中心里倒也坦然，这坦然中是三分悼惜，七分憎嫌，总之，我不信春天了。

四月三十日的下午，有位朋友约我到挂甲屯吴家花园去看海棠，"且喜天气晴明"——现在回想起来，那天是九十春光中唯一的春天——海棠花又是我所深爱的，就欣然地答应了。

东坡恨海棠无香，我却以为若是香得不妙，宁可无香。我的院里栽了几棵丁香和珍珠梅，夏天还有玉簪，秋天还有菊花，栽后都很后悔。因为这些花香，都使我头痛，不能折来养在屋里。所以有香的花中，我只爱兰花、桂花、香豆花和玫瑰，无香的花中，海棠要算我最喜欢的了。

海棠是浅浅的红，红得"乐而不淫"，淡淡的白，白得"哀而不伤"，又有满树的绿叶掩映着，秾纤适中，像一个天真、健美、欢悦的少女，同是造物者最得意的作品。

斜阳里，我正对着那几树繁花坐下。

春在眼前了！

这四棵海棠在怀馨堂前，北边的那两棵较大，高出堂檐约五六尺。花后是响晴蔚蓝的天，淡淡的半圆的月，遥俯树梢。这四棵树上，有千千万万玲珑娇艳的花朵，乱哄哄地在繁枝上挤着开……

看见过幼稚园放学没有？从小小的门里，挤着的跳出涌出使人眼花缭乱的一大群的快乐、活泼、力量和生命；这一大群跳着涌着的分散在极大的周围，在生的季候里做成了永远的春天！

那在海棠枝上卖力的春，使我当时有同样的感觉。

一春来对于春的憎嫌，这时都消失了。喜悦地仰首，眼前是烂漫的春，骄奢的春，光艳的春，——似乎春在九十日来无数的徘徊瞻顾，百就千拦，只为的是今日在此树枝头，快意恣情的一放！

看得恰到好处，便辞谢了主人回来。这春天吞咽得口有余香！过了三四天，又有友人来约同去，我却回绝了。今年到处寻春，总是太晚，我知道那时若去，已是"落红万点愁如海"，春来萧索如斯，大不必去惹那如海的愁绪。

虽然九十天中，只有一日的春光，而对于春天，似乎已得了报复，不再怨恨憎嫌了。只是满意之余，还觉得有些遗憾，如同小孩子打架后相寻，大家忍不住回嗔作喜，却又不肯即时言归于好，只背着脸，低着头，撅着嘴说："早知道你又来哄我找我，当初又必把我冰在那里呢？"

一九三六年五月八日夜，北平。

① 选自《冰心散文》，冰心著，人民文学出版社2013年版。

《一日的春光》是冰心写的一篇脍炙人口的散文，写于1936年。在写作此文之前大约两个月的时间里，冰心或是生病，或是杂事缠身。这样的思绪，不免使作者渴望自然春天的到来、祖国春天的到来。然而苦苦等待春天,春天却迟迟不来,许多次春天刚一露面,就被寒风冷雨驱散;到处寻找春光,却发现春天早已远去。这种情况难免使作者痛苦。然而,春光好似有意,作者在九十日的等待之后,终于等来了春光的烂漫、骄奢、光艳与迷人的景象,饱尝了"一日春光"带来的快乐、活泼、力量和生命。

思辨与感悟

1. 文中叙写了北平春天的哪些变化?这些变化说明了什么?
2. 作者在"满意之余,还觉得有些遗憾",这里的遗憾指的是什么?

洗桃花水的时节①

铁　凝

> 铁凝(1957—　),现任中国作家协会主席。主要著作有长篇小说《玫瑰门》《大浴女》《笨花》等,中、短篇小说《哦,香雪》《永远有多远》等,以及大量散文、随笔。

一场场黄风卷走了北方的严寒,送来了山野的春天。这里的春天不像南方那样明媚、秀丽,融融的阳光只把叠叠重重的灰黄色山峦,把镶嵌在山峦的屋宇、树木,把摆列在山脚下的丘陵、沟壑一股脑儿都融合起来,甚至连人、牲畜也融合了进去。放眼四望,一切都显得迷离,仅仅像一张张错落有致、反差极小的彩色照片。但是寻找春天的人,还是能从这迷离的世界里感受到春天的气息。你看,山洞里、岩石下,三两树桃花,四五株杏花,像点燃的火炬,不正在召唤着你、引逗着你,使你不愿收住脚步,继续去寻找吗?再往前走,还能看见那欢笑着的涓涓流水。它们放散着碎银般的光华,奔跑着给人送来了春意。我愿意在溪边停留,静听溪水那热烈的、悄悄的絮语。这时我觉得,春天正从我脚下升起。

这样的小溪我见过不少,却不知有哪一条比温泉镇村边这条溪水更招人喜爱。虽然它流经的地方是那样偏僻,那样贫瘠,每到春天,还是吸引着那么多人。

温泉镇的溪水是条热水,温泉镇也是因此而得名。一座几省闻名的温塘疗养院设在这里。我就是在春天,去那里看望一位住院的亲人。

一路上我没想过它的容貌。温泉,你是条泼辣的瀑布从高处一泻而下,还是一股柔软的热流从地下缓缓升起?水有多大?温度有多高?那些身患宿疾的人们是怎样接受它的治疗的?对健康人,温泉的意义到底又在哪里?长途汽车跑了一段柏油路,开始进入丘陵地带。冀中平原被抛到车后,一张张反差小的"照片"又扑了过来。拔地而起的灰黄色山峦,像近在咫尺,又像远在天边,叫你怎么也摸不清它们的距离。我凭着对春天的感觉,感觉着它们的所在。很长时间,窗外的景致变化不大。乏味的景色甚至使我产生了倦意。

"别闭眼,看磕着哪儿。"一位老大爷吆喝着小姑娘。

小姑娘抬起头四下望望,有些不好意思地眨着眼睛,脸上泛起一阵阵绯红。这使我又想起了山野里点燃起来的那些桃花、杏花,刚才的倦意也顿时消散。

"去温塘治病?"我问大爷。

"去洗桃花水。"大爷告诉我，一面攥起拳头捶打自己的膝盖。

桃花水？我虽不理解大爷的意思，却骤然感到大爷的话是那么新鲜、怡人，比刚才小姑娘的脸色所给予我的还要浓烈、美好。

我不愿再去追问洗桃花水意味着什么，也许这只是洗温泉澡的一种夸张了的形容吧，难道水里真会掺进什么桃花不成？我从这简单的话语里领略到美的享受已经足够。说穿了，单从自然科学的角度去加以注解，也许反而会失去它美好的韵致。

正午上车，黄昏前到达温泉镇。下车后，果然同车人大都走进了这座有着现代化规模设施的温塘疗养院。办完探视手续，我才想起寻找我的邻座大爷。但拥在住院处窗前的人群中却没有大爷和那位小姑娘，只有"桃花水"的声音越来越清晰地在我耳边"流动"起来……

第二天，我概览了这座疗养院的全貌，也懂得了并意外地享受了温泉澡的妙处。原来那是高压水泵把地下含有氡气的温泉水抽进高入云霄的水塔，再从水塔内引进各治疗室。细腻、滑爽的温泉水注入洁白的澡盆，清澈见底。入浴时，如果不是耳边那涟涟的水声，你会觉得自己是坐在一团绵软的、暖融融的气体上，你失去了体重，你正无所依托地向一个地方上升……

这就是桃花水吗？它应该是。你看那水中泛起的一朵朵小浪花，恰似桃花开放——人们总是按照自己的臆想，去把那些美好的事物想象、形容得更美好，更理想化。否则，怎么还会有诗、演义和传奇？可我怎么也不相信自己的主观臆想，我又想到了那位同车大爷，他显然不是这座现代化疗养院的病人。桃花水一定还蕴含着别的奥妙。

紧挨疗养院是真正的温泉镇，这是个二百来户的山村。一条陷在干燥黄土里的红石板小路顺坡而下，街里几家旧板搭门脸，和门内作为营业标志的幌子，装点了这座旧镇的古风。尤其一家理发店内伸出的白布牙旗，更能使人想到古代那些古道驿站。几家烧饼铺是近两年新开张的，门上大都用店主人的姓氏写着"王记烧饼铺""何记烧饼铺"……有的挂出一只柳条笊篱，意思是店内还兼营炒、焖、烩饼。不论新店老店，门框上都贴着吉祥的对联：生意兴隆通四海，财源茂盛达三江。这些属于生意经的传统对联，现在不知为什么似也有了新的立意。新店和老店很容易区别：新店的绿油漆、玻璃门窗不仅有别于旧式板搭门，木风箱旁边还接上电动吹风机。顾客进门一坐，只消一拉开关，三两分钟之内你就可以吃上油汪汪的炒饼、味道浓郁的豆腐汤，而那木风箱只是偶尔遇上停电时才有用场。一位姓邢的掌勺大爷，一边提刀切着饼丝，一边告诉我，半小时之内他做过四十份炒饼、四十碗豆腐汤，速度和质量都得到顾客的盛赞。这样好的生意，可惜一个偏儿子不愿接班，愿意买台小拖拉机往附近水库大坝送沙子，一天两个来回，一趟收入五块半。就这样，扔下烧饼炉走啦。

"四十份炒饼，有那么多吗？"我问。

"怎么没有？眼下正洗桃花水。"

"桃花水？在哪儿？是不是疗养院？"我一连串地追问着，虽然早已意识到我理解上的错误。

"那算什么桃花水，把水抽上天再放下来，没劲。你顺街往西走走。"

吃完大爷的炒饼，我出门一直向西走去，不多远已是村口。土山脚下那是什么？似霞、似雾、似流动着的火焰，莫不是一片桃林？我终于又看见了那点燃在北国春天里的鲜红，这才是春的信息。可桃花和水又有什么关系呢？我决定再向前走。不断有三三两两的行人迎面而来，有男有女，但大都是腿脚不利索的老人。老人们边走边用精湿的毛巾擦着脸，拧出毛巾中的水珠。他们腿脚虽欠佳，个个面容却很舒展。水，水，我好像闻到了水的芬芳。

一条坚硬、光明的小路直通桃林，原来桃林的那一边才是温泉的源头。刚才远处所见并非雾，那是温泉源头的蒸汽。那些面容舒展的老人便是从这里走出来的。穿过桃林，那边果然是一片温暖的浅滩，金黄色沙粒上蒸腾着热气。洗桃花水的人们都聚集在这里。人们在浅水里围着一个个涌出地面的泉头，高挽起裤腿，双膝跪入水中，默默地接受着大自然的陶冶。人们没有言语，只有对水的虔诚。

热爱自然，也许是人类的天性。大自然有时热烈，有时冷漠；有时温存，有时残忍。但它带给人的永远是生机，是生命的延续再延续。大自然孕育了人类，在物质文明和精神文明高度发达的今天，人们更加渴求大自然的抚慰。

对于这个温泉的记载是从战国开始的。一年一度的桃花水，千百年来你抚慰过多少黄帝的子孙，又有多少人向往着你的抚爱。但在20世纪80年代，几个小小的温泉源头，一片浅浅的温沙滩，已经远远不能满足人们的需求。温泉镇的小伙子和姑娘们，就更愿走出浅滩去享受那淋漓尽致的温泉浴。那座设备可观的温塘疗养院虽和他们没有缘分，两座温泉浴室却又出现在温泉镇的红石板街上。属于公社的那座规模虽不小，但附近三乡五村、山前山后的农民，还是愿意到一座新建的男女温泉浴室入浴。这里一切免费，连存车处都免费，因为它是靠几家个体户自愿资助兴办的，据说还有卖炒饼的大爷那位"俚儿子"一份。单看浴室门前那黑压压的一行自行车，就知道里面的盛况了。

女浴室里，姑娘们那一阵阵无所顾忌的嬉水声互相碰撞着溢出窗外，吸引我走了进去。我忽然想起格拉西莫夫那幅油画《农庄浴室》。画面上是一群集体农庄的健壮妇女，钻在浴室里，在淋漓尽致地享受热水沐浴。她们的兴致是那样高涨，体态是那样无拘无束。但和这些相比，画面上的小木屋就显得太低矮、太拥挤了。低矮的木屋，狭窄的水池，它好像包容不了这群人体的青春光华……温泉镇的女浴室可不是一座低矮的小木屋，这是一座墙壁镶有洁白瓷砖的水泥建筑。水池足有半个游泳池大，水也是饱满、充裕的。姑娘、媳妇们就在这里脱掉穿了一冬的厚棉衣，潜入水池，尽情享受水的抚爱。对，是抚爱。不然她们的身体为什么会那样丰硕、那样光彩照人；她们的面孔为什么会那样滋润、那样容光焕发？她们走出浴室，大方地走过男浴室门口，信手拨弄着披在肩上的湿漉漉的长发，骄傲地接受着小伙子们远远投来的目光。

温泉镇人用桃花来形容春天。我注意到，他们不仅爱种桃花，剪桃花窗纸、桃花门挂来装点春天，连娶进家门的新娘子也用桃花来形容。新房炕头上，新娘所坐之处都用红纸墨笔写上：桃花女在此。然而，这才是真正的桃花水。是水，是春天的水洗开了一树树面容姣好的桃花。

出浴的姑娘们扬着头走在古镇的红石板街上，走过那些挂着幌子的饭馆、店铺。她们的面容使这座古朴的温泉镇变得滋润了。

 **注释**

① 选自《让我们相互凝视》，铁凝著，东方出版中心2018年版。

作品简析

《洗桃花水的时节》是一篇描写春天的优美散文。文章通过诗化的语言,生动、形象地描写了阳春三月,春水滋润大地,催生万物的美丽景色。作者赞美了春天的美丽,抒发了对大自然的热爱。文章结构清晰,线索明朗,文字优美,韵味无穷。三月桃花水的美是与淳朴、恬静的乡村生活紧紧相连的。全篇皆是清新淡雅的词句,并巧妙运用了比喻、拟人、排比等修辞方法,融入了作者浓郁的喜悦、喜爱之情,表达了作者热爱祖国山水的真挚情怀。

思辨与感悟

1. 品读全文,探讨作者营造出了什么氛围。
2. 如何体会"热爱自然,也许是人类的天性……是生命的延续再延续"?

夏 天①

汪曾祺

> 汪曾祺(1920—1997),江苏高邮人,中国当代著名作家、散文家、戏剧家,京派作家的代表人物。早年毕业于西南联大,历任中学教师、北京市文联干部、《北京文艺》编辑、北京京剧院编辑。汪曾祺博学多识,兴趣广泛,爱好书画,乐谈医道,对戏剧与民间文艺也有深入钻研,在短篇小说创作上颇有成就。他一生经历了许多轰轰烈烈的大事,深感现代社会生活的喧嚣和紧张,这使他的文章形成了向往宁静、闲适、恬淡,追求心灵的愉悦、净化和升华的独特风格。著有小说集《邂逅集》《羊舍的夜晚》等。

夏天的早晨真舒服。空气很凉爽,草上还挂着露水(蜘蛛网上也挂着露水),写大字一张,读古文一篇。夏天的早晨真舒服。

凡花大都是五瓣,栀子花却是六瓣。山歌云:"栀子花开六瓣头。"栀子花粗粗大大,色白,近蒂处微绿,极香,香气简直有点叫人受不了,我的家乡人说是"碰鼻子香"。栀子花粗粗大大,又香得掸都掸不开,于是为文雅人不取,以为品格不高。栀子花说:"去你妈的,我就是要这样香,香得痛痛快快,你们他妈的管得着吗!"

人们往往把栀子花和白兰花相比。苏州姑娘串街卖花,娇声叫卖:"栀子花!白兰花!"白兰花花朵半开,娇娇嫩嫩,如象牙白色,香气文静,但有点甜俗,为上海长三堂子的"倌人"所喜,因为听说白兰花要到夜间枕上才格外地香。我觉得红"倌人"的枕上之花,不如船娘髻边更为刺激。

夏天的花里最为幽静的是珠兰。

牵牛花短命。早晨沾露才开,午时即已萎谢。

秋葵也命薄。瓣淡黄,白心,心外有紫晕。风吹薄瓣,楚楚可怜。

凤仙花有单瓣者,有重瓣者。重瓣者如小牡丹,凤仙花茎粗肥,湖南人用以腌"臭咸菜",此吾乡所未有。

马齿苋、狗尾巴草、益母草,都长得非常旺盛。

淡竹叶开浅蓝色小花,如小蝴蝶,很好看。叶片微似竹叶而较柔软。

"万把钩"即苍耳。因为结的小果上有许多小钩,碰到它就会挂在衣服上,得小心摘去。所以孩子叫它"万把钩"。

我们那里有一种"巴根草",贴地而去,是见缝扎根,一棵草蔓延开来,长了很多根,横的,竖的,一大片。而且非常顽强,拉扯不断。很小的孩子就会唱:

> 巴根草,
> 绿茵茵,
> 唱个唱,
> 把狗听。

最讨厌的是"臭芝麻"。掏蟋蟀、捉金铃子,常常沾了一裤腿。其臭无比,很难除净。

西瓜以绳络悬之井中,下午剖食,一刀下去,喀嚓有声,凉气四溢,连眼睛都是凉的。

天下皆重"黑籽红瓤",吾乡独以"三白"为贵:白皮、白瓤、白籽。"三白"以东墩产者最佳。

香瓜有:牛角酥,状似牛角,瓜皮淡绿色,刨去皮,则瓜肉浓绿,籽赤红,味浓而肉脆,北京亦有,谓之"羊角蜜";虾蟆酥,不甚甜而脆,嚼之有黄瓜香;梨瓜,大如拳,白皮、白瓤,生脆有梨香;有一种较大,皮色如虾蟆,不甚甜,而极"面",孩子们称之为"奶奶哼",说奶奶一边吃,一边"哼"。

蝈蝈,我的家乡叫做"叫蚰子"。叫蚰子有两种。一种叫"侉叫蚰子",那真是"侉",跟一个叫驴子似的,叫起来"咭咭咭咭"很吵人。喂它一点辣椒,更吵得厉害。一种叫"秋叫蚰子",全身碧绿如玻璃翠,小巧玲珑,鸣声亦柔细。

别出声,金铃子在小玻璃盒子里爬哪!它停下来,吃两口食——鸭梨切成小骰子块。于是它叫了"丁铃铃铃"……

乘凉。

搬一张大竹床放在天井里,横七竖八一躺,浑身爽利,暑气全消。看月华。月华五色晶莹,变幻不定,非常好看。月亮周围有一个模模糊糊的大圆圈,谓之"风圈",近几天会刮风。"乌猪子过江了"——黑云漫过天河,要下大雨。

一直到露水下来,竹床子的栏杆都湿了,才回去,这时已经很困了,才沾藤枕(我们那里夏天都枕藤枕或漆枕),已入梦乡。

鸡头米老了,新核桃下来了,夏天就快过去了。

注释

① 选自《汪曾祺全集·六·散文卷》,汪曾祺著,北京师范大学出版社1998年版。

作品简析

在《夏天》一文中,作者淡淡地谈着属于夏天的事物,一种接一种,写完即止,绝不铺张扬厉。题目为"夏天",但作者没有直接写夏天的炎热或者景象,而是仅靠那些属于夏天的琐屑的事物来支撑整篇文章。无论花、果,或者小动物都是夏天才有的,这样看来,"夏天"是作品的主线,也是作品的中心、灵魂。

思辨与感悟

1. 选文中对西瓜的叙写部分极为传神,请简要赏析。
2. 相信这篇极富有生活气息的美文,一定能够触及你的生活感悟。请选择某季节的一物加以叙述,在字里行间中传达你的情感。

夏 的 歌 颂①

庐 隐

> 庐隐(1898—1934),原名黄淑仪,又名黄英,福建人,笔名庐隐,有隐去庐山真面目的意思。1919 年入北京女子高等师范学校就读,1921 年开始创作,与冰心、林徽因齐名,三人被称为"福州三大才女"。著有《海滨故人》《象牙戒指》等。

出汗不见得是很坏的生活吧,全身感到一种特别的轻松。尤其是出了汗去洗澡,更有无穷的舒畅,仅仅为了这一点,我也要歌颂夏天。

其久被压迫,而要挣扎过——而且要很坦然地过去,这也不是毫无意义的生活吧。——春天是使人柔困,四肢瘫软,好像受了酒精的毒,再无法振作;秋天呢,又太高爽,轻松使人忘记了世界上有骆驼——说到骆驼,谁也不忘记它那高峰凹谷之间的重载,和那慢腾腾,不尤不怨地往前走的姿势吧!冬天虽然是风雪严厉,但头脑尚不受压扎。只有夏天,它是无隙不入地压迫你,你每一个毛孔,每一根神经,都受着重大的压扎;同时还有臭虫蚊子苍蝇助虐的四面夹攻,这种极度紧张的夏日生活,正是训练人类变成更坚强而有力量的生物。因此我又不得不歌颂夏天!

二十世纪的人类,正度着夏天的生活——纵然有少数阶级,他们是超越天然,而过着四季如春享乐的生活,但这太暂时了,时代的轮子,不久就要把这特殊的阶级碎为齑粉,——夏天的生活是极度紧张而严重,人类必要努力的挣扎过,尤其是我们中国不论士农工商军,哪一个不是喘着气,出着汗,与紧张压迫的生活拼命呢?脆弱的人群中,也许有诅咒,但我却以为只有虔敬的承受,我们尽量地出汗,我们尽量地发泄我们生命之力,最后我们的汗液,便是甘霖的源泉,这炎威逼人的夏天,将被这无尽的甘霖所毁灭,世界变成清明爽朗。

夏天是人类生活中,最雄伟壮烈的一个阶段,因此,我永远地歌颂它。

(原载于 1933 年 8 月 2 日《时事新报》)

注释

① 选自《庐隐散文精编》,朱珩青编,浙江文艺出版社 1995 年版。

作品简析

本文名为"夏的歌颂",实为生命的颂歌。作者从夏日中看到了生命的力量所在,并由此而发,以女性独特而又细腻的心灵感触,写出了对夏日的盛赞。作者以不紧不慢的写作节奏、灵活的写作思维的转换,以及对心理感受的细致描摹,展示了她细腻的文笔和出色的写作才华。

思辨与感悟

1. 请分析作者歌颂夏天的原因有哪些。
2. 在文中作者写了几种夏天?作者在文中反复地强调"歌颂夏天",同时又把夏天写得"紧张而严重",其用意是什么?请结合自己的感受加以分析。

秋　　韵[①]

宗　璞

> 宗璞(1928—　),原名冯钟璞,当代作家,常用笔名宗璞,笔名另有丰华、任小哲等。生于北京,著名哲学家冯友兰之女。毕业于清华大学外文系,曾就职于中国社会科学院外国文学研究所,从事小说与散文创作。代表作品有短篇小说《红豆》《弦上的梦》,系列长篇小说《野葫芦引》和散文《紫藤萝瀑布》等。其作品《东藏记》获第六届茅盾文学奖,《北归记》获第三届施耐庵文学奖。

京华秋色,最先想到的总是香山红叶。曾记得满山如火如荼的壮观。在太阳下,那红色似乎在跳动,像火焰一样。二三友人,骑着小驴,笑语与"嘚嘚"蹄声相和,循着弯曲小道,在山里穿行。秋的丰富和幽静调和得匀匀的,向每个毛孔渗进来。后来驴没有了,路平坦得多了,可以痛快地一起走到半山。如果走的是双清这一边,一段山路后,上几个陡台阶,眼前会出现大片金黄,那是几棵大树,现在想来,应是银杏罢。满树茂密的叶子都黄透了,从树梢披散到地,黄得那样滋润,好像把秋天的丰收集聚在那里了。让人觉得,这才是秋天的基调。

今年秋到香山,人也到香山。满路车辆与行人,如同电影散场,或要举行大规模代表会。只好改道万安山,去寻秋意。山麓有一片黄栌,不甚茂密。法海寺废墟前石阶两旁,有两片暗红,也很寥落。废墟上有顺治年间的残碑,刻有"不得砍伐,不得放牧"的字样。乱草丛中,断石横卧,枯树枝头,露出灰蓝的天和不甚明亮的太阳。这似乎很有萧索气象了。然而,这不是我要寻找的秋的韵致。

有人说,该到圆明园去,西洋楼西北的一片树林,这时大概正染着红、黄两种富丽的颜色。可对我来说,不断地寻秋是太奢侈了,不能支出这时间,且待来年罢。家人说:来年人更多,你骑车的本领更差,也还是无由寻到的。那就待来生吧,我说。大家一笑。

其实,我是注重今世的。清晨照例散步,便是为了寻健康,没有什么浪漫色彩。这一天,秋已深了,披着斜风细雨,照例走到临湖轩下的小湖旁,忽然觉得景色这般奇妙,似乎我从未到过这里。

小湖南面有一座小山,山与湖之间是一排高大的银杏树。几天不见,竟变成一座屏障,遮住了山,映进了水。扇形叶子落了一地,铺满了绕湖的小径。似乎这屏障向四周渗透,无限地扩大了。循路走去,湖东侧一片鲜红跳进眼帘。这样耀眼的红叶!不是黄栌,黄栌的红较暗;不是枫叶,枫叶的红较深。这红叶着了雨,远看鲜亮极了;近看时,是对称的长形叶子,地下也有不少,成了薄薄一层红毡。在小片鲜红和高大的金屏障之间,还有深浅不同的绿,深浅不同的褐、棕等丰富的颜色环抱着澄明的秋水。冷冷的几滴秋雨,更给整个景色添了几分朦胧,似乎除了眼前这一切,还有别的蕴藏。

这是我要寻的秋的韵致了吗?秋天是有成绩的人生,绚烂多彩而肃穆庄严,似朦胧而实清明,充满了大彻大悟的味道。

秋去冬来之时,意外地收到一份讣告,是父亲的一位哲学友人故去了。讣告上除生卒年月外,只有一首遗诗,译出来是这等模样:

不要推却友爱,
不要延迟欢乐。
现在不悟,
便永迷惑。
在这里,
一切都有了着落。

我要寻找的秋韵,原来便在现在,在这里,在心头。

 注释

① 选自《哲理美文》,谢冕主编,山东人民出版社2014年版。

 作品简析

《秋韵》浓墨重彩地渲染了秋天绚烂多彩的画面,既表达了作者对自然界秋天的喜爱,也表达了作者对于"有成绩的人生"的大彻大悟,对人生秋韵的洞见。写红叶用"如火如荼""火焰"等,写黄叶用"大片金黄",这些色彩鲜艳的词语,让读者感悟到秋天的基调是丰富、幽静、热烈、收获和生机,写出了"我"所追求的秋韵的标准。作者摒弃繁沓,用简练的语言写出了秋的萧索气象,不甚茂密的黄栌,两片寥落的暗红,废墟残碑,断石横卧,灰蓝的天和不甚明亮的太阳。文中多次出现"寻"或"寻找"等词语,启发读者领悟本文主题思想。作者寻找的是今生今世的积极的人生感悟,是人生的大彻大悟。眼前的秋景不仅是朦胧美丽的,还蕴藏着像美的秋景一样的美丽人生。

思辨与感悟

1. 在文中圈画出你认为比较优美的句子,并说出你的感悟。

2. 文章的结尾处,作者抄录了一首父亲的哲学友人的遗诗,从全文看,这样写有什么作用?

故都的秋①

郁达夫

> 郁达夫,名文,字达夫,1896年12月7日出生于浙江富阳满洲弄(今达夫弄)的一个知识分子家庭。幼年贫困的生活促使他发愤读书。第一部短篇小说集《沉沦》于1921年问世,在当时产生很大影响。1928年加入太阳社,并在鲁迅支持下,主编《大众文艺》。1930年3月,中国左翼作家联盟成立,郁达夫为发起人之一。对郁达夫的一生,胡愈之曾作这样的评价:在中国文学史上,将永远铭刻着郁达夫的名字,在中国人民反法西斯战争的纪念碑上,也将永远铭刻着郁达夫烈士的名字。

朗诵:故都的秋

  秋天,无论在什么地方的秋天,总是好的;可是啊,北国的秋,却特别地来得清,来得静,来得悲凉。我的不远千里,要从杭州赶上青岛,更要从青岛赶上北平来的理由,也不过想饱尝一尝这"秋",这故都的秋味。

  江南,秋当然也是有的;但草木凋得慢,空气来得润,天的颜色显得淡,并且又时常多雨而少风,一个人夹在苏州上海杭州,或厦门香港广州的市民中间,浑浑沌沌地过去,只能感到一点点清凉,秋的味,秋的色,秋的意境与姿态,总看不饱,尝不透,赏玩不到十足。秋并不是名花,也并不是美酒,那一种半开,半醉的状态,在领略秋的过程上,是不合适的。

  不逢北国之秋,已将近十余年了。在南方每年到了秋天,总要想起陶然亭的芦花,钓鱼台的柳影,西山的虫唱,玉泉的夜月,潭柘寺的钟声。在北平即使不出门去罢,就是在皇城人海之中,租人家一椽破屋来住着,早晨起来,泡一碗浓茶,向院子一坐,你也能看得到很高很高的碧绿的天色,听得到青天下驯鸽的飞声。从槐树叶底,朝东细数着一丝一丝漏下来的日光,或在破壁腰中,静对着像喇叭似的牵牛花(朝荣)的蓝朵,自然而然地也能够感觉到十分的秋意。说到了牵牛花,我以为以蓝色或白色者为佳,紫黑色次之,淡红色最下。最好,还要在牵牛花底,教长着几根疏疏落落的尖细且长的秋草,使作陪衬。

  北国的槐树,也是一种能使人联想起秋来的点缀。像花而又不是花的那一种落蕊,早晨起来,会铺得满地。脚踏上去,声音也没有,气味也没有,只能感出一点点极微细极柔软的触觉。扫街的在树影下一阵扫后,灰土上留下来的一条条扫帚的丝纹,看起来既觉得细腻,又觉得清闲,潜意识下并且还觉得有点儿落寞,古人所说的梧桐一叶而天下知秋的遥想,大约也就在这些深沉的地方。

  秋蝉的衰弱的残声,更是北国的特产;因为北平处处全长着树,屋子又低,所以无论在什么地方,都听得见它们的啼唱。在南方是非要上郊外或山上去才听得到的。这秋蝉的嘶叫,在北平可和蟋蟀耗子一样,简直像是家家户户都养在家里的家虫。

  还有秋雨哩,北方的秋雨,也似乎比南方的下得奇,下得有味,下得更像样。

  在灰沉沉的天底下,忽而来一阵凉风,便息列索落地下起雨来了。一层雨过,云渐渐地卷向了西去,天又青了,太阳又露出脸来了;着着很厚的青布单衣或夹袄的都市闲人,咬着烟管,在雨后的斜桥影里,上桥头树底下去一立,遇见熟人,便会用了缓慢悠闲的声调,微叹着互答着的说：

"唉，天可真凉了——"（这了字念得很高，拖得很长。）

"可不是么？一层秋雨一层凉了！"

北方人念阵字，总老像是层字，平平仄仄起来，这念错的歧韵，倒来得正好。

北方的果树，到秋来，也是一种奇景。第一是枣子树；屋角，墙头，茅房边上，灶房门口，它都会一株株地长大起来。像橄榄又像鸽蛋似的这枣子颗儿，在小椭圆形的细叶中间，显出淡绿微黄的颜色的时候，正是秋的全盛时期；等枣树叶落，枣子红完，西北风就要起来了，北方便是尘沙灰土的世界，只有这枣子、柿子、葡萄，成熟到八九分的七八月之交，是北国的清秋的佳日，是一年之中最好也没有的 Golden Days。

有些批评家说，中国的文人学士，尤其是诗人，都带着很浓厚的颓废色彩，所以中国的诗文里，颂赞秋的文字特别的多。但外国的诗人，又何尝不然？我虽则外国诗文念得不多，也不想开出账来，做一篇秋的诗歌散文钞，但你若去一翻英德法意等诗人的集子，或各国的诗文的 Anthology 来，总能够看到许多关于秋的歌颂与悲啼。各著名的大诗人的长篇田园诗或四季诗里，也总以关于秋的部分，写得最出色而最有味。足见有感觉的动物，有情趣的人类，对于秋，总是一样的能特别引起深沉，幽远，严厉，萧索的感触来的。不单是诗人，就是被关闭在牢狱里的囚犯，到了秋天，我想也一定会感到一种不能自已的深情；秋之于人，何尝有国别，更何尝有人种阶级的区别呢？不过在中国，文字里有一个"秋士"的成语，读本里又有着很普遍的欧阳子的《秋声》与苏东坡的《赤壁赋》等，就觉得中国的文人，与秋的关系特别深了。可是这秋的深味，尤其是中国的秋的深味，非要在北方，才感受得到底。

南国之秋，当然是也有它的特异的地方的，比如二十四桥的明月，钱塘江的秋潮，普陀山的凉雾，荔枝湾的残荷等等，可是色彩不浓，回味不永。比起北国的秋来，正像是黄酒之与白干，稀饭之与馍馍，鲈鱼之与大蟹，黄犬之与骆驼。

秋天，这北国的秋天，若留得住的话，我愿把寿命的三分之二折去，换得一个三分之一的零头。

注释

① 选自《郁达夫全集》第三卷，郁达夫著，浙江文艺出版社 1992 年版。

作品简析

1934 年 7 月，郁达夫"不远千里"从杭州经青岛去北平，再次饱尝了故都的"秋味"，触景生情，创作了这篇散文佳作。《故都的秋》被公认为现代散文史上的名篇，其文笔灵活，情感深厚，意蕴悠长。文章开篇总写作者对北国、江南之秋的不同感受，表达了对北国之秋的向往之情。接下来详细写到北国之秋的美景，"清""静""悲哀"这些特色与故都的自然风物相结合，从多种角度赞颂秋，赞颂北国的秋，表达了作者对故都的秋无比眷念之情。

思辨与感悟

1. 你认为郁达夫在文中是颂秋还是悲秋？
2. 如何理解文章结尾的一段话？

雪①

鲁 迅

　　暖国的雨,向来没有变过冰冷的坚硬的灿烂的雪花。博识的人们觉得他单调,他自己也以为不幸否耶?江南的雪,可是滋润美艳之至了;那是还在隐约着的青春的消息,是极壮健的处子的皮肤。雪野中有血红的宝珠山茶,白中隐青的单瓣梅花,深黄的磬口的腊梅花;雪下面还有冷绿的杂草。胡蝶确乎没有②;蜜蜂是否来采山茶花和梅花的蜜,我可记不真切了。但我的眼前仿佛看见冬花开在雪野中,有许多蜜蜂们忙碌地飞着,也听得他们嗡嗡地闹着。

　　孩子们呵着冻得通红,像紫芽姜一般的小手,七八个一齐来塑雪罗汉。因为不成功,谁的父亲也来帮忙了。罗汉就塑得比孩子们高得多,虽然不过是上小下大的一堆,终于分不清是壶卢还是罗汉③;然而很洁白,很明艳,以自身的滋润相粘结,整个地闪闪地生光。孩子们用龙眼核给他做眼珠,又从谁的母亲的脂粉奁中偷得胭脂来涂在嘴唇上④。这回确是一个大阿罗汉了⑤。他也就目光灼灼地嘴唇通红地坐在雪地里。

　　第二天还有几个孩子来访问他;对了他拍手,点头,嘻笑。但他终于独自坐着了。晴天又来消释他的皮肤,寒夜又使他结一层冰,化作不透明的水晶模样;连续的晴天又使他成为不知道算什么,而嘴上的胭脂也褪尽了。

　　但是,朔方的雪花在纷飞之后⑥,却永远如粉,如沙,他们决不粘连,撒在屋上,地上,枯草上,就是这样。屋上的雪是早已就有消化了的,因为屋里居人的火的温热。别的,在晴天之下,旋风忽来,便蓬勃地奋飞,在日光中灿灿地生光,如包藏火焰的大雾,旋转而且升腾,弥漫太空,使太空旋转而且升腾地闪烁。

　　在无边的旷野上,在凛冽的天宇下,闪闪地旋转升腾着的是雨的精魂……

　　是的,那是孤独的雪,是死掉的雨,是雨的精魂。

一九二五年一月十八日

注释

① 选自《鲁迅全集》第二卷,人民文学出版社 2005 年版。　② 胡蝶:同"蝴蝶"。　③ 壶卢:同"葫芦"。　④ 脂粉奁:装胭脂和香粉的盒子,化妆盒的古代称谓。　⑤ 大阿罗汉:是对佛陀的尊称,此处借指佛陀的形象。　⑥ 朔方:北方。

作品简析

　　这是《野草》中的一篇文章。鲁迅先生用诗一般的语言,描写了冬天的唯美画面,这在先生的作品中是难得的。呈现在读者面前的就是这样一幅山水画:在白雪皑皑的冬天,一个稍嫌破旧的老房子独座旷野,黑褐色的墙上朝上推开了一扇木质窗户。朝窗户内看去,沿窗台摆放了一张四方桌,桌前搁置的是一方端砚、一架毛笔,在桌子的另一边摊放着一叠毛边稿纸。桌旁坐着一中年留须男子,身着蓝布棉袄,一手扶在桌上,一手却搭在窗台上,正扭头朝窗外注视。如果你能看清他的表情,则会发现他时而木然,时而眉头紧蹙,似乎在思索什么事情。窗外雪花纷纷飞扬,甚至有一两片飘落在中年男子的手上,但丝毫不见他动弹一下,仿若他就是一尊雕像。他在思索什么?他仿佛看到在不远处有一群永远也不怕冻着的孩子们正在嬉闹,他们正在推着一个雪人。然而,这孩童的嬉闹声却并没让他感到半点生趣,反而让那个世界更显得安静。

思辨与感悟

1. 在本文中,南方和北方的雪各有什么特点?分别从哪些地方可以看出?
2. 你认为作者更喜欢哪个地方的雪?请举例说明。

冬　　景①

贾平凹

> 贾平凹(wā)(1952—　),原名贾平娃,中国当代著名作家,陕西人,1975年毕业于西北大学中文系,1974年开始发表作品。著有长篇小说《商州》《白夜》,及自传体长篇《我是农民》等。他是当代中国一位具有叛逆性、创造精神和广泛影响的作家,也是当代中国可以进入世界文学史册的作家之一。

早晨起来,匆匆到河边去,一个人也没有,那些成了固定歇身的石凳儿,空落着,连烫烟锅磕烟留下的残热也不曾存,手一摸,冷得像烙铁一样地生疼。

有人从河堤上走来,手一直捂着耳朵,四周的白光刺着眼睛,眯眯地睁不开。天把石头当真冻硬了,瞅着一个小石块踢一脚,石块没有远去,脚被弹了回来,痛得"哎哟"一声,俯下身去。

堤下的渡口,小船儿依然系在柳树上,却不再悠悠晃动,横了身子,被冻固在河里。船夫没有出舱,弄他的箫管吹着,若续若断,似乎不时就被冻滞了。或者嘴唇不再软和,不能再吹下去,在船下的冰上燃一堆柴火。烟长上来,细而端。什么时候,火堆不见了,冰面上出现一个黑色的窟窿,水嘟嘟冒上来。

一只狗,白绒绒的毛团儿,从冰层上跑过对岸,又跑过来,它在冰面上不再是白的,是灰黄的。后来就站在河边被砸开的一块冰前,冰里封冻了一条小鱼,一个生命的标本。狗便惊奇得汪汪大叫。

田野的小路上,驶过来一辆拉车。套辕的是头毛驴,样子很调皮,公羊般大的身子,耳朵上、身肚上长长的一层毛。主人坐在车上,脖子深深地缩在衣领,不动也不响,一任毛驴跑着。落着厚霜的路上,驴蹄叩着,干而脆地响,鼻孔里喷出的热气,向后飘去,立即化成水珠,亮晶晶地挂在长毛上。

有拾粪的人在路上蹭蹭地走,用铲子捡驴粪,驴粪却冻住了。他立在那里,无声地笑笑,作出长久的沉默。有人在沙地里扫树叶,一个沙窝一堆叶子,全都涂着霜,很容易抓起来。扫叶人手已经僵硬,偶尔被树枝碰了,就伸着手指在嘴边,笑不出来,哭不出来,一副不能言传的表情,原地唏溜打转儿。

最安静的,是天上的一朵云,和云下的那棵老树。

吃过早饭,雪又下起来了。没有风,雪落得很轻,很匀,很自由,在地上也不消融,虚虚地积起来,什么都掩盖了本质,连现象都模糊了。天和地之间,已经没有了空间。

只有村口的井,没有被埋住,远远看见往上喷着蒸气。小媳妇们都喜欢来井边洗萝卜,手泡在水里,不忍提出来。

这家老婆婆,穿得臃臃肿肿,手上也戴了蹄形手套,在炕上摇纺车。猫儿不再去恋爱了,蜷在身边,头尾相接,赶也赶不走。孩子们却醒得早,扒在玻璃窗上往外看。玻璃上一层水气,擦开一块,看见院里的电线,差不多指头粗了:

"奶奶,电线肿了。"

"那是落了雪。"奶奶说。

"那你在纺雪吗,线穗子也肿了。"

他们就跑到屋外去,张着嘴,让雪花落进去,但那雪还未到嘴里,就总是化了。他们不怕冷,尤其是那两颗眼睛。互相抓着雪,丢在脖子里,大呼大叫。

一声枪响,四野一个重重的惊悸,阴崖上的冰锥震掉了几个,哗啦啦地在沟底碎了,一只金黄色的狐狸倒在雪地里,殷红的血溅出一个扇形。冬天的狐皮毛质最好,正是村里年轻人捕猎的时候。

麦苗在厚厚的雪下,叶子没有长大来,也没有死了去,根须随着地气往下掘进。几个老态龙钟的农民站在地边,用手抓住雪,吱吱地捏个团子,说:

"好雪,好雪。冬不冷,夏不热,五谷就不接了。"

他们笑着,叫嚷着回去煨烧酒喝了。

雪还在下着,好大的雪。

一个人在雪地里默默地走着,观赏着冬景。前脚踏出一个脚印、后脚离起,脚印又被雪抹去。前无去者,后无来人,他觉得有些超尘,想起一首诗,又道不出来。

"你在干什么?"一个声音。

他回过头来,一棵树下靠着一个雪桩。他吓了一跳,那雪桩动起来,雪从身上落下去,像脱落掉的锈斑,是一个人。

"我在作诗。"他说。

"你就是一首诗。"那个人说。

"你在干什么?"

"看绿。"

"绿在哪儿?"

"绿在树枝上。"

树上早没有了叶子,一群小鸟栖在枝上,一动不动,是一树会唱的绿叶。

"还看到什么吗?"

"太阳,太阳的红光。"

"下雪天没有太阳的。"

"太阳难道会封冻吗?瞧你的脸,多红;太阳的光看不见了,却晒红了你的脸。"

他叫起来了:

"你这么喜欢冬天?!"

"冬天是庄严的,静穆的,使每个人去沉思,而不再轻浮。"

"噢,冬天是四季中的一个句号。"

"不,是分号。"

"可惜冬天的白色那么单调……"

"哪里!白是一切色的最丰富的底色。"

"可是,冬天里,生命毕竟是强弩之末了。"

"正是起跑前的后退。"

"啊,冬天是个卫生日子啊!"

"是的,是在做分娩前准备的伟大的孕妇。"

"孕妇?!"

"不是孕育着春天吗?"

说完,两个人默默地笑了。

两个陌生人,在天地一色的雪地上观赏冬景,却也成为冬景里的奇景。

注释

① 选自《贾平凹散文精选》,菡苔、王川编,陕西人民出版社1992年版。

作品简析

这是贾平凹写的一篇结构创新的散文佳作。《冬景》,改变了一般的结构方法,用电影中的蒙太奇结构,把在不同场合、不同距离、不同方位、不同角度分别摄取的一个个特定的瞬间,按一定规律重新连接起来,"言在耳目之内,情寄八荒之表"(钟嵘《诗品》),总体上作者描写了"郊外闲冬图、农村喜雪图、雪中对话图"三幅冬景图,生动地展现了北方山村于茫茫白雪中的情致。

思辨与感悟

1. 请对文章的艺术特色进行分析鉴赏。

2. 结合全文,谈谈你对文章最后一段的理解。

第六讲 四季物语

扩展阅读

阮郎归·初夏(苏轼)

圆桌议题

1. 春夏秋冬各有景致,请问你最喜爱哪一个季节,请以《我眼中的春/夏/秋/冬天》为题写一篇散文,2 000字左右。

2. 如何在写景抒情类散文中做到"景、情、事"的融合？可选用本讲的八篇文章中的一篇举例说明。

3. 古代诗词中对春夏秋冬也多有描写，请你找四首描写季节的古诗词，并配上图片，制作成演示文稿展示给同学们欣赏。每个小组推荐最优秀的作品进行比赛，看谁制作的演示文稿最精美。

第七讲 戏 剧 人 生

戏剧是一种与小说、散文、诗歌并列的文学体裁。

狭义的戏剧文学专指话剧剧本,广义的戏剧文学包括歌剧剧本、戏曲剧本在内。戏剧根据矛盾冲突的性质和所运用的表现手法,以及对读者的感染作用不同,分为悲剧、喜剧和正剧;根据表现形式的不同,分为话剧、诗剧、歌剧;根据篇幅的大小,可以分为独幕剧和多幕剧。戏剧人物的逼真性、戏剧冲突的尖锐性、戏剧场面的集中性都构成了戏剧文学的基本审美特征。

赵 氏 孤 儿(第三折)[①]

纪君祥

> 纪君祥,元代杂剧作家,字、号、生平及生卒年均不详,大都(今北京)人,据《录鬼簿》记载,他与郑廷玉、李寿卿为同时人。著有杂剧六种,现仅存一种:《赵氏孤儿冤报冤》,一作《赵氏孤儿大报仇》,简称《赵氏孤儿》。另有《陈文图悟道松阴梦》一剧,仅存曲词一折。

(屠岸贾领卒子上云)兀的不走了赵氏孤儿也!某已曾张挂榜文,限三日之内,不将孤儿出首,即将普国内小儿但是半岁以下,一月以上,都拘刷到我帅府中,尽行诛戮。令人,门首觑者,若有首告之人,报复某家知道。(程婴上,云)自家程婴是也。昨日将我的孩儿送与公孙杵臼去了,我今日到屠岸贾根前首告去来[②]。令人,报复去,道有了赵氏孤儿也。(辛子云)你则在这里,等我报复去。(报科云)报的元帅得知,有人来报,赵氏孤儿有了也。(屠岸贾云)在那里?(辛子云)现在门首哩。(屠岸贾云)着他过来。(辛子云)着过来。(做见科,屠岸贾云)兀那厮你是何人?(程婴云)小人是个草泽医士程婴。(屠岸贾云)赵氏孤儿今在何处?(程婴云)在吕吕太平庄上公孙杵臼家藏着哩。(屠岸贾云)你怎生知道来?(程婴云)小人与公孙杵臼曾有一面之交,我去探望他,谁想卧房中锦绷绣褥上,躺着一个小孩儿。我想公孙杵臼年纪七十,从来没儿没女,这个是那里来的?我说道:"这小的莫非是赵氏孤儿么?"只见他登时变色,不能答应,以此知孤儿在公孙杵臼家里。(屠岸贾云)咄!你这匹夫,你怎瞒的过我?你和公孙杵臼往日无仇,近日无冤,你因何告他藏着赵氏孤儿?你敢是知情!说的是,万事全休;说的不是,令人,磨的剑快,先杀了这个匹夫者。(程婴云)告元帅暂息雷霆之怒,略罢虎狼之威,听小人诉说一遍咱。我小人与公孙杵臼原无仇隙,只因元帅传下榜文,要将普国内小儿拘刷到帅府,尽行杀坏。我一来为救普国内小儿之命,二来小人四旬有五,近生一子,尚未满月。元帅军令,不敢不献出来,可不小人也绝后了?我想有了赵氏孤儿,便不损坏一国生灵,连小人的孩儿也得无事,所以出首。(诗云)告大人暂停嗔怒,这便是首告缘故;虽然救普国生灵,其实怕程家绝户。(屠岸贾笑科,云)哦!是了。公孙杵臼原与赵盾一殿之臣,可知有这事来。令人,则今日点就本部下人马,同程婴到太平庄上,拿公孙杵臼走一遭去。(同下。正末公孙杵臼上,云)老夫公孙杵臼是也。想昨日与程婴商议救赵氏孤儿一事,今日他到屠岸贾府中首告去了。这早晚屠岸贾这厮必然来也呵。(唱)

【双调新水令】我则见荡征尘飞过小溪桥,多管是损忠良贼徒来到。齐臻臻摆着士卒,明晃晃列着枪刀;眼见的我死在今朝,更避甚痛笞掠?

(屠岸贾同程婴领卒子上,云)来到这吕吕太平庄上也。令人,与我围了太平庄者。程婴,那里是公孙杵臼宅院?(程婴云)则这个便是。(屠岸贾云)拿过那老匹夫来。公孙杵臼,你知罪么?(正末云)我不知罪。(屠岸贾云)我知你个老匹夫和赵盾是一殿之臣,你怎敢掩藏着赵氏孤儿?(正末云)老元帅,我有熊心豹胆,怎敢掩藏着赵氏孤儿?(屠岸贾云)不打不招。令人,与我拣大棒子着实打者。(卒子做打科,正末唱)

【驻马听】想着我罢职辞朝,曾与赵盾名为刎颈交。(云)这事是谁见来?(屠岸贾云)现有程婴首告着你哩。(正末唱)是那个埋情出告?元来这程婴舌是斩身刀。(云)你杀了赵家满门良贱,三百馀口,则剩下这孩儿,你又要伤他性命。(唱)你正是狂风偏纵扑天雕,严霜故打枯根草;不争把孤儿又杀坏了,可着他三百口冤仇甚人来报?

(屠岸贾云)老匹夫,你把孤儿藏在那里?快招出来,免受刑法。(正末云)我有甚么孤儿藏在那里?谁见来?(屠岸贾云)你不招?令人,与我采下去着实打者。(做打科,屠岸贾云)这老匹夫,赖肉顽皮,不肯招承,可恼可恼。程婴,这原是你出首的,就着你替我行杖者。(程婴云)元帅,小人是个草泽医士,撮药尚然腕弱,怎生行的杖?(屠岸贾云)程婴,你不行杖,敢怕指攀出你么?(程婴云)元帅,小人行杖便了。(做拿杖子科,屠岸贾云)程婴,我见你把棍子拣了又拣,只拣着那细棍子,敢怕打的他疼了,要指攀下你来?(程婴云)我就拿大棍子打者。(屠岸贾云)住者,你头里只拣着那细棍子打,如今你却拿起大棍子来,三两下打死了呵,你就做的个死无招对。(程婴云)着我拿细棍子又不是,拿大棍子又不是,好着我两下做人难也。(屠岸贾云)程婴,你只拿着那中等棍子打公孙杵臼。老匹夫,你可知道行杖的就是程婴么?(程婴行杖科,云)快招了者。(三科了。正末云)哎哟,打了这一日,不似这几棍子打的我疼,是谁打我来?(屠岸贾云)是程婴打你来。(正末云)程婴,你划的打我那!(程婴云)元帅,打的这老头儿兀的不胡说哩。(正末唱)

【雁儿落】是那一个实丕丕将着粗棍敲?打的来痛杀杀精皮掉。我和你狠程婴有甚的仇?却教我老公孙受这般虐。

(程婴云)快招了者。(正末云)我招我招。(唱)

【得胜令】打的我无缝可能逃,有口屈成招,莫不是那孤儿他知道?故意的把咱家指定了。(程婴做慌科。正末唱)我委实的难熬,尚兀自强着牙根儿闹;暗地更偷瞧,只见他早吓的腿脡儿摇③。

(程婴云)你快招吧,省得打杀你。(正末云)有、有、有。(唱)

【水仙子】俺二人商议要救这小儿曹。(屠岸贾云)可知道指攀下来也。你说二人,一个是你了,那一个是谁?你实说将出来,我饶你的性命。(正末云)你要我说那一个,我说我说。(唱)哎!一句话来到我舌尖上却咽了。(屠岸贾云)程婴。这桩事敢有你么?(程婴云)兀那老头儿,你休妄指平人。(正末云)程婴,你慌怎么?(唱)我怎生把你程婴道,似这般有上梢无下梢?(屠岸贾云)你头里说两个,你怎生这一会儿可说无了。(正末唱)只被你打的来不知一个颠倒。(屠岸贾云)你还不说,我就打死你个老匹夫。(正末唱)遮莫便打的我皮都绽肉尽销,休想我有半个字儿攀着。

(卒子抱俫儿上科,云)元帅爷,贺喜,土洞中搜出个赵氏孤儿来了也。(屠岸贾笑科,云)将那小的拿近前来,我亲自下手,剁做三段。兀那老匹夫,你道无有赵氏孤儿,这个是谁?(正末唱)

【川拨棹】你当日演神獒,把忠臣来扑咬。逼的他走死荒郊,刎死钢刀,缢死裙腰,将三百口全家老小尽行诛剿,并没那半个儿剩落,还不厌你心苗。

(屠岸贾云)我见了这孤儿,就不由我不恼也。(正末唱)

【七弟兄】我只见他左瞧、右瞧、怒咆哮,火不腾改变了狰狞貌,按狮蛮拽札起锦征袍,把龙泉扯离出沙鱼鞘。

(屠岸贾怒云)我拔出这剑来,一剑,两剑,三剑。(程婴做惊疼科,屠岸贾云)把这一个小业种剁了三剑,兀的不称了我平生所愿也。(正末唱)

【梅花酒】呀,见孩儿卧血泊,那一个哭哭号号,这一个怨怨焦焦,连我也战战摇摇。直恁般歹做作,只除是没天道。呀,想孩儿离褥草,到今日恰十朝,刀下处怎耽饶,空生长,枉劬劳,还说甚要防老。

【收江南】呀!兀的不是家富小儿骄。(程婴掩泪科。正末唱)见程婴心似热油浇,泪珠儿不敢对人抛,背地里揾了,没来由割舍的亲生骨肉吃三刀。

(云)屠岸贾那贼,你试觑者,上有天哩,怎肯饶过的你!我死,打甚么不紧!(唱)

【鸳鸯煞】我七旬死后偏何老,这孩儿一岁死后偏知小。俺两个一处身亡,落的个万代名标。我嘱付你个后死的程婴,休别了横亡的赵朔;畅道是光阴过去的疾,冤仇报复的早,将那厮万剐千刀,切莫要轻轻的素放了。

(正末撞科,云)我撞阶基,觅个死处。(下。卒子报科,云)公孙杵臼撞阶基身死了也。(屠岸贾笑科)那老匹夫既然撞死,可也罢了。(做笑科,云)程婴,这一桩里多亏了你。若不是你呵,如何杀的赵氏孤儿?(程婴云)元帅,小人原与赵氏无仇,一来救普国众生,二来小人跟前也有个孩儿,未曾满月,若不搜的那赵氏孤儿出来,我这孩儿也无活的人也。(屠岸贾云)程婴,你是我心腹之人,不如只在我家中,做个门客。抬举你那孩儿成人长大,在你跟前习文,送在我跟前演武。我也年近五旬,尚无子嗣,就将你的孩儿与我做个义儿。我偌大年纪了,后来我的官位,也等你的孩儿讨个应袭,你意下如何?(程婴云)多谢元帅抬举。(屠岸贾诗云)则为朝纲中独显赵盾,不由我心中生忿;如今削除了这点萌芽,方才是永无后衅。(同下)

① 选自《赵氏孤儿》,纪君祥撰,上海古籍出版社2010年版。　② 根前:现作"跟前"。　③ 吓:原书作"唬"。

元杂剧《赵氏孤儿》是一部历史剧,相关的历史事件记载最早见于《左传》,情节较略;到司马迁《史记·赵世家》、刘向《新序》《说苑》才有详细记载。

《赵氏孤儿》非常典型地反映了中国悲剧中那种前赴后继、不屈不挠地同邪恶势力斗争到底的抗争精神。杂剧《赵氏孤儿》背景取自2 500多年前的春秋时代,是中国历史上纯真和无所顾忌的时代,也是想象力勃发的时代。以战功起家的晋国贵族赵氏家族,权势和声望不断膨胀,甚至让国王晋灵公都恐惧不已。心高气傲的将军屠岸贾,一直遭赵氏的轻视和排挤,在国王的默许下将赵氏一家三百口诛杀。

为了赵氏孤儿的安全,一批舍生取义的壮士牺牲了。先是赵氏孤儿的妈妈(晋灵公的女儿)把孤儿托付给一位经常出入驸马府的民间医生程婴,为了消除程婴对于泄密的担忧,自己立即自缢身死。程婴把赵氏孤儿藏在药箱里,企图带出宫外,被守门将军韩厥搜出,没料到韩厥也深明大义,他指挥程婴把婴儿带了出去,为赵氏留下唯一的血脉,放走了程婴和赵氏孤儿后,自己拔剑自刎。屠岸贾得知赵氏孤儿逃出,竟然下令杀光全国一月以上、半岁以下的婴儿,违抗者杀全家诛九族。程婴为了拯救赵氏孤儿,决定献出自己的独子,以代替赵氏孤儿,并由自己承担"窝藏"的罪名,一起赴死。原晋国大夫公孙杵臼硬要以年迈之躯代替程婴承担隐藏赵氏孤儿的罪名,然后撞阶而死。二十年后,程婴告诉了赵氏孤儿这一切,赵氏孤儿就把复仇的烈火射向了血债累累的屠岸贾。

思辨与感悟

1. 请结合《赵氏孤儿》全文,请分析程婴和屠岸贾的人物形象。
2. 认真阅读本剧本,谈谈你对公孙杵臼舍生取义的看法。

单 刀 会(第四折)①

关汉卿

> 关汉卿,号已斋叟,一说名一斋,字汉卿,约生于金末,卒于元。元杂剧奠基人,"元曲四大家"之首,与白朴、马致远、郑光祖并称为"元曲四大家",被誉为"曲圣"。
> 关汉卿以杂剧的成就最大,今知其杂剧作品约有60余部,现存18部,著名的有《窦娥冤》《救风尘》《拜月亭》《单刀会》。散曲今存小令40多首、套数10多首。其名句"我是个蒸不烂、煮不熟、捶不匾、炒不爆、响当当一粒铜豌豆"广为流传。

(鲁肃上,云)欢来不似今朝,喜来那逢今日。小官鲁子敬是也。我使黄文持书去请,关公欣喜,许今日赴会,荆襄地合归还俺江东。英雄甲士已暗藏壁衣之后,令人江上相候,见船到便来报我知道。(正末关公引周仓上,云)周仓,将到那里也?(周云)来到大江中流也。(正云)看了这大江,是一派好水也呵!(唱)

【双调新水令】大江东去浪千叠,引着这数十人驾着这小舟一叶。又不比九重龙凤阙,可正是千丈虎狼穴。大丈夫心别,我觑这单刀会似赛村社。

(云)好一派江景也呵!(唱)

【驻马听】水涌山叠,年少周郎何处也? 不觉的灰飞烟灭,可怜黄盖转伤嗟。破曹的樯橹一时绝,鏖兵的江水犹然热,好教我情惨切!(云)这也不是江水,(唱)二十年流不尽的英雄血!

(云)却早来到也,报伏去。(卒报科)(做相见科)(鲁云)江下小会,酒非洞里之长春,乐乃尘中之菲艺,猥劳君侯屈高就下,降尊临卑,实乃鲁肃之万幸也!(正云)量某有何德能,着大夫置酒张筵。既请必至。(鲁云)黄文,将酒来。二公子满饮一杯。(正云)大夫饮此杯。(把盖科)

（正云）想古今咱这人过日月好疾也呵！（鲁云）过日月是好疾也。光阴似骏马加鞭，浮世似落花流水。（正唱）

【胡十八】想古今立勋业，那里也舜五人、汉三杰？两朝相隔数年别，不付能见者，却又早老也。开怀的饮数杯，（云）将酒来。（唱）尽心儿待醉一夜。

（把盏科）（正末云）你知"以德报德，以直报怨"么？（鲁云）既然将军言"以德报德，以直报怨"，借物不还者谓之怨。想君侯文武全材，通练兵书，习《春秋》《左传》，济拔颠危，匡扶社稷，可不谓之仁乎？待玄德如骨肉，觑曹操若仇雠，可不谓之义乎？辞曹归汉，弃印封金，可不谓之礼乎？坐服于禁，水淹七军，可不谓之智乎？且将军仁义礼智俱足，惜乎止少个信字，欠缺未完。再若得全个信字，无出君侯之右也。（正云）我怎生失信？（鲁云）非将军失信，皆因令兄玄德公失信。（正云）我哥哥怎生失信来？（鲁云）想昔日玄德公败于当阳之上，身无所归，因鲁肃之故，屯军三江夏口。鲁肃又与孔明同见我主公，即日兴师拜将，破曹兵于赤壁之间。江东所费巨万，又折了首将黄盖。因将军贤昆玉，无尺寸地，暂借荆州以为养军之资；数年不还。今日鲁肃低情曲意，暂取荆州，以为救民之急；待仓廪丰盈，然后再献与将军掌领。鲁肃不敢自专，君侯台鉴不错。（正云）你请我吃筵席来那，是索荆州来？（鲁云）没、没、没，我则这般道。孙、刘结亲，以为唇齿，两国正好和谐。（正唱）

【庆东原】你把我真心儿待，将筵宴设，你这般攀今览古，分甚枝叶？我根前使不着你"之乎者也""诗云子曰"，早该豁口截舌！有意说孙刘，你休目下番成吴越！

（鲁云）将军原来傲物轻信！（正云）我怎傲物轻信？（鲁云）当日孔明亲言：破曹之后，荆州即还江东。鲁肃亲为代保。不思旧日之恩，今日恩变为仇，犹自说"以德报德，以直报怨"。圣人道："信近于义，言可复也。""去食去兵，不可去信。""大车无輗，小车无軏，其何以行之哉？"今将军全无仁义之心，枉作英雄之辈。荆州久借不还，却不道"人无信不立"！（正云）鲁子敬，你听的这剑夏么？（鲁云）剑夏怎么？（正云）我这剑夏，头一遭诛了文丑，第二遭斩了蔡阳，鲁肃呵，莫不第三遭到你也？（鲁云）没、没，我则这般道来。（正云）这荆州是谁的？（鲁云）这荆州是俺的。（正云）你不知，听我说。（唱）

【沉醉东风】想着俺汉高皇图王霸业，汉光武秉正除邪，汉王允将董卓诛，汉皇叔把温侯灭，俺哥哥合承受汉家基业。则你你东吴国的孙权，和俺刘家却是甚枝叶？请你个不克己先生自说！

（鲁云）那里甚么响？（正云）这剑夏二次也。（鲁云）却怎么说？（正云）这剑按天地之灵，金火之精，阴阳之气，日月之形；藏之则鬼神遁迹，出之则魑魅潜踪；喜则恋鞘沉沉而不动，怒则跃匣铮铮而有声。今朝席上，倘有争锋，恐君不信，拔剑施呈。吾当摄到，鲁肃休惊。这剑果有神威不可当，庙堂之器岂寻常；今朝索取荆州事，一剑先教鲁肃亡。（唱）

【雁儿落】则为你三寸不烂舌，恼犯我三尺无情铁。这剑饥餐上将头，渴饮仇人血。

【得胜令】则是条龙向鞘中蛰，唬得人向坐间躲，今日故友每才相见，休着俺弟兄每相间别。鲁子敬听者，你内心休乔怯，畅好是随邪，休怪我十分酒醉也。

（鲁云）臧宫动乐。（臧宫上，云）天有五星，地攒五岳，人有五德，乐按五音。五星：金、木、水、火、土。五岳者：常、恒、泰、华、嵩。五德者：温、良、恭、俭、让。五音者：宫、商、角、徵、羽。（甲士拥上科）（鲁云）埋伏了者。（正末击案，怒云）有埋伏也无埋伏？（鲁云）并无埋伏。（正云）若有埋伏，一剑挥之两段！（做击案科）（鲁云）你击碎菱花。（正云）我特来破镜！（唱）

【搅筝琶】却怎生闹炒炒军兵列，上来的休遮当，莫拦截！（云）当着我的，呵呵！（唱）我着他剑下身亡，目前流血。便有那张仪口、蒯通舌，休那里躲闪藏遮。好生的送我到船上者，我和你慢慢的相别。

(鲁云)你去了倒是一场伶俐。(黄文云)将军,有埋伏哩。(鲁云)迟了我的也。(关平领众将上,云)请父亲上船,孩儿每来迎接哩。(正云)鲁肃,休惜殿后。(唱)

【离亭宴带歇指煞】我则见紫袍银带公人列,晚天凉风冷芦花谢,我心中喜悦。昏惨惨晚霞收,冷飕飕江风起,急飑飑云帆扯。承管待、承管待,多承谢、多承谢。唤梢公慢者,缆解开岸边龙,船分开波中浪,棹搅碎江心月。正欢娱有甚进退,且谈笑不分明夜。说与你两件事先生记者:百忙里称不了老兄心,急且里倒不了俺汉家节。(并下)

注释

① 选自《关汉卿杂剧选译》,章培恒编,巴蜀书社1991年版。

《单刀会》写的是三国时关羽凭借智勇,前赴鲁肃所设的宴会,最终安全返回的故事。全剧共四折。剧情是:三国时,鲁肃为了索还荆州,请关羽赴宴,暗中设下埋伏,并请关羽故人司马徽前来陪宴劝酒,司马徽拒绝,并告诫鲁肃不可鲁莽行事。关羽接到请书后明知是计,仍旧带周仓一人单刀赴会,关平、关兴带大军在江边接应。席间二人言辞交锋,鲁肃不能取胜。关羽智勇双全,震住鲁肃,令他不敢动用埋伏的军士,最后安然返回。《单刀会》全名《关大王单刀会》或《关大王独赴单刀会》。本折写关羽在单刀会上的斗争,是全剧的高潮。本折正面描写关羽与鲁肃之间的戏剧冲突,直接表现关羽的大智大勇的英雄气概。可是,在关羽和鲁肃面对面的冲突即将揭开之前,剧作家却再次延缓情节,再次不惜篇幅展示主人公的内心世界。让关羽在赴会途中,面对滔滔江水,触景生情,坦露襟怀。

思辨与感悟

1. 请结合《单刀会》全文,谈谈你眼中的关羽形象。
2. 认真阅读本折剧本,鉴赏作者巧妙的谋篇布局及对主人公内心世界的挖掘。

惊　　梦(节选)

汤显祖

汤显祖(1550—1616),字义仍,号海若、若士、清远道人,明代戏曲家、文学家,临川(今属江西)人。汤显祖的成就以戏曲创作为最,其戏剧作品《紫钗记》《南柯记》《牡丹亭》和《邯郸记》合称"临川四梦",其中《牡丹亭》(又名《还魂记》)是他的代表作。这些剧作不但为中国人民所喜爱,而且已传播到英、日、德、俄等很多国家,被视为世界戏剧艺术的珍品。其《宜黄县戏神清源师庙记》也是中国戏曲史上论述戏剧表演的一篇重要文献。汤显祖还是一位杰出的诗人。其作品有《玉茗堂全集》《红泉逸草》《问棘邮草》等。

【绕池游】(旦上)梦回莺啭,乱煞年光遍。人立小庭深院。(贴)炷尽沉烟,抛残绣线,恁今春关情似去年?〔乌夜啼〕"(旦)晓来望断梅关,宿妆残。(贴)你侧著宜春髻子恰凭阑②。(旦)剪不断,理还乱,闷无端。(贴)已分付催花莺燕借春看。"(旦)春香,可曾叫人扫除花径?(贴)分付了。(旦)取镜台衣服来。(贴取镜台衣服上)"云髻罢梳还对镜,罗衣欲换更添香③。"镜台衣服在此。

【步步娇】(旦)袅晴丝吹来闲庭院④,摇漾春如线。停半晌,整花钿。没揣菱花⑤,偷人半面,迤逗的彩云偏⑥。(行介)步香闺怎便把全身现。(贴)今日穿插的好。

【醉扶归】(旦)你道翠生生出落的裙衫儿茜,艳晶晶花簪八宝填,可知我常一生儿爱好是天然。恰三春好处无人见。不堤防沉鱼落雁鸟惊喧⑦,则怕的羞花闭月花愁颤。(贴)早茶时了,请行。(行介)你看:"画廊金粉半零星,池馆苍苔一片青。踏草怕泥新绣袜,惜花疼煞小金铃⑧。"(旦)不到园林,怎知春色如许!

【皂罗袍】原来姹紫嫣红开遍,似这般都付与断井颓垣。良辰美景奈何天,赏心乐事谁家院!恁般景致,我老爷和奶奶再不提起。(合)朝飞暮卷,云霞翠轩;雨丝风片,烟波画船——锦屏人忒看的这韶光贱!(贴)是花都放了,那牡丹还早。

【好姐姐】(旦)遍青山啼红了杜鹃⑨,荼蘼外烟丝醉软。春香呵,牡丹虽好,他春归怎占的先!(贴)成对儿莺燕呵。(合)闲凝眄,生生燕语明如翦,呖呖莺歌溜的圆。(旦)去罢。(贴)这园子委是观之不足也。(旦)提他怎的!(行介)

【隔尾】观之不足由他缱⑩,便赏遍了十二亭台是枉然。倒不如兴尽回家闲过遣。(作到介)(贴)"开我西阁门,展我东阁床。瓶插映山紫,炉添沉水香⑪。"小姐,你歇息片时,俺瞧老夫人去也。(下)

注释

① 选自《牡丹亭》,汤显祖著,徐朔方校注,人民文学出版社2002年版。《牡丹亭》,也称《牡丹亭还魂记》《还魂记》或《牡丹亭梦》。该剧是中国戏曲史上杰出的作品之一,与《西厢记》《窦娥冤》《长生殿》合称"中国四大古典戏剧"。该剧文辞典雅,语言秀丽。 ② 宜春髻子:旧俗立春日,妇女剪彩绸作燕子状,戴在发髻上,上写"宜春"二字。见南朝梁宗懔《荆楚岁时记》。 ③ "云髻"二句:见唐代薛逢《宫词》诗。 ④ 袅晴丝:昆虫吐出的丝缕在空飘荡。 ⑤ 菱花:镜子。 ⑥ 迤逗:逗引。 ⑦ 堤防:今作"提防"。 ⑧ "惜花"句:唐明皇之兄宁王爱花,春天时用红丝绳将金铃系在花枝上,有鸟雀飞来,便牵动金铃惊散鸟雀。见唐朝王仁裕《开元天宝遗事》。借此典故,是说因为拉绳次数多了,小金铃也感到痛了。形容爱惜花草。 ⑨ 啼红了杜鹃:传说杜鹃鸟为古蜀帝杜宇之魂所化,悲啼不止,口中流血,滴在花瓣上,花红似血,是为杜鹃花。 ⑩ 缱:留恋。 ⑪ 沉水香:即沉香,一种香木,芯材为著名熏香料。此指用沉香制作的香。

万历二十八年(1598),汤显祖辞官,回到家乡江西临川县的乡村闲居。这一年他49岁。他在生活中耳闻目睹了一些青年男女的爱情遭遇,这些经历激起了他的创作热情。回乡不久,他就开始了《牡丹亭》的写作。

《牡丹亭》描写了官家千金杜丽娘对梦中书生柳梦梅倾心相爱,竟伤情而死,化为魂魄寻找现实中的爱人,人鬼相恋,最后起死回生,终于与柳梦梅永结同心的故事。汤显祖在这部传奇作品中,描绘了杜丽娘与柳梦梅二人之间感人深切的生死爱情,这种至情至性的爱情演绎无不体现着汤显祖对人生与爱情的哲学思考与世情体验,而因情而亡的杜丽娘则成为汤显祖笔下至情理想的化身。可以说,汤显祖对"至情"主题的推崇与其早年经历、言情思想及明清时期女性情感教育等因素紧密相关。

思辨与感悟

1. 结合《牡丹亭》《西厢记》《红楼梦》等作品,谈谈古今爱情观念的区别,以及你对古代爱情的理解。

2. 认真阅读本幕剧本,谈谈你对"至情至性"的认识。

屈　　原(节选)[①]

郭沫若

> 郭沫若(1892—1978),幼名文豹,原名开贞,字鼎堂,号尚武,笔名沫若、麦克昂等,是中国新诗的奠基人之一、中国历史剧的开创者之一、古文字学家、考古学家、社会活动家,"甲骨四堂"之一。著有《中国古代社会研究》《甲骨文字研究》等重要学术著作,1958年9月兼任中国科学技术大学首任校长。生平著作超过百万字,全部作品编成《郭沫若全集》38卷,分为文学编、历史编、考古编。

〔屈原手足已戴刑具,颈上并系有长链,仍着其白日所着之玄衣,披发,在殿中徘徊。因有脚镣,行步甚有限制,时而伫立睥睨,目中含有怒火。手有举动时,必两手同时举出。如无举动时,则拳曲于胸前。

屈　原　(向风及雷电)风!你咆哮吧!咆哮吧!尽力地咆哮吧!在这暗无天日的时候,一切都睡着了,都沉在梦里,都死了的时候,正是应该你咆哮的时候,应该你尽力咆哮的时候!

尽管你是怎样的咆哮,你也不能把他们从梦中叫醒,不能把死了的吹活转来,不能吹掉这比铁还沉重的眼前的黑暗,但你至少可以吹走一些灰尘,吹走一些沙石,至少可以吹动一些花草树木。你可以使那洞庭湖,使那长江,使那东海,为你翻波涌浪,和你一同地大声咆哮呵!

啊,我思念那洞庭湖,我思念那长江,我思念那东海,那浩浩荡荡的无边无际的波澜呀!那浩浩荡荡的无边无际的伟大的力呀!那是自由,是跳舞,是音乐,是诗!

啊,这宇宙中的伟大的诗!你们风,你们雷,你们电,你们在这黑暗中咆哮着的,闪耀着的一切的一切,你们都是诗,都是音乐,都是跳舞。你们宇宙中伟大的艺人们呀,尽量发挥你们的力量吧。发泄出无边无际的怒火,把这黑暗的宇宙,阴惨的宇宙,爆炸了吧!爆炸了吧!

雷!你那轰隆隆的,是你车轮子滚动的声音?你把我载着拖到洞庭湖的边上去,拖到长江的边上去,拖到东海的边上去呀!我要看那滚滚的波涛,我要听那鞺鞺鞳鞳的咆哮,我要漂流到那没有阴谋、没有污秽、没有自私自利的没有人的小岛上去呀!我要和着你,和着你的声音,和着那茫茫的大海,一同跳进那没有边际的没有限制的自由里去!

啊,电!你这宇宙中最犀利的剑呀!我的长剑是被人拔去了,但是你,你能拔去我有形的长剑,你不能拔去我无形的长剑呀。电,你这宇宙中的剑,也正是,我心中的剑。你劈吧,劈吧,劈吧!把这比铁还坚固的黑暗,劈开,劈开,劈开!虽然你劈它如同劈水一样,你抽掉了,它又合拢了来,但至少你能使那光明得到暂时的一瞬的显现,哦,那多么灿烂的,多么炫目的光明呀!

光明呀,我景仰你,我景仰你,我要向你拜手,我要向你稽首。我知道,你的本身就是火,你,你这宇宙中的最伟大者呀,火!你在天边,你在眼前,你在我的四面,我知道你就是宇宙的生命,你就是我的生命,你就是我呀!我这熊熊地燃烧着的生命,我这快要使我全身炸裂的怒火,难道就不能迸射出光明了吗?

炸裂呀,我的身体!炸裂呀,宇宙!让那赤条条的火滚动起来,像这风一样,像那海一样,滚动起来,把一切的有形,一切的污秽,烧毁了吧,烧毁了吧!把这包含着一切罪恶的黑暗烧毁了吧!

把你这东皇太一烧毁了吧!把你这云中君烧毁了吧!你们这些土偶木梗,你们高坐在神位上有什么德能?你们只是产生黑暗的父亲和母亲!

你,你东君,你是什么个东君?别人说你是太阳神,你,你坐在那马上丝毫也不能驰骋。你,你红着一个面孔,你也害羞吗?啊,你,你完全是一片假!你,你这土偶木梗,你这没心肝的,没灵魂的,我要把你烧毁,烧毁,烧毁你的一切,特别要烧毁你那匹马!你假如是有本领,就下来走走吧!

什么个大司命,什么个少司命,你们的天大的本领就只有晓得播弄人!什么个湘君,什么个湘夫人,你们的天大的本领也就只晓得痛哭几声!哭,哭有什么用?眼泪,眼泪有什么用?顶多让你们哭出几笼湘妃竹吧!但那湘妃竹不是主人们用来打奴隶的刑具么?你们滚下船来,你们滚下云头来,我都要把你们烧毁!烧毁!烧毁!

哼,还有你这河伯……哦,你河伯!你,你是我最初的一个安慰者!我是看得很清楚的呀!当我被人们押着,押上了一个高坡,卫士们要息脚,我也就站立在高坡上,回头望着龙门。我是看得很清楚,很清楚的呀!我看见婵娟被人虐待,我看见你挺身而出,指天画地有所争论。结果,你是被人押进了龙门,婵娟她也被人押进了龙门。

但是我,我没有眼泪。宇宙,宇宙也没有眼泪呀!眼泪有什么用呵?我们只有雷霆,只有闪电,只有风暴,我们没有拖泥带水的雨!这是我的意志,宇宙的意志。鼓动吧,风!咆哮吧,雷!闪耀吧,电!把一切沉睡在黑暗怀里的东西,毁灭,毁灭,毁灭呀!

 注释

① 选自《屈原》,郭沫若著,人民文学出版社 2000 年版。本文为第五幕第二场节选。

作品简析

话剧《屈原》取材于战国时期楚国的历史,写伟大诗人、政治家屈原的政治挫折和个人遭际,以楚怀王对秦外交上两条路线斗争作为全剧情节线索,构成代表爱国路线的屈原与代表卖国路线的南后等人之间的戏剧冲突。

《屈原》写于1942年1月,正是抗日战争的相持阶段,半壁河山沦于敌手。1940年末1941年初,国民党政府在日本大敌当前之时,悍然发动"皖南事变"。郭沫若面对这样的政治现实义愤填膺,创作了历史剧《屈原》,以"借古讽今"的手法,批判国民党反动派的黑暗统治,展示了现实世界光明与黑暗、正义与邪恶、爱国与卖国的斗争。

思辨与感悟

1. 请结合《屈原》,谈谈你对家国情怀的理解。
2. 认真阅读本幕剧本,谈谈你眼中的屈原形象。
3. 请分小组,合作排演这出戏。

日　　出(节选)①

曹　禺

曹禺(1910—1996),中国杰出的现代话剧剧作家,原名万家宝,字小石,小名添甲,祖籍湖北潜江。曹禺作为中国新文化运动的开拓者之一,与鲁迅、郭沫若、茅盾、巴金、老舍齐名。其代表作品《雷雨》《日出》《原野》《北京人》等,在中国舞台上经久不衰,对促进20世纪中国戏剧艺术的发展起了一定作用。其中,《雷雨》在中国现代话剧史上具有极其重要的地位,被公认为是中国现代话剧成熟的标志。

〔福升由中门下。

陈白露　Georgy,你方才干什么去啦?

张乔治　我睡觉啦。

陈白露　你没有走?

张乔治　咦,我走了,你现在还看得见我?我喝得太多了,我在那屋墙犄角一个沙发睡着了,你们就没有瞧见我,我就做了这么一个梦。Oh, Terrible! Terrible! 简直地可怕极了。

陈白露　方才你喝了不少的酒。

张乔治　对了,一点也不错,我喝得太多了,神经乱了,我才做么一个噩梦。(打了一个呵欠)我累了,我要回去了。哦,(忽然提起精神来)我告诉你一件事……

陈白露　不,我现在求求……求你一件事。

张乔治　你说吧。你说的话没有不成的。

陈白露　有一个人,……要……要跟我借三千块钱。

张乔治　哦,哦。
陈白露　我现在手下没有这些钱借给他。
张乔治　哦,哦。
陈白露　Georgy,你能不能设法代我弄三千块钱借给这个人?
张乔治　那……那……就当要……另作别论了。我这个人向来是大方的。不过也要看谁?你的朋友我不能借,因为……因为我心里忌妒他。不过要像你这样聪明的人要借这么有限几个钱花花,那自然是不成问题的。
陈白露　(勉强地)好!好!你就当做我亲自向你借的吧。
张乔治　你?露露要跟我借钱?跟张乔治借钱?
陈白露　嗯,为什么不呢?
张乔治　得了,这我绝对不相信的。露露会要这么几个钱用,No, No, I can never believe it! 这我是绝不相信的。你这是故意跟我开玩笑了。(大笑)你真会开玩笑,露露会跟我借钱,而且跟我借这么一点点的钱。啊,小露露,你真聪明,真会说笑话,世界上没有再像你这么聪明的人。好了,再见了。(拿起帽子)
陈白露　好,再见。(微笑)你倒是非常聪明的。
张乔治　谢谢!谢谢!(走到门口)哦,对了,我想起来了。我告诉你,到了后来,我实在缠不过她,我还是答应她了。我想,我们想明天就去结婚。不过,我说过,我是一定要你当伴娘的。
陈白露　要我当伴娘?
张乔治　自然是你,除了你找不着第二个合适的人。
陈白露　是的,我知道。好,再见。
张乔治　好,再见。就这么办。Good night! 哦!Good morning! 我的小露露。(挥挥手由中门走出。)
　　〔晨光渐渐由窗户透进来,日影先只射在屋檐上。白露把门关好,走到中间的桌旁坐下,愣一下,她立起走了两步,怜惜地望望屋内的陈设。她又走到沙发的小几旁,拿起酒瓶,倒酒。尽量地喝了几口。她立在沙发前发愣。
　　〔中门呀地开了,福升进。
陈白露　(低哑的声音)你来干什么?
王福升　天亮了,老阳都出来了,您还不睡觉?
陈白露　是,我知道。
王福升　您不要打点豆浆喝了再睡么?
陈白露　不,我不要,你去吧。
王福升　(由身上取出一卷账条)小姐!这……这是今天要还的那些账条,我……我搁在这里,您先合计合计。(把账条放在中间的桌子上)
陈白露　好!你搁在那儿吧。
王福升　您不要什么东西啦?
陈白露　(摇摇头)
　　〔福升背着白露很疲倦地打了一个呵欠由中门走出。

〔白露把酒喝尽,放下酒杯。走到中桌前慢慢翻着账条,看完了一张就扔在地下,桌前满铺着是乱账条。

陈白露 （嘘出一口气）嗯。
〔她由桌上拿起安眠药瓶,走到窗前的沙发,拔开塞,一片两片地倒出来。她不自主地停住了,她颓然跌在沙发上,愣愣地坐着。她抬头。在沙发左边一个立柜的穿衣镜里发现了自己,立起来,走到镜子前。

陈白露 （左右前后看了看里面一个美丽的妇人,又慢慢正对着镜子,摇摇头,叹气,凄然地）生得不算太难看吧。（停一下）人不算太老吧。可是……（很悠长地嘘出一口气。她不忍再看了,她慢慢又踱到中桌前,一片一片由药瓶数出来,脸上带着微笑,声音和态度仿佛自己是个失了父母的小女孩子,一个人在墙角落的小天井里,用几个小糖球自己哄着自己,极甜蜜地而又极凄楚地怜惜着自己）一片,两片,三片,四片,五片,六片,七片,八片,九片,十片。（她紧紧地握着那十片东西,剩下的空瓶当郎一声丢在痰盂里。她把胳膊平放桌面,长长伸出去,望着前面,微微点着头,哀伤地）这——么——年——轻,这——么——美,这——么——
（眼泪悄然流下来。她振起精神,立起来,拿起茶杯,背过脸,一口,两口,把药很爽快地咽下去）

〔这时阳光渐渐射过来,照在什物狼藉的地板上。天空非常明亮,外面打地基的小工们早聚集在一起,迎着阳光由远处"哼哼唷,哼哼唷"地又以整齐严肃的步伐迈到楼前。木夯一排一排地砸在土里,沉重的石硪落下,发出闷塞的回声,随着深沉的"哼哼唷,哼哼唷"的呼声是做工的人们战士似地那样整齐的脚步。他们还没有开始"叫号"。

陈白露 （扔下杯子,凝听外面的木夯声,她挺起胸走到窗前,拉开帘幕,阳光照着她的脸。她望着外面,低声地）"太阳升起来了,黑暗留在后面。（她吸进一口凉气,打了个寒战,她回转头来）但是太阳不是我们的,我们要睡了"。
〔她忽然关上灯又把窗帘都拉拢,屋内陡然暗下来,只帘幕缝隙间透出一两道阳光颤动着。她捶着胸,仿佛胸际有些痛苦窒塞。她拿起沙发上那一本《日出》,躺在沙发上,正要安静地读下去——
〔很远,很远小工们隐约唱起了夯歌——唱的是《轴号》。但听不清楚歌词。
〔外面方达生的声音：竹均！竹均！（声音走到门前）。
〔她慌忙放下书本,立起来,走到门前,知道是他。四面望望,立刻把桌上的账条拾起,团在手里,又拿起那本《日出》,匆促地走进右面卧室,她的脚步已经显得一点迟钝,进了门就锁好。
〔外面方达生：（低声）竹均！竹均！你屋里没有人吧。竹均！竹均！我要走啦！（没有人应）竹均,那我就进来啦。〔外面有一两声麻雀〕
〔方达生推门进。

方达生 （左右望）竹均！我告诉你——（忽察觉屋里很黑,他走到窗前把幕帷又拉开,阳光射满了一屋子。雀声吱吱地唱着）真奇怪,你为什么不让太阳进来。（他走到右面卧室门前)竹均,你听我一句,你这么下去,一定是一条死路,你听我一句,要你还是跟我走,不要再跟他们混,好不好?你看,(指窗外)外面是太阳,是春天。

〔这时小工们渐唱渐近,他们用下面的腔调在唱着"日出啊东来呀,满天(地)大红(来吧)……"

方达生 (敲门)你听!你听(狂喜地)太阳就在外面,太阳就在他们身上。你跟我来,我们要一齐做点事,跟金八拼一拼,我们还可以——(觉得里面不肯理他)竹均,你为什么不理我?(低低敲着门)你为什么不说话?你——(他回转身,叹一口气)你太聪明,你不肯做我这样的傻事。(陡然振作起来)好了,我只好先走了,竹均,我们再见。

〔里面还是不答应,他转过头去听窗外的夯歌,迎着阳光由中门昂首走出去。

〔由外面射进来满屋的太阳,窗外一切都亮得耀眼。

〔砸夯的工人们高亢而洪壮地合唱着《轴歌》,(即"日出东来,满天大红!要得吃饭!可得做工!")沉重的石硪一下一下落在土里,那声音传到观众的耳里是一个大生命浩浩荡荡地向前推,向前进,洋洋溢溢地充塞了宇宙。

〔屋内渐渐暗淡,窗外更光明起来。

——幕徐落

注释

① 选自《精编曹禺作品集》,樊涛陶编,新疆人民出版社2003年版。本文为第四幕节选。

作品简析

四幕话剧《日出》是曹禺的第二部剧作,写于1935年,作者当时在河北女子师范学院任教。《日出》叙述的是交际花陈白露的故事。陈白露由银行家潘月亭供养,整日与银行家、海归、富人、演员、黑社会周旋,醉生梦死。陈白露才貌双全,出身书香门第,做过电影明星。她曾经怀有美好的生活理想,并拥有真挚灿烂的爱情,但最终都被无情苍白的世界磨灭了最后一丝光亮,沦为交际花的她虽厌恶和鄙视周围的一切,但只能抱着玩世不恭的生活态度。昔日的恋人方达生希图拯救她,但她无力自拔……

《日出》以鲜明的时代性和深广的历史内容在曹禺剧作中居于重要地位。剧本以陈白露和方达生为中心,以陈的客厅和三等妓院为活动场所,把社会各阶层各色人等的生活展现在观众面前,揭露剥削制度"损不足以奉有余"的本质。在艺术创作上,作者通过对横断面的描写,力求写出社会生活的真实面貌,因而《日出》具有纪实性特点,一切都像生活本身而不像"戏"。

思辨与感悟

1. 请结合《日出》全文,谈谈这部话剧的创作背景。
2. 认真阅读本幕剧本,谈谈你眼中的陈白露的形象。

奥 赛 罗（节选）①

[英]莎士比亚

> 威廉·莎士比亚(1564—1616)，英国戏剧家、诗人。主要著作有喜剧《威尼斯商人》《仲夏夜之梦》《皆大欢喜》《第十二夜》，悲剧《罗密欧与朱丽叶》《哈姆雷特》《奥赛罗》《李尔王》《麦克白》，以及历史剧《理查三世》《亨利四世》等。
>
> 莎士比亚的剧作关注人的情感冲突，旨在揭示永恒的人性，情节曲折生动，人物性格复杂矛盾，语言雅俗融合，富于表现力。

第二场　城堡中的一室

奥赛罗及埃米利亚上。

奥　赛　罗　那么你没有看见什么吗？

埃 米 利 亚　没有看见，没有听见，也没有疑心到。

奥　赛　罗　你不是看见卡西奥跟她在一起吗？

埃 米 利 亚　可是我不知道那有什么不对，而且我听见他们两人所说的每一个字。

奥　赛　罗　什么！他们从来不曾低声耳语吗？

埃 米 利 亚　从来没有，将军。

奥　赛　罗　也不曾打发你走开吗？

埃 米 利 亚　没有。

奥　赛　罗　没有叫你去替她拿扇子，手套，脸罩，或是什么东西吗？

埃 米 利 亚　没有，将军。

奥　赛　罗　那可奇怪了。

埃 米 利 亚　将军，我敢用我的灵魂打赌她是贞洁的。要是您疑心她有非礼的行为，赶快除掉这种思想吧，因为那是您心理上的一个污点。要是哪一个混蛋把这种思想放进您的脑袋里，让上天罚他变成一条蛇，受永远的诅咒！假如她不是贞洁、贤淑和忠诚的，那么世上没有一个幸福的男人了；最纯洁的妻子，也会变成最丑恶的淫妇。

奥　赛　罗　叫她到这儿来；去。（埃米利亚下）她的话说得很动听；可是这种拉惯皮条的人，都是天生的利嘴。这是一个狡猾的淫妇，一肚子千刁万恶，当着人却会跪下来向天祈祷；我看见过她这一种手段。

埃米利亚偕苔丝狄蒙娜重上。

苔丝狄蒙娜　我的主，您有什么吩咐？

奥　赛　罗　过来，乖乖。

苔丝狄蒙娜　您要我怎么样？

奥　赛　罗　让我看看你的眼睛；瞧着我的脸。

苔丝狄蒙娜	这是什么古怪的念头?
奥赛罗	(向埃米利亚)你去干你的事吧,女士;把门关了,让我们两人在这儿谈谈心。要是有人来了,你就在门口咳嗽一声。干你的贵营生去吧;快,快!(埃米利亚下。)
苔丝狄蒙娜	我跪在您的面前,请您告诉我您这些话是什么意思?我知道您在生气,可是我不懂您的话。
奥赛罗	嘿,你是什么人?
苔丝狄蒙娜	我的主,我是您的妻子,您的忠心不二的妻子。
奥赛罗	来,发一个誓,让你自己死后下地狱吧;因为你的外表太像一个天使了,倘不是在不贞之上,再加一重伪誓的罪名,也许魔鬼们会不敢抓你下去的;所以发誓说你是贞洁的吧。
苔丝狄蒙娜	天知道我是贞洁的。
奥赛罗	天知道你是像地狱一样淫邪的。
苔丝狄蒙娜	我的主,我对谁干了欺心的事?我跟哪一个人有不端的行为?我怎么是淫邪的?
奥赛罗	啊,苔丝狄蒙娜!去!去!去!
苔丝狄蒙娜	唉,不幸的日子!——您为什么哭?您的眼泪是为我而流的吗,我的主?要是您疑心这次奉召回国,是我父亲的主意,请您不要怪我;您固然失去他的好感,我也已经失去他的慈爱了。
奥赛罗	要是上天的意思,要让我受尽种种的折磨;要是他用诸般的痛苦和耻辱降在我的毫无防卫的头上,把我浸没在贫困的泥沼里,剥夺我的一切自由和希望,我也可以在我的灵魂的一隅之中,找到一滴忍耐的甘露。可是唉!在这尖酸刻薄的世上,做一个被人戳指笑骂的目标,那还可以容忍;可是我的心灵失去了归宿,我的生命失去了寄托,我的活力的源泉干涸了,变成了蛤蟆繁育生息的污池!忍耐,你朱唇韶颜的天婴啊,转变你的脸色,让它化成地狱般的狰狞吧!
苔丝狄蒙娜	我希望我在我的尊贵的夫主眼中,是一个贤良贞洁的妻子。
奥赛罗	啊,是的,就像夏天肉铺里的苍蝇一样贞洁,飞来飞去撒它的卵子。你这野草闲花啊!你的颜色是这样娇美,你的香气是这样芬芳,人家看见你嗅到你就会心疼;但愿世上从来不曾有过你!
苔丝狄蒙娜	唉!我究竟犯了什么连我自己也不知道的罪恶呢?
奥赛罗	这一张皎洁的白纸,这一本美丽的书册,是要让人家写上"娼妓"两个字的吗?犯了什么罪恶!啊,你这人尽可夫的娼妇!我只要一说起你所干的事,我的两颊就会变成两座熔炉,把廉耻烧为灰烬。犯了什么罪恶!天神见了它要掩鼻而过;月亮看见了要羞得闭上眼睛;碰见什么都要亲吻淫荡的风,也静悄悄地躲在岩窟里面,不愿听见人家提起它的名字。犯了什么罪恶!不要脸的娼妇!
苔丝狄蒙娜	天啊,您不该这样侮辱我!
奥赛罗	你不是一个娼妇吗?

苔丝狄蒙娜　不，我发誓我不是，否则我就不是一个基督徒。要是为我的主保持这一个清白的身子，不让淫邪的手把它污毁，要是这样的行为可以使我免去娼妇的恶名，那么我就不是娼妇。

奥　赛　罗　什么！你不是一个娼妇吗？

苔丝狄蒙娜　不，否则我死后没有得救的希望。

奥　赛　罗　真的吗？

苔丝狄蒙娜　啊！上天饶恕我们！

奥　赛　罗　那么我真是多多冒昧了；我还以为你就是那个嫁给奥赛罗的威尼斯狡猾的娼妇哩。——喂，你这位刚刚和圣彼得干着相反的差使的，看守地狱门户的奶奶！

　　　　　　埃米利娅重上。

奥　赛　罗　你，你，对了，你！我们的谈话已经完毕。这几个钱是给你作为酬劳的；请你开了门上的锁，不要泄漏我们的秘密。

　　　　　　（下）

埃 米 利 亚　唉！这位老爷究竟在转些什么念头呀？您怎么啦，夫人？您怎么啦，我的好夫人？

苔丝狄蒙娜　我是在半醒半睡之中。

埃 米 利 亚　好夫人，我的主到底有些什么心事？

苔丝狄蒙娜　谁？

埃 米 利 亚　我的主呀，夫人。

苔丝狄蒙娜　谁是你的主？

埃 米 利 亚　我的主就是你的丈夫，好夫人。

苔丝狄蒙娜　我没有丈夫。不要对我说话，埃米利亚；我不能哭，我没有话可以回答你，除了我的眼泪。请你今夜把我结婚的被褥铺在我的床上，记好了；再去替我叫你的丈夫来。

埃 米 利 亚　真是变了，变了！（下）

苔丝狄蒙娜　我应该受到这样的待遇，全然是应该的。我究竟有些什么不检的行为——哪怕只是一丁点儿——才会引起他的猜疑呢？

　　　　　　埃米利亚率伊阿古重上。

伊　阿　古　夫人，您有什么吩咐？您怎么啦？

苔丝狄蒙娜　我不知道。小孩子做了错事，做父母的总是用温和的态度，轻微的责罚教训他们；他也应该这样责备我，因为我是一个娇养惯了的孩子，不惯受人家责备的。

伊　阿　古　怎么一回事，夫人？

埃 米 利 亚　唉！伊阿古，将军口口声声骂她娼妇，用那样难堪的名字加在她的身上，稍有人心的人，谁听见了都不能忍受。

苔丝狄蒙娜　我应该得到那样一个称呼吗，伊阿古？

伊　阿　古　什么称呼，好夫人？

苔丝狄蒙娜	就像她说我的主称呼我的那种名字。
埃米利亚	他叫她娼妇;一个喝醉了酒的叫花子,也不会把这种名字加在他的姘妇身上。
伊阿古	为什么他要这样?
苔丝狄蒙娜	我不知道;我相信我不是那样的女人。
伊阿古	不要哭,不要哭。唉!
埃米利亚	多少名门贵族向她求婚,她都拒绝了;她抛下了老父,离乡背井,远别亲友,结果却只讨他骂一声娼妇吗?这还不叫人伤心吗?
苔丝狄蒙娜	都是我自己命薄。
伊阿古	他太岂有此理了!他怎么会起这种心思的?
苔丝狄蒙娜	天才知道。
埃米利亚	我可以打赌,一定有一个万劫不复的恶人,一个爱管闲事、鬼讨好的家伙,一个说假话骗人的奴才,因为要想钻求差使,造出这样的谣言来;要是我的话说得不对,我愿意让人家把我吊死。
伊阿古	呸!哪里有这样的人?一定不会的。
苔丝狄蒙娜	要是果然有这样的人,愿上天宽恕他!
埃米利亚	宽恕他!一条绳子箍住他的颈项,地狱里的恶鬼咬碎他的骨头!他为什么叫她娼妇?谁跟她在一起?什么所在?什么时候?什么方式?什么根据?这摩尔人一定是上了不知哪一个千刀万恶的坏人的当,一个下流的大混蛋,一个卑鄙的家伙;天啊!愿你揭破这种家伙的嘴脸,让每一个老实人的手里都拿一根鞭子,把这些混蛋们脱光了衣服抽一顿,从东方一直抽到西方!
伊阿古	别嚷得给外边都听见了。
埃米利亚	哼,可恶的东西!前回弄昏了你的头,使你疑心我跟这摩尔人有暧昧的,也就是这种家伙。
伊阿古	好了,好了;你是个傻瓜。
苔丝狄蒙娜	好伊阿古啊,我应当怎样重新取得我的丈夫的欢心呢?好朋友,替我向他解释解释;因为凭着天上的太阳起誓,我实在不知道我怎么会失去他的宠爱。我对天下跪,要是在思想上行动上,我曾经有意背弃他的爱情;要是我的眼睛,我的耳朵,或是我的任何感觉,曾经对别人发生爱悦;要是我在过去、现在和将来,不是那样始终深深地爱着他,即使他把我弃如敝屣,也不因此而改变我对他的忠诚;要是我果然有那样的过失,愿我终身不能享受快乐的日子!无情可以给人重大的打击;他的无情也许会摧残我的生命,可是永不能毁坏我的爱情。我不愿提起"娼妇"两个字,一说到它就会使我心生憎恶,更不用说亲自去干那博得这种丑名的勾当了;整个世界的荣华也不能诱动我。
伊阿古	请您宽心,这不过是他一时的心绪恶劣,在国事方面受了点刺激,所以跟您怄起气来啦。

注释

① 选自《奥赛罗》,莎士比亚著,朱生豪译,译林出版社2013年版。本文为第四幕第二场节选。

 **作品简析**

《奥赛罗》讲述了一个嫉妒心很强的摩尔人,因为轻信部下的谗言,而将自己清白无辜的妻子杀害。

剧本中奥赛罗是威尼斯公国一员勇将。他与元老的女儿苔丝狄蒙娜相爱。因为两人身份相差太多,婚事未被准许。两人只好私下成婚。奥赛罗手下有一个阴险的旗官伊阿古,一心想除掉奥赛罗。他先是向元老告密,不料却促成了两人的婚事。他又挑拨奥赛罗与苔丝狄蒙娜的感情,说另一名副将凯西奥与苔丝狄蒙娜关系不同寻常,并伪造了所谓定情信物等。奥赛罗信以为真,在愤怒中掐死了自己的妻子。当他得知真相后,悔恨之余拔剑自刎,倒在了苔丝狄蒙娜身边。

《奥赛罗》是多主题的作品,包括:爱情与嫉妒、轻信与背信、异族通婚等,这些都是造成奥赛罗悲剧的原因。他本性的迷失和异族身份有着密切联系,正是由于世俗的歧视和伊阿古的奸计,因此奥赛罗对于自己——一个异邦人、一个为平常人所害怕的人是否能真正赢得美丽姑娘的爱产生怀疑,渐渐失去信心。他由坚信苔斯狄蒙娜的忠贞到怀疑苔斯狄蒙娜的贞洁与爱的动机,到最后完全否认苔斯狄蒙娜的爱情,并杀了她,造成了苔丝狄蒙娜的悲剧,也造成了自己的悲剧。

思辨与感悟

1. 请谈谈奥赛罗悲剧的成因,是嫉妒、轻信还是其他?
2. 认真阅读本幕剧本,分析奥赛罗和苔丝狄蒙娜的人物性格。

伪 君 子(节选)①

[法]莫里哀

> 莫里哀(1622—1673),本名为让-巴蒂斯特·波克兰,莫里哀是他的艺名,法语意为常春藤。莫里哀是法国17世纪古典主义文学最重要的作家,古典主义喜剧的创建者,在欧洲戏剧史上占有十分重要的地位。他从小酷爱戏剧,一心从事戏剧事业。他创立"光耀剧团",但经营惨淡。失败后,他不顾当时蔑视演戏的社会风气和家庭的反对,毅然离家出走,在外漂流了十多年,积累了丰富的生活素材,编写并演出了一系列很有影响的喜剧。最后,莫里哀作为剧团的领导人重返巴黎,一直在巴黎进行创作演出。其代表作品有《无病呻吟》《伪君子》《悭吝人》等。

第 五 场

答尔丢夫　有人告诉我说您愿意在这儿跟我谈几句话。

欧 米 尔　是的，有几句私话要对您谈谈。不过未说以前您先关上这扇门，先到处去看一看，不要被人捉住。像刚才发生的那种事，这儿可不能再重演一次了。从来也没见过这样被人当场捉住的，达米斯那样做法真让我替您捏了好大的一把汗，您总看明白了吧，我曾尽力劝他不要那样做，叫他压住他的暴脾气。可是说真的，当时我也算吓糊涂了，会一点没想起反驳他的话，不过靠天保佑，一切反倒因此更好了，倒更觉得安全了。我丈夫对您的敬仰把这场风暴全给吹散了。他对您不但并没有起疑，而且为了更好地来斗一斗那些不怀好意的种种议论，他偏要咱们时时刻刻老在一起；因此我可以不用害怕受指责，和您关着门一起在这儿待着，也就是仗着这个，我可以对您谈一谈我的心事，来接受您的热爱，这样说也许有点言之过早吧。

答尔丢夫　这番话真有点令人不容易明白，太太，您方才说话可不是这个语气啊。

欧 米 尔　唉！如果刚才那样的拒绝竟会使您恼怒，那么您真可算是不懂得一个妇人的心了！您会看不出这颗心的言外之音吗？您没觉得当时抵拒您的时候是那样微弱无力吗？在那种时候，我们的贞操观念老是和人们给我们的温情作斗争的。无论我们觉得那个控制我们的爱情是有多大的理由，可是由嘴里坦白承认这个爱情，总还觉得有点害羞；所以最初总是先加抵拒；不过从当时抵拒的神气来看，就已足够让人知道我们的心已是被征服的了；为了面子关系我们的嘴违背着我们的心愿说话，可是那样的拒绝早已等于把一切都答应了。我对您说的这番话无疑是一种过于放肆的自白，从我们女人的贞操方面来看，未免有点太不给自己留余地。不过话已经是冲口说出了，爽性说个明白吧。如果对于您贡献给我的心，我没有一点意思，我又怎能那样关切地去劝阻达米斯呢？我又怎能那样和颜悦色地从头到尾听完您的情话？又怎能像大家所看见的那样对待这个事呢？并且当我亲自强逼您拒绝他们所提的那门亲事的时候，您心里还不明白我那种要求究竟是什么意思吗？那不就是表示了我对您的关切和因此可能受到的苦恼吗？因为那门亲事如果成功，我原想整个儿得到手的那颗心就得与别人平分享受了。

答尔丢夫　太太，我能够听见从我所爱的嘴里说出这番话来，当然是一桩极端甜美的事。您这几句甜蜜蜜的话把我从来没有尝过的一种芳香川流不息地输进了我全身的毛孔里面；能够得到您的欢心，原是我一向所寻求的幸福；现在居然蒙您这般垂爱，我的心实在满足万分了，不过这颗心，请您准许它胆敢对于这种幸福还有点怀疑，因为我很可以把这些话当作是一种手段：无非是要我来打破正在进行中的那个婚姻。跟您痛快说吧，如果不给我一点实惠，我一向所希望的实惠，来替这话作担保，使我的心能够永久相信您对我的好情好意，我是绝不能听信这么甜美的话的。

欧 米 尔　　（咳嗽一声，为关照她的丈夫）怎么？您竟这样心急，一下手就要挤干一颗心的柔情？人家正在拼命向您倾诉最甜蜜的情意，可是在您看来还觉得不够，总得逼得我把最后的甜头也拿给您，才能让您心满意足！

答尔丢夫　　一种好处，我们越是自问不配得到手，就越不敢希望它。我们的希望光凭一套空话是很难安然放心的。这样一种充满了光荣的好运气真有点叫人难以置信，所以我们必须在实际享受之后，才能深信不疑；我相信，我是不配得到您的慈悲的，因此很怀疑我的胆大妄为竟会真的达到了幸福目的；太太，您若不弄出点真实的东西让我的爱情火焰心服口服，我是任什么也不能相信的。

欧 米 尔　　天呀！您的爱情行出事来可真像个暴虐君王，把我的精神已经弄得颠颠倒倒了，它又多么疯狂地辖制着我的心！它又多么狂暴地要求满足它的欲望！怎么？您已经把我逼得无法躲避，您可连一点喘气的工夫都不给人家留下，您竟这样丝毫不放松，要什么就得马上到手，一刻也不准迟缓；您知道人家已爱上了您，您就利用这个弱点加劲地来逼人，您想想这样合适吗？

答尔丢夫　　如果您真是用慈悲的眼光来看我对您这份爱慕的意思，那您为什么还不肯给我那种确实的保证呢？

欧 米 尔　　不过真的答应了您所要求的那件事，又怎能不同时得罪了您总不离口的上帝呢？

答尔丢夫　　如果您只抬出上帝来反对我的愿望，那么索性拔去这样一个障碍吧，这在我是算不了一回事的，不应该再让这个来管住您的心。

欧 米 尔　　不过上帝的御旨让人家说得那样可怕。

答尔丢夫　　我可以替您除掉这些可笑的恐惧，太太，并且我有消灭这些顾虑的巧妙方法。不错，对于某些欲望的满足，上帝是加以禁止的，不过我们还可以和上帝商量出一些妥协的办法。有一种学问，它能按照各种不同的需要来减少良心的束缚，它可以用动机的纯洁来补救行为上的恶劣。这里面的诀窍，太太，我可以慢慢教给您；只要您肯随着我的指示去做就成了。您尽管满足我的希望吧！一点用不着害怕，一切都由我替您负责，有什么罪过全归我承担好了。您咳嗽得很厉害，太太。

欧 米 尔　　是的，我难受极了。

答尔丢夫　　这儿有甘草糖，您要吃一块吗？

欧 米 尔　　我的伤风无疑地是一种顽抗性的恶伤风；我知道世界上任何药也治不好我的病。

答尔丢夫　　这当然是很讨厌的。

欧 米 尔　　是的，简直没法儿说。

答尔丢夫　　说到最后，您的顾虑是容易打消的。您可以万安，这儿的事是绝对秘密的。一件坏事只是被人嚷嚷得满城风雨的时候才成其为坏事；所以叫人不痛快，只是因为要挨大众的指摘，如果一声不响地犯个把过失是不算犯过失的。

欧 米 尔　　（又咳嗽）说了半天，我看出来我不答应是不行的了。必须把我的一切都给了您，如果不这么办，我就别想让您心满意足，别想让您心服口服。当然，逼得非走这一步不可,是很讨厌的;我跨过这一关,实在是身不由己;但是,既然有人一定要逼着我这么办,既然我不管说什么他也不肯信,非得要更确凿的证据不可,那么我只好下了决心听人去摆布了,如果答应这样办,本身会有什么害处,那就是逼着我这么办的人,自己活该倒霉,有什么错处当然不能派在我身上。

答尔丢夫　是的,太太,有人负责的,这个事本来就……
欧 米 尔　您把门打开一点儿,请您看看我丈夫是不是在走廊里。
答尔丢夫　您何必对他操这份心呢?咱们俩说句私语,他是一个可以牵着鼻子拉来拉去的人,咱们这儿谈的这些话,他还认为是给他增光露脸呢,再说,我已经把他收拾得能够见什么都不信了。
欧 米 尔　不管怎么样,还是请您出去一会,在外面到处仔细去看一看。

第 六 场

奥 尔 恭　(从桌下出来)这真是一个万恶的坏人,我承认了。我真没想到,这简直是要我的命。
欧 米 尔　怎么?你这么早就出来了?你这不是拿人开心吗!赶快回到桌毯底下去,还没到时候呢;你应该等候到底,索性把事情看个水落石出,不要单单凭信那些揣测之词。
奥 尔 恭　不用了,地狱里跑出来的魔鬼也没有他这么凶恶。
欧 米 尔　天啊!你不应该太随便轻信一宗事。你把证据看清楚了再认输,你可别心急,免得把事情看错。(她把丈夫拉在身后)

第 七 场

答尔丢夫　太太,一切都帮着我来满足我的希望;我亲眼把这一部分房子全看过了;一个人也没有;我真快活死了……
奥 尔 恭　(拦住他)慢来,你太听从你的情欲了,你先别这么冲动。哎哟!好一个善人,你想骗我!你的心灵竟这么经不住诱惑!你又打算娶我的女儿,又来勾引我的妻子,我一向本是不相信别人说的话是真实的,并且我总以为早晚他们会改变他们的说法;可是现在不必再往下追求证据了,这就够了,我用不着更多的证据了。
欧 米 尔　(向答尔丢夫)依我的脾气,我是不愿意这么办的,不过他们要我这样对待你。
答尔丢夫　什么?你以为……
奥 尔 恭　算了吧!用不着嚷嚷。马上给我滚蛋,别让我费事。
答尔丢夫　我的计划是……
奥 尔 恭　你那一套一套的议论全都过了时啦,你马上给我离开这儿。
答尔丢夫　别看你像主人似的发号施令,可是应该离开这儿的却是你;因为这个家是我的家,我回头就叫你知道,要叫你看看用这些无耻的诡计来跟我捣蛋,那叫瞎费心力,未侮辱我以前你倒是先想一想有这份本事没有呀?我有的是法子来戳破你们这条奸计,来惩罚你们这些人,并且要替被侮辱的上帝复仇,叫那个要撵我出去的人后悔都来不及。

第 八 场

欧 米 尔　这是什么话?他这是什么意思?
奥 尔 恭　说真的,我真没有办法了,这可不是闹着玩的事。
欧 米 尔　怎么了?
奥 尔 恭　我看出我错就错在他说的这番话上了,赠送产业的事让我为了难。
欧 米 尔　赠送产业?
奥 尔 恭　是的,这是一件无可挽回的事了。不过我还有别的事更让我不放心呢。
欧 米 尔　什么事?
奥 尔 恭　你将来全会知道的。不过现在咱们先得去看看有一个小首饰箱是否还在楼上。

注释

① 选自《伪君子》,莫里哀著,赵少侯译,人民文学出版社 1955 年版。本文为第四幕节选。《伪君子》不仅是戏剧史上的巅峰之作,同时也开启了莫里哀以手中之笔批判社会现实问题、反封建反宗教统治的全盛时期。

作品简析

《伪君子》围绕父亲专制包办女儿婚姻的冲突展开剧情。冲突起因是奥尔恭想让骗子答尔丢夫变成自己"家里的人",方法是把女儿玛丽亚娜嫁给他。为此,他强迫爱女解除跟瓦赖尔的原订婚约。这对未婚情侣求助于侍女桃丽娜出谋划策,让其去找女方的哥哥和后妈帮忙。后妈欧米尔请答尔丢夫面谈,劝他别从中阻挠一对青年的婚事,不料骗子答尔丢夫竟趁机向她表白爱情。该事被躲在套间里偷听的儿子达米斯撞见,他立即在奥尔恭面前告发;父亲以为是儿子造谣,一怒之下将其赶出家门,取消了他的财产继承权,并马上去办了法律手续,将全部家产赠给答尔丢夫,而且宣布当天晚上就让女儿与骗子订婚。欧米尔设计让骗子当场出丑,才使丈夫清醒过来。伪装一撕破,答尔丢夫露出了狰狞的面目:法院依据奥尔恭赠送财产的契约,通知原主,天亮前全部搬走;接着骗子告了御状,带领侍卫官前来抓人。多亏国王"察微知隐",使恶人受惩,好人获恕。结尾是奥尔恭感谢皇恩浩荡,同意了女儿和瓦赖尔的婚事。

《伪君子》是一部集中揭露、打击宗教骗子、伪信士的讽刺喜剧。破落贵族答尔丢夫披上宗教外衣,冒充"良心导师",迷惑住了巴黎富商奥尔恭及其母亲柏奈尔夫人,被他们供养在家中。女仆桃丽娜却头脑清醒,目光敏锐,最先看透了答尔丢夫的伪道德嘴脸,领导着奥尔恭的后妻欧米尔、前妻之女玛丽亚娜和儿子达米斯等人,与宗教骗子进行了坚决有效的斗争。

思辨与感悟

1. 请结合《伪君子》全文,谈谈你对等级观念的看法。
2. 认真阅读本幕剧本,请分析奥尔恭和答尔丢夫的人物性格,并举例说明。

玩 偶 之 家(节选)①

[挪威]易卜生

> 亨利克·易卜生(1828—1906),生于挪威希恩,是一位影响深远的挪威剧作家,被认为是欧洲近代现实主义戏剧的创始人。他的许多剧作在当时被认为是丑闻,因为当时维多利亚式的家庭价值观和礼仪是社会的标准,而任何对这个标准提出疑义和挑战的看法都被看做是不道德和可憎的。

娜　拉　(看自己的表)时候还不算晚。托伐②,坐下,咱们有好些话要谈一谈。(她在桌子一头坐下)

海尔茂　娜拉,这是什么意思?你的脸色冰冷铁板似的——

娜　拉　坐下。一下子说不完。我有好些话跟你谈。

海尔茂　(在桌子那一头坐下)娜拉,你把我吓了一大跳。我不了解你。

娜　拉　这话说得对,你不了解我,我也到今天晚上才了解你。别打岔。听我说下去。托伐,咱们必须把总账算一算。

海尔茂　这话怎么讲?

娜　拉　(顿了一顿)现在咱们面对面坐着,你心里有什么感想?

海尔茂　我有什么感想?

娜　拉　咱们结婚已经八年了,你觉得不觉得,这是头一次咱们夫妻正正经经谈谈话?

海尔茂　正正经经!这四个字怎么讲?

娜　拉　这整整的八年——要是从咱们认识的时候算起,其实还不止八年——咱们从来没在正经事情上谈过一句正经话。

海尔茂　难道要我经常把你不能帮我解决的事情麻烦你?

娜　拉　我不是指着你的业务说。我说的是,咱们从来没坐下来正正经经细谈过一件事。

海尔茂　我的好娜拉,正经事跟你有什么相干?

娜　拉　咱们的问题就在这儿!你从来就没了解过我。我受尽了委屈,先在我父亲手里,后来又在你手里。

海尔茂　这是什么话!你父亲和我这么爱你,你还说受了我们的委屈!

娜　拉　(摇头)你们何尝真爱过我,你们爱我只是拿我当消遣。

海尔茂　娜拉,这是什么话!

娜　拉　托伐,这是老实话。我在家跟父亲过日子的时候,他把他的意见告诉我,我就跟着他的意见走。要是我的意见跟他不一样,我也不让他知道,因为他知道了会不

	高兴。他叫我"泥娃娃孩子",把我当作一件玩意儿,就像我小时候玩儿我的泥娃娃一样。后来我到你家来住着——
海尔茂	用这种字眼形容咱们的夫妻生活简直不像话!
娜 拉	(满不在乎)我是说,我从父亲手里转移到了你手里。跟你在一块儿,事情都归你安排。你爱什么我也爱什么,或者假装爱什么——我不知道是真还是假——也许有时候真,有时候假。现在我回头想一想,这些年我在这儿简直像个要饭的叫花子,要一口,吃一口。托伐,我靠着给你要把戏过日子。可是你喜欢我这么做。你和我父亲把我害苦了。我现在这么没出息都要怪你们。
海尔茂	娜拉,你真不讲理,真不知好歹!你在这儿过的日子难道不快活?
娜 拉	不快活。过去我以为快活,其实不快活。
海尔茂	什么!不快活!
娜 拉	说不上快活,不过说说笑笑凑个热闹罢了。你一向待我很好。可是咱们的家只是一个玩儿的地方,从来不谈正经事。在这儿我是你的"泥娃娃老婆",正像我在家里是我父亲的"泥娃娃女儿"一样。我的孩子又是我的泥娃娃,你逗着我玩儿,我觉得有意思,正像我逗孩子们,孩子们觉得有意思。托伐,这就是咱们的夫妻生活。
海尔茂	你这段话虽然说得太过火,倒也有点儿道理。可是以后的情形就不一样了。玩儿的时候过去了,现在是受教育的时候了。
娜 拉	谁的教育?我的教育还是孩子们的教育?
海尔茂	两方面的,我的好娜拉。
娜 拉	托伐,你不配教育我怎样做个好老婆。
海尔茂	你怎么说这句话?
娜 拉	我配教育我的孩子吗?
海尔茂	娜拉!
娜 拉	刚才你不是说不敢再把孩子交给我吗?
海尔茂	那是气头儿上的话,你老提它干什么!
娜 拉	其实你的话没说错。我不配教育孩子。要想教育孩子,先得教育我自己。你没资格帮我的忙。我一定得自己干。所以现在我要离开你。
海尔茂	(跳起来)你说什么?
娜 拉	要想了解我自己和我的环境,我得一个人过日子,所以我不能再跟你待下去。
海尔茂	娜拉!娜拉!
娜 拉	我马上就走。克立斯替纳一定会留我过夜。
海尔茂	你疯了!我不让你走!你不许走!
娜 拉	你不许我走也没用。我只带自己的东西。你的东西我一件都不要,现在不要,以后也不要。
海尔茂	你怎么疯到这步田地!
娜 拉	明天我要回家去——回到从前的老家去。在那儿找点事情做也许不大难。
海尔茂	喔,像你这么没经验——

娜　拉　我会努力去吸取。
海尔茂　丢了你的家,丢了你丈夫,丢了你儿女!不怕人家说什么话!
娜　拉　人家说什么不在我心上。我只知道我应该这么做。
海尔茂　这话真荒唐!你就这么把你最神圣的责任扔下不管了?
娜　拉　你说什么是我最神圣的责任?
海尔茂　那还用我说?你最神圣的责任是你对丈夫和儿女的责任。
娜　拉　我还有别的同样神圣的责任。
海尔茂　没有的事!你说的是什么责任?
娜　拉　我说的是我对自己的责任。
海尔茂　别的不用说,首先你是一个老婆,一个母亲。
娜　拉　这些话现在我都不信了。现在我只信,首先我是一个人,跟你一样的一个人——至少我要学做一个人。托伐,我知道大多数人赞成你的话,并且书本儿里也是这么说。可是从今以后我不能一味相信大多数人说的话,也不能一味相信书本儿里说的话。什么事情我都要用自己脑子想一想,把事情的道理弄明白。
海尔茂　难道你不明白你在自己家庭的地位?难道在这些问题上没有颠扑不破的道理指导你?难道你不信仰宗教?
娜　拉　托伐,不瞒你说,我真不知道宗教是什么。
海尔茂　你这话怎么讲?
娜　拉　除了行坚信礼的时候牧师对我说的那套话,我什么都不知道。牧师告诉过我,宗教是这个,宗教是那个。等我离开这儿一个人过日子的时候我也要把宗教问题仔细想一想。我要仔细想一想牧师告诉我的话究竟对不对,对我合用不合用。
海尔茂　喔,从来没听说过这种话!并且还是从这么个年轻女人嘴里说出来的!要是宗教不能带你走正路,让我唤醒你的良心来帮助你——你大概还有点道德观念吧?要是没有,你就干脆说没有。
娜　拉　托伐,这个问题不容易回答。我实在不明白。这些事情我摸不清。我只知道我的想法跟你的想法完全不一样。我也听说,国家的法律跟我心里想的不一样,可是我不信那些法律是正确的。父亲病得快死了,法律不许女儿给他省烦恼。丈夫病得快死了,法律不许老婆想法子救他的性命!我不信世界上有这种不讲理的法律。
海尔茂　你说这些话像个小孩子。你不了解咱们的社会。
娜　拉　我真不了解。现在我要去学习。我一定要弄清楚,究竟是社会正确,还是我正确。
海尔茂　娜拉,你病了,你在发烧说胡话。我看你像精神错乱了。
娜　拉　我的脑子从来没像今天晚上这么清醒、这么有把握。
海尔茂　你清醒得、有把握得要丢掉丈夫和儿女?
娜　拉　一点不错。
海尔茂　这么说,只有一句话讲得通。
娜　拉　什么话?

海尔茂　那就是你不爱我了。

娜　拉　不错,我不爱你了。

海尔茂　娜拉!你忍心说这话!

娜　拉　托伐,我说这话心里也难受,因为你一向待我很不错。可是我不能不说这句话。现在我不爱你了。

海尔茂　(勉强管住自己)这也是你清醒的有把握的话?

娜　拉　一点不错。所以我不能再在这儿待下去。

海尔茂　你能不能说明白我究竟做了什么事使你不爱我?

娜　拉　能。就因为今天晚上奇迹没出现,我才知道你不是我理想中的那等人。

海尔茂　这话我不懂,你再说清楚点。

娜　拉　我耐着性子整整等了八年,我当然知道奇迹不会天天有。后来大祸临头的时候,我曾经满怀信心地跟自己说:"奇迹来了!"柯洛克斯泰把信扔在信箱里以后,我决没想到你会接受他的条件。我满心以为你一定会对他说:"尽管宣布吧。"而且你说了这句话之后,还一定会——

海尔茂　一定会怎么样?叫我自己的老婆出丑丢脸,让人家笑骂?

娜　拉　我满心以为你说了那句话之后,还一定会挺身出来,把全部责任担在自己肩膀上,对大家说:"事情都是我干的。"

海尔茂　娜拉——

娜　拉　你以为我会让你替我担当罪名吗?不,当然不会。可是我的话怎么比得上你的话那么容易叫人家信?这正是我盼望它发生又怕它发生的奇迹。为了不让奇迹发生,我已经准备自杀。

海尔茂　娜拉,我愿意为你日夜工作,我愿意为你受穷受苦。可是男人不能为他爱的女人牺牲自己的名誉。

娜　拉　千千万万的女人都为男人牺牲过名誉。

海尔茂　喔,你心里想的嘴里说的都像个傻孩子。

娜　拉　也许是吧。可是你想的和说的也不像我可以跟他过日子的男人。后来危险过去了——你不是怕我有危险,是怕你自己有危险——不用害怕了,你又装作没事人儿了。你又叫我跟从前一样乖乖地做你的小鸟儿,做你的泥娃娃,说什么以后要格外小心保护我,因为我那么脆弱不中用。(站起来)托伐,就在那当口,我好像忽然从梦中醒过来,我简直跟一个生人同居了八年,给他生了三个孩子。喔,想起来真难受!我恨透了自己没出息!

海尔茂　(伤心)我明白了,我明白了,在咱们中间出现了一道深沟。可是,娜拉,难道咱们不能把它填平吗?

娜　拉　照我现在这样子,我不能跟你做夫妻。

海尔茂　我有勇气重新再做人。

娜　拉　在你的泥娃娃离开你之后——也许有。

海尔茂　要我跟你分手!不,娜拉,不行!这是不能设想的事情。

娜　拉　(走进右边屋子)要是你不能设想,咱们更应该分开。(拿着外套、帽子和旅行小

　　　　　提包又走出来,把东西搁在桌子旁边椅子上)
海尔茂　娜拉,娜拉,现在别走。明天再走。
娜　拉　(穿外套)我不能在生人家里过夜。
海尔茂　难道咱们不能像哥哥妹妹那么过日子?
娜　拉　(戴帽子)你知道那种日子长不了。(围披肩)托伐,再见。我不去看孩子了。我知道现在照管他们的人比我强得多。照我现在这样子,我对他们一点儿用处都没有。
海尔茂　可是,娜拉,将来总有一天——
娜　拉　那就难说了。我不知道我以后会怎么样。
海尔茂　无论怎么样。你还是我的老婆。
娜　拉　托伐,我告诉你。我听人说,要是一个女人像我这样从她丈夫家里走出去,按法律说,她就解除了丈夫对她的一切义务。不管法律是不是这样,我现在把你对我的义务全部解除。你不受我拘束,我也不受你拘束。双方都有绝对的自由。拿去,这是你的戒指。把我的也还我。
海尔茂　连戒指也要还?
娜　拉　要还。
海尔茂　拿去。
娜　拉　好。现在事情完了。我把钥匙都搁这儿。家里的事佣人都知道——她们比我更熟悉。我动身之后,克立斯蒂纳会来给我收拾我从家里带来的东西。我会叫她把东西寄给我。
海尔茂　完了!完了!娜拉,你永远不会再想我了吧?
娜　拉　喔,我会时常想到你,想到孩子们,想到这个家。
海尔茂　我可以给你写信吗?
娜　拉　不,千万别写信。
海尔茂　可是我总得给你寄点儿——
娜　拉　什么都不用寄。
海尔茂　你手头不方便的时候我得帮点忙。
娜　拉　不必,我不接受生人的帮助。
海尔茂　娜拉,难道我永远只是个生人?
娜　拉　(拿起手提包)托伐,那就要等奇迹中的奇迹发生了。
海尔茂　什么叫奇迹中的奇迹?
娜　拉　那就是说,咱们俩都得改变到——喔,托伐,我现在不信世界上有奇迹了。
海尔茂　可是我信。你说下去!咱们俩都得改变到什么样子——?
娜　拉　改变到咱们在一块儿过日子真正像夫妻。再见。(她从门厅走出去)
海尔茂　(倒在靠门的一张椅子里,双手蒙着脸)娜拉!娜拉!(四面望望,站起身来)屋子空了。她走了。(心里闪出一个新希望)啊!奇迹中的奇迹——
　　　　　(楼下砰的一响传来关大门的声音)

注释

① 选自《外国文学名著选》,程陵选编,中央广播电视大学出版社1994年版。个别字有改动。本文为第三幕节选,译者为潘家洵。《玩偶之家》是易卜生首个引起轰动的作品,堪称是易卜生最有代表性的社会问题剧。它尖锐地批评了19世纪的婚姻模式,故在出版初期极具争议性。　② 托伐:海尔茂全名托伐·海尔茂。

 作品简析

三幕话剧《玩偶之家》是易卜生的代表作,剧本结构紧凑,情节集中。全剧采用追溯的手法,主要写主人公娜拉从爱护丈夫、信赖丈夫到与丈夫决裂,最后离家出走,摆脱玩偶地位的自我觉醒过程。海尔茂律师刚谋到银行经理一职,正欲大展宏图。他的妻子娜拉请他帮助老同学林丹太太找份工作,于是海尔茂解雇了手下的小职员柯洛克斯泰,准备让林丹太太接替空出的位置。娜拉前些年为给丈夫治病而借债,无意中犯了伪造字据罪,柯洛克斯泰拿着字据要挟娜拉。海尔茂看了柯洛克斯泰的揭发信后勃然大怒,骂娜拉是"坏东西""罪犯""下贱女人",说自己的前程全被毁了。待柯洛克斯泰被林丹太太说动,退回字据时,海尔茂快活地叫道:"娜拉,我没事了,我饶恕你了。"但娜拉却不饶恕他,因为她已看清,丈夫关心的只是他的地位和名誉,所谓"爱""关心",只是拿她当玩偶。于是她断然出走了。

《玩偶之家》曾被比作"妇女解放运动的宣言书"。在这个宣言书里,娜拉终于觉悟到自己在家庭中的玩偶地位,并向丈夫严正地宣称:"首先我是一个人,跟你一样的人——至少我要学做一个人。"以此作为对以男权为中心的社会传统观念的反叛。

思辨与感悟

1. 认真阅读本幕剧本,谈谈你对女性解放的认识。
2. 如果放在现代社会,娜拉出走后会怎样?试着续写剧本,为她设计一个结局。

第七讲　戏剧人生

 扩展阅读
茶馆(节选)(老舍)

 扩展阅读
等待戈多(节选)([爱尔兰]塞缪尔·贝克特)

圆桌议题

1. 请分析《奥赛罗》和《牡丹亭》中所表达的对爱情的不同理解,并结合自己的经验和感悟,谈谈你的爱情观。
2. 请分析《赵氏孤儿》和《屈原》中所表达的家国情怀,并结合自己的经验和感悟,谈谈你的荣辱观。
3. 请结合本节中的文章,谈谈中外戏剧在语言表达艺术上有何不同。

中编 应用写作

第一讲　公务文书

通　　知

一、通知的概念

通知是运用广泛的知照性公文,适用于发布、传达要求下级机关执行和有关单位周知或者执行的事项,批转、转发公文。

微课:应用写作基础知识(上)

二、通知的分类

(一) 发布性通知

发布性通知用于有关行政法规、规章、办法、细则的发布。发布性通知往往带有强制性、指挥性和决策性的特点。

(二) 转发性通知

转发性通知用于转发上级或不相隶属机关的公文,需在标题中注明"转发"字样。

(三) 批转性通知

批转性通知用于对下级机关的公文加批语下发,需在标题中加"批转"两字。

微课:应用写作基础知识(下)

(四) 布置性通知

布置性通知用于要求下级机关办理相关事项或执行相关任务,如布置工作、执行任务、安排活动等。

(五) 知照性通知

知照性通知用于告知有关单位某些事项。如设立或撤销机构、迁移办公地点、启用或更换印章、调整办公时间等事项。

(六) 会议通知

会议通知用于告知有关单位或人员参加会议事宜。

(七) 任免通知

任免通知用于告知有关单位或个人人事任免事项。

视频:行政公文的写作

三、通知的特点

(一) 使用范围广泛

通知使用广泛,是各级党政机关、人民团体、企事业单位使用最多的公文。

(二) 具有指导性

通知多数情况下对受文对象会提出需要知晓、执行或办理的事项,具有指挥、指导作用。

(三) 有明显的时效

通知事项一般要求立即知晓、执行或办理,不容拖延。有的通知如会议通知,只在特定的一段时间里有效。

四、通知的结构

通知的结构包括标题、主送机关、正文、落款四部分。

(一) 标题

通知的标题有完全式和省略式两种。完全式标题是发文机关、事由、文种齐全的标题,省略式标题则根据需要省去发文机关一项,或者根据需要简化标题。省略式标题有如下三种情况。

1. 省略发文机关

如《关于印发〈××××××〉的通知》。如果是两个单位以上联合发文,不能省略发文机关。

2. 省略多余的"关于"和"的通知"字样

主要是用于转发性和批转性通知的标题。这两种文件的标题由"发文机关+发布(批转、转发)+被发布文件标题+通知"构成。被发布、批转、转发的公文一般不加书名号(除法规、规章、办法、细则、标题)。有时由于被批转、转发公文标题中已有"关于"和"通知"字样,或者被批转、转发的公文标题比较长,这时,通知的标题一般可保留末次发布(批转、转发)文件机关和始发文件机关,省略多余的"关于"和"通知"字样。如《××县人民政府关于转发××市人民政府关于转发××省人民政府关于转发〈人事部关于×××同志恢复名誉后享受××级待遇的通知〉的通知的通知的通知》,可简化为《××县人民政府转发人事部关于×××同志恢复名誉后享受××级待遇的通知》。

3. 省略发文机关和事由,只写文种"通知"

这种写法一般在非文件的通知中使用,且当通知范围比较小、内容比较简单时才运用。多用于企事业单位内部。

(二) 主送机关

主送机关即受文对象,根据实际情况,可以是一个或几个甚至所有的有关单位。

(三) 正文

通知的正文主要包括缘由、事项、要求三部分。下面介绍几种通知正文的写法。

1. 发布性通知

发布性通知的正文,开头先写发文的缘由、背景、依据;在主体部分,或写发布的行政法规、规章制度、办法、措施等,或写带有强制性、指挥性、决策性的原则(或指示性意见)、具体工作要求等。

2. 转发、批转性通知

转发、批转性通知正文写法大体相同,包括两方面:批语;批转、转发或印发的规章或文件。批语内容比较简单,只要说明批转、转发或印发的文件名称和有关要求即可。对有些比较复杂的文件,则可增加相应内容,或者对如何实施作具体说明,或者说明批转的目的或陈述的理由。

3. 布置性通知

布置性通知的正文开头先写发文的缘由或目的。主体部分即通知的具体内容,要把布置的工作或任务写清楚,在布置工作时要围绕"办什么事""为什么办这些事""怎样办这些事"来写。内容多的情况可采用分条列项的写法。结尾多提出贯彻执行的要求,如"请遵照执行""请认真贯彻执行"。也有的通知不写结尾。

4. 知照性通知

知照性通知的正文将受文对象需要了解的事项叙述清楚就可以了。

5. 会议通知

会议通知正文内容一般包括:会议名称、召开会议的原因与目的、会议议题、会议时间与地点、报到时间与地点、与会人员、与会者需准备的材料、联系单位、联系人与联系方式等,通常采用分条列项式写法。

6. 任免通知

任免通知正文一般在写完任免决定的依据后,写上任免人员的姓名及职务。

(四) 落款

如果在标题中已标明发文机关,落款时可以省略。

五、通知的写作要领

(1) 发布性通知行文要简洁。发布性通知的事项,一般具有影响面大、比较紧急和有一定政策性的特点。

(2) 在批转和转发性通知中,批转、转发的文件是通知的主体内容。批转和转发性通知行文要言明依据,阐明意义。

(3) 布置性通知要写得具体、明确,具有可行性。缘由要简明扼要、抓住要害;主体部分如果内容复杂,重要的内容详细写,放在前面;次要的内容,应尽量简化,放在后面。

测试:通知

(4) 知照性通知要强调晓谕性,这种通知行文的目的是让受文对象了解有关事项。

(5) 会议通知应开门见山,直陈其事,表述准确,与会议有关的项目不能错漏。

六、通知的范文

范文1

共青团中央关于全团认真学习宣传贯彻党的二十大精神的通知

共青团各省、自治区、直辖市委,中央军委政治工作部组织局群团处,全国铁道团委,全国民航团委,中央和国家机关团工委,中央金融团工委,中央企业团工委,新疆生产建设兵团团委:

为深入学习宣传贯彻党的二十大精神,把全团思想和行动统一到党的二十大精神上来,把智慧和力量凝聚到完成党的二十大确定的各项任务上来,更好团结引领广大青少年紧跟党奋进新征程、夺取新胜利,根据《中共中央关于认真学习宣传贯彻党的二十大精神的决定》要求,现就有关工作通知如下。

一、深刻认识党的二十大重大意义,在全团迅速兴起学习宣传贯彻党的二十大精神热潮

党的二十大是在全党全国各族人民迈上全面建设社会主义现代化国家新征程、向第二个百年奋斗目标进军的关键时刻召开的一次十分重要的大会。大会批准了习近平同志代表十九届中央委员会所作的报告,批准了十九届中央纪律检查委员会的工作报告,审议通过了《中国共产党章程(修正案)》,选举产生了新一届中央委员会和中央纪律检查委员会。党的二十届一中全会选举产生了以习近平同志为核心的新一届中央领导集体,反映了全党全军全国各族人民共同心愿。党的二十大是一次高举旗帜、凝聚力量、团结奋进的大会,在党和国家发展进程中具有极其重大的历史意义……

二、准确把握全团学习宣传贯彻工作的目标要求,持续推动党的二十大精神在青少年中入耳入脑入心

学习宣传贯彻党的二十大精神要在全面学习、全面把握、全面落实上下功夫,统筹当前和长远,明确目标和任务,结合共青团实际和青少年特点,遵循规律、把握节奏、突出重点,有序有力推进。

在推进阶段上,从大会闭幕到明年年中是全团集中学习宣传贯彻党的二十大精神时期,具体分为三个阶段。第一个阶段为大会闭幕至11月下旬,以认真学习领会大会精神为主要任务,围绕"五个牢牢把握",引导广大团员青年深刻领会党的二十大的主题,深刻领会过去5年工作和新时代10年伟大变革,深刻领会习近平新时代中国特色社会主义思想的世界观和方法论,深刻领会中国式现代化的中国特色和本质要求,深刻领会新时代新征程党和国家事业的重大战略部署,深刻领会坚持党的全面领导和全面从严治党的重大部署,深刻领会团结奋斗的时代要求,深刻领会构建人类命运共同体的重要理念,深刻领会党对青年一代的殷切期望和对青年工作的战略关注。第二个阶段为11月底至明年1月,以转化落实大会部署为主要任务,对标党的二十大提出的重要部署,理解团、青、学、少工作的结合点,加强研究思考,形成工作大纲。第三个阶段为明年1月至明年年中,

以全面推进落实、谋划长远战略为主要任务,在全面深入学习党的二十大精神和全国"两会"精神基础上,深入开展调查研究,全面谋划工作方案,把各项学习研究成果全面反映到团十九大部署安排上。各地各系统团组织要把落实上述各阶段任务与落实既定工作部署紧密结合起来、协同推进。

在目标任务上,团的各级领导机关干部特别是专职干部,要认真研读党的二十大及此后相关会议、相关活动的全部材料,全面理解和掌握大会精神和战略安排,深刻领会大会对党的青年工作的战略性要求,具备面向青年宣讲和指导工作实践的能力。机关事业单位和国有企业中的团员,要以学习党的二十大报告和《党章》为主,延伸阅读《辅导读本》、《辅导百问》等材料,比较深入地理解大会精神和战略安排以及与个人职业领域相关的重大论断,激发岗位建功的持久动力。大学生团员,要以学习党的二十大报告和《党章》为主,比较深入地理解大会精神和战略安排,对中国式现代化、全过程人民民主、全人类共同价值等重要概念和教育、科技、人才等相关论断有深刻认识,树立投身国家重大战略和到祖国最需要的地方建功立业的职业观、事业观。中学生团员,要以学习党的二十大报告和《党章》中的重点内容为主,突出成就教育,精选大会相关新闻报道辅助学习,校准人生成长航向,树立远大理想。组织带动社会领域青年以参加基层宣讲和学习融媒体宣传产品为主,充分认识新时代伟大成就和伟大变革,了解党和国家大政方针,增强投身全面建设社会主义现代化国家的主动精神。少先队员,要以聆听领袖故事、寻访伟大成就、畅想美好未来、争做时代新人等活动为主,增强对习近平总书记的爱戴、对新时代伟大成就的自豪、对社会主义现代化美好前景的向往。各级团组织要带动青联、学联学生会、团属青年社会组织,针对各自成员和所联系青年群体,结合相应特点,确定学习目标任务,推进学习宣传贯彻。

三、认真抓好学习教育,切实提升针对性、实效性

全团要从实际出发,注重发挥组织优势,广泛发动基层,着眼普遍覆盖,创新方法手段,推动学习宣传贯彻不断走深走细走实。

1. 开展组织化学习。(略)
2. 开展基层宣讲。(略)
3. 组织集中培训。(略)
4. 用好网络新媒体学习手段。(略)

……

共青团中央

2022年11月4日

(资料来源:中国青年报)

【简析】

这是一则布置性通知。通知正文依次写了发文目的、依据之后,用承启语引出通知的具体事项,并采用分条列项式写法,全文条理清楚,规定具体,明白晓畅,是一则规范的通知。

范文 2

关于召开 2022 年度××市科学技术奖励工作会议的通知

各有关单位：

  为了进一步做好今年本市科技奖励管理工作，经研究，定于 3 月 15 日（星期三）下午召开 2022 年度××市科学技术奖励工作会议。现将有关事项通知如下：

一、出席对象

  各单位科技奖励与成果管理负责人 1～2 人。

二、会议内容

  1. 表彰 2022 年度本市科技奖励组织管理先进单位和个人。

  2. 总结 2022 年市科技奖励工作和介绍 2022 年工作要点。

  3. 介绍 2023 年度市科技奖励提名书的填报注意事项。

三、会议时间

  3 月 15 日（星期三）下午 14:00 开始。

四、会议地点

  中山路 1525 号科技宾馆三楼多功能厅（靠近虹中路，轨道交通 13、69 号公交可达）。

五、参会注册

  打开微信扫二维码，按提示信息填写相关资料后点击提交。会场座位有限，为便于安排会务，请于 3 月 10 日上午 8:30 前完成网上注册。

××市科学技术局（印章）
2023 年 3 月 4 日

（资料来源：厦门市科学技术局官网，有改动）

【简析】

  这是一则会议通知。正文开头写会议的目的和会议名称。承启语后，写了会议的与会人员、议题、时间、地点、参会注册等事项。文章层次分明，语言简洁、清晰。

请　　示

一、请示的概念

  请示适用于向上级机关请求指示、批准。具体包括以下五个方面。

  （1）对国家的有关方针政策或上级机关的有关规定、决定等不甚了解或有不同理解，需请上级机关解释或重新审定。

  （2）工作中出现了新情况、新问题，必须处理却又无章可循、无法可依，有待上级机关批示。

  （3）需要请求上级解决本地区、本单位的某一具体问题和实际困难。

（4）按上级机关和主管部门的有关政策规定，不经请示有关部门批准，无权自行处理的问题。

（5）涉及全局性或普遍性的而本机关无法独立解决的工作困难和问题，必须请示上级机关以求得到上级机关的协调和帮助。

二、请示的分类

（一）请求指示

这类请示是下级机关遇到问题，由于缺乏政策依据，无法解决；或虽有解决办法，但因对政策有理解不明确、不统一的地方，因而无法实施，需要上级机关给予明确指示。

（二）请求批准

这类请示用于下级机关限于自己的职权，无权自己办理或做出实施的决定，需要请求上级机关批准。

（三）请求支持、帮助

这类请示用于下级机关在工作中遇到经费、物质、人员等方面的困难，自己无法解决，需要上级机关给予帮助。

微课：请示的情境写作

三、请示的特点

（一）请求性

请示是向上级机关请求指示和批准的公文，行文内容具有请求的性质。

（二）超前性

请示必须事前行文，得到上级机关做出批复后才能付诸实施。

（三）求复性

请示行文的目的是要求上级机关对请示的事项做出明确的答复。

（四）单一性

请示事项具有单一性，要求一文一事，即一份请示只能请求指示、批准一件事或解决一个问题。

四、请示的结构

请示的结构包括标题、主送机关、正文和落款四部分。

（一）标题

请示的标题由发文机关、事由和文种构成，发文机关有时可省略，如"关于丹霞山风景名胜区列为国家重点风景名胜区的请示"。由于"请示"本身含有请求、申请之意，因此标题中应尽可能不要出现"申请""请求"类词语，避免造成意义上的重复。

（二）主送机关

请示的主送机关一般只有一个，即直接的上级领导机关。

(三) 正文

请示的正文包括请示缘由、请示事项、请示要求三部分。

1. 请示缘由

请示的缘由是请示的理由或根据。这部分内容要实事求是、有理有据、说明充分、条理清楚。缘由是写作请示的关键,直接关系请示事项能否成立,会影响上级机关的审批态度。

2. 请示事项

请示事项指请求上级机关给予指示、批准、支持或帮助的具体内容。请示的事项要符合国家法律法规,符合实际,具有可行性和可操作性。所提事项要具体、明确,如果内容比较复杂,可以分条列项写。

3. 请示要求

常用的表达请示要求的惯用语有"妥否,请批复""当否,请批复""特此请示,请予批准""以上请示,请审批"等。这是请示结尾必不可少的内容。

(四) 落款

在正文的右下方签署发文机关和成文时间。

五、请示的写作要领

测试:请示

(1) 一文一事。《党政机关公文处理工作条例》规定,一份请示只能写一件事。

(2) 单头请示。请示一般只送一个上级领导机关,不能同时主送两个或两个以上机关。

(3) 不越级请示。请示一般只送给受其直接领导的上级机关,不越级请示。请示一般不直接送领导个人,除非是领导直接交办的事项。

(4) 不得抄送下级机关。请示是上行文,不得同时抄送下级机关。

六、请示的范文

范文1

关于追加常态化核酸检测经费的请示

虹欧办〔2022〕9号

虹口区人民政府:

自上海市进入常态化疫情防控阶段以来,欧阳路街道在区委、区政府和区疫情防控领导小组的坚强领导下,进一步落实属地防疫责任,始终坚持落实好常态化疫情防控各项措施。

因常态化防控期间相关经费未列入当年预算,特此申请予以追加,6—9月发生常态化防疫费用共计××万元,其中:

1. 防疫物资采购、保供客饭、保供物资运输、车辆转运、上门收运垃圾及环境消杀等共计××万元。

2. 部分临时封控区域合围封控、帐篷搭设等工程类项目××万元(已出具审价)。
3. 隔离酒店安置、工作人员住宿费用共计××万元。
4. 部分临时封控区域聘请临保、特保、保安保洁等购买服务共计××万元。
5. 6—9月常态化核酸采样点人员补贴××万元,预计10—11月××万元。

另根据虹府办告20200106070号抄告单,区政府同意追加欧阳路街道4—5月防疫专项工作经费的××万元(总额××万元的××)目前已基本使用完毕,现一并申请追加余下××防疫经费(即××万元)。

上述两项合计××万元,特申请区政府予以追加。街道将按规定做好资金使用和防疫资产(物资)管理,确保资金依法合规使用。

以上请示,请予批复。

上海市虹口区人民政府欧阳路街道办事处
2022年11月18日
(资料来源:上海市虹口区人民政府网)

【简析】

以上这则请示行文简洁,请求理由充分、格式规范。该文较好地说明了请示的特点和作用,具有很强的示范性,也完全符合请示的一般行文规则,具有很强的陈请性和期复性。

范文2

静安区司法局关于更新执法执勤用车的请示

上海市司法局:

我局现有大众帕萨特执法执勤用车(沪BD732警)购于2007年9月,原值为247 208.67元,使用年限已超过15年,因使用年限较长,零部件老化等,导致该车辆出现各类故障,维修成本逐年上升,该车辆已经过多次维修,日常使用中存在安全隐患,无法满足执法执勤工作需要。根据市财政局和市司法局联合下发的《关于印发〈上海市司法行政系统执法执勤用车配备使用管理办法(试行)〉的通知》(沪财行〔2013〕78号)中"使用年限超过8年的执法执勤用车可以更新"的有关规定,现申请对牌号为沪BD73×警的执法执勤用车予以更新。

经与区财政局沟通,更新执法执勤用车的资金已纳入年度财政部门预算予以解决,现向市局提请审核,并协助我局办理车辆的处置更新相关手续。

妥否,请批复。

上海市静安区司法局
2022年9月22日
(资料来源:上海市静安区人民政府官网)

【简析】

这是一则需要上级解决更新执法执勤用车的请示,正文开头交代请示的缘由和依据,在陈述困难及事实时,注重用事实与数字说明情况,显得理据充分,明确具体,继而直接提出自己的客观要求,合情合理,最后请求上级明确批复。

报　告

一、报告的概念

报告是机关、单位经常使用的重要的上行文,适用于向上级机关汇报工作、反映情况、回复上级机关的询问。

二、报告的特点

(一) 单向性

报告是下级机关向上级机关汇报工作、反映情况、提出建议时使用的单方向上行文,除需要批转的报告外,一般不需要上级机关给予答复。

(二) 陈述性

报告在汇报工作、反映情况时,所表达的内容和使用的语言都是陈述性的,即以叙述和说明为主。

(三) 事后性

在机关工作中,有"事前请示,事后报告"的说法。多数报告都是在开展了一段时间的工作之后,或者在某种情况发生之后向上级机关做出的汇报,但建议报告除外。

三、报告的分类

(一) 工作报告

工作报告即向上级机关汇报工作的报告,如向上级机关汇报某一阶段工作的进展、成绩、经验、存在问题及打算,汇报上级机关交办事项的结果,汇报对某一指示传达贯彻的情况,向上级机关报送物件或材料等。工作报告也可以提出工作建议。

(二) 情况报告

情况报告即向上级机关汇报出现的新情况、新问题,特别是突发事件、特殊情况、意外事故及处理情况的报告。

(三) 答复报告

答复报告即答复上级机关询问事项的报告。

四、报告的结构

报告的结构包括标题、主送机关、正文、落款四部分。报告的正文一般包括缘由、事项和结尾三部分内容。

(一) 标题

报告的标题由发文机关、事由和文种构成。可根据需要省略发文机关,但事由和文种不能省略,事由要注意概括、提炼。如果标题中省略了发文机关,则落款时必须写明发文机关名称。

(二) 主送机关

一般主送一个上级主管部门。向上级报送的,应写明报送机关名称,在大会上宣读的,可以写出称呼语。

(三) 正文

1. 工作报告正文

内容一般包括基本情况、主要成绩、经验体会、存在问题、对今后的意见或提出有关建议等几个部分。

2. 情况报告正文

实事求是地反映情况,把情况和问题讲清楚,把事情的经过、原委、结果、性质写明白;同时提出处理意见和建议,但不能夹带请示事项。

3. 答复报告正文

正文包括答复依据和答复事项两部分内容。答复依据指上级要求回答的问题,要写得十分简要。答复事项是指针对所提问题答复的意见或处理结果,要有针对性,有问必答。

报告的结尾一般都会使用习惯性用语,常以"特此报告""专此报告""请审阅"等惯用语作结。

(四) 落款

在正文右下角签署发文机关和成文时间。

五、报告的写作要领

(1) 工作报告的内容必须是从实际工作中概括总结出的、能指导今后工作的规律性的内容。

(2) 写情况报告要及时,以便让上级机关及时掌握情况。

(3) 写答复报告要紧紧围绕上级机关提出的问题而回答,做到有问必答,切勿答非所问。

(4) 报告中不能夹带请示事项。

测试:报告

微课:请示与报告文种的区别

六、报告的范文

范文1

××市财政局关于 2021 年度预算绩效管理工作情况的报告

按照《中共中央国务院关于全面实施预算绩效管理的意见》规定的时间表和路线图,

围绕提高财政资金使用绩效,××市财政局扎实推进全面预算绩效管理工作,取得了较好成绩。2021年预算绩效评价工作总体情况如下:

一、全面提升绩效目标质量,强化绩效目标导向
(一)构建绩效指标体系(略)
(二)优化绩效目标设置(略)
(三)扩大绩效目标公开范围(略)
二、持续创新绩效监控管理,健全绩效监控机制
(一)开展预算和绩效运行"双监控"(略)
(二)建立绩效运行监控预警机制(略)
(三)强化绩效运行监控结果应用(略)
三、做深做实做优绩效评价,完善绩效评价体系
(一)推动部门自评"全覆盖"和"首公开"(略)
(二)扩大范围做深绩效评价(略)
(三)完善预算绩效评价体系

(资料来源:厦门市政府网)

【简析】

这是一则工作情况的汇报。正文围绕主旨,从三个方面介绍了预算绩效管理的工作情况。文章内容采用分条列项法,内容排列具有逻辑关系,语言流畅、明晰。

范文2

关于2022年招生计划的报告

湖南省教育厅:

省教育厅《关于申报2022招生专业计划的通知》(×教发〔202×〕×号)收悉。我们对通知的精神进行了认真学习,大家一致表示要落实省教育厅的意见,积极发展高等职业教育,办好社会所需要的各种新型专业。经我校各院系研究,决定2022年申报25个专业,招收本专科学生共3 000名。

特此报告。
附件:湖南交通职业技术学院2022年招生计划表

湖南交通职业技术学院(印章)

2021年6月21日

(资料来源:湖南交通职业技术学院官网)

【简析】

这是一则答复报告。正文开门见山引叙来文,写接到省教育厅通知并已进行学习研究,这是行文的背景。接着以文种承启语导出主体。报告的主体,言简意赅,并有附件。结尾用"特此报告"作结。

函

一、函的概念

函适用于不相隶属机关之间商洽工作、询问和答复问题、请求批准和答复审批事项。函的适用范围可分成以下四个方面。

(1) 不相隶属机关单位之间的商洽性、询问性和答复性的公务联系。

(2) 向不相隶属的业务主管部门请求批准有关事项。

(3) 业务主管部门答复或审批不相隶属的机关请求批准的事项。

(4) 机关单位对个人的公务联系,如答复群众来信。

二、函的分类

(一) 按内容和用途,函可分成两种类型

1. 商洽函

商洽函指不相隶属机关之间商洽工作、联系有关事宜的函。如人员商调、联系参观学习。

微课:函的文种概述

2. 询答函

询答函指不相隶属机关之间相互询问和答复有关问题的函。

(二) 按文面格式,函可分成两种类型

1. 公函

公函属于正式公文,要用带有文头的正式公文用纸并编排文号,并按照一般公文格式和要求行文。

2. 便函

便函格式灵活、简便,写法较自由,可不写标题、不编文号。便函不列入正式文件范围。

(三) 按行文方向,函可分成两种类型

1. 去函

去函也叫来函,即主动发出的函。

2. 复函

复函是针对来函所提出的问题或事项,被动答复的函。

三、函的特点

(一) 使用范围具有广泛性

既可用于相互商洽工作、询问答复问题,又可用于向主管部门请求批准事项及主管部

门审批或答复事项。

(二) 函是典型的平行文
既可平行,又可以上行、下行,但大多数函作平行文。

(三) 行文内容简要
函的内容单一,语言简洁、明了。

四、函的结构

(一) 标题
函的标题一般由发文机关、事由和文种构成,有时也可以省略发文机关,由事由和文种构成。

(二) 正文

1. 去函正文

开头部分写行文的依据、背景、缘由。主体部分一般写商洽、询问、联系、请求批准或答复审批及告知的事项,是什么就写什么,要简明扼要,又要交代清楚。如果事项较复杂,可以分条列项写。

2. 复函正文

由引语和答复意见两部分组成。引语包括引述来函标题及来函文号。答复意见是针对来函所提出的商洽、询问或请求等问题予以的答复。

(三) 结语
不同类型的函结语有别。不必对方回复的函,结语常用"特此函告""特此函达"。要求对方复函的,用"盼复""望函复""请即函复"等语。请批函的结语多用"请批准""请大力协助为盼""望能同意""望准予××是荷"等惯用语。复函的结语常用"特此函复""特此回复""此复"等惯用语。也有的函不写结语。

五、函的写作要领

微课:函

(1) 注意请批函与请示的区别,向有隶属关系的上级机关请求指示、批准事项用请示,向不相隶属的业务主管机关请求批准有关事项,则用请批函。主管机关答复请求审批事项,用审批函。

(2) 开门见山,直奔主题。

(3) 一函一事,简洁明了。

(4) 语言规范得体,尊重对方。函的语言表达非常讲究,对主管机关语言要尊重、恭敬;对级别低的单位语言要平和;对平行单位和不相隶属的单位要以礼相待,态度友善。

六、函的范文

范文1

关于申报梅四居民区创建上海市低碳社区的函

普陀区生态环境局：

为深入贯彻落实本市碳达峰、碳中和目标，引领全社会向绿色低碳转型，积极推进本市"十四五"期间低碳示范创建工作。根据《上海市生态环境局关于印发〈上海市低碳示范创建工作方案〉的函》（沪环气〔2021〕182号）要求，我镇积极探索排摸后，认为梅四居民区在节能减排、低碳等方面有良好的工作基础，创建方案目标明确、内容合理、措施可行，特此申报梅四居民区创建上海市低碳社区。

此函。

长征镇人民政府
2022年9月26日

（资料来源：上海普陀区人民政府网）

【简析】

这是一则告知函。正文的行文背景、依据部分，开门见山，直陈其旨，继而提出要求。文章语言得体，事项明确，思路清晰，行文规范，结尾用语规范。

范文2

关于调整虹口区九所民办学校学费标准的复函

虹口区教育局：

你局《关于上海市民办迅行中学等九所民办中小学学费调整事宜的函》（虹教〔2021〕9号）收悉。根据《上海市发展和改革委员会关于印发〈上海市定价目录〉的通知》（沪发改规范〔2018〕6号），以及《虹口区人民政府关于政府定价事项有关问题的通知》（虹府发〔2018〕18号）文件精神，为促进我区优质民办教育事业的健康发展，经征求市发展改革委意见，并经虹口区人民政府同意，现将我区9所民办学校学费标准调整如下：

……

调整后的收费标准自2021年9月1日起执行。收费标准调整实行"新生新办法，老生老办法"。请接文后通知有关单位办理好相关事宜，做好宣传解释工作，并在醒目位置做好收费公示工作。

特此函复。

虹口区发展和改革委员会
2021年4月25日

（资料来源：上海虹口区人民政府网）

【简析】

这是一则答复函,是业务主管部门答复不相隶属的机关单位的请批事项的公函。正文部分先引述来文,然后通过征求市级相关政府同意,做出调整收费标准,说明清楚、答复明确、操作有指导性。符合批准机关身份。

计　　划

微课:计划的文种概念

一、计划的概念

计划是单位或个人对未来一定时间内要做的工作从目标、任务、要求到措施预先做出设计安排的事务性文书。

二、计划的分类

计划的分类方式有很多种。按计划内容分,有学习计划、工作计划、教学计划、营销计划;按计划性质分,有指导性计划、指令性计划;按计划范围分,有国家计划、地区计划、公司计划、部门计划;按计划时间分,有远景规划、五年计划以及年度、季度、月份计划;按计划写法分,有条文式计划、图表式计划、条文图表结合式计划。

计划是个统称,计划可以根据计划目标远近、时间长短、内容详略等差异来确定名称,如规划、纲要、设想、打算、要点、方案、意见、安排。

(1)规划。规划是一种具有全局性的、时期较长的、内容较为概括的计划。

(2)纲要。纲要和规划相同,但纲要比规划更为概括,一般只对工作方向、目标提出纲领式要求和指导性措施。

(3)设想。设想是一种粗线条的、初步的、预备性的非正式计划。其适用时限较长。

(4)打算。打算也是一种粗线条的、想法不太成熟的非正式计划。相对设想,它的内容范围不大且多考虑近期要做的事情。

(5)要点。要点是将计划的主要内容择要摘编,使之简明突出,适用于时间相对较短的计划。

(6)方案。方案从目的、要求、方式、方法、进度等角度,对专项工作进行具体周密的部署,有很强的操作性。

(7)意见。意见适用于上级向下级布置工作任务并提供基本的思路、方法,交代政策,提出要求等的粗线条计划。

(8)安排。对短期内工作进行具体布置的计划。

三、计划的特点

(一)目的性

计划要对工作做全面合理的安排,规定工作的总体目标和任务,然后将其分解为若干个分目标,具体规定一段时间内的工作任务、预定的指标及措施、方法等。因此,计划有明确的目的性。

(二) 预见性

计划是在工作没有开始之前就应该制订出来的,是为未来工作目标或实践活动做出的一种预想性的部署和安排。

(三) 可行性

计划中确定的工作目标要适当、可实现,工作任务的措施、办法和要求必须具体明确、切实可行、符合实际。

(四) 指导性

计划是工作行动的纲领和准则,对具体的工作具有明确的指导性。

四、计划的结构

(一) 标题

计划标题一般由计划的制订单位的名称、计划时限、内容性质及计划名称四部分构成。依据计划文本的成熟程度,有可能出现第五个部分,即在标题尾部加括号注明:草案、初稿、征求意见稿、送审稿等。如《××市公司 2023 年营销工作计划(讨论稿)》。计划标题也可根据实际需要省略某些要素:省略时限,如《××公司营销方案》;省略单位,如《2023 年工会工作要点》;省略单位和时限,如《毕业生就业工作计划》;凡省略单位的标题必须在正文后署名。

(二) 正文

1. 前言

前言要简明扼要,包括四方面的内容:一是说明制订计划的依据;二是概述本单位的基本情况,分析完成计划的主、客观条件;三是提出总的任务和要求,或完成计划指标的意义;四是指出制订计划的目的。这四方面的内容可根据实际情况做出适当选择,然后以"为此,特制订计划如下"作为过渡语,引出主体部分。

2. 主体

主体一般必须写清以下三方面的内容:一是目标与任务,明确指出某一时段内要完成的工作目标;二是办法与措施,写清楚采取什么办法、利用什么措施、动用哪些力量、创造哪些条件、通过哪些途径来完成任务,制订的措施、办法要具体、有可操作性;三是时限与步骤,写明实现计划的完成时限、分几个步骤或几个阶段。

微课:计划的情境写作

(三) 结语

可以说明计划的执行要求,也可以提出希望或号召,也有的计划不专门写结语。

五、计划的写作要领

(1) 实事求是,切实可行。计划必须符合党和政府的方针政策、法令法规,并能适合本地区、本单位或本人的实际情况。

(2) 明确具体。计划的目标、任务、措施、步骤等要写得明确具体,具有可操作性。

测试:计划

（3）语言要准确明晰。

六、计划的范文

范文1

××市义务植树造林2023年春季工作计划（草案）

根据第五届全国人民代表大会第四次会议通过的《关于开展全民义务植树运动的决议》文件精神，希望我市广大人民群众积极响应党和政府的号召，人人争当义务植树的突击手，个个为绿化祖国贡献力量。为此，我市在今年春季要做好以下几项工作。

一、任务与要求

（一）我市今年春季计划造林面积×××亩，植树××××株。要求每人平均3～5株，并保证成活。

（二）为确保以市政府为领导、以各区为单位、以全民义务植树造林指挥部为指导的群众性的植树造林活动顺利开展，市政府要求：

1. 各机关、团体的领导要带头，并指定专人负责此项工作。
2. 充分发动群众组织力量，采取分片包干的办法。
3. 要因地制宜，根据气候、土壤等不同条件，栽植不同品种的树。
4. 各苗圃要及时做好挖苗备运工作。
5. 加强各项工作的检查，2月中旬由植树造林指挥部做一次全面检查验收。

二、措施

（一）2月下旬召开一次全市植树造林工作会议，参加人员为本市机关、团体、学校、工厂的有关负责人及政府区以上的主要负责人。重点研究植树造林的各项准备工作，采取必要的措施予以落实。

（二）加强各单位各部门的植树造林领导工作，认真解决存在的问题并拿出具体的实施方案。

（三）抽调××名干部到植树造林第一线做具体的技术指导工作。

（四）力争植树节前完成今年春季植树造林工作。

××省××市政府

2023年×月×日

【简析】

这是一篇工作计划草案，前言交代制订本计划的依据、背景、目的，正文明确任务与要求，并制订各项工作措施，初步拟订了时间和人员。文章思路清晰，层次分明，格式规范。

范文2

华东理工大学第21届全国推广普通话宣传周活动方案

2018年是国务院发布《关于推广普通话的指示》62周年和《国家通用语言文字法》实

施17周年,今年9月10日至16日是第21届全国推广普通话宣传周(以下简称推普周)。根据教育部等九部门《关于开展第21届全国推广普通话宣传周活动的通知》(教语用函〔2018〕3号)和上海市语言文字工作委员会、上海市教育委员会《关于开展第21届推广普通话宣传周活动的通知》(沪语委〔2018〕3号)等相关文件精神和要求,为进一步增强我校语言文字规范意识,提升校园语言文字工作水平,结合学校实际,特制订华东理工大学第21届推普周活动方案。

一、指导思想

以习近平新时代中国特色社会主义思想为指导,深入贯彻党的十九大精神,紧紧围绕"五位一体"总体布局和"四个全面"战略布局,坚定"四个自信",贯彻创新、协调、绿色、开放、共享的发展理念,全面贯彻国家语言文字方针政策和法律法规,紧扣主题,在全校范围内大力推广和规范使用国家通用语言文字,提升师生语言能力,传承弘扬中华优秀传统文化,为建设与综合国力相适应的语言强国,全面建成小康社会提供有力支撑,为学校事业发展提供有力保障。

二、宣传主题

说好普通话,迈进新时代。

三、主要活动安排

1. 围绕《中华人民共和国国家通用语言文字法》《上海市实施〈中华人民共和国国家通用语言文字法〉办法》等主题,线下通过在校园内悬挂主题宣传海报、发布公益广告等方式,线上充分发挥"互联网+"作用,积极运用校园新闻网和各级官方微博、微信等新媒体平台,立体营造推普宣传氛围。在推普周期间加大宣传力度,突出宣传重点,增强活动效果。

2. 积极在校内开展师生诗歌创作和诵读展示活动,组织师生参与2018年上海市民诗歌节活动。

3. 开展中华优秀传统文化传承弘扬活动。和学校国际教育学院合作,选送留学生学好中国诗词,参与上海市2018年留学生中国诗文诵读大会。

4. 积极组织学生参加2018年上海市民文化节"中华诗词文赋"大赛活动。

5. 与校园文化品牌项目"校园主持人风采大赛"相结合,组织校内初选,分别选送选手参与"新时代·中国梦·我的故事"大中小学生主题演讲展示活动、"大学塑造人生"——我的校训故事演讲会活动。

6. 将语言文字法律法规纳入学校"七五"普法宣传工作中,开展语言文字法律法规宣传活动,进一步增强师生语言文字规范意识。

7. 继续做好师生参与普通话水平测试服务工作,组织好每年大学生普通话水平测试相关工作;引导和鼓励新进教职员工取得二级乙等以上等级证书,有针对性地开展语言文字规范化专题培训;实施好上海普通话普及提高工程。

华东理工大学语言文字工作委员会
2018年8月3日

【简析】

这份方案的正文前言,概述了制订方案的依据、目的、背景,然后用条文式写实现目标的7项措施和具体做法,可操作性强。

总　　结

一、总结的概念

微课：总结文种概述

总结是单位、部门或个人对前一段的实践活动进行回顾、检查、分析和研究，从中找出经验教训和规律性的认识，用以指导今后工作的事务性文书。

二、总结的分类

总结根据不同的划分标准可以分为不同的种类。

（1）按内容分，有学习总结、工作总结、会议总结、科研总结等。

（2）按工作涉及的范围来分，有个人总结、单位总结、部门总结等。

（3）按时间分，有年度总结、季度总结、月份总结等。

（4）按性质分，有综合性总结及专题总结。综合性总结又叫全面总结，是单位、部门对一定时限内各项工作进行的全面回顾和检查；专题性总结是对某方面的单项工作进行的专项总结。

三、总结的特点

（一）实践性

总结以实践活动或客观事实为基础，其内容来源于实践。

（二）理论性

总结要将实践中获得的感性认识上升为理性认识，在分析事实材料的基础上，比较、归纳、提炼出正确的观点，找出带有规律性的认识，用以指导今后的工作。

四、总结的结构

（一）标题

1. 公文式标题

由单位名称、时限、内容、文种名称构成。如《××局2022年度拥军优属工作总结》。

2. 文章式标题

以单行标题概括主要内容或基本观点，不出现总结字样，但对总结内容有提示作用。如《股份制使企业走上成功之路》。

3. 双标题

一般由正标题和副标题组成，正标题揭示观点或概括内容，副标题点明单位、时限、性质和总结种类。如《加强质量管理，稳定饭菜价格——××大学食堂2022年工作总结》。

（二）正文

1. 前言

一般简明扼要地概述基本情况，如介绍工作或任务的背景、基本形势，也可交代总结主旨并做出简要评价。

2. 主体

一般包括两个方面的内容：一是基本做法、成绩和经验，可以交代工作指导思想、工作的内容、具体的做法、取得的成绩、收获的经验与体会，在大多数总结中，这部分内容是重点；二是问题与教训，写出工作中存在的问题与不足，并分析主客观原因，以及得出的教训。

3. 结尾

作为总结的结束语可以是归纳呼应主题、指出努力方向、提出改进意见的语句，也可以用表示决心信心的语句作结，要求简洁明了。

（三）落款

在正文右下方署上单位名称及成文时间。如果是报纸、杂志或简报刊用的交流经验的专题总结，应在标题下方居中署名。

五、总结的写作要领

（1）坚持实事求是。总结必须从本单位、本部门的实际情况出发，反映真实情况，如实总结工作中的成绩、缺点和不足。

（2）寻找规律。总结要透过现象寻本质，找出取得成绩的原因和存在问题的根源，从而认识事物的本质规律，以指导今后的工作，不断把工作向前推进。

测试：总结

六、总结的范文

范文1

微课：总结的情境写作

2022年个人工作小结

2022年即将结束，回首2022年的工作，有硕果累累的喜悦，有与同事协同攻关的艰辛，也有遇到困难和挫折时的惆怅。时光过得飞快，不知不觉中，充满希望的2023年即将临近。可以说，2023年是公司推进行业改革、拓展市场、持续发展的关键年。现就本年度重要工作情况总结如下：

一、主要经验和收获

1. 虚心学习，努力工作，圆满完成任务

2022年里，我自觉加强学习，虚心求教，不断厘清工作思路，总结工作方法。一方面，我在干中学，学中干，不断掌握方法、积累经验。我注重以工作任务为牵引，依托工作岗位学习提高，通过观察、摸索、查阅资料和实践锤炼，较快地完成任务。另一方面，我问书本，问同事，不断丰富知识、掌握技巧，在各级领导和同事的帮助指导下，不断进步，逐渐摸清了工作中的基本情况,找到了切入点,把握住了工作重点和难点。

2. 爱岗敬业、扎实工作、不怕困难、勇挑重担、热情服务,在本职岗位上发挥了应有的作用(略)

3. 心系本职工作,认真履行职责,突出工作重点,落实管理目标责任制(略)

二、工作认识

1. 经过一年锻炼,自己的工作技能上了一个新台阶,我做每一项工作都有了明确的计划和步骤,行动有了方向,工作有了目标,心中真正有了底,基本做到了忙而不乱,紧而不散,条理清楚,事事分明,从根本上摆脱了刚参加工作时只顾埋头苦干,不知总结经验的状态。就这样,我从无限繁忙中走进这一年,又从无限轻松中走出这一年。在工作的同时,我还明白了为人处世的基本道理,也明白了一个良好的心态、一份对工作的热诚及责任心是何等重要。

2. 我在这一年的工作中接触到了新事物、产生了许多新问题,也学习到了许多新知识,积累了许多新经验,在思想认识和工作能力上有了新的提高和进一步的完善。在日常的工作中,我时刻要求自己从实际出发,坚持高标准、严要求,力求做到业务素质和道德素质双提高。

三、存在的不足

我尽管取得了一定的成绩,但还尚存不足的地方,还存在一些亟待解决的问题,主要表现在以下几个方面:

1. 对新的东西学习得不够,工作上过于依赖经验,创新意识不强。

2. 本部有个别员工,有骄傲情绪,工作上我行我素,自以为是,不遵守公司的制度,在同事之间挑拨是非。这些情况不利于同事之间的团结。我要从思想上对其加以教育,为公司创造良好的工作环境。我对本部员工的管理尚待加强。

四、下一步的打算

针对2022年工作中存在的不足,为了做好新一年的工作,我打算重点做好以下几个方面的工作:

1. 积极处理好与下属的关系。

2. 加强学习,创新工作方法,提高工作效率。

3. 加强基础工作建设,强化管理的创新实践,促进管理水平的提升。

在今后的工作中我要不断创新,及时与员工进行沟通,向广大员工明确公司的相关规定。在明年的工作中,我会继续努力,多向领导汇报自己在工作中的思想和感受,及时纠正和弥补自身的不足和缺陷。我们的工作要团结才有力量,要合作才会成功。我相信,在上级的正确领导下,公司的明天会更美好!

×××

2022年12月28日

【简析】

这是一则担任一定职务的员工的年终工作总结。文章开头概括了一年的工作情况,接着从四个方面总结了一年以来的经验、收获、工作成绩,最后分析了工作中存在的问题并提出了对今后工作的设想。整篇总结思路清晰,层次分明,语言简练。

范文 2

××××公司 2022 年度工作总结

2022 年是××××公司第×个五年发展周期的最后一年,也是极为关键的一年。这一年来,在胡总经理的亲自带领下,公司全体员工团结一致、务实创新、开拓进取,取得了良好的经营业绩,完成了省内的市场结构布局。各项管理工作也有了较大突破,逐步趋向规范化,员工收入大幅增加,基本完成了预期目标。现将公司 2022 年的主要工作总结如下:

一、主要成绩

1. 业务区域扩大,业务量大幅提高。(略)

2. 完善组织结构,丰富行政职能。(略)

3. 初步完成人才储备,奠定了人才基础。(略)

4. 出台激励政策,调动员工工作热情。(略)

5. 夯实管理基础,构建制度体系。(略)

6. 改善办公环境,提升企业形象。(略)

二、成功的经验

1. 得益于总经理的正确领导。(略)

2. 得益于良好的社会关系。(略)

3. 得益于员工不怕困难、勇于吃苦的工作态度。(略)

三、存在的问题

1. 市场意识淡薄,在一定程度上阻碍了公司的发展。(略)

2. 技术能力需进一步提高。(略)

3. 制度化体系不够清晰。(略)

2023 年对本公司而言将是不平凡的一年,它是新的起点、新的希望,机遇与挑战并存。面对新的目标,我们要在公司总体战略的指导下,解放思想、转变观念、认清形势,继续发扬不怕困难、勇于拼搏的优良作风,建立必胜的信心和信念,充分发挥团队合作精神,围绕公司的总目标,相互支持、相互配合,力争在新的一年里取得更大成绩。

×××
2022 年 12 月 26 日

【简析】

这是一则公司的工作总结,文章开头概述基本情况,然后总结了一年来的工作成绩,并分析成功经验,最后指出存在的问题。思路清晰,层次分明。

思考与训练

一、填空题

1. 通知具有_____、_____和_____三个特点。

2. 报告可分为_____、_____和_____三种类型。

3. 某地发生一起突发性事故,要将此事故的发生原因、过程、结果、性质和处理意见反映给上级,用_____行文。

4. 函按文面格式分类可分为_____和_____。

5. 函按行文方向分类可分为_____和_____。

6. 按写法分,计划可分为_____、_____和_____三种类型。

二、判断题

1. 两个以上单位联合发通知,标题部分一般可以省略发文单位。(　　)

2. 总公司可用通知颁发一项内部管理办法。(　　)

3. 缘由是否有理有据是请示事项能否得到上级机关批准的关键。(　　)

4. 请示一般只写一个主送机关和领导人。(　　)

5. 请示不得下发给下级机关。(　　)

6. 报告的行文方式主要以概括叙述和说明为主。(　　)

7. 工作报告可以写本单位进行到一半的工作。(　　)

8. 情况报告只需要写出事件的发生原因和经过。(　　)

9. 能否找出带有规律性的认识,用以指导今后的工作,是衡量一篇总结质量好坏的标准。(　　)

10. 写总结一定要按照完成工作的时间先后顺序来写。(　　)

三、简答题

1. 请示有何写作要求?

2. 试比较请示与报告的异同。

3. 计划的主体必须写清哪些内容?

4. 试简述总结主体一般写什么内容,各部分内容如何写。

四、写作实训题

1. 找出下列通知的问题,并改正。

机关游泳池办证的通知

机关各直属单位:

机关游泳池定于6月1日正式开放,6月10日开始办理游泳证。请你们接此通知后,按下列规定,于元月30日前到机关俱乐部办理游泳手续。

一、办证对象:仅限你单位的干部或职工,要求须是身体健康者。

二、办证方法:由你单位统一登记名单并加盖印章,送到俱乐部办理,每人交一张免冠照片。

三、每个游泳证收费5元。

四、凭证入池游泳,主动示证,遵守纪律,听从管理人员指挥。不得将此证转让他人使用,违者没收作废。

五、家属游泳一律凭家属证,临时购买另票,在规定的开放时间内入池。

×××俱乐部(印章)

×××年××月×日

2. 根据下述材料,拟写一份请示。

××省外贸局拟于××××年 10 月 15 日派组(局长×××等 5 人)到英国伦敦市××××公司检验引进设备。此事需向省政府请示。该局曾与对方签订过引进设备的合同,最近对方又来电邀请前去考察。在英国考察时间需 10 天,所需外汇由该局自行解决。各项费用预算,可列详表。

3. 根据下面的材料写一篇函。

××市统计局原有 132 平方米的砖瓦结构车库(平房)一处。该车库因年久失修于 2022 年雨季突然倒塌,急需修复。经测算,共需资金 30 万元。因统计局除财政拨款外无另外资金来源,故请求××市财政局拨款,以解决车辆越冬之急需。

4. 根据下面的提示,结合自己的专业,写一份个人学期学习计划。

(1) 标题:2023 学年第一学期学习计划。

(2) 导语:制订计划的背景、原因、依据或目的。

(3) 学习目标(总目标和分目标)。

(4) 具体措施(分条列项写)。

(5) 成文日期。

5. 根据下面的提示,结合自己的实际,写一篇学习总结。

(1) 标题:2023 学年第一学期学习总结。

(2) 导语:一学期以来在学习方面做了哪些事。

(3) 主体:①哪些方面做得好,经验是什么;②哪些方面做得不好,教训是什么。

(4) 今后的打算:改进的方向、措施与决心。

第二讲　经 济 文 书

经 济 合 同

一、经济合同的概念

《中华人民共和国民法典》第四百六十四条：合同是民事主体之间设立、变更、终止民事法律关系的协议。经济合同是自然人、法人、其他组织之间为实现一定的经济目的，明确相互的权利义务关系而订立的书面协议。

二、经济合同的分类

经济合同按照不同的角度，可以分为不同的类型。

（1）按合同的不同内容和业务范围分。《中华人民共和国民法典》将合同分为 19 种，即：①买卖合同；②供用电、水、气、热力合同；③赠与合同；④借款合同；⑤保证合同；⑥租赁合同；⑦融资租赁合同；⑧保理合同；⑨承揽合同；⑩建设工程合同；⑪运输合同；⑫技术合同；⑬保管合同；⑭仓储合同；⑮委托合同；⑯物业服务合同；⑰行纪合同；⑱中介合同；⑲合伙合同。

（2）按照格式和写法分类，经济合同分为条款式合同、固定式合同、条款和表格结合式合同。

（3）按合同的有效期限分，有长期合同、短期合同、年度合同、季度合同等。期限在一年以上的均为长期合同。

三、经济合同的特点

（一）立约人的合法性

即立约人必须是具有法律行为能力者，代表经济组织团体签订合同的签约双方，必须具有法人资格。

（二）平等性

订立合同的当事人必须遵守平等相待，协商一致的原则，当事人任何一方不得把自己的意志强加给另一方。

(三) 约束性

当事人双方所订立的合同,对双方均具法律约束力,任何一方不得违约,否则要承担相应的法律责任。

四、经济合同的结构

经济合同的结构一般包括标题、立合同人、正文、签署四个部分。

(一) 标题

由合同性质或内容,加文种组成,如《产品购销合同》。

(二) 立合同人

即合同当事人名称或者姓名。准确写出签约单位或个人的名称或姓名,并在其后注明双方的固定指代,如一般写"甲方""乙方"。如有第三方,可将其称为"丙方"。在对外贸易合同中,有时可指代为"卖方""买方"。

(三) 正文

1. 引言

引言部分写订立合同的依据和目的,包括是否经过平等、友好协商等。如一般写"根据×××(或为了×××),经充分协商,特订立下列条款,以资双方共同遵守。"

2. 主体

主体内容由合同当事人各方约定,写合同的具体条款。

(1) 标的。标的是指合同当事人的权利义务所共同指向的对象,是合同的必要条款。没有标的,合同不能成立,合同的标的必须是确定的、合法的、可能的。标的条款必须清楚地写明标的名称。

(2) 数量、质量要求。数量是标的的具体指标,是确定权利与义务大小的度量,必须规定得明确具体,所写数字要准确,计量单位必须准确;质量是合同的基本条件之一,包括标的的使用材料、质地、规格型号、性能、用途、保质期等方面,必须详细约定。

(3) 价款或报酬。该项是指合同标的的价格,是合同一方以货币形式取得对方商品或接受对方劳务所应支付的货币数量。要明确标的的总价、单价、货币种类及计算标准、付款方式、程序、结算方式等。

(4) 合同履行的期限、地点和方式。合同履行期限是当事人履行合同的时间规定,年、月、日要书写齐全;合同履行地点是当事人完成标的任务的具体地理位置;合同履行方式是当事人履行合同的方式。

(5) 违约责任和解决争议的方法。违约责任是对当事人不履行合同义务时的制裁措施。立约人应考虑周全,需逐一估计其可能发生的事,写明如何处理等。解决争议的方法是指在合同履行中如发生争议,通过什么样的途径来处理。

(6) 结尾。结尾可列出其他必要的内容,如合同的份数、保管方式及有效期,也可包括合同所附的表格、图纸、实物等附件。

(四) 签署

双方单位名称的全称和法人姓名,加盖公章或合同专用章,双方代表签字。如需审批，须写双方主管机关和签证机关的名称并加盖公章。还要写上合同当事人的地址、电话、开户银行、账号等。最后写签订合同的日期。

五、经济合同的写作要领

（一）内容必须合法
合同所涉及的内容必须符合国家法律和政策的规定，必须建立在合法的基础之上。

（二）条款要完备
合同所必备的各个构成部分不能缺少，关键条款不能遗漏。

（三）表达严谨准确
合同的表达要做到周密严谨、简洁准确，确保所写内容无歧义。

六、经济合同的范文

范文1

购 销 合 同

立合同者：××市××超市（以下简称甲方）
　　　　　××市食品公司（以下简称乙方）

为了繁荣市场，保证食用猪油供应，经双方协商，签订本合同，以资共同遵守。

一、由甲方向乙方订购食用猪油贰佰吨，按每吨肆万元计算，甲方付给乙方为货款共捌佰万元。

二、乙方于××××年4月—5月，分4次在××火车站向甲方交付完所订购的食用猪油。

三、付款办法采取银行托收承付。甲方在验收第一批货物后5日内先付款50%，在验收全部货物后的5日内付清余下货款。

四、货物采用铁桶包装，铁桶回收，回收由甲方运至××站，运杂费由乙方负担。货物发运后的铁路运费及卸车费由甲方负担。

五、质量标准。按食用油规格水分不超过1%为合格，货物如不符合质量标准甲方有权拒收。

六、双方按规定日期交付货物和货款，逾期不履行合同的，违约方按每天1%的尾款或货物折价款付对方违约金。

七、本合同一式四份，双方各执正副本各一份保存备查。

甲方：××市××超市（盖章）　　　　乙方：××市食品公司（盖章）
代表人：×××　　　　　　　　　　　代表人：×××
地址：×××××××　　　　　　　　地址：×××××××
电话号码：×××××××××　　　　电话号码：×××××××××
开户银行账号：×××××××××　　开户银行账号：×××××××××
20××年×月×日　　　　　　　　　　20××年×月×日

【简析】

这是一份购销合同。标题表明了合同的性质。正文部分用条款分别标明了标的物名称、质量、数量、单价、总货款;货物支付的时间、方式和地点;结算付款方式和有关要求;包装方式和包装物处理的要求;同时明确了双方的违约责任和处罚方法;并注明合同的保存方式。全文行文简明、具体、完备。合同符合平等互利、合理合法的原则。这份合同一旦执行起来,能够避免不必要的纠纷和损失。

范文 2

房屋租赁合同

出租人(甲方):_____ 证件类型及编号:_____
承租人(乙方):_____ 证件类型及编号:_____

依据《中华人民共和国合同法》及有关法律、法规的规定,甲乙双方在平等、自愿的基础上,就房屋租赁的有关事宜达成协议如下:

第一条 房屋基本情况

(一)房屋坐落于_____市_____区(县)_____街道办事处(乡镇)_____,建筑面积_____平方米。

(二)房屋权属状况:甲方持有(□房屋所有权证/□房屋买卖合同/□其他房屋来源证明文件),房屋所有权证书编号:_____或房屋来源证明名称:_____,房屋所有权人(公有住房承租人、购房人)姓名或名称:_____,房屋(□是/□否)已设定了抵押。

(三)租赁用途:_____;如租赁用途为居住的,居住人数为:_____,最多不超过_____人。

第二条 租赁期限

(一)房屋租赁期自_____年_____月_____日至_____年_____月_____日,共计_____年_____个月。甲方应于_____年_____月_____日前将房屋按约定条件交付给乙方。《房屋交割清单》(见附件一)经甲乙双方交验签字盖章并移交房门钥匙后视为交付完成。

(二)租赁期满或合同解除后,甲方有权收回房屋,乙方应按照原状返还房屋及其附属物品、设备设施。甲乙双方应对房屋和附属物品、设备设施及水电使用等情况进行验收,结清各自应当承担的费用。乙方继续承租的,应提前_____日向甲方提出(□书面/□口头)续租要求,协商一致后双方重新签订房屋租赁合同。

第三条 租金及押金

(一)租金标准及支付方式:_____元/(□月/□季/□半年/□年),租金总计:_____元(大写:_____)。支付方式:(□现金/□转账支票/□银行汇款),押_____付_____,各期租金支付日期:_____,_____,_____。

（二）押金：_____元（大写：_____）租赁期满或合同解除后，房屋租赁押金除抵扣应由乙方承担的费用、租金，以及乙方应当承担的违约赔偿责任外，剩余部分应如数返还给乙方。

第四条 其他相关费用的承担方式

租赁期内的下列费用中，_____由甲方承担，_____由乙方承担：(1)水费；(2)电费；(3)电话费；(4)电视收视费；(5)供暖费；(6)燃气费；(7)物业管理费；(8)房屋租赁税费；(9)卫生费；(10)上网费；(11)车位费；(12)室内设施维修费；(13)_____费用。

本合同中未列明的与房屋有关的其他费用均由甲方承担。如乙方垫付了应由甲方支付的费用，甲方应根据乙方出示的相关缴费凭据向乙方返还相应费用。

第五条 房屋维护及维修

（一）甲方应保证房屋的建筑结构和设备设施符合建筑、消防、治安、卫生等方面的安全条件，不得危及人身安全；承租人保证遵守国家的法律法规规定以及房屋所在小区的物业管理规约。

（二）租赁期内，甲乙双方应共同保障房屋及其附属物品、设备设施处于适用和安全的状态：

1. 对于房屋及其附属物品、设备设施因自然属性或合理使用而导致的损耗，乙方应及时通知甲方修复。甲方应在接到乙方通知后的_____日内进行维修。逾期不维修的，乙方可代为维修，费用由甲方承担。因维修房屋影响乙方使用的，应相应减少租金或延长租赁期限。

2. 因乙方保管不当或不合理使用，致使房屋及其附属物品、设备设施发生损坏或故障的，乙方应负责维修或承担赔偿责任。

第六条 转租

除甲乙双方另有约定以外，乙方需事先征得甲方书面同意，方可在租赁期内将房屋部分或全部转租给他人，并就受转租人的行为向甲方承担责任。

第七条 合同解除

（一）经甲乙双方协商一致，可以解除本合同。

（二）因不可抗力导致本合同无法继续履行的，本合同自行解除。

（三）甲方有下列情形之一的，乙方有权单方解除合同：

1. 迟延交付房屋达_____日的。

2. 交付的房屋严重不符合合同约定或影响乙方安全、健康的。

3. 不承担约定的维修义务，致使乙方无法正常使用房屋的。

4. _____。

（四）乙方有下列情形之一的，甲方有权单方解除合同，收回房屋：

1. 不按照约定支付租金达_____日的。

2. 欠缴各项费用达_____元的。

3. 擅自改变房屋用途的。
4. 擅自拆改变动或损坏房屋主体结构的。
5. 保管不当或不合理使用导致附属物品、设备设施损坏并拒不赔偿的。
6. 利用房屋从事违法活动、损害公共利益或者妨碍他人正常工作、生活的。
7. 擅自将房屋转租给第三人的。
8. _____。

（五）其他法定的合同解除情形。

第八条 违约责任

（一）甲方有第八条第三款约定的情形之一的,应按月租金的_____％向乙方支付违约金;乙方有第八条第四款约定的情形之一的,应按月租金的_____％向甲方支付违约金,甲方并可要求乙方将房屋恢复原状或赔偿相应损失。

（二）租赁期内,甲方需提前收回房屋的,或乙方需提前退租的,应提前_____日通知对方,并按月租金的_____％向对方支付违约金;甲方还应退还相应的租金。

（三）因甲方未按约定履行维修义务造成乙方人身、财产损失的,甲方应承担赔偿责任。

（四）甲方未按约定时间交付房屋或者乙方不按约定支付租金但未达到解除合同条件的,以及乙方未按约定时间返还房屋的,应按_____标准支付违约金。

第九条 合同争议的解决办法

本合同项下发生的争议,由甲乙双方当事人协商解决;协商不成的,依法向有管辖权的人民法院起诉,或按照另行达成的仲裁条款或仲裁协议申请仲裁。

第十条 本合同未尽事宜,甲乙双方可共同协商,签订补充协议。补充协议报送市房屋租赁管理机关认可并报有关部门备案后,与本合同具有同等效力。

第十一条 本合同经双方签字盖章后生效。本合同一式_____份,其中甲方执_____份,乙方执_____份,_____执_____份。

出租人:××(签名)　　　　　　　承租人:××(签名)
委托代理人:××(签名)　　　　　委托代理人:××(签名)
联系方式:××××××　　　　　　联系方式:××××××
××××年××月××日　　　　　　××××年××月××日

【简析】

这是一份房屋租赁合同,写了立合同人、立合同的目的,并说明订立合同双方经过了友好协商。正文主体分别写经双方协商约定的各自承担的法律责任、享有的权利、解决争议的方法和有效期等。结尾写明了合同份数、保存方式等。全文条款具体完备,格式规范,语言严谨周密,值得借鉴。

市场调查报告

一、市场调查报告的概念

市场调查报告是指运用科学的方法,对市场情况和现状进行调查,并对所得信息进行综合整理、分析研究,提出合乎客观事物发展规律的结论和建议的报告性文书。

市场调查报告是市场调查研究成果的集中体现,其撰写的好坏将直接影响到整个市场调查研究工作的成果质量。市场调查报告能为政府和企业了解市场提供帮助。

二、市场调查报告的分类

市场调查报告可以从不同角度进行分类。按其所涉及内容的多少,可以分为综合性市场调查报告和专题性市场调查报告;按调查对象的不同,有关于市场供求情况的市场调查报告、关于产品情况的市场调查报告、关于消费者情况的市场调查报告、关于销售情况的市场调查报告以及关于市场竞争情况的市场调查报告;按表述手法的不同,可分为陈述型市场调查报告和分析型市场调查报告。

三、市场调查报告的特点

(一) 针对性

市场调查报告一般要有的放矢,目的明确,任何市场调查都是为了解决某一问题,或者为了说明某一问题而进行的。市场调查报告必须围绕市场调查的目的来进行论述。

(二) 真实性

市场调查报告是从实际出发,通过调查获得真实的、反映市场现状和变化规律的信息。真实可靠的信息材料是写好调查报告的基础。

(三) 时效性

市场调查报告要及时、迅速、准确地反映现实经济生活中出现的新情况、新问题,时效性强。

四、市场调查报告的结构

(一) 标题

市场调查报告的标题必须准确揭示调查报告的主题思想,要简单明了、高度概括、题文相符。常见的形式有两种:一种是公文式标题,如《关于××品牌化妆品的市场调查报告》;另一种是揭示调查对象式标题,常用正副标题,如《昔日荒山变绿洲——山西省右玉县绿化山区的调查》。

（二）正文

1. 导言

导言是市场调查报告的开头部分，一般说明市场调查的目的和意义，介绍市场调查工作的基本概况，包括市场调查的时间、地点、内容、对象以及采用的调查方法，这是比较常见的写法。也有一些调查报告在导言中，先写调查的结论，或直接提出问题，这种写法能增强读者阅读报告的兴趣。

2. 主体

这是市场调查报告中的主要内容，是调查报告的重要部分，一般分为三个层次。

（1）基本情况。介绍通过调查获得且经过归纳整理的资料数据及图表，说明被调查对象过去和目前的情况。

（2）分析及结论。客观、全面地阐述市场调查所获得的材料、数据，用它们来说明有关问题、得出有关结论；对有些问题、现象要做深入地分析、评论。

（3）建议。根据分析及结论，提出有针对性的对策或措施，供有关决策者参考。

3. 结尾

结尾可以总结全文，可以写对未来的展望或强调自己的观点。也可以省略结尾。

五、市场调查报告的写作要领

（一）要做好市场调查研究的前期工作

写作前，要根据确定的调查目的，进行深入细致的市场调查，掌握充分的材料和数据，并运用科学的方法，进行分析、研究、判断，为写市场调查报告打下良好的基础。

（二）要实事求是，尊重客观事实

写市场调查报告一定要从实际出发，实事求是地反映市场的真实情况，一是一、二是二，不夸大、不缩小，要用真实、可靠、典型的材料反映市场的本来面貌。

（三）要中心突出，条理清楚

运用多种方式进行市场调查，得到的材料往往是大量而庞杂的，要善于根据主旨的需要对材料进行严格的鉴别和筛选，给材料归类，并分清材料的主次轻重，按照一定的条理，将有价值的材料组织到文章中去。

六、市场调查报告的范文

范文1

江苏民宿经济发展情况调查报告

民宿具有产业链长、带动性强、惠农富农效果好的特点，发展乡村民宿，是助力乡村振兴的有效手段，是发展全域旅游的有效支撑，是实现城乡融合发展的关键抓手，更是落实"绿水青山就是金山银山"理念、实现乡村绿色发展和高质量发展的有益探索和生动实践。

为深入分析问题和诉求,我们调研了江苏省内多家不同档次民宿酒店的经营情况,尤其是新冠肺炎疫情发生以来的经营情况和相关诉求。调研结果显示:当前江苏民宿产业仍处于起步阶段,监管体系仍需完善、经营成本较高、品质差异明显是民宿产业发展面临的主要困难。

一、江苏民宿经济发展现状

(一)受疫情影响,今年以来经营情况普遍下滑

此次调研的民宿酒店覆盖了中高端和经济型民宿。从营业额来看,1—7月,大部分调研企业比去年同期下降20%左右,部分中高端企业由于有强大的营销团队积极扩展营销渠道,经营情况与去年相比能够持平甚至稍好;从利润来看,几乎所有的调研企业都表示2022年是近年来遇到困难最大的一年,疫情多次反复导致企业出现停转,由于固定的开支成本,利润空间不断被压缩甚至出现亏本情况;从客流量情况看,今年的平均客流量只有正常年度的一半左右,其中三、四月份由于疫情防控升级导致整月无客流。疫情得到控制后,客流逐步恢复正常,但是主要为本地客人,外市、外省客人占比急剧下降。

(二)业务范围广泛,主要依托当地特色资源

从业务范围来看,江苏民宿可细分为三大类:一是自然资源依托型。主要以山河湖海等自然旅游资源为依托,为成熟的景区提供吃、住、娱乐等配套功能,为游客提供当地有特色的服务,如南京汤山温泉旅游度假区、镇江句容茅山、扬州瘦西湖等周边旅游民宿。二是人文景观依托型。借助区位优势,发挥历史古迹、古典园林、宗教文化、古镇古村等重要人文景观优势,如南京夫子庙、苏州园林、周庄古镇等周边旅游民宿。三是城郊休闲依托型。以休闲农业为主题,依托农业生产形成的景观资源,为游客提供山水美景观光、田园观光、农事体验的住宿接待设施,如苏州吴中、常州溧阳、无锡宜兴、南京江宁等地的旅游民宿,已初步形成集聚规模。

(三)民宿经营主体多样,政府企业农户多方参与

从经营主体来看,民宿主要分为三大类:一是家庭自有经营型。此类经营模式由居民自身作为投资主体,利用自家宅基地或房屋经过改造装修后开办旅游民宿,人员构成多为家庭成员及其亲属,主要定位为中低端旅游民宿。二是共享共建联营型。此类经营模式为政府组建,企业与村委会以及农户作为共同投资主体,村委会和农户提供土地和劳动力,政府提供政策和平台支持,公司提供资金和管理支持,进行统一规划和管理培训。这种经营类型多集中在乡村民宿,与乡村振兴结合紧密。三是承包租赁经营型。此类经营模式是一个或多个投资主体承包租赁一定的流转土地或闲置房屋进行投资建设,采取企业化的经营管理模式,外聘相关专业人员进行客源招揽、住宿服务和餐饮服务等工作。

(四)营销渠道主要集中在线上,以携程、美团为主

民宿的营销渠道以线上为主,主要集中在携程、美团两个平台。民宿的入住群体偏年轻化,提前线上订房便于规划路线、安排行程,线上订房符合大部分人的消费习惯。某民宿负责人表示,该民宿超过85%的订单来自线上,携程和美团两个平台约占了96%的线上订单,其中携程占了65%的订单量;飞猪、驴妈妈等其他平台也有投

放,但营销力度不如携程、美团。携程和美团均对订单收取抽成,携程抽成比例约15%,美团抽成比例约10%。规模最大的八间房民宿线上和线下订单占比基本相当,线下订单来源于承接企业单位的团建、年会活动等,一般已形成了相对固定的合作关系。

(五)品牌建设倾向塑造自身特色,对评级关注较低

此次调研的民宿经营者大部分对现有的民宿评级并不看重,因为现有的等级评定内容硬性限制较多,一味追求评级甚至会影响企业发展的特色和增加运行成本。另外,民宿消费主体的年轻客户更加看重民宿本身的特色以及与传统星级酒店的差异性,所以大部分民宿经营者并不执着于星级评定。另外,对于连锁品牌的发展,更多是高端民宿企业的考虑范围,其中最具代表性的连锁品牌当属宜兴市龙隐系列,该企业的负责人表示未来还会继续加强品牌建设并将于其他地区新开龙隐系列的酒店。

(六)民宿经营者预期偏弱,创新及扩张意愿不强

从发展预期看,疫情不确定因素影响较大。随着经济的发展,城市居民对民宿及农家乐旅游产品的需求日益旺盛。随着城镇人口规模和收入增长,旅游的需求也与日俱增,城镇化进程加快,城市交通拥挤,生活节奏紧张,回归大自然成为城镇人口的重要需求之一,这给农家乐旅游在需求端带来了大量的客源,民宿及农家乐旅游拥有巨大的发展契机。但疫情的不确定因素对民宿农家乐的发展有极大影响,大多数民宿经营者或投资人(尤其是农户个体经营者)在经营中持保守策略,没有继续追加投资的计划,个别明确表示已在缩减人员、减少开支,并且有关闭农家乐的倾向,有继续追加投资的多为有当地政府扶持的企业。

二、民宿经营面临的主要困难及诉求

(一)监管职责边界模糊,制度体系亟须完善

目前江苏省民宿产业仍处于初步发展阶段,监管制度尚不健全。一是民宿监管立法缺失。尽管部分市如苏州创新突破,出台《苏州市农家乐管理办法》,但由于缺乏上位法支撑,实际推动执行时困难重重。二是民宿划分标准不统一。各地关于民宿的概念、性质和规模等未进行明确界定,民宿准入门槛、审批办法标准不一,给民宿监管工作带来一定的难度。三是监管职责边界模糊。民宿的管理涉及文旅、公安、住建、卫健、市场监管等部门,多部门权责不清、交叉管理容易导致监管效率不高的情况。四是违法惩罚机制不健全。民宿经营违法违规成本过低,民宿违法经营特别是"无证经营"情况得不到有效遏制。

(二)工作日空房率高,平台营销成本负担重

此次调研中,多家民宿经营者反映,民宿季节性经营特征和天气影响因素叠加,普遍存在"旺季人满为患,淡季空房待客""节假日一房难求,工作日一房难售"的经营潮汐现象,淡旺季乡村民宿入住率相差最高能达40多个百分点。入选南京市首批职工疗休养基地的某民宿经营者反映,疫情防控常态化下,工会客源不断流失,外加职工疗休养政策难以普惠,工作日空房率高成为"单打独斗"的民宿经营者心头之痛。同时,无论是公司代运营还是民间资本投资者,均普遍反映平台营销成本高昂,平台抽成比例较高,希望能在政府层面帮助宣传,从而增加客源,带动收益。

（三）乡村配套设施比较落后，居住舒适度差异较大

基础设施建设滞后是当前制约乡村民宿发展最大障碍之一。一是交通设施有盲点。如苏州太湖度假区、阳澄湖旅游度假区等乡村旅游胜地，虽自然资源很好，却不在各市（区）中心1小时交通圈内，且缺乏轨道交通与公共交通，游客很难到达。二是居住舒适度较低。乡村缺乏停车场、餐厅和购物娱乐场所等配套设施，且厕所、餐饮卫生以及住宿条件也与游客的需求有差距。三是污水集中处理难。目前污水管网未能做到乡村民宿全覆盖，存在某些民宿排水系统不到位，直接把污水排入水系的情况，污染环境。

（四）同质化现象严重，产业融合层次较低

一方面民宿缺乏个性化创意。目前市面上乡村民宿大多数是借鉴成功的民宿案例进行改进式模仿，经营模式较为单一，主要提供住宿和餐饮服务，个性化服务水平不高，缺乏记忆点。另一方面是产业融合层次较低。部分乡村民宿开发了休闲农业、旅游农业等农旅融合产品，但也主要集中在简单的农业采摘、植物观赏、农产品售卖等方面，季节和天气限制因素较强，客源旺季与淡季落差较大。民宿对乡土文化、乡风民俗等挖掘不深，特色品牌体现力不够，使回头客大量流失。

（五）经营保障成痛点，融资困难制约发展

随着疫情防控常态化，乡村旅游也逐渐恢复生气，这期间民宿主的保险意识也有所增强。据了解，目前市面上民宿相关的保险还属于新生事物，主要是保障民宿的财产损失、营业中断损失、租客、旅客的人身伤亡和财产损失，也有保障民宿经营对周边第三者造成的财险损失。此次实地调研中，南京市某民宿经营者反映，咨询过多家保险公司，目前没有接触到针对民宿产业的社会保障较高的综合性保险，民宿财产、客人人身安全、工作人员的保障成了经营中的痛点。此外，民宿经营者由于融资渠道不畅通，融资成本高，民宿融资贷款难对扩大经营规模望而却步，甚至直言已错失一些发展良机。民宿经营者反映，现有的融资帮扶还辐射不到民宿行业，甚至在南京市基本还处于空白。

三、对策建议

（一）加强制度体系研究，提高监管服务水平

建议政府及相关部门加强监管制度的探索谋划，在现有意见和办法的基础上开拓创新，进一步规范民宿行业发展，营造良好营商环境。要加强研究，细化民宿行业标准，制定民宿专项管理办法。要明确主管部门，强化文旅、公安、农业、住建、应急、市场监管和消防等相关部门之间的统筹协调，形成部门齐抓共管、上下联动的工作格局。要建立权责清晰、职能明确的管理服务机制，简化开办民宿的审批流程。要建立违法惩罚性赔偿和罚款制度，畅通投诉渠道，打击违法经营。要发挥行业协会职能职责，订立行规行约，引导行业自律。

（二）完善民宿配套服务，做好产业融合文章

建议各地相关部门结合自身特点和优势，准确定位，推动民宿产业品质和市场竞争力不断提升。一方面，要结合乡村振兴战略，盘活各类政策，整合各类资金，深入推进农村配套基础设施建设，整治乡村环境，夯实民宿发展硬件基础。另一方面，要深挖各地水乡文

化、农耕文化、园林文化等特色资源,打造民宿特色品牌。推动民宿与农业、文旅、体育、教育等产业深度融合,发展"民宿+文创""民宿+亲子""民宿+研学""民宿+运动""民宿+美食""民宿+康养"等民宿新业态,建立民宿休闲度假集聚区。

(三)政府企业共同发力,出台民宿奖补政策

为重拾民宿行业经营信心和发展动力,减轻经营者租金税费压力、现金流紧张等问题,建议:一是政府企业和社会共同发力,完善基本公共服务设施建设,招揽集团运营,吸引民资入股,通过PPP等项目形式共促民宿发展。二是通过发放消费券、开展系列文旅促消费活动帮助提升市民休闲旅游消费需求。三是相关部门出台民宿补贴政策。可对经营规范的民宿给予租金、床位和餐位补贴;对年客流量达到一定标准的民宿给予奖励资金等。

(四)充分彰显本地特色,因地制宜创新发展

一是创新民宿+娱乐休闲模式。可以打造系列特色休闲娱乐活动,如泰州市打造了溱潼芒禾音乐节、水城水乡国际旅游节、兴化千垛菜花旅游节等,满足不同群体对旅游的不同需求,扩大旅游的人流量,从而提升民宿业的经济效益。二是创新民宿+文创购物模式。独具特色的文化产品易令外地游客眼前一亮,譬如泰州的空竹、风筝、微雕、根雕等,将文化产品融入民宿的设计当中以吸引游客,提升消费的同时又带动民宿营业额的增加。三是创新民宿+特色餐饮模式。如扬州、淮安、泰州是全国闻名的水乡,水产资源非常丰富,江鲜、河鲜知名度较高。可以结合当地特色名菜和早茶文化,培育民宿餐饮品牌,通过住宿+餐饮的模式,基本解决游客的生活需求,更好地留住游客。

(资料来源:《统计科学与实践》,2022年第11期,作者:郁洁)

【简析】

这是一则关于江苏省民宿经济发展情况的调查报告。正文导言部分介绍了调查的目的、调查的概况。主体部分介绍调查对象的现状,并详细分析了民宿经营目前的主要困难和存在的问题,最后提出解决问题的建议。文章语言简练,材料充分,数据翔实,思路清晰,结构完整,是一篇高质量的市场调查报告。

范文2

促进产业绿色低碳转型 助力"双碳"工作持续推进
——上海市节能环保清洁产业发展初探

《节能环保清洁产业统计分类(2021)》(以下简称《产业分类2021》)是以《绿色产业指导目录》为参考,以《国民经济行业分类》为基础,由国家统计局建立的产业统计标准,这套分类标准包含节能环保产业、清洁生产产业和清洁能源产业三大领域。与原有《战略性新兴产业分类(2018)》中的节能环保产业相比,节能环保清洁产业统计分类增加了绿色交通车船和设备制造产业、清洁生产产业和清洁能源产业,此统计分类包含能源电力、工业、新基建、交通、建筑、现代服务业等领域,涵盖"节能""清洁""绿色""双碳"等新发展理念,是一套贯穿企业设计研发、生产制造、终端产品和服务应用、覆盖更广、内容更全、针对性更

强的产业分类标准。

一、探索建立上海市节能环保清洁产业统计测算方案

围绕"双碳"工作目标,服务上海市瞄准新赛道促进绿色低碳产业发展的要求,上海市统计局以《产业分类2021》标准为指导,在现有企业调查名录库的基础上,联合市经信委、相关产业协会开展调研,构建了上海市节能环保清洁产业核心企业名录库,并且建立了相关测算方案。

(一)推进节能环保清洁产业核心企业名录库认定

依托现有的企业名录库基础,梳理上海市第二、三产业的四上企业信息,抓取企业"主要业务活动""行业类别"等关键字段,建立"产品和服务索引"目录,并以行业小类为依据,构建与《产业分类2021》之间关联,从三个层面梳理核心企业名单。

首先,根据《产业分类2021》目录标识,有26个小类行业的经营活动可全部纳入节能环保清洁产业,例如"无毒无害原料制造""污染治理服务""节能技术推广服务"等,共涉及348家企业。其次,除上述26个小类行业外,其余行业仅部分活动属于节能环保清洁产业,根据"产品和服务索引"中给出对应的指导产品和服务内容,挑选出需进一步甄别的相关企业,共计8 437家。最后,补充《产业分类2021》中未涉及,但主管部门在日常管理中掌握的少数节能环保企业,共计47家。经过三个层面的梳理,初步形成上海市节能环保清洁产业四上企业名录库池,合计8 832家。

在名录库池的基础上,经与市经信委、行业协会等主管部门协作,多轮梳理,最终形成上海市2 034家节能环保清洁产业核心企业名录库,并将以年度为频率,动态更新调整。

(二)建立节能环保清洁产业总量测算方案

为评估节能环保清洁产业的产业规模,兼顾工业和服务业,选取"营业收入"指标来进行全产业测算。同时,采取折算系数法测算节能环保清洁产业营业收入。公式如下:

$$节能环保清洁产业营业收入 = \sum 各节能环保清洁企业营业收入 \times 折算系数$$

考虑每个企业经营活动存在个体性差异,有些企业仅部分产品和服务活动属于节能环保清洁产业,如某计算机企业生产的节能显示器、某食品加工企业的残渣利用等,其节能环保清洁生产活动的收入仅为占全部营业收入的一部分。因此,联合相关委办局、研究院、协会等部门,对节能环保清洁生产核心企业进行排摸,根据统计部门给定的范围①确定各行业小类系数,做到"一行业一系数",有效避免"一刀切""简单化"折算企业节能环保清洁生产指标。

二、"十四五"初期上海市节能环保清洁产业基本情况

(一)2021年上海市节能环保清洁产业发展特征

2021年,上海市节能环保清洁产业共计2 034家核心企业。初步测算,核心产业规模为4 399.78亿元,比上年增长19.3%,为战略性新兴节能环保企业营业收入规模的2.1倍(表1)。

---

① 统计部门根据重点企业节能环保清洁产业营业收入比重,计算其所在小类行业的平均比重,确定了0.05~1的折算系数区间范围,与相关部门联合调研摸排和实证分析后,共同确定折算系数。

表 1 2021 年上海市节能环保清洁产业营业收入情况

分 类	2021 年(亿元)	比上年增长(%)
总计	4 399.78	19.3
节能环保产业	3 003.94	13.8
高效节能产业	1 475.66	12.5
先进环保产业	336.93	23.8
资源循环利用产业	1 623.59	11.7
绿色交通车船和设备制造产业	980.61	8.3
清洁生产产业	663.77	47.1
清洁生产原料制造业	427.02	52.4
清洁生产设备制造和设施建设业	23.62	2.2
清洁生产技术服务业	227.91	42.6
清洁能源产业	1 185.81	22.8
核电产业	72.05	22.6
风能产业	544.34	20.5
太阳能产业	471.52	17.9
生物质能产业	56.46	19.3
水力发电产业	69.51	23.0
智能电网产业	498.36	23.8
其他清洁能源产业	58.34	8.1
传统能源清洁高效利用产业	209.59	24.1

1. 三大产业营业收入(下文简称营收)均呈两位数增长,产业集中度明显。从产业分布情况看,三大产业企业集中度呈现"六三二"的特点。2021 年,上海市节能环保产业共计 1 379 家企业,占节能环保清洁生产核心企业数的 67.8%,企业数量多规模大,在节能环保清洁产业中发挥龙头引领作用;位居第二的是清洁能源产业,在构建绿色低碳高效的能源体系政策引导下,风、光发电产业和智能电网产业呈现快速发展态势,拉动清洁能源产业规模扩张,2021 年该产业核心企业共计 489 家,企业数占比为 24%;2021 年,清洁生产产业核心企业 386 家,多属原料和技术的配套性行业,企业数占比为 19%。

从营业收入增速看,在化工产品价格上涨的市场利益驱动下,无毒无害原料制造业产业发展提速,清洁生产原料制造业实现营收 427.02 亿元,同比增长 52.4%,在此带动下清洁生产产业的核心企业营业收入为 663.77 亿元,增速为 47.1%,为三大产业之首;受 2021 年全国范围风、光电等清洁能源补贴退坡影响,各地风光电生产企业在政策"关闸"前加快并网发电,带动当年风能、太阳能产业核心企业营业收入分别增长 21.8%和 18.5%,拉动清洁能源产业实现营业收入 1 185.81 亿元,同比增速为 22.8%;节能环保产业体量大,发展平稳,核心企业营业收入规模最大,2021 年实现营业收入 3 003.94 亿元,但增速不及其他两个产业,同比增长 13.8%。

2. 区域集中度高且梯度明显,单位营收头部企业优势明显。从区域分布看,上海市节能环保清洁产业呈"集中程度高,梯度分布明显"的特点,非中心区的企业总数 1 668 家,占全市比重82%。其中,位居第一梯度(企业数300家及以上)的仅浦东新区,以417家企业领先其他各区,占全市企业数比重20.5%;第二梯度(企业数100—300家之间)除徐汇区外,其余为7个郊区。徐汇区依托漕河泾新兴技术开发区,聚集一批核能、风电高端制造产业以及研究机构、环境监测中心等各类配套服务产业,产业集中度位列中心城区第一;第三梯度(企业数不足100家)除崇明区外,其余为6个中心城区。

从企业单位营收状况看,全市平均水平为2.16亿元/家。高于全市平均水平的区依次为虹口区(5.60亿元/家)、嘉定区(3.46亿元/家)、浦东新区(2.62亿元/家)、宝山区(2.61亿元/家)和金山区(2.25亿元/家)。其中,位列首位的虹口区,主要依托于区内海上危化品运输和节能建筑服务头部企业的支撑;位列第二的嘉定区,主要受益于新能源汽车产业及上下游配套企业的聚集优势;位列第三的浦东新区,企业覆盖52.7%的行业小类,呈现出竞争力强、覆盖广的优势特点(图1)。

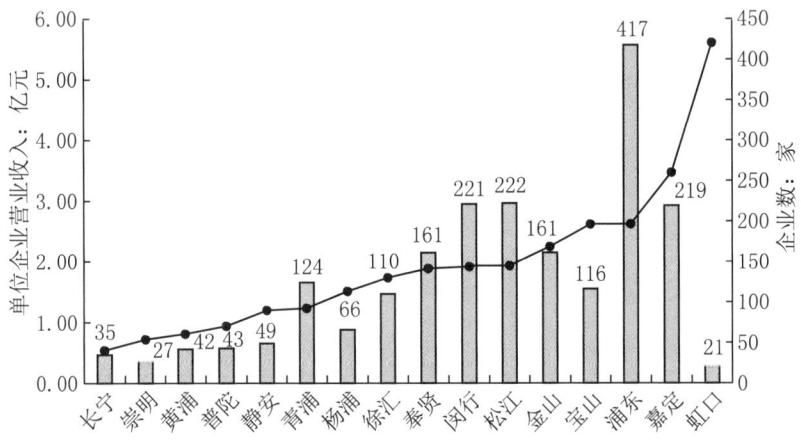

图1　2021年分区域企业数(右轴)与单位企业营业收入(左轴)情况

(二)2022年前三季度上海市节能环保清洁产业发展现状

随着复工复产一系列助力行业重振和企业发展的政策措施密集出台落地,全市相关产业恢复提速。2022年前三季度,节能环保清洁产业核心企业实现营业收入3 264.59亿元,比上年增长5.2%,增速比上半年提升6.1个百分点(表2)。

表2　2022年前三季度节能环保清洁产业营业收入情况

分　　类	前三季度 (亿元)	比上年同期 增长(%)	上半年 (亿元)	比上年同期 增长(%)
总计	3 264.59	5.2	1 982.27	−0.9
节能环保产业	2 173.97	3.1	1 299.65	−5.7
高效节能产业	899.22	0.8	588.43	−12.7
先进环保产业	192.59	5.0	147.03	−2.4
资源循环利用产业	1 191.21	3.3	716.77	−5.7
绿色交通车船和设备制造产业	762.73	12.1	455.14	2.5

续 表

分　类	前三季度 (亿元)	比上年同期 增长(%)	上半年 (亿元)	比上年同期 增长(%)
清洁生产产业	556.65	25.1	343.11	22.5
清洁生产原料制造业	365.63	30.8	218.82	23.2
清洁生产设备制造和设施建设业	15.28	−13.2	8.37	−15.8
清洁生产技术服务业	179.57	21.3	125.88	23.9
清洁能源产业	850.63	−1.1	531.02	−1.5
核电产业	73.03	15.4	53.16	19.5
风能产业	335.46	−13.8	206.24	−15.1
太阳能产业	335.31	4.0	201.64	−3.4
生物质能产业	37.36	−9.0	24.02	1.2
水力发电产业	46.24	−0.6	27.10	−3.8
智能电网产业	375.12	7.7	217.67	1.6
其他清洁能源产业	36.56	−10.3	21.80	−4.0
传统能源清洁高效利用产业	166.48	9.4	106.15	10.7

1. 产业营收回升明显,节能环保产业实现全面增长。前三季度,各产业营收能力回升势头显著、恢复面不断扩大。从增长面看,15个中类产业中营收增长面达66.7%,比上半年扩大20.0个百分点;从变动趋势看,有86.7%的中类产业的营业收入增速比上半年加快。

清洁生产产业营收增速最快。受益于规模最大的清洁生产原料制造业核心企业大部分纳入"白名单"管理,疫情期间生产经营影响不大,带动清洁生产原料制造业营业收入增长30.8%。在此拉动下,前三季度,清洁生产产业实现营业收入556.65亿元,比上年同期增长25.1%,拉动全市节能环保清洁产业增长3.6个百分点。

节能环保产业实现全面增长。前三季度,节能环保产业实现营业收入2 173.97亿元,比上年同期增长3.1%,增速比上半年提升8.8个百分点。前三季度,该产业营收实现由降转升,主要得益于绿色交通车船和设备制造业的有力恢复,带动绿色交通车船和设备制造产业实现了两位数增长。同时,在"无废城市"建设的政策引导下,营收规模最大的资源循环利用产业也实现了由降转升的恢复发展。

清洁能源产业拖累全市增速。受疫情和夏季极端高温的影响,风能、太阳能等产业的工程项目多月停摆,清洁能源产业核心企业生产经营受冲击较大,加之光、风项目补贴退坡和"多晶硅"等原材料价格上涨等影响,可再生能源设备的市场需求降温、项目数减少。在不利因素影响下,前三季度,清洁能源产业营业收入850.63亿元,比上年同期下降1.1%,拉低全市节能环保清洁产业增速0.3个百分点。

2. 非中心城区产业规模大,营收能力好于中心城区。从区域规模分布看,前三季度,非中心城区节能环保清洁产业营业收入3 264.59亿元,占比89%,是全市产业发展的重点和"稳定器";中心城区实现营收358.09亿元,总量不足浦东新区单区营收的一半,产业规模较小,其中超八成的企业归属服务业。从区域营收增速看,前三季度,非中心城区在浦东、嘉定等重点区域和重点产业拉动下,节能环保清洁产业营业收入增长7.5%,相关区域企业的营收能力均比上半年有所好转。中心城区营收下降10%,各区表现出"三升三降"态势。其中,降幅最大的是徐汇区,营收同比下降40%,主要是区内清洁能源配套产业、软件服务业增长乏力;增速最快的是虹口区,但与上半年相比,增速回落明显,主要是区内海运业运力减少、同期高运价形成的高基数影响。

三、上海市节能环保清洁产业发展中存在的瓶颈问题

(一)产业呈现"马太效应",抗风险能力较弱

从发展现状可知,上海市节能环保清洁产业的经营规模呈现"马太效应"特征。2021年,亿元以上节能环保清洁核心企业以不到三成的企业数,贡献了超九成的营业收入,拉动产业增长19.1个百分点。从新冠肺炎疫情期间的抗风险能力看,头部核心企业生产经营受冲击的影响明显小于亿元以下的中小企业。2022年前三季度,亿元以上企业营业收入比上年同期增长6.7%,而亿元以下企业在疫情等多因素冲击下,同比下降9.3%,拉低节能环保清洁产业增速0.9个百分点。企业数占比超七成的中小企业在抗风险能力等方面存在的先天不足加剧了各要素向头部集中,相关制约因素不可忽视(表3)。

表3 2021—2022年按企业规模划分上海市节能环保产业营业收入情况

分 类	2021年			2022年前三季度
	企业数比重(%)	营业收入(亿元)	比上年增长(%)	比上年同期增长(%)
总计	100.0	4 399.78	19.3	5.2
亿元以上	29.3	3 993.56	21.4	6.7
#十亿元以上	4.2	2 506.91	23.5	10.5
##五十亿元以上	0.6	1 090.40	29.5	10.1
亿元以下	70.7	406.22	2.5	−9.3

(二)清洁能源产业在补贴退出期或面临阵痛

上海市清洁能源生产产业经历了前期高速发展阶段,如今在资源禀赋有限、补贴政策逐步退坡[①]的背景下,面临外部竞争激烈、生产要素成本上升、技术攻关难度加大等一系列不进则退的困境。2022年前三季度,上海市清洁能源生产产业盈利情况不容乐观,利润总额下降51.2%,降幅分别高于节能环保、清洁生产业38.2个和58.5个百分点。

从长远发展的角度看,受生态保护限制、屋顶可利用面积小、光照资源客观因素限制,上海市风、光发电企业面临开发难度加大、综合成本升高的困境,如光伏发电项目回本平均需要17年,比前期大幅延长12年左右,市场各主体参与的积极性势必受挫。

(三)建立统一的统计监测和测算体系难度较大

目前,国家层面未建立节能环保清洁产业相关的报表制度和测算体系。作为跨专业

---

① 根据《上海市可再生能源和新能源发展专项资金扶持办法》,上海市针对新能源发电载体节能补贴从2016年最高0.4元/千瓦时,降低至如今0.05元/千瓦时;其中,岸上风电厂等不再补贴。

的产业分类,在开展统计监测和核算时,存在三方面的难点。一是同类指标选择困难。节能环保清洁产业涵盖了第二、三产业几十个行业,反映行业特性的指标不尽相同,并且部分节能环保的事业管理单位缺乏"营业收入"指标统计,在选取评价指标时,存在难点。二是存在企业跨行业重复统计的情况。根据《产业分类》,部分行业标识可至多跨 2 个子产业、13 个小类产业,如不剔重,将导致不少企业存在重复统计现象。在名录库整理过程中发现,上海市有 1 018 家节能环保清洁核心企业存在至少涉及 2 个产业的现象,其中,有 17 家环保技术研发与技术服务核心企业更是涉及 13 个小类产业,对统计名录库梳理判定工作造成困扰。三是产品标识年度间的变动将影响测定的折算系数。因企业产品的节能标识和认定是每年都在动态调整的,导致在测算节能环保清洁产品营业收入时,需定时更新折算系数,对统计测算工作提出了很高的要求。

四、推进下阶段工作的建议

(一)搭建联动统计工作机制,完善统计监测和核算体系

为更及时准确地反映上海市节能环保清洁产业的发展情况,提供节能环保、绿色低碳产业和循环经济发展的数据支撑,实现对节能环保清洁产业发展的持续跟踪,就必须建立节能环保清洁产业的统计监测体系。此项工作是一项综合性、持续性的常态化工作,需要搭建一个对内跨处室、对外跨部门的联动工作机制,以便日常推进企业名录库更新维护、相关统计指标的汇总分析、审核评估和扩充完善等工作。同时,在监测制度建立的基础上,还应探索建立上海市节能环保清洁产业的核算方案,以核算结果来反映上海市高质量发展和"双碳"工作的推进成效,探索高效绿色低碳的产业发展之路。

(二)聚焦产业高端和园区建设,注重梯度发展和解难纾困

通过龙头企业、特色企业的示范建设,以节能环保制造业创新中心、企业技术中心、研发和检测平台、各类型研究机构等孵化载体,健全节能环保领域的技术规范和评价标准,不断推进节能设备、新型储能和固碳等前沿技术的研发攻关和成果转化速度。通过多类别绿色低碳领域企业的甄选和集聚,形成头部企业的产业链带动作用,搭建互动平台、加快园区配套建设,以解难纾困政策为引导,增强中小微企业的政策辐射度。

(三)拓宽新能源并跑轨道,建立金融创新体系

在《上海市能源发展"十四五"规划》的指导下,积极培育能源领域新动能。加快推进能源新基建建设,推进以氢能和充电设施为支点的新终端建设。同时,对于成熟的风、光发电行业,实施集中与分布式并重转变。因地制宜推进地热能开发,研究探索潮汐能试点示范,不断拓宽上海市新能源跑道。在解决分布式光伏发电企业投资回收期过长等瓶颈问题时,可通过"阳光贷"等金融产品创新和围绕"能源管理人才"和"建设规范标准"等堵点不断培育第三方合同能源管理市场,保障节能环保清洁产业实现市场化的良性发展。

(资料来源:《统计科学与实践》2023 年第 1 期,作者:倪静华)

【简析】

这则市场调查报告正文导言部分介绍了调查背景。主体部分介绍了测算方案、产业基本情况、发展现状及存在问题,数据分析翔实,并依据调查研究提出下阶段工作建议。全文材料充分,且能注重数字说明,得出的结论令人信服。

思考与训练

一、填空题

1. 经济合同的特点是_____、_____和_____。
2. 按照格式和写法分类,经济合同可分为_____、_____和_____三种类型。
3. 具有法律行为能力的人,才能充任经济合同的_____。
4. 市场调查报告具有_____、_____和_____三个特点。
5. 市场调查报告按其所涉及内容的多少,可以分为_____和_____。

二、判断题

1. 市场调查要把调查面放宽,才能更全面地掌握市场情况。（　　）
2. 市场调查报告的写作要突出重点。（　　）
3. 对自己的观点不利的材料,在市场调查报告中也应附带提及。（　　）
4. 签订合同必须贯彻平等互利、协商一致、等价有偿的原则。（　　）

三、简答题

1. 经济合同的引言如何写?
2. 试述经济合同主体的写作内容。
3. 试述经济合同写作的注意事项。
4. 市场调查报告的标题通常有哪些写法?
5. 市场调查报告正文的导言一般写什么内容?
6. 市场调查报告正文的主体一般写什么内容?

四、写作实训题

试指出下面这份合同存在的问题,并提出应如何修改才能使之符合经济合同的写作要求。

交换写字楼合同

甲方：××贸易总公司

乙方：××市广告集团公司

甲乙双方为了便于在穗深两地联系业务,需交换写字楼作为各自的办事处。现本着友好合作的精神制定如下协议：

一、甲方在广州市××路×××号大楼中为乙方提供一单元住宅（三房一厅,实用面积不得小于80平方米）作为乙方驻穗的办事处用房。

二、乙方在深圳市为甲方提供同样的一单元住宅,规格同上,作为甲方驻深办事处用房。

三、双方分别负责为对方上述办事处供水、供电及安装电话,以确保日常业务活动的正常开展。

四、本合同有效期为五年,是否延期届时根据需要商定。

五、本合同自双方同时履约之日起生效。

六、未尽事宜,由双方另行商定。

甲方代表签字　　　　　　　　　　乙方代表签字

甲方公章　　　　　　　　　　　　乙方公章

　年　　月　　日　　　　　　　　　年　　月　　日

第三讲 礼仪文书

感 谢 信

一、感谢信的概念

感谢信是在得到有关单位或个人给予的关心、支持或帮助后,向对方表示感谢的信函。

二、感谢信的分类

感谢信依据不同的标准可以有不同的分法。

(一) 按感谢对象来分

1. 写给集体的感谢信

写这类感谢信,一般是因为个人处于困境时,得到了集体的帮助,使自己渡过了难关,摆脱了困境,所以要用感谢信的方式表达自己的感激之情。

2. 写给个人的感谢信

这类感谢信,可以是个人,也可以是集体为了感谢某个人曾经给予的帮助或照顾而写的。

(二) 按感谢信的寄送对象来分

1. 寄给媒体的感谢信

这种感谢信是指可在报社登报、在广播电台或电视台播报的感谢信,是一种可以公开张贴的感谢信。

2. 寄给单位、集体或个人的感谢信

这种感谢信直接寄给单位、集体或个人。

三、感谢信的特点

(一) 确指性

即被感谢者是特定的单位或个人。

(二) 事实性

感谢信中所写的时间、地点和事件,都是真实的。

(三) 感激性

感谢信是致谢人发自内心的表达对对方的感激之情的信。

四、感谢信的结构

(一) 标题

感谢信的标题一般有三种写法。

(1) 直接写文种，如"感谢信"。
(2) 由被感谢单位名称和文种组成，如"致××公司的感谢信"。
(3) 由感谢单位名称、被感谢单位名称和文种组成，如"××总公司致×××商场的感谢信"。

(二) 称谓

写明被感谢的单位、集体或个人的名称或姓名，感谢对象为个人时，称谓后缀"先生(女士)"或职务(职称)。

(三) 正文

一般写两个方面的内容。

1. 感谢的事由

简述事情的经过，即对方在什么时间、什么地点、做了什么好事，对自己或单位有什么支持和帮助。

2. 揭示意义

指出对方的支持、帮助对问题解决的重要性，并对对方的帮助做恰当、诚恳的评价和颂扬，同时表达向对方学习的态度和决心。

(四) 敬语

结尾要写上表达敬意的话。如"此致，敬礼""致以最诚挚的敬意"。

(五) 落款

在正文右下方署上写感谢信的单位名称或个人姓名，并写上成文时间。

五、感谢信的写作要领

(一) 叙述清楚，详略得当

叙述对方对自己或本单位的帮助，一定要把人物、时间、地点、原因、结果，以及事情经过叙述清楚，同时注意详略得当，篇幅不能太长。

(二) 感情真挚

信中要洋溢着感激之情。在叙述事实的过程中，除了要突出对方的好思想和表示谢意，行文要始终饱含着感情。感情要真挚、热烈，使所有看到信的人都能受到感染。

(三) 表述得体

写表示谢意的话要得体，既要符合被感谢者的身份，也要符合感谢者的身份。

六、感谢信的范文

范文1

感 谢 信

××出租汽车公司：

　　1月5日下午，我公司经理李英华乘坐贵公司车牌号为"×××××"的出租车时，不慎将皮包落在车上。内有人民币10万元、身份证一张、护照一本及发票单据若干张。当我们发现后正在焦急寻找时，贵公司司机×××先生主动将捡到的皮包送到我公司，使我公司避免了一次重大损失。为此，我们再三表示感谢并表示拿出5 000元作为酬谢，但×××先生却说："这是我应当做的！"坚决不接受。×××先生这种拾金不昧的高尚品德，使我公司的员工深受感动。我公司员工纷纷表示要向×××先生学习！在此特对贵公司×××先生和贵公司深表谢意，并建议对×××的高尚行为予以表扬。

　　此致
敬礼！

××××公司
2023年1月6日

【简析】

　　这则感谢信第一部分简述了感谢的事迹，并说明了在对方帮助下产生的效果；第二部分评价对方的可贵精神，并表示向对方学习。全文内容完整，语言简洁，情感真挚。

范文2

感 谢 信

××省中医院：

　　贵院派来姜××、赵××同志到我院开展医疗帮扶的工作即将结束。在这一年里，感谢两位同志对我院在管理、业务上的指导以及在我院与贵院的沟通联系上做出的贡献。

　　在医院管理上，他们提出很多宝贵的意见，职能科室在他们的帮助下得到进一步的完善。在业务指导方面，他们经常下科室与医务人员沟通协调，给了我们的医务人员很多技术上的指导，使我院的医疗服务质量得到了进一步的提高。尤其是他们主动沟通，使我院和贵院的联系更加紧密，促成了贵院加大对我院的帮扶力度这一良好结果。两位同志崇高的敬业精神和认真的工作态度是我院全体医务人员学习的榜样。同时，也要感谢贵院给我院无偿赠送了一批医疗设备，使我院的诊疗能力得到了进一步提高。

　　姜××、赵××同志挂职虽然结束了，但他们和我院全体员工结下了兄弟姐妹般的情谊，××县中医院永远都是他们的家，热切期待他们常回家看看，重温在××县中医院的点点滴滴，希望他们的心常挂××县中医院。

　　再次对××省中医院对我院的关心支持表示感谢！对姜××、赵××同志一年来为我院的辛勤付出表示衷心的感谢！

××县中医院
2022年12月6日

【简析】

　　这是一则医疗帮扶工作的感谢信。文章首先交代了对方帮扶工作的事迹及取得的显著成果，其次评价了帮扶工作者的高尚品德，最后向对方表示了衷心感谢，以及向对方学习的决心。全文格式规范，思路清晰，情真意切，值得借鉴。

演 讲 稿

一、演讲稿的概念

　　演讲稿是讲话者在大会上或其他公开场合把自己的主张、观点、见解，以及思想感情传达给听众，使他们信服并在思想感情上产生共鸣，达到宣传和教育作用的文稿。

二、演讲稿的分类

　　演讲稿内容丰富，表现形式灵活，很难给以具体的分类，只能从不同角度做大体区分。从演讲的内容上来分可分为政治演讲稿、学术演讲稿、思想教育类演讲稿、社会生活问题演讲稿等；从演讲的场合上来分可分为课堂演讲稿、集会演讲稿、宴会演讲稿、法庭演讲稿和广播电视演讲稿等；从演讲的要求和形式上来分，可分为即兴演讲稿、专题演讲稿、报告演讲稿等。

三、演讲稿的特点

（一）针对性

　　演讲是一种社会活动，是用于公众场合的宣传形式。演讲者以思想、感情、事例和理论来打动听众、征服听众。因此，演讲稿必须有现实的针对性。

（二）可讲性

　　演讲的本质在于"讲"，而不在于"演"，它以"讲"为主、以"演"为辅。演讲稿的要求则是"上口入耳"。一篇好的演讲稿对演讲者来说要可讲，对听讲者来说应好听。

（三）鼓动性

　　演讲是一门艺术。好的演讲自有一种激发听众情绪、赢得听众好感的鼓动性。

（四）整体性

　　演讲稿是演讲的文字依据，是整个演讲活动的一个组成部分。演讲主体、听众对象、特定的时空条件，共同构成了演讲活动的整体。撰写演讲稿时，要注意其与时空条件的紧密联系，不能将它从整体中剥离出来。

四、演讲稿的结构

演讲稿分开头、主体、结尾三个部分。

(一) 开头

演讲稿的开头有多种写法,常用的主要有以下几种。

(1) 开门见山,提示主题。这种开头是指演讲者一开讲,就进入正题,直接提示演讲的中心。

(2) 介绍情况,说明缘由。这种开头可以迅速缩短与听众的距离,使听众急于了解下文。

(3) 提出问题,引起关注。这种方法是指演讲者根据听众的特点和演讲的内容,提出一些激发听众思考的问题,以引起听众的注意。

(二) 主体

主体是演讲稿的核心部分,也是演讲稿的高潮所在,其质量直接关系到演讲的质量和效果,其内容的安排,应注意以下几个问题。

1. 确定结构形式

演讲稿的形式比较活泼,或旁征博引、剖析事理,或引经据典、挥洒自如,或层层深入,或就事论事。结构形式不管怎么样变化,都要求内容突出、问题说透、推理严密、层次清晰、情理交融。

2. 认真组织好材料

撰写者对演讲稿的理论依据和事实论据的组织安排要适当,必须保证例证的真实性、典型性。演讲时间不能太长,一般 15~30 分钟左右最好。演讲稿的内容要求言简意赅,起到画龙点睛的作用。

3. 构筑演讲高潮

一个成功的演讲,不可能没有高潮。编写演讲稿要注意三点:一是思想深刻、态度明确,要集中体现演讲者的思想观点;二是感情强烈,使演讲者的好恶、喜怒能在演讲中得到尽情宣泄;三是语句要精练。

(三) 结尾

结尾,是演讲稿的有机组成部分。结尾给听众的印象,往往能代表整个演讲给听众的印象。因此结尾要言简意赅、余音绕梁,能够使听众精神振奋,并促使听众不断思考和回味。演讲稿的结尾没有固定的格式,或对整个演讲全文要点进行简单小结,或以号召性、鼓动性的话收尾,或者以诗文名言或幽默俏皮的话结尾。但一般原则是要给听众留下深刻的印象。

五、演讲稿的写作要领

(一) 主题鲜明

一篇演讲稿要有一个集中、鲜明的主题。无中心、无主次、杂乱无章的演讲是没有人愿意听的。一篇演讲稿只能有一个中心,全篇内容都必须紧紧围绕着这个中心去铺陈,这样才能给听众留下深刻的印象。

(二) 了解听众

首先要了解听众,注意听众的组成,了解他们的性格、年龄、受教育程度、出生地等,分析他们的观点、态度、希望和要求。掌握这些以后,就可以决定采取什么方式来吸引听众、说服听众,从而取得好的效果了。

(三) 以事理打动听众

好的演讲稿,应该既有热情的鼓动,又有冷静的分析,要把抒情和说理有机地结合起来,做到动之以情,晓之以理。

(四) 语言要有感染力

演讲稿的语言要求准确、精练、生动形象、通俗易懂,不能讲假话、大话、空话,也不能讲过于抽象的话。要多用比喻,多用口语化的语言,深入浅出,把抽象的道理具体化,把概念形象化,让听众听得入耳、听得明白。

(五) 整体控场力

演讲活动是演讲者与听众面对面的一种交流和沟通。听众会对演讲内容及时做出反应:或表示赞同,或表示反对,或饶有兴趣,或无动于衷。演讲者对听众的各种反应不能置之不顾。因此,撰写者在写作演讲稿时,要充分考虑它的临场性,在保证内容完整的前提下,要注意留有调整的余地;要充分考虑到演讲时可能出现的种种问题,以及应付各种情况的对策。总之,演讲稿要具有弹性,演讲者要具备必要的控场技巧。

六、演讲稿的范文

范文1

培养独立工作和独立思考的人

——在纽约州立大学"美国高等教育300周年纪念会"上的演讲(节选)

爱因斯坦

在纪念的日子里,通常需要回顾一下过去,尤其是要怀念一下那些由于发展文化生活而得到特殊荣誉的人们。这种对于我们先辈的纪念仪式确实是不可少的,尤其是因为这种对过去最美好事物的纪念,必定会鼓励今天善良的人们去勇敢奋斗。

这样,剩下来我能讲的就只能是超乎空间和时间条件的,但同教育事业的过去和将来都始终有关的一些问题。进行这一尝试时,我不能以权威自居,特别是因为各时代的有才智的善良的人们都已讨论过教育这一问题,并且无疑已清楚地反复讲明他们对于这个问题的见解。在教育学领域中,我是个半外行,除了个人经验和个人信念以外,我的意见就没有别的基础。那么我究竟是凭着什么而有胆量来发表这些意见呢?如果这真是一个科学的问题,人们也许就因为这样一些考虑而不想讲话了。

但是对于能动的人类的事务而言,情况就不同了,在这里,单靠真理的知识是不够的;相反,如果要不失掉这种知识,就必须以不断的努力来使它经常更新。它像一座矗立在沙漠上的大理石像,随时都有被流沙掩埋的危险。为了使它永远照耀在阳光之下,必须不断地勤加拂拭和维护。我就愿意为这工作而努力。

学校向来是把传统的财富从一代传到一代的最重要机构。同过去相比,在今天就更是这样。由于现代经济生活的发展,家庭作为传统和教育的承担者,已经削弱了。因此比起以前来,人类社会的延续和健全要在更高程度上依靠学校。

有时,人们把学校简单地看作一种工具,靠它来把最大量的知识传授给成长中的一代。但这种看法是不正确的。知识是死的,而学校却要为活人服务。它应当在青年人中发展那些有益于公共福利的品质和才能。但这并不意味着应当消灭个性,使个人变成仅仅是社会的工具,像一只蜜蜂或蚂蚁那样。因为由没有个人独创性和个人志愿的统一规格的人所组成的社会,将是一个没有发展可能的不幸的社会。相反,学校的目标应当是培养独立工作和独立思考的人,这些人把为社会服务看作自己最高的人生问题。就我所能作判断的范围来说,英国学校制度最接近于这种理想的实现。

但是人们应当怎样来努力达到这种理想呢?是不是要用讲道理来实现这个目标呢?完全不是。言辞永远是空的,而且通向毁灭的道路总是和多谈理想联系在一起的。但是人格绝不是靠所听到的和所说出来的言语而是靠劳动和行动来形成的。

因此,最重要的教育方法总是鼓励学生去实际行动。初入学的儿童第一次学写字便是如此,大学博士论文也是如此,简单地默记一首诗,写一篇作文,解释和翻译一段课文,解一道数学题目,或在体育运动的实践中,也都是如此。

但在每项成绩背后都有一种推动力,它是成绩的基础,而反过来,计划的实现也使它增长和加强。这里有极大的差别,对学校的教育价值关系极大。同样工作的动力,可以是恐怖和强制,追求威信荣誉的好胜心,也可以是对于对象的诚挚兴趣和追求真理与理解的愿望,因而也可以是每个健康儿童都具有的天赋和好奇心,只是这种好奇心很早就衰退了。同一工作的完成,对于学生教育影响可以有很大差别,这要看推动工作的主因究竟是对苦痛的恐惧,是自私的欲望,还是快乐和满足的追求。没有人会认为学校的管理和教师的态度对塑造学生的心理基础没有影响。

【简析】

本文是爱因斯坦在纽约州立大学"美国高等教育300周年纪念会"上的演讲,全文围绕"培养独立工作和独立思考的人"这一主题展开,全文主旨鲜明集中,逻辑严密,分析客观深入,富有哲理,语言严谨,充满理性思辨色彩,是享誉世界的经典演讲稿。

范文2

做强国有我的新青年
——北大校长龚旗煌在2022年开学典礼上的讲话

同学们、老师们、来宾们:

大家上午好!

今天,我们隆重举行2022年新生开学典礼。首先,我代表全校师生员工,祝贺各位新同学圆梦北大,开启人生新的篇章,北大欢迎你们!

同学们,从进入燕园的那一刻起,"北大人"就是你们最闪亮的青春印记,你们的人生也与北大的光荣和使命紧紧相连。看着朝气蓬勃的你们,我不禁想起1979年,我入学时的情景。那时中国大地处处涌动着改革开放的春潮,我们那代年轻人特别希望学得一身本领,早日投身祖国的建设。经过四十多年的奋斗,我们已经全面建成小康社会,吹响了建设社会主义现代化强国的冲锋号。未来二三十年，中国梦的宏伟篇章将由你们来书写，北大"以天下为己任"的接力棒已经交到了你们手中。

1898年，在民族危亡之际，北大应运而生，扛起了兴学图强、培育栋梁的重任。长期以来，北大始终与祖国和人民共命运、与时代和社会同前进，在民族复兴的史册上镌刻了"爱国、进步、民主、科学"的奋斗篇章。如今的北大，一批优势学科达到世界一流水平，形成了通识教育和专业教育紧密结合的人才培养体系，拥有一支卓越的教师队伍，产生了一批推动时代发展的科技创新成果和先进思想理论，在国家现代化建设中发挥了重要的先锋作用。这种"使中国向着好的，往上的道路走"的精神底蕴，引领着一代代北大青年在所处的时代条件下谋划人生、创造历史。

习近平总书记指出，实现中国梦是一场历史接力赛，当代青年要在实现民族复兴的赛道上奋勇争先。1981年，北大青年在燕园喊出了"团结起来、振兴中华"的时代强音；40年后，在2021年党的百年华诞之际，北大青年在天安门广场发出了"请党放心、强国有我"的青春誓言，这是新时代北大人的奋斗坐标。作为燕园的新主人，希望大家抱定宗旨、砥砺前行，跑好青春奋斗的接力赛，做强国有我的新青年。

一、做新青年，要爱国明志，坚定为国求学的信念。（略）

二、做新青年，要求真务实，学好担当重任的本领。（略）

三、做新青年，要砥砺精神，磨炼百折不挠的品格。（略）

青年时期是人生最闪光的阶段。只有把青春融入服务国家、造福人民的主旋律，青春的光谱才会更广阔，青春的光芒才能更闪亮。

同学们！

时间之河川流不息，青春使命一脉相承。再过一个多月，党的二十大即将胜利召开，为实现第二个百年奋斗目标、实现中华民族伟大复兴的中国梦擘画新蓝图、开启新征程。大家在最美好的年华进入北大，接过了新时代北大人的接力棒。我衷心祝福大家在北大历练成长、不断进步，在强国之路上奋力奔跑，在复兴伟业中挺立潮头，跑出新一代北大青年的最好成绩！

谢谢大家！

【简析】

这是一篇开学典礼上的讲话，面对风华正茂、朝气蓬勃的2022级新生，北大校长龚旗煌勉励他们跑好青春奋斗的接力赛，做"强国有我"的新青年。全文充满激情、直击人心、引人思考。文章思路清晰，语言平易近人，充满亲和力，是一篇情理兼备的演讲辞。

聘 书

一、聘书的概念

聘书，是聘请书的简称。它是用于聘请某些有专业特长或名望权威的人完成某项任务或担任某种职务的正式文书。

二、聘书的分类

(一) 短期工作聘书

这种聘书一般是指聘请人员担任某一临时性工作时使用的聘书。例如，一年一度的高考评卷工作、一次性且短期性地邀请专家作为评审专家的工作。各单位类似的临时性工作颇多，因此，制发这种聘书的情况也很常见。

(二) 长期工作聘书

目前，许多单位都实行了聘任制，每年都要对自己单位的工作人员实施聘用程序。一般聘期为一年，期满之后，根据其贡献大小、表现情况，决定下年度是否继续聘用。为保证工作人员的稳定性，多数工作人员都会得到单位的继续聘用。这样的常规聘书，属于长期工作聘任书，各单位每年都要大量制发。聘书不等于劳动合同，两者既有联系又有区别。

(三) 兼职工作聘书

聘请其他单位的人到本单位来兼任长期或短期工作，这时所使用的聘书就是兼职工作聘书。但这种聘书通常并不在行文中特意申明工作的性质是兼职。

三、聘书的特点

(一) 严肃性和规范性

聘书是劳动力需求方对劳动者进行选择之后，决定对其正式聘用时所形成的具有法律效力的文书。聘书一旦发出，双方都将承担特定的法律责任和义务，不到期满，任何一方都不得随意终止聘用关系，除非有特殊的原因，才能以除名或辞职的方式终止这种关系。

(二) 凭据性

如前所述，聘书是受聘者上岗工作的凭证，也是受聘者保护自己工作权利的依据。当然，它也是用人单位衡量受聘人员是否履行职责、是否完成任务的依据。对于双方而言，聘书都有重要的凭据作用。如果双方发生纠纷，需要劳动仲裁部门或法律部门解决纠纷，聘书也是依法解决的重要证据。

(三) 规定的期限性

聘书都要写明聘用的期限，长期工作的聘书可以是一年或数年，临时工作的聘书则到临时工作结束时自动终止。兼职工作则可以比较灵活，特别是一些名誉性的兼职，有可能长时间有效，没有明确的时间期限。

(四) 双向选择性

聘书是在双方自愿的基础上形成的，具有双向选择性。招聘单位有权向受聘者发出聘请意愿，受聘者也有权决定自己是否应聘。在双向选择的过程中，双方的利益都应得到保障。

四、聘书的结构

(一) 标题

聘书往往在正中写上"聘书"或"聘请书"字样，有的聘书也可以不写标题。已印制好的聘书标题常用烫金或大字号的"聘书"或"聘请书"字样组成。

（二）称谓

聘请书上被聘者的姓名，称呼可以在开头顶格写，然后再加冒号；也可以在正文中写明受聘人的姓名称呼。常见的格式化聘书则大都在正文第一行空两格写"兹聘请××……"。

（三）正文

聘书的正文一般要求包括以下一些内容。

（1）交代聘请的原因和工作内容，有的还需要写清担任的职务。

（2）写明聘任期限。如"聘期两年"或"聘期自××××年×月×日至××××年×月×日"。

（3）聘任待遇。聘任待遇可直接写在聘书之上，也可另附详细的合同或公函写明具体的待遇，这要视情况而定。

（4）正文还要写上对被聘者的希望。招聘者可将这一点写在聘书上，也可以不写，而是通过其他的途径使受聘人切实明白自己的职责。

（四）结尾

聘书的结尾一般写上表示敬意和祝颂的结束用语。如"此致、敬礼"或"此聘"等。

（五）落款

落款要署上发文单位名称或单位领导的姓名、职务，并写上发文日期，同时要加盖公章。

五、聘书的写作要领

（1）聘书要郑重严肃，对有关招聘的内容要交代清楚。同时聘书的书写要整洁、大方、美观。

（2）聘书一般要短小精悍，不可篇幅太长，语言要简洁明了、准确流畅，态度要谦虚诚恳。

（3）聘书是以单位名义发出的，所以一定得加盖公章方有法律效力。

六、聘书的范文

范文1

聘　　书

为提高科研水平，本院成立了科研项目评估委员会。特聘请×××教授为该委员会学术顾问，指导本院的科研工作。聘期自2023年3月7日至2028年3月6日。

此致

敬礼！

××市社会科学院（印章）
院长：×××（印章）
2023年3月2日

> 范文 2

聘　书

兹聘请赵××先生为××家电集团维修部总工程师,聘期自 2023 年 5 月 12 日至 2024 年 5 月 12 日,聘任期间享受集团高级工程师全额工资待遇。

此聘

××家电集团(印章)
2023 年 9 月 10 日

【简析】

这两则范文都属于工作聘书,简明扼要,载明了工作时间、聘用职务。第二个聘书还载明了工资待遇,符合聘书的一般写法。

启　事

一、启事的概念

启事的"启"含有"陈述"的意思,"事"即"事情"。启事就是公开陈述的事情。机关团体、企事业单位或公民个人将需要向大众公开说明并希望获得关心、支持、帮助的事情简写成文,予以公开告示,这样的应用文书就是启事。

二、启事的分类

(1) 启事按不同内容,可分为 12 类:寻物(人)启事,招领启事,征集启事,招聘启事,开业、庆典启事,迁址启事,庆典启事,遗失、作废启事,征婚启事,征订启事,致歉启事,更正启事。

(2) 启事按不同目的,可分为 3 大类:声明类启事(包括开业启事、迁址启事、变更启事等),征招类启事(包括征文、征订、征集、征稿、征租、招聘、招商启事等),寻找类启事(包括寻人启事、寻物启事、招领启事等)。

三、启事的特点

(一) 公开性

启事是通过各种方式向社会公布或张贴的。

(二) 单一性

启事的事项内容单一,一篇启事只讲一件事,不掺杂无关内容。

(三) 期望性

启事期望得到人们的关心、支持、帮助,不能强制他人承担责任和义务。

四、启事的结构

(一) 标题

标题一般是事由加文种组成,如"征稿启事""迁址启事"。也有的标题是单位名称、事由加文种组成,如"××中学招聘语文教师启事"。若事项重要或紧急,可加"重要"或"紧急"字样,如"××大学重要启事"。

(二) 正文

正文内容是向大众说明的情况,一般包括启事的目的、原因、具体事项、要求、联系方式和联系人等内容。如果内容较多时,可分条列项写,逐一交代清楚。不同性质和特点的启事正文应依据其所说明的事项不同而异。

(三) 落款

落款处写启事发布单位名称(或个人姓名)及日期。如果标题或正文中已写明单位名称,此处可省略。以机关、团体、单位名义发布的启事,一般应加盖公章。

五、启事的写作要领

微课:启事

(1) 标题简短醒目,吸引公众。
(2) 内容单一,一文一事。
(3) 语言诚挚恳切、准确恰当,给公众以信任感。

六、启事的范文

范文1

××省××市育才中学2023年教师招聘启事

一、学校简介

××市育才中学占地面积10 000平方米,学生1 000余人,专职教师70人,其中高级教师10人,中级教师36人。学校三面环山,一面傍水,风景秀丽,清新宜人,是莘莘学子求学读书的理想场所。学校教育教学设施设备现代、完善、齐全,能满足30个教学班的走班选课教学需要。学校以"乐教乐学,人人成全"的办学理念,倾力打造一所"学生乐学,老师乐教"的新育才学校。

学校设立"××奖学助学基金会",奖励有杰出贡献的优秀老师和管理者,奖励品学兼优的学生,资助特困生。特等奖学金获得者每学年最高可以获得5万元奖金。现因学校事业发展需要,面向应届高校毕业生招聘若干名教师,望有志于教育事业的同学踊跃报名。

学校地址:××市××街道××号
学校网址:××××××

学校微信公众号:××市育才中学

二、招聘岗位:高中各学科教师

语文教师3名;数学教师3名;英语教师3名;政治教师2名;历史教师2名;地理教师2名;生物教师2名;物理教师1名;化学教师1名。

三、招聘条件

1. 热爱教育事业,品行端正,身心健康,遵纪守法,无违纪行为。

2. 本科或本科以上学历,具备扎实的专业素养和人文素养。

3. 形象气质佳,亲和力强,有责任心,师德师风良好,态度积极。

4. 具有扎实的教学基本功,板书工整规范,口齿清楚,表达能力强,教态自然大方,能够熟练应用现代教育技术设备进行教学。

5. 学生干部、中共党员、学生社团骨干成员优先考虑。

四、福利待遇

1. 工资待遇:包括档案工资、校内岗位绩效工资等。第一年试用期10万~12万元,第二年转正11万~15万元。

2. 一经录用,可送××中学参加培训,同时享受带薪年假、带薪培训、生日福利、节日福利、法定假日等福利。

3. 学校为教师办理人事档案。

4. 学校为每一位招聘教师办理养老保险、工伤保险、生育保险、医疗保险、失业保险和住房公积金。

5. 提供教师宿舍,宿舍环境舒适,设施齐全。

联系方式:

校办:××××××××

王老师:139××××××××

潘老师:150××××××××

邮箱:××××××

2023年5月25日

【简析】

这是一则比较规范的招聘启事,正文介绍了招聘单位的基本情况、招聘的工作岗位、招聘条件及福利待遇,最后详细地写明了联系人及联系方式。内容简洁明了,事项要求清楚、全面。

范文2

关于征集喜迎党的二十大文艺作品的启事

为生动展现党的十八大以来林芝市经济发展、社会稳定、民族团结、生态文明、党建加强的大好局面,真切表达对祖国的美好祝愿、对家乡的真挚热爱,结合当前疫情防控形势,请各单位、各部门通过开展我和国旗党旗合个影、歌唱祖国、舞蹈、抗疫小品表演等文艺活动,展现在党中央、国务院的亲切关怀下,在区党委、政府的坚强领导下,在援藏省市人民的真情援助下,林芝市委、市政府团结带领全市各族人民聚焦"四件大事""四个确保",聚力"四个创建""四个走在前列",围绕林芝建设改革开放先行区的目标,各项工作取得的辉煌成就和长足发展,表达对党的无限热爱。

中共林芝市委员会宣传部将联合市委网信办、市文广局、林芝广播电视台、市文联,推动林芝网络文艺繁荣发展,拟在市属媒体推出"艺心向党　喜迎党的二十大"专题专栏,展现各单位、行业风采,在全社会进一步唱响中国共产党好、社会主义好、改革开放好、伟大祖国好、人民军队好、民族团结好的时代主旋律,以实际行动喜迎党的二十大。

一、征集时间

2022年9月起长期征集

二、征集对象

市(中、区)直各单位、各人民团体,各县(区)(各乡镇、村的文艺作品由各县委宣传部收集整理后统一报送)。

三、征集内容

围绕为中华人民共和国成立73周年献礼、喜迎党的二十大,创作能体现行业特点、展现林芝发展变化,表达爱党爱国情怀的图片、视频、歌曲、舞蹈、书法、美术、曲艺等作品,作品均以图片和视频形式报送。(作品需要附节目或图片简介,制作单位及制作单位简介)

四、征集要求

各县(区)专业艺术团体报送作品不少于2个,市(中、区)直各单位原则上报送作品不少于1个。鼓励各人民团体积极报送。图片作品要求为:jpg格式、1 MB以上原图。视频作品要求为:MP4格式、16∶9,不少于1 920×1 080P,拍摄需稳定。相关作品以图片、视频格式报送。

联系人:葛×,电话:1390894××××,邮箱:linzhiwenyi@××.com。

中共林芝市委员会宣传部
2022年9月27日

【简析】

这是一则作品征集启事,正文具体介绍了征集的缘由、对象、内容、要求、投稿方式等事项,文章标题主旨鲜明,文字简洁,事项明确具体,格式规范,值得借鉴。

思考与训练

一、填空题

1. 感谢信具有_____和_____两个特点。

2. 演讲稿的特点有_____、_____、_____和_____。

3. 启事按目的,可分为_____、_____、_____三类。

4. 启事通常在标题中写出_____。

5. 如果事项重要,可在"启事"前加上_____字样;如果事项紧急,则可在"启事"前加上_____字样。

二、判断题

1. 感谢信的称谓一般写被感谢单位的名称或个人姓名。（　　）
2. 感谢信的正文可以不简述事迹和不说明效果。（　　）
3. 感谢信的正文可以不颂扬、不评价对方的品德,但要表示向对方学习。（　　）

三、简答题

1. 感谢信的正文包括哪些内容?
2. 演讲稿的写作有什么要求?
3. 简述启事的特点。
4. 启事的落款一般写什么内容?

四、写作实训题

1. 请分析下面这则启事的不足之处,并修改。

广播站招聘启事

经过一年多的筹备,学院广播站改造工程即将完成。广播站将于近日以崭新的面貌展现在师生面前。为了配合学院各项宣传与校园文化建设,更好地服务师生,学院广播站拟招聘播音员、编辑记者若干名,欢迎符合条件的同学踊跃报名。

招聘条件:

1. 热爱学院,热爱广播站的工作,责任心强,乐于奉献。
2. 播音员:嗓音好。
3. 编辑记者:具有较高的综合素质。

选拔程序:择优录用

报名时间:即日起至3月18日

第一轮面试、试音时间:3月19日上午

地点:综合楼

报名电话:××××××××(勿发短信)

联系人:王老师

2. 请在教师节给老师写一封感谢信。
3. 假如你将参加学校学生会主席的竞选活动,请结合自身的实际情况写一篇竞选演讲稿。
4. 某服装公司为中小企业,技术力量薄弱,款式陈旧单调。为尽快增加花色品种,提高设计水平,拟聘请著名服装设计师×××为该公司的总设计师。聘期为三年,自××××年×月×日至××××年×月×日止。月薪×万元。聘期届满后,如续聘,另发聘书。请根据这一事由,按照聘书的书写格式,拟写一份聘书。

第四讲　求　职　文　书

求职文书顾名思义就是求职应聘类文书,它包括求职信、求职简历。求职信是自我描绘的立体画像,是求职的第一阶段,其目的同个人简历一样,主要是引起招聘者的注意,争取面试机会,但同个人简历又略有不同。

求　职　信

一、求职信的概念

微课:求职信的文种概念

求职信是求职者向用人单位或单位领导人介绍自己的实际能力、表达自己就业愿望的一种书信。它与写给朋友的信函有所不同,当然也不同于"公事公办"的公函。多数用人单位都要求求职者先寄送求职材料,通过求职材料对求职者有一个大致的了解后,再决定是否同意求职者参加面试。因此,求职信写得好坏将直接关系到求职者是否能进入下一轮的"角逐"。

二、求职信的分类

（1）从内容或行业看,有技术性求职信、销售型求职信、生产性求职信、演艺性求职信、医疗性求职信等。

（2）从求职的时间看,有短期性求职信、中期性求职信、长期性求职信等。

三、求职信的特点

（一）简明扼要、一语中的

求职者写求职信的目的是让招聘单位对自己产生良好的印象,为录用自己打好基础。因招聘单位有太多的求职信函要看,因此求职信一定要简明扼要、一语中的,使招聘单位能快速了解自己的水平、能力和才华。

（二）实事求是、突出个性

尽管每个求职者都希望自己在众多的求职者中脱颖而出,但写求职信切忌夸夸其谈。

求职信言辞不能太夸张,要以中肯、平和而又谦恭、真挚的语言陈述情况,说明诚意,实事求是,彬彬有礼地展示自我。突出个性的方式有很多,比如介绍与职位相关的事例或数据,或设计一个独具匠心的开头等,都可给用人单位留下深刻的印象。

(三) 态度诚恳、措辞得体

既然钟情于某个职位,就要以诚恳的态度表明想要得到职位的愿望。切不可目空一切,给人以自高自大的感觉,也不可谦恭过分,给人自信不足或不诚实的感觉,在措辞上一定要大方得体、有理有节。

(四) 直截了当、通俗易懂

求职信切忌拐弯抹角。招聘单位的负责人往往没有更多的时间推敲你的用意,求职信写作时要直截了当。另外,写作求职信时,要考虑招聘者的知识背景和招聘职位的性质,决定是否使用专业术语。

(五) 言简意赅、重点突出

在内容完整的前提下,尽可能简明扼要,切忌面面俱到。措辞要具体明确,不要使用模糊、笼统的字眼;多使用实例、数字等进行说明。

四、求职信的结构

求职信主要由标题、称谓、正文、结尾、署名和日期、附件等几部分组成。

(一) 标题

标题"求职信"三字要居中。

(二) 称谓

称谓写在第一行,要顶格写受信者单位名称或负责人姓名。一般在单位名称后可加负责人姓名,同时加"先生""女士"或直接写职务或"先生""女士"等称谓。求职信不同于一般私人书信,受信人未曾见过面,所以称谓要恰当,郑重其事。

(三) 正文

第一,写求职的原因。首先简要介绍求职者的基本情况,如:姓名、年龄、性别。其次直截了当地说明从何渠道得到招聘信息以及写此信的目的。如"我叫李民,现年22岁,男,是一名财会专业的本科毕业生。从报上看到贵公司招聘专职会计人员的消息,特毛遂自荐,希望有幸成为贵公司的一员"。这段是正文的开头,也是求职的开始,简明扼要地介绍有关情况,具体交代求取的职位。

第二,写对所谋求的职位的看法以及对自己能力的评价。这是求职的关键。要着重介绍自己应聘的有利条件,要突出自己的优势和"闪光点",以使对方信服。如"由于我是一名应届毕业生,我深知自己的知识仍然停留在理论阶段,正因为如此,我更加迫切需要贵医院能给予我实践的机会,我一定发挥自己的专业所长,为病人提供周到的医疗服务,为贵医院的发展贡献我的光和热!"写作时语言要中肯,恰到好处;态度要谦虚诚恳,不卑不亢,达到使招聘者见字如见其人的效果,给受信者留下深刻印象,进而使其相信求职者有能力胜任此项工作。

第三,提出希望和要求。向受信者提出希望和要求。如"希望您能为我安排一次与您见面的机会""盼望您的答复""敬候佳音"。

微课：求职信的写作结构和病文会诊

（四）结尾

写表示敬祝的话。如"此致、敬礼""祝工作顺利"等。

（五）署名和日期

按信函格式写上个人姓名、日期。日期要年、月、日写全。

（六）附件

有说服力的附件是招聘者对求职者进行鉴定的凭证。附件是求职信不可忽视的重要组成部分。

附件可在信的结尾处注明。如"附件1.×××××× 2.×××××× 3.××××××"，然后将附件的复印件单独订在一起随信寄出。附件不需太多，但必须有分量，足以证明求职者的才华和能力。

五、求职信的写作要领

（1）求职信的格式（包括信封的书写）很重要。如果称呼、问候都写错了或写得不规范，则难以给招聘者留下良好印象，影响其对全信的阅读。如果是敬语格式出错，往往会被精明、细心的招聘者看到，影响求职者的入选。

（2）应聘的时间要完整。由于求职信的时效性较强，所以年、月、日不仅要写清楚，而且要写全。

（3）信的内容一定要真实、朴实。切忌夸夸其谈，给人一种华而不实之感；也不要谦虚过度，给人一种平庸无能之嫌。

六、求职信的范文

范文1

求 职 信

尊敬的领导：

您好！我是一名将于2023年6月毕业的××××职业技术学院学生，所学专业是计算机科学与技术。冒昧地自荐谋求贵公司的软件开发工程师一职。

在校四年来，我学习刻苦，成绩优异，曾多次获得奖学金。在师友的严格教导和个人努力下，我具备了扎实的基础知识。在软件方面，系统掌握了C语言、数据结构、Power Builder、数据库原理、汇编语言、软件工程等，并对面向对象的DELPHI和VC等Windows编程有一定的了解。课外我还自学了VB、VF编程及网页制作。现已能独立编写专业的数据库管理系统。在硬件方面，通过参与单片机设计、组装收音机、网络工程的规划、管理和组建等实践活动，我掌握了计算机的工作原理及计算机网络原理技术。

我热情开朗，热爱旅游，每次旅游都让我学习到很多东西，交到很多朋友。以前做过不少的兼职，这些都是我宝贵的工作经历。

我正处于人生中精力充沛的时期,我渴望在更广阔的天地里展露自己的才能,我不满足于现有的知识水平,期望在实践中得到锻炼和提高,因此我希望能够加入贵单位。我会踏踏实实地做好属于自己的工作,竭尽全力在工作中取得优秀的业绩。我相信,经过自己的勤奋努力,一定会做出应有的成绩。

"顺兮,逆兮,无阻我飞扬"是我的座右铭;"真诚,守信"是我的最大特点。聪明的头脑,创造的思维,开拓进取的精神,加上纯熟的专业技能,相信我是您的最佳选择。

感谢您耐心阅读了我的应聘信,如需要详细资料,请与我联系。

期待您的回复!

×××
2023年3月1日

【简析】

这是一位应届毕业生的求职信。全文内容言简意赅、短小精悍,但能突出自己的专业特长,展示了自己的专业优势,同时也真诚地写出了自己的希望。

范文2

求 职 信

尊敬的刘经理:

  您好!

  感谢您在百忙之中翻阅我的求职信,我感到十分荣幸!

  我是××大学×系的×××,即将毕业。得知贵单位招聘××岗位的职员,特写此求职信自荐。以下是自我介绍:

  ××大学是我国××人才的重点培养基地,具有悠久的历史和优良的传统,并且素以治学严谨、育人有方而著称;××学××系则是全国××学科基地之一。在这样的学习环境下,无论是在知识能力,还是在个人素质修养方面,我都受益匪浅。

  在四年的大学生活中,我怀揣梦想,勤奋努力,如饥似渴地汲取各种知识养料。我具备扎实的专业基础知识,系统地掌握了××等设计理论,并参加过××届大学生创意设计大赛,获得一等奖;具备较好的英语听、说、读、写、译等能力,获得了大学英语四级证书;能熟练操作计算机办公软件;熟悉涉外工作常用礼仪。同时,我利用课余时间广泛地涉猎了大量书籍,不但充实了自己,也培养了自己多方面的技能。更重要的是,严谨的学风和端正的学习态度塑造了我朴实、稳重的性格特点。

  此外,我还积极地参加各种社会活动,抓住每一个机会锻炼自己。大学四年,我深深地感受到,与优秀学生共同学习,使我在竞争中获益;向实际困难挑战,让我在挫折中成长。家庭教会了我勤奋、尽责、善良、正直的品性;××大学培养了我实事求是、开拓进取的作风。我热爱贵单位所从事的事业,殷切地期望能够在您的领导下,为这一光荣的事业添砖加瓦并在实践中不断学习、进步。

  虽然我只是一个应届毕业生,但是我知道,我会不断地努力,以尽快提升自己。相信凭借我好学的精神、扎实的专业知识和工作技能,一定能为贵公司做出贡献。

收笔之际,感谢您能在百忙之中看完我的求职信,无论您是否选择我,尊敬的领导,希望您能够接受我诚恳的谢意!

祝愿贵公司生意兴隆,财源广进!

求职人:×××
2023年×月×日

【简析】

可以看出,这是位应届毕业生的求职者信。此封求职信重点突出了自己的优势,以诚恳的态度介绍了自己对工作的认识,令人印象深刻。每封求职信都可以根据自己的具体情况撰写适合职位要求的求职信,只要能达到内容与形式的完美,可不拘一格。

求 职 简 历

一、求职简历的概念

求职简历又称为个人简历,是指求职者在求取或是转换工作岗位时向用人单位证明自己工作经历、条件,对自己的职业、学历、特长、爱好等个人基本情况的文体。个人简历是求职者学习生活的简短集锦,是对个人生活经历有重点地加以概述的一种应用文,是个人自我评价和认定的主要材料,是现代社会人事档案的一个重要组成部分,也是考察干部、选拔任用人才等必须具备的一份重要资料。在西方,个人简历和求职信同等重要,因此,在经济发达的今天,个人简历的写作也显得十分重要。个人简历的优劣,直接关系到是否能给对方留下深刻印象,也是决定对方是否给你面试机会的关键。

不论是求职信还是应聘信,其后都应该附上一份完整、清晰、客观、严谨的个人简历。

二、求职简历的特点

求职简历在写作上讲求真实性、正面性和精练性。

(1)真实性。真实性指写简历时一定要客观理性地总结自己的经历,做到真实、准确、不夸大、不缩小、不编造,这样才能取信于人。

(2)正面性。正面性指内容应当是正面性的材料。它应当告诉对方事实,不能说谎,但可适当藏拙。

(3)精练性。在大多数情况下,篇幅控制在一两页即可。

三、求职简历的种类

(1)时间型简历。它强调的是求职者的工作经历,大多数的应届毕业生都没有参加过工作,更谈不上经历了,所以,这种类型的简历不适合毕业生使用。

(2) 功能型简历。它强调的是求职者的能力和特长,不注重工作经历,因此对毕业生来说是比较理想的简历类型。

(3) 专业型简历。它强调的是求职者的专业、技术技能,也比较适合于毕业生,尤其是申请那些对技术水平和专业能力要求比较高的职位。

(4) 业绩型简历。它强调的是求职者在以前的工作中取得过什么成就、业绩,对于没有工作经历的应届毕业生来说,这种类型不合适。

(5) 创意型简历。这种类型的简历强调的是与众不同的个性和标新立异,目的是表现求职者的创造力和想象力。这种类型的简历适合于求取广告策划、文案、美术设计等职位,不是每个人都适用。

四、求职简历的结构

(一) 标题

首行居中,直接标明文种"个人简历"的字样。

(二) 个人基本情况

微课:个人简历的制作

此部分包括:姓名、年龄(出生年月)、性别、籍贯、民族、学历、学位、毕业时间、学校、专业、政治面貌、身高、兴趣爱好、性格、特长以及自己的联系方式(电话、通信地址、邮箱、QQ)等。一般来说,本人基本情况的介绍越详细越好,但也没有必要画蛇添足,一个内容要素用一两个关键词简明扼要地说明即可。这一部分放在简历最前面。

(三) 求职意向

求职意向即个人希望获得的工作职位。这一部分放在简历基本信息下一条,并且最好把求职意向标成黑体,让用人单位一目了然地看到你的求职意向正是他们急需的。

(四) 学习经历

学习经历即教育背景,介绍求职者受教育的情况。按照倒序的时间来写自己的学习过程,通常从本科(大专)写起,高学历者可以从硕士、博士写起。要写清楚学习的起止时间、毕业院校、所学专业,列出大学阶段重要的主修、辅修与选修课科目及成绩,尤其是要体现与你所谋求的职位有关的课程、专业知识。不必面面俱到(如果用人单位对求职者成绩感兴趣,可以提供全面的成绩单,而用不着在求职简历中过多描述),要突出重点,有针对性,使你的学历、知识结构让用人单位感到与其招聘条件相吻合。

(五) 工作实践经历

此部分主要突出与职业目标相关的工作经历,一定要写出最重要、最有说服力的资历、能力和工作经历。写工作经历,时间要倒序,最近的工作情况要放在最前面。在每一项工作经历中先是工作日期,接着是工作单位和职务。不要只针对工作本身,业绩和成果更为重要。注意细节,用数字和时间等对描述加以量化。

(六) 能力与技能

此部分是对各方面的能力加以归纳和汇总,列出所有与求职有关的技能。可以回顾以往取得的成绩,对自己从中获得的体会与经验加以总结、归纳。也可以附加一些成绩与经历的叙述,但必须牢记,经历本身不具有说服力,关键是经历中体现出来的能力和技能。

（七）证明材料

此部分包括获奖证书、社团成员资格、专业技术职务证书、专家教授推荐信、所发表的论文著作、有关个人兴趣爱好的荣誉证书等。证明人，有条件的话可以提供3至5个，是你求职资格、工作能力和个人情况的保证。这一部分主要是向用人单位证明自己的应聘资格，用人单位往往比较重视这部分内容，应该认真对待。

（八）自我评价

此部分主要是对自己能力和性格的评价。如果概括真实、重点突出、简洁得当，也能够帮助求职者从众多简历中胜出。求职者在写"自我评价"时，千万不要夸大自己的能力、优点或工作经验等。否则，一旦语句让人感到浮夸，招聘者往往会不露声色地把求职者的简历淘汰出局。另外，要学会找到自己真正的闪光点，如果自我描述没有重点，与你求职的岗位没有任何联系，或者过于大众化，则难以突出优势，从而不易入围。

五、求职简历的写作要领

简历的内容、式样、设计方案很多，仁者见仁智者见智。要记住：任何一个招聘单位，收到的求职简历都会堆积如山，没有哪个人事主管会逐一仔细阅读简历，而是快速浏览，每一份简历所花费的时间一般都不超过两分钟。无法吸引他们注意的简历很可能被忽略而过，永久地沉睡在纸堆里。因此，"突出个性、与众不同"就是设计个人简历成功的关键。个人简历写作要注意几点技巧。

（一）内容上突出个性

内容就是一切，所以一定要突出个人的能力、成就以及过去经验，使简历更出众。写作时应该注意先将本人具备的能力和所取得的成绩一一列出，然后仔细分析能力并阐明自己能够胜任这份工作的理由。强调以前的成就，一定要写上结果，可以这样写："组织了公司技术升级，提高了工作效率，使公司每年收益增加人民币××万元。"

（二）形式上与众不同

如果想在竞争中求职成功，首先就要将简历设计得与众不同。要从形式到内容把简历设计得落落大方，不落窠臼，并因此脱颖而出。任何一位招聘者都会对别出心裁的简历感到眼前一亮。

（三）篇幅上短小精干

要使招聘者在最短的时间内读到更多的信息，简历篇幅最好不超过两页，如果在校期间已有著作问世或担任组织、团体职务，就要一一列出，实实在在的实践，远比没有成果的虚衔更让人信服。如字数超出，可以另写一页附录。

（四）表达上转劣为优

如果只是一个刚毕业的学生，与那些有相同学历但是有更多工作经历的人竞争存在明显劣势。写作时需要巧妙处理，转劣为优。比如可以在简历中的工作技能部分强调"勤奋苦干……迅速掌握新技能"，以此来弥补所欠缺的工作经验，或表示愿意接受较低的薪水，不起眼的工作任务，长时间或在常规工作时间外工作。此外，简历要有效地避免工作记录空白、频繁离职和教育背景缺陷等问题。

（五）用证据证明实力

招聘人员想要你的证据证明你的实力。记住要证明你以前的成绩以及你的前雇主从你那里得到了什么益处，包括你为你的雇主带来了多少收益以及你有什么创新等。这样，成功的概率将大许多。

六、求职简历范文

范文1

个人简历（条款式）

◆ **个人概况**

姓名：×××　　　　　　性别：男　　　　　　　　出生年月：2000.9
籍贯：河南开封　　　　　民族：汉　　　　　　　　政治面貌：中共党员
健康状况：良好　　　　　学历：大学本科　　　　　学位：××学士
毕业院校：××大学　　　专业：投资学　　　　　　外语水平：英语四级
计算机水平：三级　　　　研究方向：投资决策与分析方向

◆ **联系方式**

手机：135××××0709　　　　　　　　　固话：0×71-×××××××
地址：××市××路××大学××××系　　邮编：××××××
邮箱：××××××××@126.com

◆ **求职意向**

1. 投资顾问（房地产投资，证券投资，金融银行）
2. 统计分析（财务）

◆ **教育背景**

20××年9月—20××年7月就读于××大学经济学院
20××年9月—20××年7月就读于××省××一中

◆ **所修课程**

主修课程：投资经济学、房地产投资学、投资项目评价与风险分析、证券投资学、投资项目概预算

辅修课程：管理学、西方经济学、国际经济学、计量经济学、货币银行学、财政学、统计学、运筹学、中级财务会计、市场营销学、公司理财、管理信息系统、企业经营与市场竞争、经济预测与决策、C语言及应用实例、计算机在统计学中运用

◆ **科研、论文情况**

毕业论文《房地产泡沫问题初探》

◆ **所获奖励**

20××年获××市三好学生
20××年获校三等奖学金

20××—20××年连续两年获××市政府助学金

◆ **工作实践**

现供职×××××房地产代理公司,销售助理

参加20××年××市交通旅游市场调查(获得"社会实践积极分子"称号)

参加20××年××省大学生模拟炒股大赛(获得三等奖)

参加20××年××市房地产消费者市场调查(负责采集数据,制作调查报告)

◆ **自我评价**

做事认真,能吃苦,工作责任心强。

◆ **证明材料:**(略)

【简析】

这是一份条款式个人简历。重点要素的字体加粗处理,层次清晰,内容简明;求职意向清楚明确,自我评价有针对性。

范文2

个人简历(表格式)

姓　　名	×××	性　　别	男	民　　族	汉	照片
出生年月	××	政治面貌	中共党员	身体状况	良好	
籍　　贯	××	学　　历	本科	学　　位	学士	
毕业学校	××大学	专　　业	投资学	毕业时间	××	
外语水平	全国大学生英语四级(×××分)	计算机水平	全国计算机三级网络技术	其他技术等级		
本人联系方式	联系电话	135××××0709		地址		
	邮箱	××××××××@126.com		邮编		
求职意向	投资顾问(房地产投资,证券投资,金融银行) 统计分析(财务)					
主修课程	投资经济学、房地产投资学、投资项目评价与风险分析、证券投资学、投资项目概预算					
能力及特长						
奖惩情况	20××年获××市三好学生 20××年获校三等奖学金 20××—20××连续两年获××市政府助学金					
社会实践	参加20××年××市交通旅游市场调查(获得"社会实践积极分子"称号) 参加20××年××省大学生模拟炒股大赛(获得三等奖) 参加20××年××市房地产消费者市场调查(负责采集数据,制作调查报告) 现供职××基兴阁房地产代理公司,销售助理					
自我评价	能吃苦、很乐观、懂得合作、勇于自我纠错					

【简析】

这是一份表格式个人简历。要素齐全,语言简洁,求职意向明确。

思考与训练

一、填空题

1. 求职文书顾名思义就是_____类文书,它包括_____、_____、_____。

2. 求职信的写作特点是_____、_____、_____、_____、_____。

二、简答题

1. 在求职信"称谓"的书写上为什么要特别注意,比如要加上姓名和职务?

2. 求职材料中的附件是起什么作用的?

三、改错题

这是一份从内容到格式都有缺陷的求职信,如果你是招聘官,会如何评价这位应聘者?请同学们尝试着帮这位应聘者修改这封求职信。

求 职 信

尊敬的单位领导:您们好!

首先感谢您在百忙之中抽空翻阅我的简历,我相信你一定不会徒劳无功!因为您遇上了我——××学院的一名杰出学生:××。

我的所学专业是计算机应用技术,并自修剑桥大学商务英语(已过初级)。操作比较熟练的软件有:OFFICE系列、AUTOCAD、PHOTOSHOP。

应聘优势有:诚实可靠、有上进心、对工作任劳任怨、有较强的文字功底和组织能力。本人曾在校担任文学社社长、演讲协会会长、《校园短波》总策划兼节目主持人、班上副班长、学习委员、宣传委员。参加过湖南省第一届高职生实用英语口语大赛以及学院组织的各种演讲、朗诵、写作、英语口语比赛并获奖。在院报上面发表了《我自豪,我是一名高职生》和《两个问号》的文章。而且还在 2003、2004 年暑假分别办了两个初中生英语培训班,教了近60名学生(附照片)。曾经做过近一年的家教。

在校一直坚信的格言是:莲出淤泥而不染。

毕业后坚信的格言是:没有任何借口。

关于这份求职信我想说的是:说的都是实话,但您必须给我机会您才能证实。此致

敬礼

一名优秀的应聘者:×××
××××年×月×日

四、写作实训题

1. 浏览相关招聘信息,根据所学专业选择意向单位,按照意向单位的招聘要求,撰写求职信。

2. 张某品学兼优,在班级里被大家公认为是一位有组织能力、有协调能力的班干部。他毕业后,看到某大型手机制造商在招聘营销人员,他想应聘这一职位,请为他写一份求职信。

第五讲 新媒体写作

自媒体概述

一、自媒体的概念

自媒体又称"公民媒体"或"个人媒体",是指传播者以现代化、电子化的手段,向不特定的大多数或者特定的单个人传递规范性及非规范性信息的新媒体的形式,具有私人化、平民化、普泛化、自主化的特征。自媒体平台包括:微博、微信、今日头条、抖音等。

美国新闻学会媒体中心于2003年7月发布了由谢因波曼与克里斯威理斯两位联合提出的"We Media(自媒体)"研究报告,里面对"We Media"下了一个十分严谨的定义:"We Media是普通大众经由数字科技强化、与全球知识体系相连之后,一种开始理解普通大众如何提供与分享他们自身的事实、新闻的途径。"简言之,即公民个人用以发布自己亲眼所见、亲耳所闻事件的载体。

随着中国互联网的不断普及和移动互联网发展的逐步成熟,以及用网门槛不断降低,互联网产品也愈发充盈着我们的生活。与此同时,随着移动端用户不断增加,人们对于简单、快捷、趣味性的信息获取和交流的需求也随之增加,中国的自媒体也飞速发展起来。

二、自媒体的分类

按照内容来分,可分为以下几类。

(1)热门类:根据热点事件或者热点人物创作出的内容,这一类型的内容具有流量大、竞争大、时效性强的特点,如我们熟知的社会现象、娱乐、汽车等内容。

(2)话题类:以大众所熟知的话题为内容,如情感和育儿等内容。

(3)专业类:这一类型的内容专业性较强的,如科技等内容。

(4)兴趣类:带有趣味性和搞笑性的内容,内容一般多来源于个人分享,如游戏、搞笑等内容。

(5)特殊类:发布这类内容的自媒体人需要专业的资质证明,这一类领域有财经、健康、法律等。

按照媒体类型来分,可分为四类:图文自媒体、视频自媒体、音频自媒体、直播自媒体。

三、自媒体的特点

(一) 平民化、个性化

2006年年底,美国《时代》周刊年度人物评选封面上没有摆放任何名人的照片,而是出现了一个大大的"You"和一台电脑。《时代》周刊对此解释说,社会正从机构向个人过渡,个人正在成为"新数字时代民主社会"的公民。2006年年度人物就是"你",是互联网上内容的所有使用者和创造者。

从"旁观者"转变成为"当事人",每个人都可以拥有一份自己的"网络报纸"(博客)、"网络广播"或"网络电视"(播客)。媒体仿佛一夜之间飞入寻常百姓家,变成了个人的传播载体。人们自主地在自己的"媒体"上"想写就写""想说就说",每个"草根"都可以利用互联网来表达自己想要表达的观点,传递自己生活的阴晴圆缺,构建自己的社交网络。

(二) 低门槛、易操作

对电视、报纸等传统媒体而言,媒体运作无疑是一件复杂的事情,它需要花费大量的人力和财力去维系。同时一个媒体的建立,需要经过国家有关部门的层层核实和检验,其测评严格,门槛极高,让人望而生畏,对个人来讲几乎是"不可能的事情"。但是,在这个互联网文化高度发展的时代,我们坐在家中就可以看到世界上各个地方的美丽风景,可以欣赏到最新的流行视听,可以品味到各大名家的激扬文字……互联网似乎让"一切皆有可能",民众建立一个属于自己的"媒体"也成为可能。

在新浪微博等所有提供自媒体的网站或App上,用户只需要通过简单的注册申请,利用服务商提供的网络空间和可选的模板,以及利用版面管理工具,就可以在网络上发布文字、音乐、图片、视频等信息,创建属于自己的"媒体"。自媒体进入门槛低,操作运作简单,因此大受欢迎,发展迅速。

(三) 交互强、传播快

得益于数字科技的发展,自媒体没有空间和时间的限制,任何时间、任何地点,我们都可以经营自己的"媒体"。信息通过自媒体能够迅速地传播,时效性大大地增强。作品从制作到发表,其迅速、高效,是传统的电视、报纸媒介所无法相比的。自媒体能够迅速地将信息传播到受众中,受众也可以迅速地对信息传播的效果进行反馈。自媒体与受众之间没有距离,其交互性的强大也是任何传统媒介望尘莫及的。

四、自媒体的结构

自媒体通常没有严格的结构,如微博、微信朋友圈,都是用户在发布栏里随意输入文字,或者上传图片、视频,然后点击"发布"即可(后文的微博、微信朋友圈、微信公众号及头条号中不再提及写作结构)。

五、自媒体的写作要领

以微信公众号为例,其内容并不需要很深刻,关键是你的文章内容要能够吸引受众。

（1）选题。文章的选题是非常重要的,在互联网时代,作者们做得最多的大概就是"蹭热点"了,这是由互联网算法决定的。你文章里面出现了热词、关键词,那么系统就会把你的文章往前面推。你可以从自身出发,从生活中最常见的现象出发,从大众的"槽点"出发,只要将这些事情、现象、"槽点"运用得好,写出大家的心声,都很容易在自媒体上吸引到读者。

（2）标题。标题取得好,阅读不会少。标题要相当口语化,但又要是高度凝练的语句,甚至有的可以直接拿来当"金句"用。标题可以留一些悬念,让人觉得这个标题很有趣,但是并不知道文章的内容是什么,在好奇心的驱使下读者肯定会点击文章进行阅读。总之,写标题的原则是高度凝练,引发好奇心,留有悬念。

（3）卷首故事。公众号里的文章基本上都是以一个简短的小故事作为开头,然后由这个故事延伸至大众心理或社会现象,再进行高度总结。这样的作文模式能够在开头就迅速吸引读者的注意力。人们总是对别人的故事充满好奇。但是要注意的是卷首故事只是为了引起读者的注意,后面的延伸拓展及概括总结才是文章的关键。

（4）金句总结。微信公众号里的文章一般都有一些总结性的金句,而且这些总结并不高大上,只是把人们已经知道的常识性的道理用口语化的文字表达出来,往往能够直达人心,引发读者的共鸣。虽然这样的金句对作者本人的概括总结能力有较高的要求,但是如果你有意识地进行一些针对性训练,还是会有些效果的。当然,更重要的是平时要多积累,多练习。

六、自媒体的范文

心态,真的很重要

人,活一颗心,心是我们的根,也是我们的本,把握好自己的心,才能调整好自己的心态,更好地去生活,更好地去走好人生路。

人活着,心态最重要,心态好,一切才会好。

好心态不是天生的,都是自己努力修炼出来的。

要想让自己拥有好的心态,就需要我们好好体会生活,感悟人生,然后活出属于自己的姿态。

每一天都是新的,昨天的烦恼都是过往。

人生只有一天,每一天都是新的,我们就不要让昨天迷蒙的泪眼,影响今天的视线,破坏了今天的美好,影响了今天的心情。

人生总会有烦恼,总会有痛苦,我们要学会,看开,看淡,看远,不要总是想着悲伤的人和事,生活不是用来伤春悲秋的,而是用来追寻美好的。

一个人的快乐,不是拥有的多,而是计较的少。

对有限的生命而言,接纳才是最好的善待,是你的,就是你的,努力过,珍惜过,问心无愧,其他的就交给命运。

人生,有多少计较,就有多少痛苦;有多少宽容,就有多少欢乐。

痛苦和欢乐都是心灵的折射,心里放不下,自然就成了负担,负担越多,人生越不快乐。

计较的心,如同口袋,宽容的心犹如漏斗,复杂的心爱计较,简单的心易快乐。

抱怨是一种毒药,它摧毁你的意志,消减你的热情。

所以,与其抱怨命运,不如改变命运;与其抱怨生活,不如改善生活。

(资料来源:微信公众号"心灵感悟励志语录",有删改)

【简析】

这是一篇微信公众号里的文章,标题引人入胜,内容很能引起读者共鸣,结尾可谓"金句",高度凝练概括,口语化的文字表达出来,直达人心。

微 博

一、微博的概念

微博,即微型博客的简称,是博客的一种,是一种通过关注机制分享简短实时信息的广播式的社交网络平台。我国微博主要平台是新浪微博。微博是一个基于用户关系信息分享、传播及获取的平台。用户可以通过WEB、WAP等各种客户端组建个人社区,以不超过140字(包括标点符号)的文字更新信息,并实现即时分享。微博的关注机制分为单向、双向两种。微博作为一种分享和交流平台,更注重时效性和随意性。微博更能表达出人们每时每刻的思想和最新动态。微博也诞生出微小说这种小说体裁。

二、微博的分类

按照个人用户发布的微博内容性质,可将微博分为以下几类。

(一) 日志型微博

这类微博是用户将大量的生活琐碎片段直观地呈现在公众面前,这在以往的虚拟环境或现实环境中都是不多见的。我们经常看到,个人用户将自己的午饭用手机拍下来发到微博上,并配以文字"今天食堂的伙食不错";在电影院等候入场的时候发一句"希望某某电影对得起票价"等,这类微博风格轻松、率真。

有一部分日志型微博,是博主将个人所知所见的新闻事件编写后发布出来,有时还配以个人的见解和点评,值得关注的是它有可能经过传统媒介挖掘后成为社会热点新闻。这类微博事实上已经具有了初步的新闻采编性质,尽管在传播者主体看来,仍然是以一种记录逸事的心态进行的操作,但客观上却完成了与传统大众传播者的良性互动,使得人们乐于通过发表对事物的看法,使大量的个人思想得到传播。在微博世界里,个体得到了充分尊重,个性得到了充分彰显。

(二) 心情型微博

这类微博是个人用户在微博上表达自己的情绪体验,记录自己的喜、怒、哀、乐的微博,是一种源于情感需求的微博。可以说是这类微博是一种"心情日记"。其作用只是宣泄情感,或是向"某些周围的人"传递可以解读的信息。

（三）评述型微博

这是个人表达对事物的态度和看法的微博。评述型微博意在传播某种影响。正是由于大量个人用户通过评述型微博参与社会舆论，微博作为新媒体的社会影响不断升温、扩散，最终形成微博舆情。

（四）转发型微博

这类微博的内容并非用户原创，而是用户将自己感兴趣的信息进行再传播。转发功能是微博对新媒体优点的继承和发扬。转发型微博内容庞杂，只要博主对内容感兴趣，转发便可轻而易举地完成，因此，微博上有大量的转发型微博。正是由于转发型微博的大量存在，用户原创信息很容易被淹没其中，为此，目前大多数的微博网站都设有将转发型微博和原创型微博区分开来的功能。

三、微博的特点

（一）便捷性

微博提供了这样一个平台，你既可以作为观众，在微博上浏览你感兴趣的信息；也可以作为发布者，在微博上发布信息供别人浏览。微博因发布的内容较短（最多140字）而得名。微博也可以发布图片，分享视频等。微博最大的特点就是发布信息快速，且传播的速度快。例如，如果你有200万关注者（粉丝），你发布的信息会在瞬间传播给200万人。

微博的内容由简单的只言片语组成，对用户的技术要求门槛很低。而且在语言的编排组织上，微博的要求并不高。另外，微博开通的多种应用程序接口（API）使得大量的用户可以通过手机等方式来即时更新自己的个人信息。

微博网站即时通信功能非常强大。在有网络的地方，只要有手机就可即时更新内容，哪怕你就在事发现场。

对于一些大的突发事件或引起全球关注的大事，如果有微博用户在场，就可以利用微博发表出来。微博的实时性、现场感及快捷性，都超过了传统媒体。

（二）原创性

在微博上，140字的限制导致大量原创内容爆发性地被创作出来。微博的出现，将互联网上的社会化媒体推进了一大步，公众人物纷纷开始建立自己的网上形象。同时，"沉默的大多数"也在微博上找到了展示自己的舞台。

（三）草根性

与官方代表群体及各行业精英群体相对的较为弱势的群体，即非官方、非名人的普通群体。微博草根性更强，且广泛运用在移动终端等多种设备上，有多种商业模式并存，或形成多个垂直细分领域的可能。

四、微博的写作要领

（一）文字要简练

微博，要求文字越精练越好。很多高度精练的"一句话"微博，转发量都很高，简单的一句话背后，给广大粉丝留下广阔的讨论空间。

(二)语言风格要通俗
语言风格尽量符合草根文化,对微博热词要烂熟于胸,尽量不用传统媒体的方式写。
(三)情感要真挚
微博只有感动了自己,才能够打动更多人。
(四)要注意网络文明
微博上遭遇质疑和攻击是司空见惯的事情,这时候一定不要去攻击和谩骂,要有宽阔的胸怀和娱乐精神,化解别人对自己的质疑。
(五)要善于用微博讲故事
高明的人会用140个字写出一个跌宕起伏的故事,把悬念和笑料留到最后,使读者在读微博时,有想象和讨论的空间。
(六)适度结合热点
微博上每天都会涌现热点话题。微博用户如果适时地与热点结合,借助热点的"热度",可以提高自己的曝光率和关注度。
(七)多用疑问句
微博不是展示文采的地方,而是你发起话题并讨论的地方,因此应多用疑问句,以激发粉丝的转发与讨论。
(八)善用图片
图片具有生动直观,强化表达,传递信息的作用。善于配图也能帮助形成个人风格。
(九)善用长微博
140字的容量的确表达不了很深度的内容,通过使用长微博、图片微博等工具,用户不用离开微博页面,就能够看完全文,微博的转发率会更高。
(十)让粉丝创造内容
如果你的微博能够激发读者的创造力,让读者创造内容,你的微博将会魅力无穷。

五、微博的范文

范文

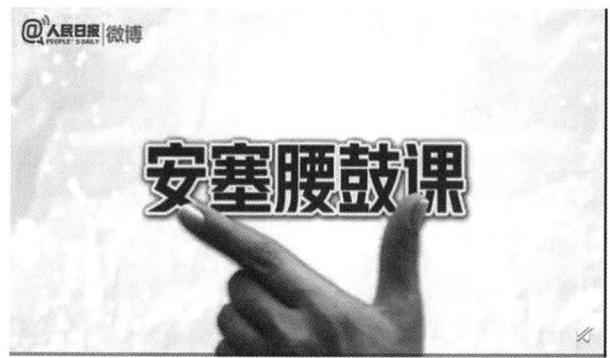

【简析】

这是一段来自《人民日报》的微博视频截图,作者开头就"抖包袱",结合当下各大院校五花八门的选修课热点,升高安塞腰鼓选修课的"热度",并用"聊聊你上过#最有趣的选修课#"的话题引起网友的跟帖回复。

微信公众号

一、微信公众号的概念

微信公众号,又称微信公众平台,简称公众号,是用户利用公众账号进行自媒体活动的平台。

二、微信公众号的分类

(一)企业号
企业号主要面向企业、政府、事业单位和非政府组织。

(二)订阅号
订阅号是面向媒体和个人的一种信息传播方式。

三、微信公众号的特点

(一)熟人网络,小众传播,传播有效性更高

微信公众号不同于其他类似社交平台的特点就在于,其依托的微信平台建立的好友圈中均是已经认识的人,建立起来的人际网络是一种熟人网络。其内部传播是一种基于熟人网络的小众传播,其信任度和到达率是传统媒体无法达到的,因此平台能够获取更加真实的客户群,用户一定是真实的、私密的、有价值的,所以传播的有效性高。

(二)可随时随地提供信息和服务

相对于 PC 端而言,手机是用户随身工具,借助移动端优势,微信公众号天然的社交、位置等优势,会给商家的营销带来很大的方便。同时相对于 App 而言,公众号由于不需要下载安装,因此更加方便。

(三)营销和服务的定位更精准

用户通过微信公众号平台可对客户进行分组,可准确获知客户群体的属性,从而让营销和服务更个性化,更精准。

(四)富媒体内容,便于分享

微信公众号不限于文本传输,用户可利用图片、文字、声音、视频的富媒体传播形式,使公众号更加便于分享用户的所见所闻。

四、微信公众号的写作要领

(一) 掌握用户属性和兴趣

知己知彼方能百战百胜,运营公众号同样如此。运营微信公众号不仅要明确自己的定位,更要对粉丝用户的属性和兴趣全面掌握。要弄清楚用户关注我们公众号的目的,我们要将哪些有价值的信息分享给用户。有共识才能有阅读,有共鸣才能有分享。

(二) 拟定文章标题

标题力求简短、醒目、新颖、吸引人,标题尽量不少于 10 个汉字,不多于 22 个汉字。在确定了用户属性和兴趣,即明白用户希望看到哪些内容后,运营者就需要拟定文章的主旨和标题。文章内容再好,如果标题过于平庸俗套的话,也很难吸引用户的阅读。

(三) 纲举目张,条理要分明

我们在编写原创文章时,需要通过列举提纲的形式来防止长篇大论,至少要把文章的主要观点表述清楚。通常,在结构上可以将文章分为主题开头、观点阐述、总结点评三个部分。纲举目张,这样你会发现一篇原创文章的条理会变得分明,这不仅提高了原创文章的写作速度,也增强了文章的可读性。

(四) 旗帜鲜明,观点鲜明

作为文章创作者,对于每一篇文章我们都要发表自己的声音和观点,或者代表某一群体发表不同的看法,立意要鲜明,观点要清楚,才会有更多的人欣赏我们的文章。另外,对于新闻事件的原创文章,微信公众号应当保持客观和理性,运营人员尽量不要在文章中夹带个人的情感。

(五) 案例与观点相结合

如果文章内容没有较强的说服力,那么就需要采用案例与观点相结合的创作方法。具体而言,原创文章最好采用图文结合的形式,有条件的可以加入媒体视频来让读者更容易接受你的观点。观点在某种程度上也代表着公众号的价值导向,正确传递价值,让读者收获价值,也会让粉丝更喜欢你的公众号。

(六) 排版要整洁、紧凑、匀称、美观

首先,为了读者视觉上的舒适度,排版必须整齐、美观,废除首行缩进,段落间要空行。其次,草稿要在记事本里写好,然后粘贴在微信自带的网页编辑器,否则会有 Word 的格式痕迹。最后,善用微信公众号的素材,美化版面。如:图标素材库、H5 页面制作工具、数据表单收集工具、在线图形设计工具。图片和视频等,并和文章内容契合。

五、微信公众号的范文

 范文

微　　医

凉席擦一下就睡?当心惹上大麻烦!夏天必须知道的 5 件事

原创　微医　1 周前

最近,天气慢慢变热,大家都开始开空调铺凉席了吧。上周有用户在后台留言:

> 微医君,最近可以讲讲关于凉席的问题了。前两天天气热,我就把去年的凉席拿出来用毛巾擦了一会儿,晚上就躺在上面睡了。结果第二天起床后四肢和背后长出来不少红肿且很痒的皮疹,越抓越痒,越抓越肿,医生说是得了荨麻疹。唉,都怪我没好好洗凉席……

那么今天我们就来讲一讲关于夏天的那些事儿。

凉席不洗晒就睡?当心患上"凉席皮炎"!

前面这位留言的朋友说的凉席问题,其实是比较常见的。有人睡过凉席后,躯干、四肢等接触凉席的部位会出现分布不均的红斑、丘疹,奇痒难忍;搔抓后还出现红肿、溃烂等感染症状,医生们将这种皮肤炎症称为"**凉席皮炎**"。"凉席皮炎"不是一个病名,而是对几种成因相同的皮肤炎症的概括。

【简析】

这是微医公众号上的医学科普文。此公众号是全国就医指导及健康咨询、移动医疗服务平台,所以文章多是聚焦健康和医疗内容的。这篇文章把"夏天睡凉席"与身体健康关联起来,对人们日常生活安全、健康起到很好的指导作用。

头 条 号

一、头条号的概念

头条号,曾被命名为"今日头条媒体平台",是今日头条旗下媒体/自媒体平台,致力于帮助企业、机构、媒体和自媒体在移动端获得更多曝光和关注,在移动互联网时代持续扩大影响力,同时实现品牌传播和内容变现。另一方面也为今日头条这个用户量众多的平台输出更优质的内容,创造更好的用户体验。

二、头条号的主体分类

头条号支持6种不同类型的主体注册账号,包括个人、企业、群媒体、国家机构、新闻媒体和其他组织。

(一)个人

主要是以个人身份入驻,适合垂直领域的专家、评论家及自媒体人士申请入驻。

(二)企业

公司、分支机构等企业可以申请入驻。

(三) 群媒体

以内容生产为主要产出的机构能够申请入驻,如 36 氪、果壳网、Mtime 时光网。

(四) 国家机构

国家机构能够申请入驻,如最高人民检察院、中国地震台网速报、上海发布、中国驻坦桑尼亚大使馆、平安广州等。

(五) 新闻媒体

正规新闻媒体、报纸、杂志、广播电视等相关单位能够申请入驻,如新华社发布、时尚芭莎、北京青年报、大河报。

(六) 其他组织

各类公共场馆、公益机构、学校、公立医院、社团、民间组织等机构团体能够申请入驻,如石家庄市中乔养老院、天津市曲艺团,但是不支持民营医院注册。

三、头条号的特点

(一) 领域垂直

就目前看到的大多数头条号用户来说,几乎都是有什么题材发什么视频,没有在意过账号的垂直度。而在头条号的指数体系中,是有垂直度这一"参考值"的,在整个的头条号指数中,参考价值最大、最影响权重的就是垂直度。很多人抱怨每天更新也不能获得更多的推送,其很大一部分原因就在于账号的内容不够垂直。

(二) 昵称简洁易懂,一看就能大概知道其领域

我们通常在看一个头条号上发布的视频时,总能看到作者昵称,比如一些做搞笑领域的头条号会将自己头条号昵称称为"×××搞笑精选",而一些喜欢看搞笑内容的人在看到这样一个昵称后,很可能关注这个账号。而随着头条号不断地优化,粉丝与头条号主的互动,这些人会经常看到该头条号的内容,所以有一定的垂直度和简洁的名称,是有助于增强头条号影响力的。

(三) 更贴近"标题党"

"标题党"用"吸睛"的标题引起人的好奇心,但内容名不副实,并没有多少看点。很多人对于标题党嗤之以鼻。但如果内容本身就是有看点的,再有一个"吸睛"的标题,带来的阅读量(曝光量)可想而知。

四、头条号的写作要领

(一) 热点关键词

我们要善于把握热点并把热点突出在标题中,也就是标题中的关键词一定要有热点词汇。

(二) 内容是核心

1. 时机

相对于微信公众号,头条号更适合大众传播,我们发现微信上很多大号,到了头条号

上不一定会受欢迎。做好头条号内容的关键点是把握时机。如果一个事件发生之后,在两个小时之内没有提供足够的有效信息,那么关键词就很快会被别的号所占据,平台会自动检测重复率,也就是谁能在第一时间发出来谁就占据了信息资源,其他的号即使写得很好,传播率也会降低。

2. "冗余"

通俗一点来说就是对一个事情真懂才可以有"冗余"。做头条号特别是要做有影响力的头条号,千万不要去复制别人的模式,最好要做垂直,要做个内行人。"冗余"和时机是递进的概念,如果拼信息优势当然是时机重要,但是要拼信息整合,尤其是对有些观点的深入挖掘,那就需要信息"冗余"了。作者需要深入研究一个问题,成为掌握信息最多的那个人。

3. 姿态

姿态又是"冗余"的递进,因为一个人掌握信息很充裕的话就会有创作的张力,在写作过程中就会很自然、很自信。有自己的姿态意味着传播的方式很轻松,这种轻松不用故意地去使用网络热词,而是要层层设置悬念,确保读者愿意读下去。

五、头条号的范文

范文

出击!迫击炮实弹射击显威演训场

初夏时节,红土高原炮声隆隆。正在野外驻训的陆军第75集团军某旅针对野外复杂环境特点,组织火力分队开展迫击炮实弹射击,不断锤炼提升作战能力。

据悉,此次实弹射击主要设置简便射击、夜间射击以及单人操炮射击等课目,其间进行"神炮手"评选。考核全程模拟实战,全程计时,参考官兵要根据情况判断组织迫击炮架设并打击目标。

(资料来源:中国军网·解放军新闻传播中心融媒体,作者:王东刚、阳吉成)

【简析】

这是一篇来自今日头条的文章。标题简短有力,符合来自军营文章的基调,寥寥数语就展示出了野外驻训的陆军第75集团军的作战能力。

思考与训练

一、填空题

1. 微博提供了这样一个平台,你既可以作为_____,在微博上浏览你感兴趣的信息;也可以作为_____,在微博上发布信息供别人浏览。发布的内容一般较短,例如_____字的限制,微博由此得名。

2. 微信公众号的特点有_____、_____、_____、_____。

二、是非题

1. 相对于强调版面布置的博客来说,微博的内容组成只是由复杂的语言组成,从这个角度来说,对用户的技术要求门槛很高,而且在语言的编排组织上,比博客要求高。

2. 微博上的形象是化妆后的表演,博文的创作不需要考虑完整的逻辑,这样大的工作量对于微博作者来说很轻松。"沉默的大多数"在微博上找不到展示自己的舞台。

三、简答题

1. 微博分哪几种类型?
2. 为什么说微博是具有草根性的?
3. 什么叫头条?
4. 自媒体写作包括哪些载体?
5. 公众号的分类有哪些?
6. 作为新时期的大学生,如何身体力行维护自媒体文化的健康氛围?

四、写作实训题

1. 请在新浪微博上发一篇你的游记博文,并配上图片。
2. 如果你在公司担任文案策划,公司指派你承担儿童益智玩具的商业推广任务,请你为儿童益智玩具的推广写一篇头条号文案(100字左右)。

下编

现代汉语基础知识

第一讲　现代汉语的语音

第一节　声　母

声母指音节开头的辅音。辅音是发音时,气流通过口腔或鼻腔时要受到阻碍,通过克服阻碍而发出的声音。如:普通话 pǔ tōng huà 三个音节中,p、t、h 都是声母。普通话辅音共有 21 个声母:b、p、m、f、d、t、n、l、g、k、h、j、q、x、zh、ch、sh、r、z、c、s,它们的声音各不相同取决于发音时口腔里阻碍气流的部位(称发音部位)和阻碍气流的方法(称发音方法)的变化。声母由辅音充当。多数声母是发音时声带不振动的清音,发音不响亮,21 个声母中只有 m、n、l、r 四个是振动声带的浊音,发音响亮。

除了 21 个辅音声母,普通话还有一些音节由元音(半元音)开头,这种直接用韵母起头、没有辅音开头的音节,称为零声母音节,其声母就是零声母。零声母音节不等于没有声母。

一、声母的分类

按发音时气流受到阻碍的部位不同可以分为 7 类。
(1) 双唇音 b、p、m,上下唇阻挡气流;
(2) 唇齿音 f,下唇与上门齿阻挡气流;
(3) 舌尖中音 d、t、n、l,舌尖与上齿龈(牙床)阻挡气流;
(4) 舌面后音(舌根音)g、k、h,舌面后部(舌根部分)与硬腭后部阻挡气流;
(5) 舌面前音(舌面音)j、q、x,舌面前部与硬腭阻挡气流;
(6) 舌尖后音(翘舌音)zh、ch、sh、r,舌尖上翘与硬腭前端阻挡气流;
(7) 舌尖前音(平舌音)z、c、s,舌尖与上齿背阻挡气流。

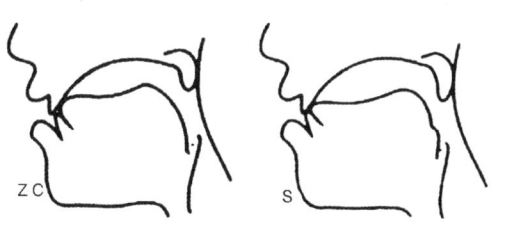

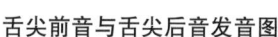

舌尖前音与舌尖后音发音图

二、声母的发音

发音方法是指调节发音气流的方法。包括发音时构成和消除阻碍的方式、气流的强弱和声带是否振动这三个方面。

从阻碍和解除气流的方式看产生塞音(b、p、d、t、g、k)、擦音(f、h、x、s、sh、r)、塞擦音(j、q、zh、ch、z、c)、鼻音(m、n)和边音(l)。

从声带振动与否角度看产生清辅音17个(b、p、f、d、t、g、k、h、j、q、x、zh、ch、sh、z、c、s)、浊辅音4个(m、n、l、r)。

从发音时气流的强弱角度看产生送气音6个(p、t、k、q、ch、c)、不送气音6个(b、d、g、j、zh、z)。

三、发音练习

(一) 词语

宝贝　批评　美妙　丰富　道德　团体　男女　利率　改革　刻苦
欢呼　经济　确切　学习　主张　抽查　设施　柔软　自在　粗糙

(二) 绕口令

老石和老四学习识字,老石一日识了四个字,老四一日识了十个字,老石思索怎么才能赛过老四一日识了十个字,其实老石不是不能赛过老四,老四学习一小时,老石就学习四小时,老石终于超过了老四,学习愚公移山志,一日就识了四十四个字。

第二节　韵　母

韵母指音节中声母后头的部分,主要由元音构成,其作用是与声母拼合成为一个音节。现代汉语拼音方案中有39个韵母。

一、韵母的结构

韵母的结构分为三个部分:韵头、韵腹、韵尾。

韵腹是韵母中的主要元音,韵腹前头的元音是韵头,表示发音的起点;韵腹后头的元音或辅音是韵尾,只表示舌位滑动方向。

二、韵母的分类

(一) 单元音韵母10个

(1) 舌面元音韵母:a、o、e、ê、i、u、ü
(2) 舌尖元音韵母:-i[ɿ]、-i[ʅ]

(3) 卷舌元音韵母:er

(二) 复元音韵母 13 个

(1) 前响二合复韵母:ai、ei、ao、ou
(2) 后响二合复韵母:ia、ie、ua、uo、üe
(3) 中响三合复韵母:iao、iou、uai、uei

(三) 鼻尾韵母 16 个

(1) 前鼻音韵母:an、en、uen、ün、ian、uan、üan、in
(2) 后鼻音韵母:ang、eng、ong、ing、iang、uang、iong、ueng

三、韵母的发音

发音的决定因素:舌位的高低前后、唇型的圆展、开口度的大小。

单元音韵母发音时舌位唇型及开口度按发音要求始终不变,没有动程。软腭挺起,阻塞鼻腔通路,没有鼻化元音。发音时声带颤动。

从一个元音滑动到另一个元音,舌位、唇型、开口度有变化,有动程。几个元音之间响度和清晰度不同,只有一个最响亮。

四、发音练习

(一) 词语

妈妈	薄膜	特色	月夜	集体	图书	区域	白菜	配备
报告	欧洲	假牙	贴切	西瓜	骆驼	雀跃	调料	优秀
快乐	回味	谈判	认真	贫民	昆仑	均匀	简便	婉转
圆圈	帮忙	丰盛	蜻蜓	瞳孔	响亮	状况	水瓮	应用

(二) 绕口令

打南坡走来个老婆婆,两手托着俩笸箩。左手托着的笸箩装着菠萝,右手托着的笸箩装着萝卜。你说说,是老婆婆左手托着的笸箩装的菠萝多,还是她右手托着的笸箩装的萝卜多? 说得对送你菠萝和萝卜,说得不对让你扛着笸箩上山坡。

第三节 声 调

现代汉语的声调是音节的音高变化,主要由相对音高的变化构成。声调是区别意义的重要条件,同时也增强了汉语的音韵美。

一、调值

调值是声调的实际读音,是音节高低、升降、曲直、长短的变化形式,普通话有四种基

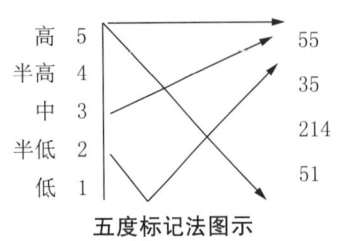

五度标记法图示

本调值,用五度标记法表示如左图:

二、调类

调类是指一种语言或方言对声调的分类,即将相同调值的字归为一类。

现代汉语有四个调类:阴平(一声)、阳平(二声)、上声(三声)、去声(四声)。调号的形状是五度标记法的缩影。

普通话声调表

调类	调值	调号	调型	例字
阴平	55	-	高平	光
阳平	35	′	中升	明
上声	214	ˇ	降升	磊
去声	51	`	全降	落

三、发音练习

(一) 词语

长方-厂房　理解-历届　裁决-采掘　火车-货车　标明-表明
有理-有利　神童-神通　电灯-点灯　保卫-包围　大嫂-打扫
徒弟-土地　罚钱-发钱　春节-纯洁　小鱼-小雨　松树-松鼠

(二) 绕口令

小猫毛长,大猫毛短,大猫毛比小猫毛短,小猫毛比大猫毛长。

姥姥喝酪,酪落姥姥捞酪;舅舅捉鸠,鸠飞舅舅揪鸠;妈妈骑马,马慢妈妈骂马,拿麻打马。

黄毛猫偷吃灌汤包:王家有只黄毛猫,偷吃汪家灌汤包,汪家打死王家的黄毛猫,王家要汪家赔黄毛猫,汪家要王家赔灌汤包。

小柳和小妞:路东住着刘小柳,路南住着牛小妞,刘小柳拿着大皮球,牛小妞抱着大石榴,刘小柳把大皮球送给牛小妞,牛小妞把大石榴送给刘小柳。

第二讲 汉 字

第一节 汉字的演进

汉字自甲骨文发展至今,以其抽象、灵动的笔画带给人们无尽的韵味,无论是金石竹刻,还是墨香书法,乃至今日的排版印刷,汉字成为思想和艺术的最佳结合体。

甲骨文是我国迄今为止发现的最早成熟文字,多刻于龟甲兽骨之上,产生于殷商中后期,推测为当时王室用于占卜记事之用。

篆书是最古老的文字形式,分为大篆和小篆,甲骨文、金文、石鼓文归为"大篆",小篆就是大篆的简体形式。秦国统一六国,确定了小篆的正体地位,后世提到的篆书一般指的就是小篆。

隶书最早流行于秦代民间,当时多为地位低下的隶役所用,字形方扁、方劲古朴。隶书字形方扁、左右舒展、蚕头雁尾、提顿分明,给人以苍劲古朴、虚实相生的美感。汉代是隶书发展的高峰期。

草书是为了书写方便,由隶书简化而成的一种字体,笔画连绵回绕,删繁就简,狂放而富于变化,呈现出别具一格的美感。草书运用练笔和借代的方式对笔画和偏旁部首进行简化,使其形式纵横奔放,书写更加快捷方便。

楷书在唐朝进入巅峰时期,集魏晋南北朝楷法为一体,形成字体法度森严,严谨端正而又秀美清新的风貌,与隶书相比,楷书的笔画更加平正,结构紧凑穿插、主次分明。

行书是介于草书和楷书之间的一种字体,兼具二者之长,其结构动静结合、开合自如,具有灵活易辨的形体和俊逸和畅的气韵;在楷书的基础上加快了运笔的速度,加强了笔画间的连带。

第二节 汉字的结构

汉字的形体结构可以分为汉字、部件、笔画、笔形四个层次。根据汉字中部件的多少,汉字可分为独体字和合体字。独体字只有一个部件。合体字有多个部件,根据部件与部件的方位关系,独体字结构又称为单一结构。合体字结构主要有以下7种:

(1) 左右结构,如:挣、伟、休、姐、明、沙。
(2) 上下结构,如:志、苗、字、胃、岁、军。

(3) 左中右结构,如:湖、脚、溅、谢、做、粥。
(4) 上中下结构,如:奚、鬐、禀、裹、莺、宴。
(5) 半包围结构:
① 右上包围结构,如:句、可、司、式、戎、虱。
② 左上包围结构,如:庙、病、房、尼、眉、历。
③ 左下包围结构,如:建、连、毯、尴、超、翅。
④ 上三包围结构,如:同、问、闹、周、凤、冈。
⑤ 下三包围结构,如:击、凶、函、画、幽、豳。
⑥ 左三包围结构,如:区、巨、匝、匣、臣、医。
(6) 全包围结构,如:囚、团、因、囹、圆、国。
(7) 镶嵌结构,如:坐、爽、夹、噩、巫、夷。

所有汉字的部件组合都可以归类到上述的某一形体结构。也有人将上下结构中形如"品、晶、森"的汉字的结构称为"品字结构";把形如"燚"的汉字结构称为"田字形结构"。

第三节 造 字 法

造字法是古人根据已有的字加以分析总结概括出来的,并非先有方法再造字,所以有些字可以有不同分析。以下前两种是独体字的造字法。

一、象形

许慎《说文解字》:"象形者,画成其物,随体诘诎,日月是也。"
(1) 有些容易描画轮廓,如:日、月、山、水、口、网、人、田、皿、舟、瓜、爪、木、目、眉、雨、气、竹;
(2) 有些不容易描画轮廓,就抓特征,如:手、牛、羊;
(3) 有些不能画,也不好抓特征,就没法造字。许慎《说文解字》有象形字 364 个,占百分之四。

二、指事

许慎《说文解字》:"指事者,视而可识,察而见意,上下是也。"
(1) 纯粹指示性符号表示抽象事物,如:一、二、三、上、下;
(2) 在象形字基础上加指示性符号,如:至、本、末、朱、甘、寸、刃、牟、出、亦、旦。

三、会意

许慎《说文解字》:"会意者,比类合谊,以见指挥,武信是也。"会合两个或两个以上象形字或指事字,表达一个意义的一种造字法。

主要有两种形式:
(1) 同体会意,如:炎、焱、林、森、从、众、北;
(2) 异体会意,如:美、明、休、牢、囚、莫、益、公、苗、见、匠、兵、烦、看、友、妇、炙、采、杲、弄、寒、冠、寇、即、既。

以上都是纯粹表义的造字法,有共同的局限性。

四、形声

许慎《说文解字》:"形声者,以事为名,取譬相成,江河是也。"
形旁和声旁的组合方式:
(1) 上形下声,如:苦、竿、笼、宇、花、蓠;
(2) 上声下形,如:盅、忠、盒、垄、堡、想;
(3) 左形右声,如:呼、憎、蚊、喉、咙、哗;
(4) 左声右形,如:功、攻、顶、领、战、鸭;
(5) 内形外声,如:闷、问、闻、闽、辩、辨;
(6) 内声外形,如:闱、阁、囫、囵、固、圆;
(7) 特殊结构,如:颖、旗、旌、荆、修、珊。

五、转注

许慎《说文解字》:"转注者,建类一首,同意相受,考老是也。"
如:考和老、顶和颠、理和琢。

六、假借

许慎《说文解字》:"假借者,本无其字,依声托事,令长是也。"
如:令、长、而、须、我、来。
"六书"中只有前四书是造字法,转注和假借是用字法。

第三讲　词 与 词 汇

第一节　词

词是代表一定意义、具有固定的语音形式、可以独立运用的最小的结构单位。

从词的意义来看,词可以分为实词和虚词。

实词主要是用来表示词汇意义的,经常用来表示一个完整的、确定的和其他词相对立的概念。

虚词主要是用来表示语法意义的,经常用来表示实词和实词在语句组织中的相互关系。

从声音形式来看,词一般在它的末尾才容许有个停顿,在句子中一般都是在词与词之间停顿。

从语法功能来看,词可以充当句子成分。

实词可以单独充当句子成分,虚词一般都和实词一起充当句子成分。每一个实词都是作为最小的独立单位充当语句组织里的一个成分,而虚词正在结构里随着实词的组织而显示它的作用。

一、词的结构

（一）词根和词缀

词根,词中表示基本意义的语素。也就是说,词根是词的词汇意义的主要承担者。

词缀,词中表示附加意义的语素。如"桌子"里的"桌"是词根,"子"是词缀"强者"里的"强"是词根,"者"是词缀。

二、词的分类

（一）单纯词

单纯词指一个语素构成的词。

一般情况下,一个单音语素都是单音节单纯词,如:天、江、看、红。只有单音节儿化的情况例外,如:眼儿、个儿、空儿。

有时某些多音节词也属于单纯词。

（1）联绵词：两个音节连缀成义而不能拆开来讲的词，包括双声词、叠韵词和非叠韵词。

双声：两个音节的声母相同，如：忐忑、参差、仿佛、伶俐、吩咐；

叠韵：两个音节的"韵"相同（韵腹和韵尾），如：烂漫、彷徨、从容、逍遥、翩跹；

非双声叠韵：蝙蝠、蝴蝶、牡丹、妯娌。

（2）叠音词：由不成词语素的音节重叠构成，如：匆匆、猩猩、潺潺、瑟瑟。

（3）音译外来词，如：咖啡、沙发、安乃近、巧克力、摩托罗拉。

（4）拟声词，如：哗啦、叮当。

(二) 合成词

由两个或两个以上的语素构成，分为复合式、附加式、重叠式三种构词方式。

1. 复合式

由两个以上不相同的词根融合在一起构成。

（1）联合型：由两个意义相同、相关或相反的语素并列组合而成的合成词，又叫并列式，如：思考、寒冷、方圆、睡觉、天地。

（2）偏正型：前一个词根修饰、限制后一个词根，如：草帽、摇篮、住房、席卷、游击、鲜红、深蓝。

（3）补充型：后一词根补充说明前一词根，如：提高、说服、推翻、立正、压缩、车辆、花束、人口、马匹、枪支。

（4）动宾型：前一词根表示动作、行为，后一词根表示动作、行为所支配关涉的事物。如：管家、失业、举重、失明、效劳、取笑。

（5）主谓型：前一词根表示被陈述的事物，后一词根是陈述前一词根的谓语，如：事变、海啸、月亮、饼干、年轻。

2. 重叠式

两个相同的词根相叠而成的，如：爸爸、妹妹、星星、仅仅、刚刚。

（1）叠音词的单个音节不表示意义，整个词才表示意义。重叠式合成词是两个相同的词根语素组合成的。

（2）重叠式合成词中的语素还可以同其他语素构成合成词，叠音词则一般不能同其他语素构成合成词。

3. 附加式

一个表示具体意义的词根和一个表示某种附加意义的词缀构成。

（1）词缀＋词根：老师、老乡、阿姨、阿哥、第一、初一。

（2）词根＋词缀：桌子、椅子、花儿、鸟儿、党员、木头。

（3）词根＋叠音词缀：红通通、绿油油、白花花、亮晶晶。

第二节 词　　汇

词汇是语言的建筑材料，是一种语言里所有词和固定短语的总合。词汇的主体是成千上万的词，除此之外还有一部分的固定短语，包括熟语、专用短语两类。现代汉语词汇指现代汉语所有词和固定短语的总汇。

根据不同的性质和作用，词汇分为基本词汇和一般词汇。

基本词汇是词汇中最主要的部分，它和语法一起构成语言的基础。

基本词汇反映的是人类对自然界及自身认识的一些基本概念。它意义最为明确，为一般人所共同理解，并且使用频率高、生命力强，是日常交际中不可缺少的。

基本词汇具有全民常用性，为全民族全体成员经常使用，不易变动，自然就有稳固性，人们也愿意用它作为构成新词的基础。

一般词汇是基本词汇以外的词汇，包含新造词、古语词、方言词、外来词、行业词等。人们在交际时，仅用基本词汇中的词还是很不够的，还要依靠一般词汇。一般词汇具有数量大、不稳固、缺乏全民性等特点。

除此之外，现代汉语中含包括古语词、方言词、外来词、新造词、专门术语、行业语和成语、惯用语、歇后语、谚语、格言等。

第四讲 朗　　读

朗读就是运用语言技巧对书面语言进行艺术加工,把视觉形象(汉字)变成听觉形象(语音),准确、生动地再现书面语言所表达的全部内容和思想感情。

第一节　朗读的基本要求

一、发音准确,吐字清晰

读准声母、韵母、声调。克服误读,不读错字别字。读对异读字和多音字,克服方音的影响。

要避免口齿不清、吐字含混的现象。要组词成句、连句成篇,注意语句长短和语音的变化,语音要清晰,防止把语音中间的某些音"吃"掉。

二、语调自然、流畅

朗读的感情表达要自然适度,语调即不可过于夸张,又不可平直单调,避免背书的痕迹。

朗读时要流畅,避免割裂语意、丢字加字、颠倒重复等。要注意"慢读快看",即读着上句,眼睛已扫到下句,视觉提前量一般是3～5个字,注意正确地停顿、断句,这样有利于准确地表达感情。

三、速度快慢适中

朗读时速度的快慢是由作品的内容和体裁决定的,随着作品的情感起伏变化语速是必须的,但要注意快慢适中。

不要忽快忽慢,初学者最易出现速度过快,使自身反应不过来,出现"卡壳"现象,读破句,造成停连不当的错误。

朗读的高层次要求是能确切的思想感情与尽可能完美的语言技巧的统一,体裁风格与声音形式的统一,准确、鲜明、生动地传达出作品的精神实质。

第二节 朗读的技巧

一、停连

(一) 停连的作用

(1) 语法停连能揭示语言结构层次,清楚明白地表达语意。

我们这里,有的/是大学生。

我们这里,有的是/大学生。

(2) 帮助一些语序相同,表层结构层次不同的句子排除部分歧义。

他/想起来了。

他想/起来了。

(3) 强调某个句子、词组或词,使语意更为明晰。

这个秘密/始终/没有被人发现。

(4) 明确词句之间的逻辑联系,使语意清晰和完整。

我读过的鲁迅作品有/《狂人日记》《阿Q正传》《药》《祝福》。

(5) 停连可以使语句中所蕴含着的生动丰富的情景神态得以充分昭显。

李老师好像认不出他了,眯着眼睛边打量边试探着问:你是/王义吗?

(6) 停连还可以使行文有节奏感。

没有/一片/绿叶,没有/一缕/炊烟,没有/一粒/泥土,没有/一丝/花香,……

(二) 停连的分类

生理需要的顿歇(如换气),必须服从于心理状态的需要,必须以思想感情的运动状态为前提,根据作品内容和语句目的安排顿连,不能破坏语意的完整。

停顿时间的长短同标点符号大致相同。句末点号一般略长于句内点号。一般是:省略号、破折号＞句号、问号、叹号＞分号、冒号＞逗号、着重号、连接号、间隔号＞顿号。在没有标点的地方,按照句子的语法关系,安排停顿。

停连大体上可以分为语法停连、逻辑停连、感情停连。

常见的语法停连有以下几种:

(1) 主语和谓语之间:朋友/即将远行。

(2) 宾语前:我有机会看清/它的真面目。

(3) 补语前:人的头盖骨结合得/非常致密与坚固。

(4) 定语之后:水是海洋生物的/重要组成部分。

(5) 状语之后:他极其认真地/想了半天。

(6) 并列成分之后:

一锅/小米稀饭,一碟/大头菜,一盘/自家酿制的泡菜……

(7) 复指短语之间:

蜚声于世的悉尼歌剧院,坐落在澳大利亚著名港口城市/悉尼三面环海的贝尼朗岬角上。

(8) 全句修饰语后:心中/便觉有了着落。
(9) 独立语后:事实上/地球上确实有这样一个"无底洞"。
(10) 如果有几个"的"(或"地"),前几个"的"(或"地")之后可停,离中心最近的"的"(或"地")之后一般不停,但中心语较长时这个"的"("地")之后可停。

高兴,这是一种/具体的/被看得到摸得着的事物/所唤起的情绪。
(11) 在"主语＋是＋宾语"句式中,表示判断的,主语后可停,"是"之后不停;表示提请注意的,主语后不停,"是"之后可停。

家乡的桥/是我梦中的桥。
最妙的是/下点小雪呀。
逻辑停顿是为突出或强调某种含义而作的停顿。
白杨树/实在/是不平凡的,我/赞美白杨树!
感情性停连指为表达或渲染某种感情而进行的适当停连。这种停连,常常安排在表现沉痛、愤怒、危急、惊异、激动、赞美、赞叹等处。

这时候/最热闹的,要/数树上的蝉声/与水里的蛙声。但/热闹/是它们的,我/什么也/没有。

二、重音

朗读中为突出地表达具体的语言目的和具体的思想感情而着重强调的词或词组,就是重音。重音以句子为单位,任何一个句子里都有重音。一般可分为语法重音和逻辑重音。

(一) 语法重音

根据语法结构的特点,把句子的某种成分重读的,就是语法重音。语法重音是在不特别强调某种思想感情的情况下自然表现出来的重音,故也叫自然重音。其主要发音规律是:

(1) 一般短句,谓语常读重音。如:
太阳出来了。
(2) 定语、状语、补语的中心语读得重些。如:
说起悉尼歌剧院的建造,还有一段鲜为人知的逸事。
他疼得直冒冷汗。
小草偷偷地从土里钻出来,嫩嫩的,绿绿的。
(3) 疑问代词和指示代词常常重读。如:
是有人偷了他们罢,那是谁,又藏在何处呢?是他们自己逃走了吧,现在又到了哪里呢?
(4) "把"字介宾短语中的重点词语常重读。如:
这棵榕树好像在把它的全部生命力展示给我们看。
他们却把我一个人留在原地,然后奔向更危险的地带了。
(5) 有些比喻词或比喻短语常重读。如:
春天像刚落地的娃娃……春天像小姑娘,春天像健壮的青年。

(二) 逻辑重音

为了表达某种特殊的思想感情,将句子中某个词语突出强调的重音,就是逻辑重音。逻辑重音没有确定的位置,它根据说话人的目的和意图来确定。重音确定的不同,语意就不同。如:

谁能把花生的好处说出来?

按语法重音的规律重音应在"谁"上,但文中强调的是花生的好处,引导孩子懂得做人道理,因此这句话强调的是"好处",这就是逻辑重音。

说话的目的是传情达意,从这个角度看逻辑重音更为重要,但二者不是对立的,它们都是为了语意鲜明。有时二者落在同一个词上,那么这个词的色彩也就更加鲜明,读起来也就要更强调一些。

另一方面,朗读时也应加强轻读的运用,一些常用的轻声词如:朋友、热闹、告诉、明白等都要依规律读轻声。还有一些趋向词、方位词、重叠的动词和人称名词等按规律读轻声的,一定要轻读。

朗读时要重读、轻读互为依托、互相陪衬,不仅能加强语流节奏感、韵律感,也使文章的情感和思想传达得更为准确。

附录一　中华人民共和国国家通用语言文字法

(2000年10月31日第九届全国人民代表大会
常务委员会第十八次会议通过)

第一章　总　　则

第一条　为推动国家通用语言文字的规范化、标准化及其健康发展,使国家通用语言文字在社会生活中更好地发挥作用,促进各民族、各地区经济文化交流,根据宪法,制定本法。

第二条　本法所称的国家通用语言文字是普通话和规范汉字。

第三条　国家推广普通话,推行规范汉字。

第四条　公民有学习和使用国家通用语言文字的权利。

国家为公民学习和使用国家通用语言文字提供条件。

地方各级人民政府及其有关部门应当采取措施,推广普通话和推行规范汉字。

第五条　国家通用语言文字的使用应当有利于维护国家主权和民族尊严,有利于国家统一和民族团结,有利于社会主义物质文明建设和精神文明建设。

第六条　国家颁布国家通用语言文字的规范和标准,管理国家通用语言文字的社会应用,支持国家通用语言文字的教学和科学研究,促进国家通用语言文字的规范、丰富和发展。

第七条　国家奖励为国家通用语言文字事业做出突出贡献的组织和个人。

第八条　各民族都有使用和发展自己的语言文字的自由。

少数民族语言文字的使用依据宪法、民族区域自治法及其他法律的有关规定。

第二章　国家通用语言文字的使用

第九条　国家机关以普通话和规范汉字为公务用语用字。法律另有规定的除外。

第十条　学校及其他教育机构以普通话和规范汉字为基本的教育教学用语用字。法律另有规定的除外。

学校及其他教育机构通过汉语文课程教授普通话和规范汉字。使用的汉语文教材，应当符合国家通用语言文字的规范和标准。

第十一条 汉语文出版物应当符合国家通用语言文字的规范和标准。

汉语文出版物中需要使用外国语言文字的，应当用国家通用语言文字作必要的注释。

第十二条 广播电台、电视台以普通话为基本的播音用语。

需要使用外国语言为播音用语的，须经国务院广播电视部门批准。

第十三条 公共服务行业以规范汉字为基本的服务用字。因公共服务需要，招牌、广告、告示、标志牌等使用外国文字并同时使用中文的，应当使用规范汉字。

提倡公共服务行业以普通话为服务用语。

第十四条 下列情形，应当以国家通用语言文字为基本的用语用字：

（一）广播、电影、电视用语用字；

（二）公共场所的设施用字；

（三）招牌、广告用字；

（四）企业事业组织名称；

（五）在境内销售的商品的包装、说明。

第十五条 信息处理和信息技术产品中使用的国家通用语言文字应当符合国家的规范和标准。

第十六条 本章有关规定中，有下列情形的，可以使用方言：

（一）国家机关的工作人员执行公务时确需使用的；

（二）经国务院广播电视部门或省级广播电视部门批准的播音用语；

（三）戏曲、影视等艺术形式中需要使用的；

（四）出版、教学、研究中确需使用的。

第十七条 本章有关规定中，有下列情形的，可以保留或使用繁体字、异体字：

（一）文物古迹；

（二）姓氏中的异体字；

（三）书法、篆刻等艺术作品；

（四）题词和招牌的手书字；

（五）出版、教学、研究中需要使用的；

（六）经国务院有关部门批准的特殊情况。

第十八条 国家通用语言文字以《汉语拼音方案》作为拼写和注音工具。

《汉语拼音方案》是中国人名、地名和中文文献罗马字母拼写法的统一规范，并用于汉字不便或不能使用的领域。

初等教育应当进行汉语拼音教学。

第十九条 凡以普通话作为工作语言的岗位，其工作人员应当具备说普通话的能力。

以普通话作为工作语言的播音员、节目主持人和影视话剧演员、教师、国家机关工作人员的普通话水平，应当分别达到国家规定的等级标准；对尚未达到国家规定的普通话等级标准的，分别情况进行培训。

第二十条 对外汉语教学应当教授普通话和规范汉字。

第三章 管理和监督

第二十一条 国家通用语言文字工作由国务院语言文字工作部门负责规划指导、管理监督。

国务院有关部门管理本系统的国家通用语言文字的使用。

第二十二条 地方语言文字工作部门和其他有关部门,管理和监督本行政区域内的国家通用语言文字的使用。

第二十三条 县级以上各级人民政府工商行政管理部门依法对企业名称、商品名称以及广告的用语用字进行管理和监督。

第二十四条 国务院语言文字工作部门颁布普通话水平测试等级标准。

第二十五条 外国人名、地名等专有名词和科学技术术语译成国家通用语言文字,由国务院语言文字工作部门或者其他有关部门组织审定。

第二十六条 违反本法第二章有关规定,不按照国家通用语言文字的规范和标准使用语言文字的,公民可以提出批评和建议。

本法第十九条第二款规定的人员用语违反本法第二章有关规定的,有关单位应当对直接责任人员进行批评教育;拒不改正的,由有关单位作出处理。

城市公共场所的设施和招牌、广告用字违反本法第二章有关规定的,由有关行政管理部门责令改正;拒不改正的,予以警告,并督促其限期改正。

第二十七条 违反本法规定,干涉他人学习和使用国家通用语言文字的,由有关行政管理部门责令限期改正,并予以警告。

第四章 附　则

第二十八条 本法自 2001 年 1 月 1 日起施行。

附录二　普通话水平测试用朗读作品

作品 1 号

　　照北京的老规矩，春节差不多在腊月的初旬就开始了。"腊七腊八，冻死寒鸦"，这是一年里最冷的时候。在腊八这天，家家都熬腊八粥。粥是用各种米，各种豆，与各种干果熬成的。这不是粥，而是小型的农业展览会。

　　除此之外，这一天还要泡腊八蒜。把蒜瓣放进醋里，封起来，为过年吃饺子用。到年底，蒜泡得色如翡翠，醋也有了些辣味，色味双美，使人忍不住要多吃几个饺子。在北京，过年时，家家吃饺子。

　　孩子们准备过年，第一件大事就是买杂拌儿。这是用花生、胶枣、榛子、栗子等干果与蜜饯掺和成的。孩子们喜欢吃这些零七八碎儿。第二件大事是买爆竹，特别是男孩子们。恐怕第三件事才是买各种玩意儿——风筝、空竹、口琴等。

　　孩子们欢喜，大人们也忙乱。他们必须预备过年吃的、喝的、穿的、用的，好在新年时显出万象更新的气象。

　　腊月二十三过小年，差不多就是过春节的"彩排"。天一擦黑儿，鞭炮响起来，便有了过年的味道。这一天，是要吃糖的，街上早有好多卖麦芽糖与江米糖的，糖形或为长方块或为瓜形，又甜又黏，小孩子们最喜欢。

　　过了二十三，大家更忙。必须大扫除一次，还要把肉、鸡、鱼、青菜、年糕什么的都预备充足——店//铺多数正月初一到初五关门，到正月初六才开张。

节选自老舍《北京的春节》

作品 2 号

盼望着，盼望着，东风来了，春天的脚步近了。

一切都像刚睡醒的样子，欣欣然张开了眼。山朗润起来了，水涨起来了，太阳的脸红起来了。

小草偷偷地从土里钻出来，嫩嫩的，绿绿的。园子里，田野里，瞧去，一大片一大片满是的。坐着，躺着，打两个滚，踢几脚球，赛几趟跑，捉几回迷藏。风轻悄悄的，草软绵绵的。

……

"吹面不寒杨柳风"，不错的，像母亲的手抚摸着你。风里带来些新翻的泥土的气息，混着青草味儿，还有各种花的香，都在微微湿润的空气里酝酿。鸟儿将巢安在繁花绿叶当中，高兴起来了，呼朋引伴地卖弄清脆的喉咙，唱出宛转的曲子，跟轻风流水应和着。牛背上牧童的短笛，这时候也成天嘹亮地响着。

雨是最寻常的，一下就是三两天。可别恼。看，像牛毛，像花针，像细丝，密密地斜织着，人家屋顶上全笼着一层薄烟。树叶儿却绿得发亮，小草儿也青得逼你的眼。傍晚时候，上灯了，一点点黄晕的光，烘托出一片安静而和平的夜。在乡下，小路上，石桥边，有撑起伞慢慢走着的人，地里还有工作的农民，披着蓑戴着笠。他们的房屋，稀稀疏疏的，在雨里静默着。

天上风筝渐渐多了，地上孩子也多了。城里乡下，家家户户，老老小小，//也赶趟儿似的，一个个都出来了。舒活舒活筋骨，抖擞抖擞精神，各做各的一份儿事去。"一年之计在于春"，刚起头儿，有的是工夫，有的是希望。

春天像刚落地的娃娃，从头到脚都是新的，它生长着。

春天像小姑娘，花枝招展的，笑着，走着。

春天像健壮的青年，有铁一般的胳膊和腰脚，领着我们上前去。

节选自朱自清《春》

作品 3 号

燕子去了,有再来的时候;杨柳枯了,有再青的时候;桃花谢了,有再开的时候。但是,聪明的,你告诉我,我们的日子为什么一去不复返呢?——是有人偷了他们罢:那是谁?又藏在何处呢?是他们自己逃走了罢:现在又到了哪里呢?

去的尽管去了,来的尽管来着;去来的中间,又怎样地匆匆呢?早上我起来的时候,小屋里射进两三方斜斜的太阳。太阳他有脚啊,轻轻悄悄地挪移了;我也茫茫然跟着旋转。于是——洗手的时候,日子从水盆里过去;吃饭的时候,日子从饭碗里过去;默默时,便从凝然的双眼前过去。我觉察他去的匆匆了,伸出手遮挽时,他又从遮挽着的手边过去;天黑时,我躺在床上,他便伶伶俐俐地从我身上跨过,从我脚边飞去了。等我睁开眼和太阳再见,这算又溜走了一日。我掩着面叹息,但是新来的日子的影儿又开始在叹息里闪过了。

在逃去如飞的日子里,在千门万户的世界里的我能做些什么呢?只有徘徊罢了,只有匆匆罢了;在八千多日的匆匆里,除徘徊外,又剩些什么呢?过去的日子如轻烟,被微风吹散了,如薄雾,被初阳蒸融了;我留着些什么痕迹呢?我何曾留着像游丝样的痕迹呢?我赤裸裸//来到这世界,转眼间也将赤裸裸的回去罢?但不能平的,为什么偏白白走这一遭啊?

你聪明的,告诉我,我们的日子为什么一去不复返呢?

节选自朱自清《匆匆》

作品 4 号

有的人在工作、学习中缺乏耐性和韧性,他们一旦碰了钉子,走了弯路,就开始怀疑自己是否有研究才能。其实,我可以告诉大家,许多有名的科学家和作家,都是经过很多次失败,走过很多弯路才成功的。有人看见一个作家写出一本好小说,或者看见一个科学家发表几篇有分量的论文,便仰慕不已,很想自己能够信手拈来,妙手成章,一觉醒来,誉满天下。其实,成功的作品和论文只不过是作家、学者们整个创作和研究中的极小部分,甚至数量上还不及失败作品的十分之一。大家看到的只是他们成功的作品,而失败的作品是不会公开发表出来的。

要知道,一个科学家在攻克科学堡垒的长征中,失败的次数和经验,远比成功的经验要丰富、深刻得多。失败虽然不是什么令人快乐的事情,但也决不应该因此气馁。在进行研究时,研究方向不正确,走了些岔路,白费了许多精力,这也是常有的事。但不要紧,可以再调换方向进行研究。更重要的是要善于吸取失败的教训,总结已有的经验,再继续前进。

根据我自己的体会,所谓天才,就是坚持不断的努力。有些人也许觉得我在数学方面有什么天分,//其实从我身上是找不到这种天分的。我读小学时,因为成绩不好,没有拿到毕业证书,只拿到一张修业证书。初中一年级时,我的数学也是经过补考才及格的。但是说来奇怪,从初中二年级以后,我就发生了一个根本转变,因为我认识到既然我的资质差些,就应该多用点儿时间来学习。别人学一小时,我就学两小时,这样,我的数学成绩得以不断提高。

一直到现在我也贯彻这个原则:别人看一篇东西要三小时,我就花三个半小时。经过长期积累,就多少可以看出成绩来。并且在基本技巧烂熟之后,往往能够一个钟头就看懂一篇人家看十天半月也解不透的文章。所以,前一段时间的加倍努力,在后一段时间能收到预想不到的效果。

是的,聪明在于学习,天才在于积累。

节选自华罗庚《聪明在于学习,天才在于积累》

作品 5 号

去过故宫大修现场的人,就会发现这里和外面工地的劳作景象有个明显的区别:这里没有起重机,建筑材料都是以手推车的形式送往工地,遇到人力无法运送的木料时,工人们会使用百年不变的工具——滑轮组。故宫修缮,尊重着"四原"原则,即原材料、原工艺、原结构、原型制。在不影响体现传统工艺技术手法特点的地方,工匠可以用电动工具,比如开荒料、截头。大多数时候工匠都用传统工具:木匠画线用的是墨斗、画签、毛笔、方尺、杖竿、五尺;加工制作木构件使用的工具有锛、凿、斧、锯、刨等等。

最能体现大修难度的便是瓦作中"苫背"的环节。"苫背"是指在房顶做灰背的过程,它相当于为木建筑添上防水层。有句口诀是三浆三压,也就是上三遍石灰浆,然后再压上三遍。但这是个虚数。今天是晴天,干得快,三浆三压硬度就能符合要求,要是赶上阴天,说不定就要六浆六压。任何一个环节的疏漏都可能导致漏雨,而这对建筑的损坏是致命的。

"工"字早在殷墟甲骨卜辞中就已经出现过。《周官》与《春秋左传》记载周王朝与诸侯都设有掌管营造的机构。无数的名工巧匠为我们留下了那么多宏伟的建筑,但却//很少被列入史籍,扬名于后世。

匠人之所以称之为"匠",其实不仅仅是因为他们拥有了某种娴熟的技能,毕竟技能还可以通过时间的累积"熟能生巧",但蕴藏在"手艺"之上的那种对建筑本身的敬畏和热爱却需要从历史的长河中去寻觅。

将壮丽的紫禁城完好地交给未来,最能仰仗的便是这些默默奉献的匠人。故宫的修护注定是一场没有终点的接力,而他们就是最好的接力者。

节选自单霁翔《大匠无名》

作品 6 号

　　立春过后,大地渐渐从沉睡中苏醒过来。冰雪融化,草木萌发,各种花次第开放。再过两个月,燕子翩然归来。不久,布谷鸟也来了。于是转入炎热的夏季,这是植物孕育果实的时期。到了秋天,果实成熟,植物的叶子渐渐变黄,在秋风中簌簌地落下来。北雁南飞,活跃在田间草际的昆虫也都销声匿迹。到处呈现一片衰草连天的景象,准备迎接风雪载途的寒冬。在地球上温带和亚热带区域里,年年如是,周而复始。

　　几千年来,劳动人民注意了草木荣枯、候鸟去来等自然现象同气候的关系,据以安排农事。杏花开了,就好像大自然在传语要赶快耕地;桃花开了,又好像在暗示要赶快种谷子。布谷鸟开始唱歌,劳动人民懂得它在唱什么:"阿公阿婆,割麦插禾。"这样看来,花香鸟语,草长莺飞,都是大自然的语言。

　　这些自然现象,我国古代劳动人民称它为物候。物候知识在我国起源很早。古代流传下来的许多农谚就包含了丰富的物候知识。到了近代,利用物候知识来研究农业生产,已经发展为一门科学,就是物候学。物候学记录植物的生长荣枯,动物的养育往来,如桃花开、燕子来等自然现象,从而了解随着时节//推移的气候变化和这种变化对动植物的影响。

节选自竺可桢《大自然的语言》

作品 7 号

　　当高速列车从眼前呼啸而过时,那种转瞬即逝的感觉让人们不得不发问:高速列车跑得那么快,司机能看清路吗?

　　高速列车的速度非常快,最低时速标准是二百公里。且不说能见度低的雾霾天,就是晴空万里的大白天,即使是视力好的司机,也不能保证正确识别地面的信号。当肉眼看到前面有障碍时,已经来不及反应。

　　专家告诉我,目前,我国时速三百公里以上的高铁线路不设置信号机,高速列车不用看信号行车,而是通过列控系统自动识别前进方向。其工作流程为,由铁路专用的全球数字移动通信系统来实现数据传输,控制中心实时接收无线电波信号,由计算机自动排列出每趟列车的最佳运行速度和最小行车间隔距离,实现实时追踪控制,确保高速列车间隔合理地安全运行。当然,时速二百至二百五十公里的高铁线路,仍然设置信号灯控制装置,由传统的轨道电路进行信号传输。

　　中国自古就有"千里眼"的传说,今日高铁让古人的传说成为现实。

　　所谓"千里眼",即高铁沿线的摄像头,几毫米见方的石子儿也逃不过它的法眼。通过摄像头实时采集沿线高速列车运行的信息,一旦//出现故障或者异物侵限,高铁调度指挥中心监控终端的界面上就会出现一个红色的框将目标锁定,同时,监控系统马上报警显示。调度指挥中心会迅速把指令传递给高速列车司机。

节选自王雄《当今"千里眼"》

作品 8 号

从肇庆市驱车半小时左右,便到了东郊风景名胜鼎湖山。下了几天的小雨刚停,满山笼罩着轻纱似的薄雾。

过了寒翠桥,就听到淙淙的泉声。进山一看,草丛石缝,到处都涌流着清亮的泉水。草丰林茂,一路上泉水时隐时现,泉声不绝于耳。有时几股泉水交错流泻,遮断路面,我们得寻找着垫脚的石块跳跃着前进。愈往上走树愈密,绿阴愈浓。湿漉漉的绿叶,犹如大海的波浪,一层一层涌向山顶。泉水隐到了浓阴的深处,而泉声却更加清纯悦耳。忽然,云中传来钟声,顿时山鸣谷应,悠悠扬扬。安详厚重的钟声和欢快活泼的泉声,在雨后宁静的暮色中,汇成一片美妙的音响。

我们循着钟声,来到了半山腰的庆云寺。这是一座建于明代、规模宏大的岭南著名古刹。庭院里繁花似锦,古树参天。有一株与古刹同龄的茶花,还有两株从斯里兰卡引种的、有二百多年树龄的菩提树。我们决定就在这座寺院里借宿。

入夜,山中万籁俱寂,只有泉声一直传送到枕边。一路上听到的各种泉声,这时候躺在床上,可以用心细细地聆听、辨识、品味。那像小提琴一样轻柔的,是草丛中流淌的小溪的声音;那像琵琶一样清脆的,//是在石缝间跌落的涧水的声音;那像大提琴一样厚重回响的,是无数道细流汇聚于空谷的声音;那像铜管齐鸣一样雄浑磅礴的,是飞瀑急流跌入深潭的声音。还有一些泉声忽高忽低,忽急忽缓,忽清忽浊,忽扬忽抑,是泉水正在绕过树根,拍打卵石,穿越草丛,流连花间……

蒙眬中,那滋润着鼎湖山万木,孕育出蓬勃生机的清泉,仿佛汩汩地流进了我的心田。

节选自谢大光《鼎湖山听泉》

作品 9 号

我常想读书人是世间幸福人,因为他除了拥有现实的世界之外,还拥有另一个更为浩瀚也更为丰富的世界。现实的世界是人人都有的,而后一个世界却为读书人所独有。由此我想,那些失去或不能阅读的人是多么的不幸,他们的丧失是不可补偿的。世间有诸多的不平等,财富的不平等,权力的不平等,而阅读能力的拥有或丧失却体现为精神的不平等。

一个人的一生,只能经历自己拥有的那一份欣悦,那一份苦难,也许再加上他亲自闻知的那一些关于自身以外的经历和经验。然而,人们通过阅读,却能进入不同时空的诸多他人的世界。这样,具有阅读能力的人,无形间获得了超越有限生命的无限可能性。阅读不仅使他多识了草木虫鱼之名,而且可以上溯远古下及未来,饱览存在的与非存在的奇风异俗。

更为重要的是,读书加惠于人们的不仅是知识的增广,而且还在于精神的感化与陶冶。人们从读书学做人,从那些往哲先贤以及当代才俊的著述中学得他们的人格。人们从《论语》中学得智慧的思考,从《史记》中学得严肃的历史精神,从《正气歌》中学得人格的刚烈,从马克思学得人世//的激情,从鲁迅学得批判精神,从托尔斯泰学得道德的执着。歌德的诗句刻写着睿智的人生,拜伦的诗句呼唤着奋斗的热情。一个读书人,一个有机会拥有超乎个人生命体验的幸运人。

节选自谢冕《读书人是幸福人》

作品 10 号

我爱月夜,但我也爱星天。从前在家乡七八月的夜晚在庭院里纳凉的时候,我最爱看天上密密麻麻的繁星。望着星天,我就会忘记一切,仿佛回到了母亲的怀里似的。

三年前在南京我住的地方有一道后门,每晚我打开后门,便看见一个静寂的夜。下面是一片菜园,上面是星群密布的蓝天。星光在我们的肉眼里虽然微小,然而它使我们觉得光明无处不在。那时候我正在读一些天文学的书,也认得一些星星,好像它们就是我的朋友,它们常常在和我谈话一样。

如今在海上,每晚和繁星相对,我把它们认得很熟了。我躺在舱面上,仰望天空。深蓝色的天空里悬着无数半明半昧的星。船在动,星也在动,它们是这样低,真是摇摇欲坠呢!渐渐地我的眼睛模糊了,我好像看见无数萤火虫在我的周围飞舞。海上的夜是柔和的,是静寂的,是梦幻的。我望着许多认识的星,我仿佛看见它们在对我眨眼,我仿佛听见它们在小声说话。这时我忘记了一切。在星的怀抱中我微笑着,我沉睡着。我觉得自己是一个小孩子,现在睡在母亲的怀里了。

有一夜,那个在哥伦波上船的英国人指给我看天上的巨人。他用手指着://那四颗明亮的星是头,下面的几颗是身子,这几颗是手,那几颗是腿和脚,还有三颗星算是腰带。经他这一番指点,我果然看清楚了那个天上的巨人。看,那个巨人还在跑呢!

节选自巴金《繁星》

作品 11 号

钱塘江大潮,自古以来被称为天下奇观。

农历八月十八是一年一度的观潮日。这一天早上,我们来到了海宁市的盐官镇,据说这里是观潮最好的地方。我们随着观潮的人群,登上了海塘大堤。宽阔的钱塘江横卧在眼前。江面很平静,越往东越宽,在雨后的阳光下,笼罩着一层蒙蒙的薄雾。镇海古塔、中山亭和观潮台屹立在江边。远处,几座小山在云雾中若隐若现。江潮还没有来,海塘大堤上早已人山人海。大家昂首东望,等着,盼着。

午后一点左右,从远处传来隆隆的响声,好像闷雷滚动。顿时人声鼎沸,有人告诉我们,潮来了!我们踮着脚往东望去,江面还是风平浪静,看不出有什么变化。过了一会儿,响声越来越大,只见东边水天相接的地方出现了一条白线,人群又沸腾起来。

那条白线很快地向我们移来,逐渐拉长,变粗,横贯江面。再近些,只见白浪翻滚,形成一堵两丈多高的水墙。浪潮越来越近,犹如千万匹白色战马齐头并进,浩浩荡荡地飞奔而来;那声音如同山崩地裂,好像大地都被震得颤动起来。

霎时,潮头奔腾西去,可是余波还在漫天卷地般涌来,江面上依旧风号浪吼。过了好久,钱塘江才恢复了//平静。看看堤下,江水已经涨了两丈来高了。

节选自赵宗成、朱明元《观潮》

作品 12 号

我和几个孩子站在一片园子里,感受秋天的风。园子里长着几棵高大的梧桐树,我们的脚底下,铺了一层厚厚的梧桐叶。叶枯黄,脚踩在上面,嘎吱嘎吱脆响。风还在一个劲儿地刮,吹打着树上可怜的几片叶子,那上面,就快成光秃秃的了。

我给孩子们上写作课,让孩子们描摹这秋天的风。以为他们一定会说寒冷、残酷和荒凉之类的,结果却出乎我的意料。

一个孩子说,秋天的风,像把大剪刀,它剪呀剪的,就把树上的叶子全剪光了。

我赞许了这个比喻。有二月春风似剪刀之说,秋天的风,何尝不是一把剪刀呢?只不过,它剪出来的不是花红叶绿,而是败柳残荷。

剪完了,它让阳光来住,这个孩子突然接着说一句。他仰向我的小脸,被风吹着,像只通红的小苹果。我怔住,抬头看树,那上面,果真的,爬满阳光啊,每根枝条上都是。失与得,从来都是如此均衡,树在失去叶子的同时,却承接了满树的阳光。

一个孩子说,秋天的风,像个魔术师,它会变出好多好吃的,菱角呀,花生呀,苹果呀,葡萄呀。还有桂花,可以做桂花糕。我昨天吃了桂花糕,妈妈说,是风变出来的。

我笑了。小可爱,经你这么一说,秋天的风,还真是香的。我和孩//子们一起嗅,似乎就闻见了风的味道,像块蒸得热气腾腾的桂花糕。

节选自丁立梅《孩子和秋风》

作品 13 号

　　夕阳落山不久,西方的天空,还燃烧着一片橘红色的晚霞。大海,也被这霞光染成了红色,而且比天空的景色更要壮观。因为它是活动的,每当一排排波浪涌起的时候,那映照在浪峰上的霞光,又红又亮,简直就像一片片霍霍燃烧着的火焰,闪烁着,消失了。而后面的一排,又闪烁着,滚动着,涌了过来。

　　天空的霞光渐渐地淡下去了,深红的颜色变成了绯红,绯红又变为浅红。最后,当这一切红光都消失了的时候,那突然显得高而远了的天空,则呈现出一片肃穆的神色。最早出现的启明星,在这蓝色的天幕上闪烁起来了。它是那么大,那么亮,整个广漠的天幕上只有它在那里放射着令人注目的光辉,活像一盏悬挂在高空的明灯。

　　夜色加浓,苍空中的"明灯"越来越多了。而城市各处的真的灯火也次第亮了起来,尤其是围绕在海港周围山坡上的那一片灯光,从半空倒映在乌蓝的海面上,随着波浪,晃动着,闪烁着,像一串流动着的珍珠,和那一片片密布在苍穹里的星斗互相辉映,煞是好看。

　　在这幽美的夜色中,我踏着软绵绵的沙滩,沿着海边,慢慢地向前走去。海水,轻轻地抚摸着细软的沙滩,发出温柔的//唰唰声。晚来的海风,清新而又凉爽。我的心里,有着说不出的兴奋和愉快。

　　夜风轻飘飘地吹拂着,空气中飘荡着一种大海和田禾相混合的香味儿,柔软的沙滩上还残留着白天太阳炙晒的余温。那些在各个工作岗位上劳动了一天的人们,三三两两地来到这软绵绵的沙滩上,他们浴着凉爽的海风,望着那缀满了星星的夜空,尽情地说笑,尽情地休憩。

节选自峻青《海滨仲夏夜》

作品 14 号

　　生命在海洋里诞生绝不是偶然的,海洋的物理和化学性质,使它成为孕育原始生命的摇篮。

　　我们知道,水是生物的重要组成部分,许多动物组织的含水量在百分之八十以上,而一些海洋生物的含水量高达百分之九十五。水是新陈代谢的重要媒介,没有它,体内的一系列生理和生物化学反应就无法进行,生命也就停止。因此,在短时期内动物缺水要比缺少食物更加危险。水对今天的生命是如此重要,它对脆弱的原始生命,更是举足轻重了。生命在海洋里诞生,就不会有缺水之忧。

　　水是一种良好的溶剂。海洋中含有许多生命所必需的无机盐,如氯化钠、氯化钾、碳酸盐、磷酸盐,还有溶解氧,原始生命可以毫不费力地从中吸取它所需要的元素。

　　水具有很高的热容量,加之海洋浩大,任凭夏季烈日曝晒,冬季寒风扫荡,它的温度变化却比较小。因此,巨大的海洋就像是天然的"温箱",是孕育原始生命的温床。

　　阳光虽然为生命所必需,但是阳光中的紫外线却有扼杀原始生命的危险。水能有效地吸收紫外线,因而又为原始生命提供了天然的"屏障"。

这一切都是原始生命得以产生和发展的必要条件。

节选自童裳亮《海洋与生命》

作品 15 号

在我国历史地理中,有三大都城密集区,它们是:关中盆地、洛阳盆地、北京小平原。其中每一个地区都曾诞生过四个以上大型王朝的都城。而关中盆地、洛阳盆地是前朝历史的两个都城密集区,正是它们构成了早期文明核心地带中最重要的内容。

为什么这个地带会成为华夏文明最先进的地区？这主要是由两个方面的条件促成的,一个是自然环境方面的,一个是人文环境方面的。

在自然环境方面,这里是我国温带季风气候带的南部,降雨、气温、土壤等条件都可以满足旱作农业的需求。中国北方的古代农作物,主要是一年生的粟和黍。黄河中下游的自然环境为粟黍作物的种植和高产提供了得天独厚的条件。农业生产的发达,会促进整个社会经济的发展,从而推动社会的进步。

在人文环境方面,这里是南北方、东西方大交流的轴心地区。在最早的六大新石器文化分布形势图中可以看到,中原处于这些文化分布的中央地带。无论是考古发现还是历史传说,都有南北文化长距离交流、东西文化相互碰撞的证据。中原地区在空间上恰恰位居中心,成为信息最发达、眼界最宽广、活动最//繁忙、竞争最激烈的地方。正是这些活动,推动了各项人文事务的发展,文明的方方面面就是在处理各类事务的过程中被开创出来的。

节选自唐晓峰《华夏文明的发展与融合》

作品 16 号

于很多中国人而言,火车就是故乡。在中国人的心中,故乡的地位尤为重要,老家的意义非同寻常,所以,即便是坐过无数次火车,但印象最深刻的,或许还是返乡那一趟车。那一列列返乡的火车所停靠的站台边,熙攘的人流中,匆忙的脚步里,张望的目光下,涌动着的都是思乡的情绪。每一次看见返乡那趟火车,总觉得是那样可爱与亲切,仿佛看见了千里之外的故乡。上火车后,车启动的一刹那,在车轮与铁轨碰撞的"况且"声中,思乡的情绪便陡然在车厢里弥漫开来。你知道,它将驶向的,是你最熟悉也最温暖的故乡。再过几个或者十几个小时,你就会回到故乡的怀抱。这般感受,相信在很多人的身上都曾发生过。尤其在春节、中秋等传统节日到来之际,亲人团聚的时刻,更为强烈。

火车是故乡,火车也是远方。速度的提升,铁路的延伸,让人们通过火车实现了向远方自由流动的梦想。今天的中国老百姓,坐着火车,可以去往九百六十多万平方公里土地上的天南地北,来到祖国东部的平原,到达祖国南方的海边,走进祖国西部的沙漠,踏上祖国北方的草原,去观三山五岳,去看大江大河……

火车与空//间有着密切的联系,与时间的关系也让人觉得颇有意思。那长长的车厢,仿佛一头连着中国的过去,一头连着中国的未来。

节选自舒翼《记忆像铁轨一样长》

作品 17 号

奶奶给我讲过这样一件事:有一次她去商店,走在她前面的一位阿姨推开沉重的大门,一直等到她跟上来才松开手。当奶奶向她道谢的时候,那位阿姨轻轻地说:"我的妈妈和您的年龄差不多,我希望她遇到这种时候,也有人为她开门。"听了这件事,我的心温暖了许久。

一天,我陪患病的母亲去医院输液,年轻的护士为母亲扎了两针也没有扎进血管里,眼见针眼处鼓起青包。我正要抱怨几句,一抬头看见了母亲平静的眼神——她正在注视着护士额头上密密的汗珠,我不禁收住了涌到嘴边的话。只见母亲轻轻地对护士说:"不要紧,再来一次!"第三针果然成功了。那位护士终于长出了一口气,她连声说:"阿姨,真对不起。我是来实习的,这是我第一次给病人扎针,太紧张了。要不是您的鼓励,我真不敢给您扎了。"母亲用另一只手拉着我,平静地对护士说:"这是我的女儿,和你差不多大小,正在医科大学读书,她也将面对自己的第一个患者。我真希望她第一次扎针的时候,也能得到患者的宽容和鼓励。"听了母亲的话,我的心里充满了温暖与幸福。

是啊,如果我们在生活中能将心比心,就会对老人生出一份//尊重,对孩子增加一份关爱,就会使人与人之间多一些宽容和理解。

节选自姜桂华《将心比心》

作品 18 号

晋祠之美,在山,在树,在水。

这里的山,巍巍的,有如一道屏障;长长的,又如伸开的两臂,将晋祠拥在怀中。春日黄花满山,径幽香远;秋来草木萧疏,天高水清。无论什么时候拾级登山都会心旷神怡。

这里的树,以古老苍劲见长。有两棵老树:一棵是周柏,另一棵是唐槐。那周柏,树干劲直,树皮皱裂,顶上挑着几根青青的疏枝,偃卧于石阶旁。那唐槐,老干粗大,虬枝盘屈,一簇簇柔条,绿叶如盖。还有水边殿外的松柏槐柳,无不显出苍劲的风骨。以造型奇特见长的,有的偃如老姬负水,有的挺如壮士托天,不一而足。圣母殿前的左扭柏,拔地而起,直冲云霄,它的树皮上的纹理一齐向左边拧去,一圈一圈,丝纹不乱,像地下旋起了一股烟,又似天上垂下了一根绳。晋祠在古木的荫护下,显得分外幽静、典雅。

这里的水,多、清、静、柔。在园里信步,但见这里一泓深潭,那里一条小渠。桥下有河,亭中有井,路边有溪。石间细流脉脉,如线如缕;林中碧波闪闪,如锦如缎。这些水都来自"难老泉"。泉上有亭,亭上悬挂着清代著名学者傅山写的"难老泉"三个字。这么多的水长流不息,日日夜夜发出叮叮咚咚的响声。水的清澈真令人叫绝,无论//多深的水,只要光线好,游鱼碎石,历历可见。水的流势都不大,清清的微波,将长长的草蔓拉成一缕缕的丝,铺在河底,挂在岸边,合着那些金鱼、青苔以及石栏的倒影,织成一条条大飘带,穿亭绕榭,冉冉不绝。当年李白来到这里,曾赞叹说:"晋祠流水如碧玉。"当你沿着流水去观赏那亭台楼阁时,也许会这样问:这几百间建筑怕都是在水上漂着的吧!

节选自梁衡《晋祠》

作品 19 号

人们常常把人与自然对立起来,宣称要征服自然。殊不知在大自然面前,人类永远只是一个天真幼稚的孩童,只是大自然机体上普通的一部分,正像一株小草只是她的普通一部分一样。如果说自然的智慧是大海,那么,人类的智慧就只是大海中的一个小水滴,虽然这个水滴也能映照大海,但毕竟不是大海,可是,人们竟然不自量力地宣称要用这滴水来代替大海。

看着人类这种狂妄的表现,大自然一定会窃笑——就像母亲面对无知的孩子那样的笑。人类的作品飞上了太空,打开了一个个微观世界,于是人类沾沾自喜,以为揭开了大自然的秘密。可是,在自然看来,人类上下翻飞的这片巨大空间,不过是咫尺之间而已,就如同鲲鹏看待斥鴳一般,只是蓬蒿之间罢了。即使从人类自身智慧发展史的角度看,人类也没有理由过分自傲:人类的知识与其祖先相比诚然有了极大的进步,似乎有嘲笑古人的资本;可是,殊不知对于后人而言我们也是古人,一万年以后的人们也同样会嘲笑今天的我们,也许在他们看来,我们的科学观念还幼稚得很,我们的航天器在他们眼中不过是个非常简单的//儿童玩具。

节选自严春友《敬畏自然》

作品 20 号

舞台上的幕布拉开了,音乐奏起来了。演员们踩着音乐的拍子,以庄重而有节奏的步法走到灯光前面来了。灯光射在他们五颜六色的服装和头饰上,一片金碧辉煌的彩霞。

当女主角穆桂英以轻盈而矫健的步子出场的时候,这个平静的海面陡然动荡起来了,它上面卷起了一阵暴风雨;观众像触了电似的迅即对这位女英雄报以雷鸣般的掌声。她开始唱了。她圆润的歌喉在夜空中颤动,听起来辽远而又切近,柔和而又铿锵。戏词像珠子似的从她的一笑一颦中,从她优雅的"水袖"中,从她婀娜的身段中,一粒一粒地滚下来,滴在地上,溅到空中,落进每一个人的心里,引起一片深远的回音。这回音听不见,却淹没了刚才涌起的那一阵热烈的掌声。

观众像着了魔一样,忽然变得鸦雀无声。他们看得入了神。他们的感情和舞台上女主角的感情融在了一起。女主角的歌舞渐渐进入高潮。观众的情感也渐渐进入高潮。潮在涨。没有谁能控制住它。这个一度平静下来的人海忽然又动荡起来了。戏就在这时候要到达顶点。我们的女主角在这时候就像一朵盛开的鲜花,观众想把这朵鲜花捧在手里,不让//它消逝。他们不约而同地从座位上立起来,像潮水一样,涌到我们这位艺术家面前。舞台已经失去了界限,整个的剧场成了一个庞大的舞台。

我们这位艺术家是谁呢?他就是梅兰芳同志。半个世纪的舞台生涯过去了,六十六岁的高龄,仍然能创造出这样富有朝气的美丽形象,表现出这样充沛的青春活力,这不能不说是奇迹。这奇迹的产生是必然的,因为我们拥有这样热情的观众和这样热情的艺术家。

节选自叶君健《看戏》

作品 21 号

十年,在历史上不过是一瞬间。只要稍加注意,人们就会发现:在这一瞬间里,各种事物都悄悄经历了自己的千变万化。

这次重新访日,我处处感到亲切和熟悉,也在许多方面发觉了日本的变化。就拿奈良的一个角落来说吧,我重游了为之感受很深的唐招提寺,在寺内各处匆匆走了一遍,庭院依旧,但意想不到还看到了一些新的东西。其中之一,就是近几年从中国移植来的"友谊之莲"。

在存放鉴真遗像的那个院子里,几株中国莲昂然挺立,翠绿的宽大荷叶正迎风而舞,显得十分愉快。开花的季节已过,荷花朵朵已变为莲蓬累累。莲子的颜色正在由青转紫,看来已经成熟了。

我禁不住想:"因"已转化为"果"。

中国的莲花开在日本,日本的樱花开在中国,这不是偶然。我希望这样一种盛况延续不衰。

在这些日子里,我看到了不少多年不见的老朋友,又结识了一些新朋友。大家喜欢涉及的话题之一,就是古长安和古奈良。那还用得着问吗,朋友们缅怀过去,正是瞩望未来。瞩目于未来的人们必将获得未来。

我不例外,也希望一个美好的未来。

为了中日人民之间的友谊,我将不会浪费今后生命的每一瞬间。//

节选自严文井《莲花和樱花》

作品 22 号

我打猎归来,沿着花园的林阴路走着。狗跑在我前边。

突然,狗放慢脚步,蹑足潜行,好像嗅到了前边有什么野物。

我顺着林阴路望去,看见了一只嘴边还带黄色、头上生着柔毛的小麻雀。风猛烈地吹打着林阴路上的白桦树,麻雀从巢里跌落下来,呆呆地伏在地上,孤立无援地张开两只羽毛还未丰满的小翅膀。

我的狗慢慢向它靠近。忽然,从附近一棵树上飞下一只黑胸脯的老麻雀,像一颗石子似的落到狗的跟前。老麻雀全身倒竖着羽毛,惊恐万状,发出绝望、凄惨的叫声,接着向露出牙齿、大张着的狗嘴扑去。

老麻雀是猛扑下来救护幼雀的。它用身体掩护着自己的幼儿……但它整个小小的身体因恐怖而战栗着,它小小的声音也变得粗暴嘶哑,它在牺牲自己!

在它看来,狗该是多么庞大的怪物啊!然而,它还是不能站在自己高高的、安全的树枝上……一种比它的理智更强烈的力量,使它从那儿扑下身来。

我的狗站住了,向后退了退……看来,它也感到了这种力量。

我赶紧唤住惊慌失措的狗,然后我怀着崇敬的心情,走开了。

是啊,请不要见笑。我崇敬那只小小的、英勇的鸟儿,我崇敬它那种爱的冲动和力量。

爱,我//想,比死和死的恐惧更强大。只有依靠它,依靠这种爱,生命才能维持下去,发展下去。

节选自[俄]屠格涅夫《麻雀》,巴金译

作品 23 号

在浩瀚无垠的沙漠里,有一片美丽的绿洲,绿洲里藏着一颗闪光的珍珠。这颗珍珠就是敦煌莫高窟。它坐落在我国甘肃省敦煌市三危山和鸣沙山的怀抱中。

鸣沙山东麓是平均高度为十七米的崖壁。在一千六百多米长的崖壁上,凿有大小洞窟七百余个,形成了规模宏伟的石窟群。其中四百九十二个洞窟中,共有彩色塑像两千一百余尊,各种壁画共四万五千多平方米。莫高窟是我国古代无数艺术匠师留给人类的珍贵文化遗产。

莫高窟的彩塑,每一尊都是一件精美的艺术品。最大的有九层楼那么高,最小的还不如一个手掌大。这些彩塑个性鲜明,神态各异。有慈眉善目的菩萨,有威风凛凛的天王,还有强壮勇猛的力士……

莫高窟壁画的内容丰富多彩,有的是描绘古代劳动人民打猎、捕鱼、耕田、收割的情景,有的是描绘人们奏乐、舞蹈、演杂技的场面,还有的是描绘大自然的美丽风光。其中最引人注目的是飞天。壁画上的飞天,有的臂挎花篮,采摘鲜花;有的反弹琵琶,轻拨银弦;有的倒悬身子,自天而降;有的彩带飘拂,漫天遨游;有的舒展着双臂,翩翩起舞。看着这些精美动人的壁画,就像走进了//灿烂辉煌的艺术殿堂。

莫高窟里还有一个面积不大的洞窟——藏经洞。洞里曾藏有我国古代的各种经卷、文书、帛画、刺绣、铜像等共六万多件。由于清朝政府腐败无能,大量珍贵的文物被外国强盗掠走。仅存的部分经卷,现在陈列于北京故宫等处。

莫高窟是举世闻名的艺术宝库。这里的每一尊彩塑、每一幅壁画、每一件文物,都是中国古代人民智慧的结晶。

节选自《莫高窟》

作品 24 号

森林涵养水源,保持水土,防止水旱灾害的作用非常大。据专家测算,一片十万亩面积的森林,相当于一个两百万立方米的水库,这正如农谚所说的:"山上多栽树,等于修水库。雨多它能吞,雨少它能吐。"

说起森林的功劳,那还多得很。它除了为人类提供木材及许多种生产、生活的原料之外,在维护生态环境方面也是功劳卓著,它用另一种"能吞能吐"的特殊功能孕育了人类。因为地球在形成之初,大气中的二氧化碳含量很高,氧气很少,气温也高,生物是难以生存的。大约在四亿年之前,陆地才产生了森林。森林慢慢将大气中的二氧化碳吸收,同时吐出新鲜氧气,调节气温:这才具备了人类生存的条件,地球上才最终有了人类。

森林,是地球生态系统的主体,是大自然的总调度室,是地球的绿色之肺。森林维护地球生态环境的这种"能吞能吐"的特殊功能是其他任何物体都不能取代的。然而,由于地球上的燃烧物增多,二氧化碳的排放量急剧增加,使得地球生态环境急剧恶化,主要表现为全球气候变暖,水分蒸发加快,改变了气流的循环,使气候变化加剧,从而引发热浪、风、暴雨、洪涝及干旱。

为了//使地球的这个"能吞能吐"的绿色之肺恢复健壮,以改善生态环境,抑制全球变暖,减少水旱等自然灾害,我们应该大力造林、护林,使每一座荒山都绿起来。

节选自《"能吞能吐"的森林》

作品 25 号

中国没有人不爱荷花的。可我们楼前池塘中独独缺少荷花。每次看到或想到,总觉得是一块心病。有人从湖北来,带来了洪湖的几颗莲子,外壳呈黑色,极硬。据说,如果埋在淤泥中,能够千年不烂。我用铁锤在莲子上砸开了一条缝,让莲芽能够破壳而出,不至永远埋在泥中。把五六颗敲破的莲子投入池塘中,下面就是听天由命了。

这样一来,我每天就多了一件工作:到池塘边上去看上几次。心里总是希望,忽然有一天,"小荷才露尖尖角",有翠绿的莲叶长出水面。可是,事与愿违,投下去的第一年,一直到秋凉落叶,水面上也没有出现什么东西。但是到了第三年,却忽然出了奇迹。有一天,我忽然发现,在我投莲子的地方长出了几个圆圆的绿叶,虽然颜色极惹人喜爱,但是却细弱单薄,可怜兮兮地平卧在水面上,像水浮莲的叶子一样。

真正的奇迹出现在第四年上。到了一般荷花长叶的时候,在去年飘浮着五六个叶片的地方,一夜之间,突然长出了一大片绿叶,叶片扩张的速度,范围的扩大,都是惊人地快。几天之内,池塘内不小一部分,已经全为绿叶所覆盖。而且原来平卧在水面上的像是水浮莲一样的//叶片,不知道是从哪里聚集来了力量,有一些竟然跃出了水面,长成了亭亭的荷叶。这样一来,我心中的疑云一扫而光:池塘中生长的真正是洪湖莲花的子孙了。我心中狂喜,这几年总算是没有白等。

节选自季羡林《清塘荷韵》

作品 26 号

在原始社会里,文字还没有创造出来,却先有了歌谣一类的东西。这也就是文艺。

文字创造出来以后,人就用它把所见所闻所想所感的一切记录下来。一首歌谣,不但口头唱,还要刻呀,漆呀,把它保留在什么东西上。这样,文艺和文字就并了家。

后来纸和笔普遍地使用了,而且发明了印刷术。凡是需要记录下来的东西,要多少份就可以有多少份。于是所谓文艺,从外表说,就是一篇稿子,一部书,就是许多文字的集合体。

文字是一道桥梁,通过了这一道桥梁,读者才和作者会面。不但会面,并且了解作者的心情,和作者的心情相契合。

　　就作者的方面说,文艺的创作决不是随便取许多文字来集合在一起。作者着手创作,必然对于人生先有所见,先有所感。他把这些所见所感写出来,不作抽象的分析,而作具体的描写,不作刻板的记载,而作想象的安排。他准备写的不是普通的论说文、记叙文;他准备写的是文艺。他动手写,不但选择那些最适当的文字,让它们集合起来,还要审查那些写下来的文字,看有没有应当修改或是增减的。总之,作者想做到的是:写下来的文字正好传达出他的所见所感。

　　就读者的//方面说,读者看到的是写在纸面或者印在纸面的文字,但是看到文字并不是他们的目的。他们要通过文字去接触作者的所见所感。

节选自叶圣陶《驱遣我们的想象》

作品 27 号

　　语言,也就是说话,好像是极其稀松平常的事儿。可是仔细想想,实在是一件了不起的大事。正是因为说话跟吃饭、走路一样的平常,人们才不去想它究竟是怎么回事儿。其实这三件事儿都是极不平常的,都是使人类不同于别的动物的特征。

　　记得在小学里读书的时候,班上有一位"能文"的大师兄,在一篇作文的开头写下这么两句:"鹦鹉能言,不离于禽;猩猩能言,不离于兽。"我们看了都非常佩服。后来知道这两句是有来历的,只是字句有些出入。又过了若干年,才知道这两句话都有问题。鹦鹉能学人说话,可只是作为现成的公式来说,不会加以变化。只有人们说话是从具体情况出发,情况一变,话也跟着变。

　　西方学者拿黑猩猩做实验,它们能学会极其有限的一点儿符号语言,可是学不会把它变成有声语言。人类语言之所以能够"随机应变",在于一方面能把语音分析成若干音素,又把这些音素组合成音节,再把音节连缀起来。另一方面,又能分析外界事物及其变化,形成无数的"意念",一一配以语音,然后综合运用,表达各种复杂的意思。一句话,人类语言的特点就在于能用变化无穷的语音,表达变化无穷的//意义。这是任何其他动物办不到的。

节选自吕叔湘《人类的语言》

作品 28 号

父亲喜欢下象棋。那一年,我大学回家度假,父亲教我下棋。

我们俩摆好棋,父亲让我先走三步,可不到三分钟,三下五除二,我的兵将损失大半,棋盘上空荡荡的,只剩下老帅、士和一车两卒在孤军奋战。

我还不肯罢休,可是已无力回天,眼睁睁看着父亲"将军",我输了。

我不服气,摆棋再下。几次交锋,基本上都是不到十分钟我就败下阵来。我不禁有些泄气。父亲对我说:"你初学下棋,输是正常的。但是你要知道输在什么地方;否则,你就是再下上十年,也还是输。"

"我知道,输在棋艺上。我技术上不如你,没经验。"

"这只是次要因素,不是最重要的。"

"那最重要的是什么?"我奇怪地问。

"最重要的是你的心态不对。你不珍惜你的棋子。"

"怎么不珍惜呀?我每走一步,都想半天。"我不服气地说。

"那是后来,开始你是这样吗?我给你计算过,你三分之二的棋子是在前三分之一的时间内丢失的。这期间你走棋不假思索,拿起来就走,失了也不觉得可惜。因为你觉得棋子很多,失一两个不算什么。"

我看看父亲,不好意思地低下头。"后三分之二的时间,你又犯了相反的错误:对棋子过于珍惜,每走一步,都思前想后,患得患失,一个棋也不想失,//结果一个一个都失去了。"

节选自《人生如下棋》

作品 29 号

仲夏,朋友相邀游十渡。在城里住久了,一旦进入山水之间,竟有一种生命复苏的快感。

下车后,我们舍弃了大路,挑选了一条半隐半现在庄稼地里的小径,弯弯绕绕地来到了十渡渡口。夕阳下的拒马河慷慨地撒出一片散金碎玉,对我们表示欢迎。

岸边山崖上刀斧痕犹存的崎岖小道,高低凸凹,虽没有"难于上青天"的险恶,却也有踏空了滚到拒马河洗澡的风险。狭窄处只能手扶岩石贴壁而行。当"东坡草堂"几个红漆大字赫然出现在前方岩壁时,一座镶嵌在岩崖间的石砌茅草屋同时跃进眼底。草屋被几级石梯托得高高的,屋下俯瞰着一湾河水,屋前顺山势辟出了一片空地,算是院落吧!右侧有一小小的蘑菇形的凉亭,内设石桌石凳,亭顶褐黄色的茅草像流苏般向下垂泻,把现实和童话串成了一体。草屋的构思者最精彩的一笔,是设在院落边沿的柴门和篱笆,走近这儿,便有了"花径不曾缘客扫,蓬门今始为君开"的意思。

当我们重登凉亭时,远处的蝙蝠山已在夜色下化为剪影,好像就要展翅扑来。拒马河趁人们看不清它的容貌时豁开了嗓门儿韵味十足地唱呢!偶有不安分的小鱼儿和青蛙蹦跳//成声,像是为了强化这夜曲的节奏。此时,只觉世间唯有水声和我,就连偶尔从远处赶来歇脚的晚风,也悄无声息。

当我渐渐被夜的凝重与深邃所融蚀,一缕新的思绪涌动时,对岸沙滩上燃起了篝火,那鲜亮的火光,使夜色有了躁动感。篝火四周,人影绰约,如歌似舞。朋友说,那是北京的大学生们,结伴来这儿度周末的。遥望那明灭无定的火光,想象着篝火映照的青春年华,也是一种意想不到的乐趣。

节选自刘延《十渡游趣》

作品 30 号

在闽西南和粤东北的崇山峻岭中,点缀着数以千计的圆形围屋或土楼,这就是被誉为"世界民居奇葩"的客家民居。

客家人是古代从中原繁盛的地区迁到南方的。他们的居住地大多在偏僻、边远的山区,为了防备盗匪的骚扰和当地人的排挤,便建造了营垒式住宅,在土中掺石灰,用糯米饭、鸡蛋清作黏合剂,以竹片、木条作筋骨,夯筑起墙厚一米,高十五米以上的土楼。它们大多为三至六层楼,一百至二百多间房屋如橘瓣状排列,布局均匀,宏伟壮观。大部分土楼有两三百年甚至五六百年的历史,经受无数次地震撼动、风雨侵蚀以及炮火攻击而安然无恙,显示了传统建筑文化的魅力。

客家先民崇尚圆形,认为圆是吉祥、幸福和安宁的象征。土楼围成圆形的房屋均按八卦布局排列,卦与卦之间设有防火墙,整齐划一。

客家人在治家、处事、待人、立身等方面,无不体现出明显的文化特征。比如,许多房屋大门上刻着这样的正楷对联:"承前祖德勤和俭,启后子孙读与耕",表现了先辈希望子孙和睦相处、勤俭持家的愿望。楼内房间大小一模一样,他们不分贫富、贵贱,每户人家平等地分到底层至高层//各一间房。各层房屋的用途惊人地统一,底层是厨房兼饭堂,二层当贮仓,三层以上作卧室,两三百人聚居一楼,秩序井然,毫不混乱。土楼内所保留的民俗文化,让人感受到中华传统文化的深厚久远。

节选自张宇生《世界民居奇葩》

作品 31 号

我国的建筑,从古代的宫殿到近代的一般住房,绝大部分是对称的,左边怎么样,右边也怎么样。苏州园林可绝不讲究对称,好像故意避免似的。东边有了一个亭子或者一道回廊,西边决不会来一个同样的亭子或者一道同样的回廊。这是为什么?我想,用图画来比方,对称的建筑是图案画,不是美术画,而园林是美术画,美术画要求自然之趣,是不讲究对称的。

苏州园林里都有假山和池沼。

假山的堆叠,可以说是一项艺术而不仅是技术。或者是重峦叠嶂,或者是几座小山配合着竹子花木,全在乎设计者和匠师们生平多阅历,胸中有丘壑,才能使游览者攀登的时候忘却苏州城市,只觉得身在山间。

至于池沼,大多引用活水。有些园林池沼宽敞,就把池沼作为全园的中心,其他景物配合着布置。水面假如成河道模样,往往安排桥梁。假如安排两座以上的桥梁,那就一座一个样,决不雷同。

池沼或河道的边沿很少砌齐整的石岸,总是高低屈曲任其自然。还在那儿布置几块玲珑的石头,或者种些花草。这也是为了取得从各个角度看都成一幅画的效果。池沼里养着金鱼或各色鲤鱼,夏秋季节荷花或睡莲//开放,游览者看"鱼戏莲叶间",又是入画的一景。

节选自叶圣陶《苏州园林》

作品 32 号

泰山极顶看日出,历来被描绘成十分壮观的奇景。有人说:登泰山而看不到日出,就像一出大戏没有戏眼,味儿终究有点寡淡。

我去爬山那天,正赶上个难得的好天,万里长空,云彩丝儿都不见。素常烟雾腾腾的山头,显得眉目分明。同伴们都欣喜地说:"明天早晨准可以看见日出了。"我也是抱着这种想头,爬上山去。

一路从山脚往上爬,细看山景,我觉得挂在眼前的不是五岳独尊的泰山,却像一幅规模惊人的青绿山水画,从下面倒展开来。在画卷中最先露出的是山根底那座明朝建筑岱宗坊,慢慢地便现出王母池、斗母宫、经石峪。山是一层比一层深,一叠比一叠奇,层层叠叠,不知还会有多深多奇。万山丛中,时而点染着极其工细的人物。王母池旁的吕祖殿里有不少尊明塑,塑着吕洞宾等一些人,姿态神情是那样有生气,你看了,不禁会脱口赞叹说:"活啦。"

画卷继续展开,绿阴森森的柏洞露面不太久,便来到对松山。两面奇峰对峙着,满山峰都是奇形怪状的老松,年纪怕都有上千岁了,颜色竟那么浓,浓得好像要流下来似的。来到这儿,你不妨权当一次画里的写意人物,坐在路旁的对松亭里,看看山色,听听流//水和松涛。

一时间,我又觉得自己不仅是在看画卷,却又像是在零零乱乱翻着一卷历史稿本。

节选自杨朔《泰山极顶》

作品 33 号

在太空的黑幕上,地球就像站在宇宙舞台中央那位最美的大明星,浑身散发出夺人心魄的、彩色的、明亮的光芒,她披着浅蓝色的纱裙和白色的飘带,如同天上的仙女缓缓飞行。

地理知识告诉我,地球上大部分地区覆盖着海洋,我果然看到了大片蔚蓝色的海水,浩瀚的海洋骄傲地披露着广阔壮观的全貌,我还看到了黄绿相间的陆地,连绵的山脉纵横其间;我看到我们平时所说的天空,大气层中飘浮着片片雪白的云彩,那么轻柔,那么曼妙,在阳光普照下,仿佛贴在地面上一样。海洋、陆地、白云,它们呈现在飞船下面,缓缓驶来,又缓缓离去。

我知道自己还是在轨道上飞行,并没有完全脱离地球的怀抱,冲向宇宙的深处,然而这也足以让我震撼了,我并不能看清宇宙中众多的星球,因为实际上它们离我们的距离非常遥远,很多都是以光年计算。正因为如此,我觉得宇宙的广袤真实地摆在我的眼前,即便作为中华民族第一个飞天的人我已经跑到离地球表面四百公里的空间,可以称为太空人了,但是实际上在浩瀚的宇宙面前,我仅像一粒尘埃。

虽然独自在太空飞行,但我想到了此刻千万//中国人翘首以待,我不是一个人在飞,我是代表所有中国人,甚至人类来到了太空。我看到的一切证明了中国航天技术的成功,我认为我的心情一定要表达一下,就拿出太空笔,在工作日志背面写了一句话:"为了人类的和平与进步,中国人来到太空了。"以此来表达一个中国人的骄傲和自豪。

节选自杨利伟《天地九重》

作品 34 号

最使我难忘的,是我小学时候的女教师蔡芸先生。

现在回想起来,她那时有十八九岁。右嘴角边有榆钱大小一块黑痣。在我的记忆里,她是一个温柔和美丽的人。

她从来不打骂我们。仅仅有一次,她的教鞭好像要落下来,我用石板一迎,教鞭轻轻地敲在石板边上,大伙笑了,她也笑了。我用儿童的狡猾的眼光察觉,她爱我们,并没有存心要打的意思。孩子们是多么善于观察这一点啊。

在课外的时候,她教我们跳舞,我现在还记得她把我扮成女孩子表演跳舞的情景。

在假日里,她把我们带到她的家里和女朋友的家里。在她的女朋友的园子里,她还让我们观察蜜蜂;也是在那时候,我认识了蜂王,并且平生第一次吃了蜂蜜。

她爱诗,并且爱用歌唱的音调教我们读诗。直到现在我还记得她读诗的音调,还能背诵她教我们的诗:

圆天盖着大海,

黑水托着孤舟,

远看不见山,

那天边只有云头,

也看不见树,

那水上只有海鸥……

今天想来,她对我的接近文学和爱好文学,是有着多么有益的影响!

像这样的教师,我们怎么会不喜欢她,怎么会不愿意和她亲近呢?我们见了她不由得就围上去。即使她写字的时候,我//们也默默地看着她,连她握铅笔的姿势都急于模仿。

节选自魏巍《我的老师》

作品 35 号

我喜欢出发。

凡是到达了的地方,都属于昨天。哪怕那山再青,那水再秀,那风再温柔。太深的流连便成了一种羁绊,绊住的不仅有双脚,还有未来。

怎么能不喜欢出发呢?没见过大山的巍峨,真是遗憾;见了大山的巍峨没见过大海的浩瀚,仍然遗憾;见了大海的浩瀚没见过大漠的广袤,依旧遗憾;见了大漠的广袤没见过森林的神秘,还是遗憾。世界上有不绝的风景,我有不老的心情。

我自然知道,大山有坎坷,大海有浪涛,大漠有风沙,森林有猛兽。即便这样,我依然喜欢。

打破生活的平静便是另一番景致,一种属于年轻的景致。真庆幸,我还没有老。即便真老了又怎么样,不是有句话叫老当益壮吗?

于是,我还想从大山那里学习深刻,我还想从大海那里学习勇敢,我还想从大漠那里学习沉着,我还想从森林那里学习机敏。我想学着品味一种缤纷的人生。

人能走多远?这话不是要问两脚而是要问志向。人能攀多高?这事不是要问双手而是要问意志。于是,我想用青春的热血给自己树起一个高远的目标。不仅是为了争取一种光荣,更是为了追求一种境界。目标实现了,便是光荣;目标实现不了,人生也会因//这一路风雨跋涉变得丰富而充实;在我看来,这就是不虚此生。

是的,我喜欢出发,愿你也喜欢。

节选自汪国真《我喜欢出发》

作品 36 号

乡下人家总爱在屋前搭一瓜架,或种南瓜,或种丝瓜,让那些瓜藤攀上棚架,爬上屋檐。当花儿落了的时候,藤上便结出了青的、红的瓜,它们一个个挂在房前,衬着那长长的藤,绿绿的叶。青、红的瓜,碧绿的藤和叶,构成了一道别有风趣的装饰,比那高楼门前蹲着一对石狮子或是竖着两根大旗杆,可爱多了。

有些人家,还在门前的场地上种几株花,芍药、凤仙、鸡冠花、大丽菊,它们依着时令,顺序开放,朴素中带着几分华丽,显出一派独特的农家风光。还有些人家,在屋后种几十枝竹,绿的叶,青的竿,投下一片浓浓的绿荫。几场春雨过后,到那里走走,你常常会看见许多鲜嫩的笋,成群地从土里探出头来。

鸡,乡下人家照例总要养几只的。从他们的房前屋后走过,你肯定会瞧见一只母鸡,率领一群小鸡,在竹林中觅食;或是瞧见耸着尾巴的雄鸡,在场地上大踏步地走来走去。

他们的屋后倘若有一条小河,那么在石桥旁边,在绿树荫下,你会见到一群鸭子游戏水中,不时地把头扎到水下去觅食。即使附近的石头上有妇女在捣衣,它们也从不吃惊。

若是在夏天的傍晚出去散步,你常常会瞧见乡下人家吃晚饭//的情景。他们把桌椅饭菜搬到门前,天高地阔地吃起来。天边的红霞,向晚的微风,头上飞过的归巢的鸟儿,都是他们的好友。它们和乡下人家一起,绘成了一幅自然、和谐的田园风景画。

节选自陈醉云《乡下人家》

作品 37 号

我们的船渐渐地逼近榕树了。我有机会看清它的真面目:是一棵大树,有数不清的丫枝,枝上又生根,有许多根一直垂到地上,伸进泥土里。一部分树枝垂到水面,从远处看,就像一棵大树斜躺在水面上一样。

现在正是枝繁叶茂的时节。这棵榕树好像在把它的全部生命力展示给我们看。那么多的绿叶,一簇堆在另一簇的上面,不留一点儿缝隙。翠绿的颜色明亮地在我们的眼前闪耀,似乎每一片树叶上都有一个新的生命在颤动,这美丽的南国的树!

船在树下泊了片刻,岸上很湿,我们没有上去。朋友说这里是"鸟的天堂",有许多鸟在这棵树上做窝,农民不许人去捉它们。我仿佛听见几只鸟扑翅的声音,但是等到我的眼睛注意地看那里时,我却看不见一只鸟的影子。只有无数的树根立在地上,像许多根木桩。地是湿的,大概涨潮时河水常常冲上岸去。"鸟的天堂"里没有一只鸟,我这样想到。船开了,一个朋友拨着船,缓缓地流到河中间去。

第二天,我们划着船到一个朋友的家乡去,就是那个有山有塔的地方。从学校出发,我们又经过那"鸟的天堂"。

这一次是在早晨,阳光照在水面上,也照在树梢上。一切都//显得非常光明。我们的船也在树下泊了片刻。

起初四周围非常清静。后来忽然起了一声鸟叫。我们把手一拍,便看见一只大鸟飞了起来,接着又看见第二只,第三只。我们继续拍掌,很快地这个树林就变得很热闹了。到处都是鸟声,到处都是鸟影。大的,小的,花的,黑的,有的站在枝上叫,有的飞起来,在扑翅膀。

节选自巴金《鸟的天堂》

作品 38 号

两百多年前,科学家做了一次实验。他们在一间屋子里横七竖八地拉了许多绳子,绳子上系着许多铃铛,然后把蝙蝠的眼睛蒙上,让它在屋子里飞。蝙蝠飞了几个钟头,铃铛一个也没响,那么多的绳子,它一根也没碰着。

科学家又做了两次实验:一次把蝙蝠的耳朵塞上,一次把蝙蝠的嘴封住,让它在屋子里飞。蝙蝠就像没头苍蝇似的到处乱撞,挂在绳子上的铃铛响个不停。

三次实验的结果证明,蝙蝠夜里飞行,靠的不是眼睛,而是靠嘴和耳朵配合起来探路的。

后来,科学家经过反复研究,终于揭开了蝙蝠能在夜里飞行的秘密。它一边飞,一边从嘴里发出超声波。而这种声音,人的耳朵是听不见的,蝙蝠的耳朵却能听见。超声波向前传播时,遇到障碍物就反射回来,传到蝙蝠的耳朵里,它就立刻改变飞行的方向。

知道蝙蝠在夜里如何飞行,你猜到飞机夜间飞行的秘密了吗?现代飞机上安装了雷达,雷达的工作原理与蝙蝠探路类似。雷达通过天线发出无线电波,无线电波遇到障碍物就反射回来,被雷达接收到,显示在荧光屏上。从雷达的荧光屏上,驾驶员能够清楚地看到前方有没有障碍物,所//以飞机飞行就更安全了。

节选自《夜间飞行的秘密》

作品 39 号

北宋时候,有位画家叫张择端。他画了一幅名扬中外的画《清明上河图》。这幅画长五百二十八厘米,高二十四点八厘米,画的是北宋都城汴梁热闹的场面。这幅画已经有八百多年的历史了,现在还完整地保存在北京的故宫博物院里。

张择端画这幅画的时候,下了很大的功夫。光是画上的人物,就有五百多个:有从乡下来的农民,有撑船的船工,有做各种买卖的生意人,有留着长胡子的道士,有走江湖的医生,有摆小摊的摊贩,有官吏和读书人,三百六十行,哪一行的人都画在上面了。

画上的街市可热闹了。街上有挂着各种招牌的店铺、作坊、酒楼、茶馆,走在街上的,是来来往往、形态各异的人:有的骑着马,有的挑着担,有的赶着毛驴,有的推着独轮车,有的悠闲地在街上溜达。画面上的这些人,有的不到一寸,有的甚至只有黄豆那么大。别看画上的人小,每个人在干什么,都能看得清清楚楚。

最有意思的是桥北头的情景:一个人骑着马,正往桥下走。因为人太多,眼看就要碰上对面来的一乘轿子。就在这个紧急时刻,那个牧马人一下子拽住了马笼头,这才没碰上那乘轿子。不过,这么一来,倒把马右边的//两头小毛驴吓得又踢又跳。站在桥栏杆边欣赏风景的人,被小毛驴惊扰了,连忙回过头来赶小毛驴。你看,张择端画的画,是多么传神啊!

《清明上河图》使我们看到了八百年以前的古都风貌,看到了当时普通老百姓的生活场景。

节选自滕明道《一幅名扬中外的画》

作品 40 号

二〇〇〇年,中国第一个以科学家名字命名的股票"隆平高科"上市。八年后,名誉董事长袁隆平所持有的股份以市值计算已经过亿。从此,袁隆平又多了个"首富科学家"的名号。而他身边的学生和工作人员,却很难把这位老人和"富翁"联系起来。

"他哪里有富人的样子。"袁隆平的学生们笑着议论。在学生们的印象里,袁老师永远黑黑瘦瘦,穿一件软塌塌的衬衣。在一次会议上,袁隆平坦言:"不错,我身价二〇〇八年就一千零八亿了,可我真的有那么多钱吗?没有。我现在就是靠每个月六千多元的工资生活,已经很满足了。我今天穿的衣服就五十块钱,但我喜欢的还是昨天穿的那件十五块钱的衬衫,穿着很精神。"袁隆平认为,"一个人的时间和精力是有限的,如果老想着享受,哪有心思搞科研?搞科学研究就是要淡泊名利,踏实做人"。

在工作人员眼中,袁隆平其实就是一位身板硬朗的"人民农学家","老人下田从不要人搀扶,拿起套鞋,脚一蹬就走"。袁隆平说:"我有八十岁的年龄,五十多岁的身体,三十多岁的心态,二十多岁的肌肉弹性。"袁隆平的业余生活非常丰富,钓鱼、打排球、听音乐……他说,就是喜欢这些//不花钱的平民项目。

二〇一〇年九月,袁隆平度过了他的八十岁生日。当时,他许了个愿:到九十岁时,要实现亩产一千公斤!如果全球百分之五十的稻田种植杂交水稻,每年可增产一点五亿吨粮食,可多养活四亿到五亿人口。

节选自刘畅《一粒种子造福世界》

作品 41 号

北京的颐和园是个美丽的大公园。

进了颐和园的大门,绕过大殿,就来到有名的长廊。绿漆的柱子,红漆的栏杆,一眼望不到头。这条长廊有七百多米长,分成二百七十三间。每一间的横槛上都有五彩的画,画着人物、花草、风景,几千幅画没有哪两幅是相同的。长廊两旁栽满了花木,这一种花还没谢,那一种花又开了。微风从左边的昆明湖上吹来,使人神清气爽。

走完长廊,就来到了万寿山脚下。抬头一看,一座八角宝塔形的三层建筑耸立在半山腰上,黄色的琉璃瓦闪闪发光。那就是佛香阁。下面的一排排金碧辉煌的宫殿,就是排云殿。

登上万寿山,站在佛香阁的前面向下望,颐和园的景色大半收在眼底。葱郁的树丛,掩映着黄的绿的琉璃瓦屋顶和朱红的宫墙。正前面,昆明湖静得像一面镜子,绿得像一块碧玉。游船、画舫在湖面慢慢地滑过,几乎不留一点儿痕迹。向东远眺,隐隐约约可以望见几座古老的城楼和城里的白塔。

从万寿山下来,就是昆明湖。昆明湖围着长长的堤岸,堤上有好几座式样不同的石桥,两岸栽着数不清的垂柳。湖中心有个小岛,远远望去,岛上一片葱绿,树丛中露出宫殿的一角。//游人走过长长的石桥,就可以去小岛上玩。这座石桥有十七个桥洞,叫十七孔桥。桥栏杆上有上百根石柱,柱子上都雕刻着小狮子。这么多的狮子,姿态不一,没有哪两只是相同的。

颐和园到处有美丽的景色,说也说不尽,希望你有机会去细细游赏。

节选自袁鹰《颐和园》

作品 42 号

一谈到读书,我的话就多了!

我自从会认字后不到几年,就开始读书。倒不是四岁时读母亲给我的商务印书馆出版的国文教科书第一册的"天、地、日、月、山、水、土、木"以后的那几册,而是七岁时开始自己读的"话说天下大势,分久必合,合久必分……"的《三国演义》。

那时,我的舅父杨子敬先生每天晚饭后必给我们几个表兄妹讲一段《三国演义》,我听得津津有味,什么"宴桃园豪杰三结义,斩黄巾英雄首立功",真是好听极了。但是他讲了半个钟头,就停下去干他的公事了。我只好带着对于故事下文的无限悬念,在母亲的催促下,含泪上床。

此后,我决定咬了牙,拿起一本《三国演义》来,自己一知半解地读了下去,居然越看越懂,虽然字音都读得不对,比如把"凯"念作"岂",把"诸"念作"者"之类,因为我只学过那个字一半部分。

谈到《三国演义》,我第一次读到关羽死了,哭了一场,把书丢下了。第二次再读到诸葛亮死了，又哭了一场，又把书丢下了，最后忘了是什么时候才把全书读到"分久必合"的结局。

这时我同时还看了母亲针线筐箩里常放着的那几本《聊斋志异》，聊斋故事是短篇的，可以随时拿起放下，又是文言的，这对于我的//作文课很有帮助，因为老师曾在我的作文本上批着"柳州风骨，长吉清才"的句子，其实我那时还没有读过柳宗元和李贺的文章，只因那时的作文，都是用文言写的。

书看多了，从中也得到一个体会，物怕比，人怕比，书也怕比，"不比不知道，一比吓一跳"。

因此，某年的六一国际儿童节，有个儿童刊物要我给儿童写几句指导读书的话，我只写了九个字，就是：

读书好，多读书，读好书。

节选自冰心《忆读书》

作品 43 号

徐霞客是明朝末年的一位奇人。他用双脚，一步一步地走遍了半个中国大陆，游览过许多名山大川，经历过许多奇人异事。他把游历的观察和研究记录下来，写成了《徐霞客游记》这本千古奇书。

当时的读书人，都忙着追求科举功名，抱着"十年寒窗无人问，一举成名天下知"的观念，埋头于经书之中。徐霞客却卓尔不群，醉心于古今史籍及地志、山海图经的收集和研读。他发现此类书籍很少，记述简略且多有相互矛盾之处，于是他立下雄心壮志，要走遍天下，亲自考察。

此后三十多年，他与长风为伍，云雾为伴，行程九万里，历尽千辛万苦，获得了大量第一手考察资料。徐霞客日间攀险峰，涉危涧，晚上就是再疲劳，也一定录下当日见闻。即使荒野露宿，栖身洞穴，也要"燃松拾穗，走笔为记"。

徐霞客的时代，没有火车，没有汽车，没有飞机，他所去的许多地方连道路都没有，加上明朝末年治安不好，盗匪横行，长途旅行是非常艰苦又非常危险的事。

有一次，他和三个同伴到西南地区，沿路考察石灰岩地形和长江源流。走了二十天，一个同伴难耐旅途劳顿，不辞而别。到了衡阳附近又遭遇土匪抢劫，财物尽失，还险//些被杀害。好不容易到了南宁，另一个同伴不幸病死，徐霞客忍痛继续西行。到了大理，最后一个同伴也因为吃不了苦，偷偷地走了，还带走了他仅存的行囊。但是，他还是坚持目标，继续他的研究工作，最后找到了答案，推翻历史上的错误，证明长江的源流不是岷江而是金沙江。

节选自《阅读大地的徐霞客》

作品 44 号

造纸术的发明,是中国对世界文明的伟大贡献之一。

早在几千年前,我们的祖先就创造了文字。可那时候还没有纸,要记录一件事情,就用刀把文字刻在龟甲和兽骨上,或者把文字铸刻在青铜器上。后来,人们又把文字写在竹片和木片上。这些竹片、木片用绳子穿起来,就成了一册书。但是,这种书很笨重,阅读、携带、保存都很不方便。古时候用"学富五车"形容一个人学问高,是因为书多的时候需要用车来拉。再后来,有了蚕丝织成的帛,就可以在帛上写字了。帛比竹片、木片轻便,但是价钱太贵,只有少数人能用,不能普及。

人们用蚕茧制作丝绵时发现,盛放蚕茧的篾席上,会留下一层薄片,可用于书写。考古学家发现,在两千多年前的西汉时代,人们已经懂得了用麻来造纸。但麻纸比较粗糙,不便书写。

大约在一千九百年前的东汉时代,有个叫蔡伦的人,吸收了人们长期积累的经验,改进了造纸术。他把树皮、麻头、稻草、破布等原料剪碎或切断,浸在水里捣烂成浆;再把浆捞出来晒干,就成了一种既轻便又好用的纸。用这种方法造的纸,原料容易得到,可以大量制造,价格又便宜,能满足多数人的需要,所//以这种造纸方法就传承下来了。

我国的造纸术首先传到邻近的朝鲜半岛和日本,后来又传到阿拉伯世界和欧洲,极大地促进了人类社会的进步和文化的发展,影响了全世界。

节选自《纸的发明》

作品 45 号

中国的第一大岛、台湾省的主岛台湾,位于中国大陆架的东南方,地处东海和南海之间,隔着台湾海峡和大陆相望。天气晴朗的时候,站在福建沿海较高的地方,就可以隐隐约约地望见岛上的高山和云朵。

台湾岛形状狭长,从东到西,最宽处只有一百四十多公里;由南至北,最长的地方约有三百九十多公里。地形像一个纺织用的梭子。

台湾岛上的山脉纵贯南北,中间的中央山脉犹如全岛的脊梁。西部为海拔近四千米的玉山山脉,是中国东部的最高峰。全岛约有三分之一的地方是平地,其余为山地。岛内有缎带般的瀑布,蓝宝石似的湖泊,四季常青的森林和果园,自然景色十分优美。西南部的阿里山和日月潭,台北市郊的大屯山风景区,都是闻名世界的游览胜地。

台湾岛地处热带和温带之间,四面环海,雨水充足,气温受到海洋的调剂,冬暖夏凉,四季如春,这给水稻和果木生长提供了优越的条件。水稻、甘蔗、樟脑是台湾的"三宝"。岛上还盛产鲜果和鱼虾。

台湾岛还是一个闻名世界的"蝴蝶王国"。岛上的蝴蝶共有四百多个品种,其中有不少是世界稀有的珍贵品种。岛上还有不少鸟语花香的蝴//蝶谷,岛上居民利用蝴蝶制作的标本和艺术品,远销许多国家。

节选自《中国的宝岛——台湾》

作品 46 号

对于中国的牛,我有着一种特别尊敬的感情。

留给我印象最深的,要算在田垄上的一次"相遇"。

一群朋友郊游,我领头在狭窄的阡陌上走,怎料迎面来了几头耕牛,狭道容不下人和牛,终有一方要让路。它们还没有走近,我们已经预计斗不过畜牲,恐怕难免踩到田地泥水里,弄得鞋袜又泥又湿了。正踟蹰的时候,带头的一头牛,在离我们不远的地方停下来,抬起头看看,稍迟疑一下,就自动走下田去。一队耕牛,全跟着它离开阡陌,从我们身边经过。

我们都呆了,回过头来,看着深褐色的牛队,在路的尽头消失,忽然觉得自己受了很大的恩惠。

中国的牛,永远沉默地为人做着沉重的工作。在大地上,在晨光或烈日下,它拖着沉重的犁,低头一步又一步,拖出了身后一列又一列松土,好让人们下种。等到满地金黄或农闲时候,它可能还得担当搬运负重的工作;或终日绕着石磨,朝同一方向,走不计程的路。

在它沉默的劳动中,人便得到应得的收成。

那时候,也许,它可以松一肩重担,站在树下,吃几口嫩草。偶尔摇摇尾巴,摆摆耳朵,赶走飞附身上的苍蝇,已经算是它最闲适的生活了。

中国的牛,没有成群奔跑的习//惯,永远沉沉实实的,默默地工作,平心静气。这就是中国的牛!

节选自(香港)小思《中国的牛》

作品 47 号

　　石拱桥的桥洞成弧形,就像虹。古代神话里说,雨后彩虹是"人间天上的桥",通过彩虹就能上天。我国的诗人爱把拱桥比作虹,说拱桥是"卧虹""飞虹",把水上拱桥形容为"长虹卧波"。

　　我国的石拱桥有悠久的历史。《水经注》里提到的"旅人桥",大约建成于公元二八二年,可能是有记载的最早的石拱桥了。我国的石拱桥几乎到处都有。这些桥大小不一,形式多样,有许多是惊人的杰作。其中最著名的当推河北省赵县的赵州桥。

　　赵州桥非常雄伟,全长五十点八二米。桥的设计完全合乎科学原理,施工技术更是巧妙绝伦。全桥只有一个大拱,长达三十七点四米,在当时可算是世界上最长的石拱。桥洞不是普通半圆形,而是像一张弓,因而大拱上面的道路没有陡坡,便于车马上下。大拱的两肩上,各有两个小拱。这个创造性的设计,不但节约了石料,减轻了桥身的重量,而且在河水暴涨的时候,还可以增加桥洞的过水量,减轻洪水对桥身的冲击。同时,拱上加拱,桥身也更美观。大拱由二十八道拱圈拼成,就像这么多同样形状的弓合拢在一起,做成一个弧形的桥洞。每道拱圈都能独立支撑上面的重量,一道坏了,其//他各道不致受到影响。全桥结构匀称,和四周景色配合得十分和谐;桥上的石栏石板也雕刻得古朴美观。赵州桥高度的技术水平和不朽的艺术价值,充分显示了我国劳动人民的智慧和力量。

节选自茅以升《中国石拱桥》

作品 48 号

不管我的梦想能否成为事实,说出来总是好玩儿的:

春天,我将要住在杭州。二十年前,旧历的二月初,在西湖我看见了嫩柳与菜花,碧浪与翠竹。由我看到的那点儿春光,已经可以断定,杭州的春天必定会教人整天生活在诗与图画之中。所以,春天我的家应当是在杭州。

夏天,我想青城山应当算作最理想的地方。在那里,我虽然只住过十天,可是它的幽静已拴住了我的心灵。在我所看见过的山水中,只有这里没有使我失望。到处都是绿,目之所及,那片淡而光润的绿色都在轻轻地颤动,仿佛要流入空中与心中似的。这个绿色会像音乐,涤清了心中的万虑。

秋天一定要住北平。天堂是什么样子,我不知道,但是从我的生活经验去判断,北平之秋便是天堂。论天气,不冷不热。论吃的,苹果、梨、柿子、枣儿、葡萄,每样都有若干种。论花草,菊花种类之多,花式之奇,可以甲天下。西山有红叶可见,北海可以划船——虽然荷花已残,荷叶可还有一片清香。衣食住行,在北平的秋天,是没有一项不使人满意的。

冬天,我还没有打好主意,成都或者相当地合适,虽然并不怎样和暖,可是为了水仙、素心腊梅,各色的茶花,仿佛就受一点儿寒//冷,也颇值得去了。昆明的花也多,而且天气比成都好,可是旧书铺与精美而便宜的小吃远不及成都那么多。好吧,就暂这么规定:冬天不住成都便住昆明吧。

节选自老舍《"住"的梦》

作品 49 号

在北京市东城区著名的天坛公园东侧,有一片占地面积近二十万平方米的建筑区域,大大小小的十余栋训练馆坐落其间。这里就是国家体育总局训练局。许多我们耳熟能详的中国体育明星都曾在这里挥汗如雨,刻苦练习。

中国女排的一天就是在这里开始的。

清晨八点钟,女排队员们早已集合完毕,准备开始一天的训练。主教练郎平坐在场外长椅上,目不转睛地注视着跟随助理教练们做热身运动的队员们,她身边的座位上则横七竖八地堆放着女排姑娘们的各式用品:水、护具、背包,以及各种外行人叫不出名字的东西。不远的墙上悬挂着一面鲜艳的国旗,国旗两侧是"顽强拼搏"和"为国争光"两条红底黄字的横幅,格外醒目。

"走下领奖台,一切从零开始"十一个大字,和国旗遥遥相望,姑娘们训练之余偶尔一瞥就能看到。只要进入这个训练馆,过去的鲜花、掌声与荣耀皆成为历史,所有人都只是最普通的女排队员。曾经的辉煌、骄傲、胜利,在踏入这间场馆的瞬间全部归零。

踢球跑、垫球跑、夹球跑……这些对普通人而言和杂技差不多的项目是女排队员们必须熟练掌握的基本技能。接下来//的任务是小比赛。郎平将队员们分为几组,每一组由一名教练监督,最快完成任务的小组会得到一面小红旗。

看着这些年轻的姑娘们在自己的眼前来来去去,郎平的思绪常飘回到三十多年前。那时风华正茂的她是中国女排的主攻手,她和队友们也曾在这间训练馆里夜以继日地并肩备战。三十多年来,这间训练馆从内到外都发生了很大的变化:原本粗糙的地面变成了光滑的地板,训练用的仪器越来越先进,中国女排的团队中甚至还出现了几张陌生的外国面孔……但时光荏苒,不变的是这支队伍对排球的热爱和"顽强拼搏,为国争光"的初心。

节选自宋元明《走下领奖台,一切从零开始》

作品 50 号

在一次名人访问中,被问及上个世纪最重要的发明是什么时,有人说是电脑,有人说是汽车,等等。但新加坡的一位知名人士却说是冷气机。他解释,如果没有冷气,热带地区如东南亚国家,就不可能有很高的生产力,就不可能达到今天的生活水准。他的回答实事求是,有理有据。

看了上述报道,我突发奇想:为什么没有记者问:"二十世纪最糟糕的发明是什么?"其实二〇〇二年十月中旬,英国的一家报纸就评出了"人类最糟糕的发明"。获此"殊荣"的,就是人们每天大量使用的塑料袋。

诞生于上个世纪三十年代的塑料袋,其家族包括用塑料制成的快餐饭盒、包装纸、餐用杯盘、饮料瓶、酸奶杯、雪糕杯等等。这些废弃物形成的垃圾,数量多、体积大、重量轻、不降解,给治理工作带来很多技术难题和社会问题。

比如,散落在田间、路边及草丛中的塑料餐盒,一旦被牲畜吞食,就会危及健康甚至导致死亡。填埋废弃塑料袋、塑料餐盒的土地,不能生长庄稼和树木,造成土地板结,而焚烧处理这些塑料垃圾,则会释放出多种化学有毒气体,其中一种称为二噁英的化合物,毒性极大。

此外,在生产塑料袋、塑料餐盒的//过程中使用的氟利昂,对人体免疫系统和生态环境造成的破坏也极为严重。

节选自林光如《最糟糕的发明》

参考文献

[1] 宋园园.新编应用文[M].上海:上海交通大学出版社,2016.

[2] 宋园园.博客文化研究[M].上海:上海交通大学出版社,2014.

[3] 宋园园.北美华文文学母题审美研究[M].上海:上海交通大学出版社,2018.

[4] 宋园园.大学语文[M].上海:上海交通大学出版社,2010.

[5] 章培恒,骆玉明.中国文学史[M].上海:复旦大学出版社,1996.

[6] 袁世硕.中国古代文学作品选[M].北京:人民文学出版社,2002.

[7] 游国恩,王起,萧泽非,等.中国文学史[M].修订本.北京:人民文学出版社,2004.

[8] 夏志清.中国现代小说史[M].上海:复旦大学出版社,2005.

[9] 袁行霈.中国文学史[M].北京:高等教育出版社,2014.

[10] 刘大杰.中国文学发展史[M].北京:商务印书馆,2017.

[11] 宋向阳,王振军.中国现代文学史(1915—2016)[M].中国广播电视出版社,2017.

教学资源服务指南

高等教育出版社

感谢您使用本书。为方便教学，我社为教师提供资源下载、样书申请等服务，如贵校已选用本书，您只要关注微信公众号"高职素质教育教学研究"，或加入下列教师交流QQ群即可免费获得相关服务。

"高职素质教育教学研究"公众号

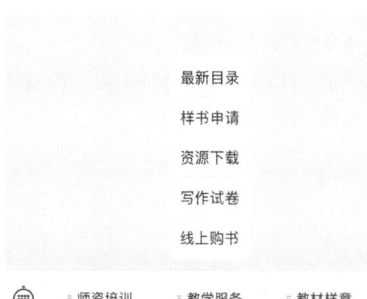

资源下载：点击"**教学服务**"—"**资源下载**"，或直接在浏览器中输入网址（http://101.35.126.6/），注册登录后可搜索下载相关资源。（建议用电脑浏览器操作）
样书申请：点击"**教学服务**"—"**样书申请**"，填写相关信息即可申请样书。
样章下载：点击"**教材样章**"，可下载在供教材的前言、目录和样章。
师资培训：点击"**师资培训**"，获取最新直播信息、直播回放和往期师资培训视频。

联系方式

高职人文素质教师交流QQ群：167361230
联系电话：（021）56961310　电子邮箱：3076198581@qq.com

郑重声明

高等教育出版社依法对本书享有专有出版权。任何未经许可的复制、销售行为均违反《中华人民共和国著作权法》,其行为人将承担相应的民事责任和行政责任;构成犯罪的,将被依法追究刑事责任。为了维护市场秩序,保护读者的合法权益,避免读者误用盗版书造成不良后果,我社将配合行政执法部门和司法机关对违法犯罪的单位和个人进行严厉打击。社会各界人士如发现上述侵权行为,希望及时举报,我社将奖励举报有功人员。

反盗版举报电话　(010)58581999　58582371
反盗版举报邮箱　dd@hep.com.cn
通信地址　北京市西城区德外大街4号　高等教育出版社知识产权与法律事务部
邮政编码　100120